管理学论丛

# 海归创业企业与民营企业对接合作与对比研究报告

RESEARCHES ON COLLABORATION AND COMPARISON BETWEEN CHINESE RETURNEE ENTERPRISES AND LOCAL ENTERPRISES

王辉耀　路江涌◎著

北京大学出版社
PEKING UNIVERSITY PRESS

**图书在版编目(CIP)数据**

海归创业企业与民营企业对接合作与对比研究报告 / 王辉耀，路江涌著. —北京：北京大学出版社，2012.1
（管理学论丛）
ISBN 978-7-301-20015-5

Ⅰ. ①海… Ⅱ. ①王…②路… Ⅲ. ①企业-经济合作-研究报告-中国 Ⅳ. ①F279.23

中国版本图书馆CIP数据核字(2011)第278815号

书　　　名：**海归创业企业与民营企业对接合作与对比研究报告**
著作责任者：王辉耀　路江涌　著
责 任 编 辑：朱启兵　户国栋
标 准 书 号：ISBN 978-7-301-20015-5/F·3016
出 版 发 行：北京大学出版社
地　　　址：北京市海淀区成府路205号　100871
网　　　址：http://www.pup.cn　电子邮箱：em@pup.pku.edu.cn
电　　　话：邮购部62752015　发行部62750672　编辑部62752926
出版部62754962
印　刷　者：北京鑫海金澳胶印有限公司
经　销　者：新华书店
730毫米×1020毫米　16开本　22.5印张　279千字
2012年1月第1版　2012年1月第1次印刷
定　　　价：55.00元

---

# 序言 一

管理学发展的60多年来，大多数管理学理论的构建和发展都是基于西方企业（尤其是北美）管理实践的。近30年来，以亚洲四小龙、中国、印度等国家的发展为背景的东方企业的崛起为21世纪管理学研究提出了新的要求并提供了新的研究对象。随着全球化的深入，全球化已经逐渐由西方跨国企业主导并引领东方企业发展的模式（West leads East），转向西方跨国企业和东方跨国企业对话和合作共赢的模式（West meets East）。对于全球的企业家来说，更加充分、深入和全面地理解东西方国家以及企业在文化、哲学和行为等方面的异同对于在东西方经济和企业日益融合的全球化新时代取得成功有重要意义。对于全球的管理学者而言，跳出以西方管理实践为基础的管理学理论框架，认真审视东方企业和西方企业的异同，深入理解东方企业管理模式并以此为契机发展管理学基础理论正当其时。因此，2011年度的管理学会（Academy of Management）以"东西方对话：启发、平衡和超越"（West meets East：Enlightening，Balancing，and Transcending）为主题，就如何基于东西方企业管理实践发展管理学基础理论进行了探讨。

随着经济全球化的不断深化，国际间人员流动壁垒快速下降，国际间人员流动以及伴生的知识流动正成为商品和资金之外促进世界经济发展和融合的重要推动力。历史上，发展中国家曾有大量优秀人才流向发达国家，造成发展中国家严重的人才流失现象，影响了发展中国家经济的发展。然而，海外留学人员的大量归国是近年来发生在以中国和印度为代表的新兴经济体的重要现象。以海外归国人员为载体的东西方经济交流和文化融合在很大程度上推动了东方国家新兴经济体的发展，也为研究东西方企业实践和相关管理理论提供了契机。

本书作者王辉耀博士和路江涌博士采用案例研究方法，访谈了多家具有代表性的处于创业时期的海归创业企业和本土创业企业，通过单案例研究描述了海归创业企业和本土创业企业在识别创业机会、获得外部资源、技术创新、团队建设和企业内部管理等方面的特点，通过多案例对比研究分析了两类企业在这些方面的异同以及产生差异的文化背景因素，并且结合企业实践和政策趋势提出海归创业企业应该与本土企业进行对接合作，优势互补，共同为中国建设创新型国家贡献力量。本书是利用海归创业企业这一具有东西方文化融合特征的重要现象进行企业管理研究的有益探索，其关注中国情境下管理模式和理论的尝试值得鼓励。

徐淑英
美国亚利桑那州立大学 教授
北京大学光华管理学院 特聘教授
管理学会会长（2011—2012）
中国管理国际学会创始会长

# 序言 二

中国的经济现在处于转型期，转型中的一个关键就是要提高企业创新能力和公民创业能力。在创新和创业中，资本和人才是两个最关键的因素。十年前的中国，资本可能是问题，但现在已经不是创新创业最重要的制约条件了。中国现在有个说法叫做全民PE，说很多的人拿了钱就想要去投资。然而，怎么把资本利用好呢？最终，人才是决定因素。近年来，我国各级政府加大力度吸引海外留学人才回国，并创造各种条件发挥高端人才在我国企业创新创业中的作用。同时，许多政策也在开始推动海归人才和民营企业对接合作。在这个大背景下，王辉耀博士和路江涌博士进行的“海归创业企业与民营企业对接合作与对比研究”正当其时。从资本的角度看，我国民营企业在三十多年的发展中积累了大量的资本，并且在寻找新的投资机会。从人才角度看，近年来大量回国的海外留学人才带来了先进的技术、管理思想和商业模式。民营资本和海归人才的结合应当是一件有益于我国企业创新创业的事情。

创新创业具有科学性和艺术性两方面。科学的方面是无国界的，比如如何研发出创新技术和形成创业模式。而艺术的方面很大程度是本土化的，比如如何使得创新技术和创业思路适应中国国情。北京大学光华管理学院近期成立创新创业中心，旨在推动创新创业方面的教育、研究和实践。我们认为，创新创业方向的研究也一定是既具有科学性又具有艺术性、与我国企业创新创业实践紧密结合的研究。这就要求我们的老师所创造出来的学术研究成果是扎根于中国的，但同时又是按照国际上规范方法进行的研究，所提炼出对中国的发展有益的管理知识和管理思想。王辉耀博士和路江涌博士在完成《海归创业企业与民营企业对接合作与对比研究报告》过程中通过大量实地访谈和座谈，采用单案例研究、多案例对比研究和综合报告等形式，从我国海归创业企业与本土创业企业对比角度出发，探索海归创业与本土创业对接结合的思路，是对海归创业和本土创业的一次兼具科学性和艺术性的研究尝试。本研究报告作为光华管理学院教师和合作者在创新创业方向的最新研究成果之一，值得推荐。

蔡洪滨

北京大学光华管理学院教授、院长

# 前言

当今中国，正面临经济转型挑战之时，也是转变经济发展方式、产业结构优化升级的关键之期。改革开放以来，我国经济建设取得了巨大的成就，受惠于全球化，与低工资劳动力相结合使中国成为“世界工厂”，出口导向型经济将“中国制造”洒遍世界每个角落。最终促使中国成为全球第一大外汇储备国，第一大出口国，以及规模第二大的经济体。但也面临着日益严峻的可持续发展挑战。

改革开放以来，我国非公经济领域先后掀起三次“创业潮”。第一次“创业潮”源于经济体制改革和对外开放，在体制边缘诞生了一批有胆量的创业者。第二次“创业潮”源于向市场经济体系转型并确立，伴随大量外资、外企的进入，包括从体制内部“下海”释放出了大批有知识技术的创业者，依靠低成本优势及一定技术承接全球产业转移趋势，从事制造业和低端科技产业。第三次“创业潮”是以一大批在西方发达国家学习和实践的海归为代表，加上马云等本土知识精英，他们融入全球产业链的方式不再是与跨国企业合作承担代工、加工、分工等制造环节，或者是生产附加值低的工业产品，尽管产品和商业模式大部分是从西方市场移植并本土化而来，但与跨国企业处于产业链同一环节，只是竞争集中在本土市场。

但从整体来说，无论“制造型企业”还是“知识服务型企业”，它们在经济全球化浪潮中的历史使命都尚未完成。“制造型企业”在核心技术、自有技术、自主创新、自有品牌等方面严重不足，无论从事“中国制造”还是自有品牌，主要还在进行低成本竞争。“知识服务型企业”从新浪、搜狐、腾讯到百度、阿里巴巴，还处在“移植并本土化”的阶段，只是通过移植做到了发展同步、占领本土市场，尽管可能在海外上市并凭借本土市场的规模而扩张迅速，但并没有完成在全球市场的崛起，更别说与全球第二大经济体地位匹配，引领世界的科技革命、知识经济的发展。

目前，我国的产业升级和转变经济增长既是从“中国制造”到“中国创造”的产业结构优化升级，也是制造业以及服务产业包括知识服务产业的内部产业升级。在这一时代大背景下完成系列的转型发展，最重要的资源将不仅仅是土地、能源，或廉价劳动力，而更是各类具有创新、创意能力的优秀人才，既包括本土培养的人才，也包括出国深造的留学人才，还包括愿意到中国共谋发展的外籍人才。

改革开放尤其从20世纪90年代以来，掌握国际先进技术、理念、文化的留学人员在高科技产业、新经济等领域掀起了“创业中国”的浪潮，其贡献突出体现在完善中国经济结构，推动互联网、通信、咨询、金融等诸多高新产业和知识服务经济的发展，不只是带回了国际上先进的技术、理念、文化及商业模式，推动了服务产业和高新产业发展；也是本土企业走出去与国际化的重要推手。

但是，海归创业在当下也面临一些普遍性的困境和问题。针对历年来入驻留学人员创业园的高新技术领域海归企业的调查，我们发现目前海归企业存在明显的“三三现象”：大约三分之一有所发展，三分之一能勉强维持，三分之一处于破产或半破产状态。许多企业的难以维持是市场本身的“优胜劣汰”机制所致，是企业本身的问题导致困境；但也有许多企业是企业所处的高新产业发展阶段和市场环境、企业创业期等客观因素所导致，例如高新技术领域创业，普遍会面临研发成本高，市场投资风险大，知识产权、发明专利难以抵押估值而不便贷款等问题。

在课题组调研中，即使有所发展、今天已非常成功的海归企业，几乎在创业初期都面临过各类困境。尽管创业初期的资金问题，新产业和新产品早期市场氛围不足以及人才缺乏等问题，几乎是大多数企业都要面临的。但是，政府履行经济宏观调控等职能，推动产业升级、转变经济增长方式，就有必要在遵循市场基本规律和秩序的前提下，通过税收、产业园、融资和贷款支持、政府采购等多种形式的优惠政策进行政策引导，重点扶植一些国家急缺的产业和高新产业，重点支持一些符合要求、具有资质的重点企业，以及重点关注掌握国际先进技术、理念并在高新产业和急缺产业领域创业的海归，来贯彻实施整体的产业发展战略。

当然，政府的支持也有自身的局限。一方面政府支持必须要遵循市场基本规律，而且政府不能代替市场去决定企业的产品销售，也不能代替企业去解决经营管理的许多问题，有职责、职能、作用的局限；另一方面，政府本身资金等资源有限，政府也需要发挥“政策杠杆”的作用，引导、带动更多的来自市场和社会的资金、技术、智力等各种资源参与进来，支持重点产业、高新产业、急缺产业的海归创业和中小企业发展。

当前，我国已崛起大批具备一定实力的本土民营企业，这些企业本身发展也有进行多元化经营和投资、产业升级、走出去发展以及国际化等需求。大量民间资金也苦于缺乏合适的投资渠道来抵御贬值的风险，因而投资也不得不集中在楼市等国家需加强调控商业投资等领域。概括地说，许多领域，本土民营企业与创业海归既有互相认同甚至一致的目标、方向、理念、价值观等，在项目、技术、市场、资金、销售、管理、团队、经验等方面也存在互补、互助、互利、互益的共赢空间。

因此，政府无论是从本土民营企业还是海归创业或是本身宏观经济调控的职能出发，都有必要根据实际情况充分发挥政策引导、重点扶持、公共服务、牵线搭桥等作用，鼓励留学人员企业与本土民营企业在共赢的基础之上，进行各方面的对接合作，共同为中国经济建设发挥积极作用。

本课题组以全国人才中长期发展规划纲要的精神为指导，通过政策资料分析、统计数据分析、深入座谈、问卷调查、比较分析、案例分析等研究方法，深入研究留学人员回国创业的特点、贡献、发展趋势，关注目前留学人员创业存在的困境与问题，并结合当前本土民营企业的发展状况，为政府如何鼓励留学人员企业与本土民营企业在共赢的基础之上，进行各方面的对接合作提供有质量的研究建议。

本书分为两部分，第一部分（第一篇）是综合研究篇，收入了《我国海归创业与本土民营企业对接合作研究总报告》（第一章）、《海归与本土创业对比及结合研究——以新能源和生物工程行业企业为例》（第二章）以及《海归与本土企业创业初期资源获取的对比分析——基于互联网和早期教育行业的研究》（第三章）共三篇综合研究报告。其中，第一章的《我国海归创业与本土民营企业对接合作研究总报告》为本书的总报告，主要关注我国海归创业与本土民营企业对接合作问题。第二章和第三章分别以新能源和生物工程行业企业以及互联网和早期教育行业中的海归创业企业与本土创业企业为例，对比研究海归创业与本土创业的异同点。

第二部分（第二篇）是案例研究篇，收入了《清洁能源，清洁世界——普尼太阳能公司》（第四章）、《阳光事业的开拓者——日出东方太阳能股份有限公司》（第五章）、《“放弃金饭碗，自主创业”——大同富乔垃圾焚烧发电有限公司》（第六章）、《海归科学家的创新路——北京义翘神州生物技术有限公司》（第七章）、《结合海归和本土优势——北京旷博生物技术有限公司》（第八章）、《从代理到自主创新——东胜创新生物科技有限公司》（第九章）等六家公司的创业案例。这六家公司中，有三家是主要由海归企业家创办的企业（普尼太阳能公司、北京义翘神州生物技术有限公司、北京旷博生物技术有限公司），另外三家是主要由本土企业家创办的企业（日出东方太阳能股份有限公司、大同富乔垃圾焚烧发电有限公司、胜创新生物科技有限公司）。这六个关于由海归企业家和本土企业家创办的企业案例从企业个案角度入手，深入地剖析了海归创业企业和本土创业企业在创业机会识别、创业资源获取、创业团队建设和企业管理方面的异同点，为读者理解本书综合篇中三个研究报告提供了更为详实的素材。

《我国海归创业与本土民营企业对接合作研究总报告》（以下简称《总报告》）首先分析了我国海归企业与本土民营企业的现状和特点。在以知识服务产业为主体的第三次创业潮中，海归企业和本土民营企业都面临着“产业升级”和企业走出去的挑战，这一产业升级既是从“中国制造”到“中国创造”的产业结构优化升级；也是制造业以及服务产业的内部产业升级。

《总报告》分析了海归回国创业的主要优势、海归在海外的主要工作经验、海归回国创业所需的主要条件、海归回国创业遇到的主要问题、海归回国创业的主要地域分布等方面的特点。总报告指出，“高”、“新”、“国际化”、“走出去”是海归创业的四个关键词。海归大多具有较高的海外学历和扎实的海外工作经验，不少海归出身于世界名校和国际名企，掌握先进的技术和理念；高科技、新经济以及知识服务产业领域，是海归成功创业的主要阵地；海归创业往往组建了一个人才团队，并有着完善的现代化管理制度；海归创业往往与风险投资紧密结合，发展壮大后也往往倾向海外上市；创业海归往往积极参与各种社会网络。

本土企业方面，《总报告》分析了本土民营企业主要面临的全球化挑战。包括：在全球产业链中产业升级的挑战、经济全球化中企业走出去的挑战、企业经营管理国际化、现代化的挑战、企业可持续发展的人才瓶颈问题等方面。

接下来，《总报告》分析了海归创业与本土民营企业对接合作的趋势和基础。报告指出，具备国际化视野、素质以及掌握先进技术、理念的留学人员回国创业，完善了中国的产业结构，推动了高新产业的发展，促进了本土企业的“走出去”与“国际化”，但他们也面临着融资难、不熟悉市场等许多问题。与此同时，我国已有许多资金实力雄厚、具备一定规模的本土民营企业，有进行多元化经营和投资、产业升级、走出去发展以及国际化等需求。推动双方在项目、技术、市场、资金、销售、管理、团队等方面基于共赢的基础之上展开对接合作，并在整体经济局势上形成共同致力于中国的产业升级、转变经济增长方式以及中国企业走出去，这对于双方的发展以及中国的经济建设都是一件共利之举。“总报告”也指出，海归创业者和本土民营企业合作中也存在许多挑战。例如，海归创业者与本土民营企业的管理者，海归企业与本土民营企业之间，从经营理念到企业文化再到各方面，不可避免会存在各种差异性，需要双方有互相融合和包容的精神。并且如果双方愿意真诚地“求同存异”进行合作，作为市场行为，也绝不只是胸怀问题，既需要有双方可以共同发展的利益，也还需要注意双方在深层次的目标、理念、价值观等方面具有一定的一致性。

《总报告》指出了海归与本土民营企业之间明显存在下列可以优势互补的合作空间，主要包括：海归创业和本土民营企业可以形成技术和资金的优势互补、海归创业和本土民营企业可以形成国际市场和本土市场的优势互补、海归与本土民营企业在企业走出去和国际化时可以形成优势互补、海归与本土民营企业在企业转型和产业升级中可以优势互补、海归与本土民营企业在企业经营管理和人才团队上可以形成优势互补等几大互补可能性和合作基础。

接下来，《总报告》分析了政府在海归创业与本土民营企业合作的职能和作用。《总报告》建议：政府应根据经济建设规划和产业发展战略发挥政策引导作用；政府应对重点和急缺产业的海归创业与本土民营企业合作的重点项目进行重点扶持；政府对海归创业与本土民营企业一般性对接合作应遵循市场基本规律，主要发挥牵线搭桥作用，避免过多行政干预。

最后，《总报告》提出了推动海归创业与本土民营企业对接合作的相关建议：一是发挥“政策杠杆”作用，与各类高层次创业人才引进计划结合，以对投资者税收优惠的政策引导本土民营企业、民间资本加强向高新技术领域的海归创业投资；二是政府牵头注资，带动民间资金和本土民营企业，建立专门扶持高层次留学人才在高新技术领域创业的国家风险投资基金；三是建立针对高新技术中小型企业的贷款担保计划和投资保险计划，为本土民营企业和民间投资机构投资高新技术领域的海归创业进行财务担保；四是对符合国家产业发展战略要求、海归与本土民营企业对接合作并取得成效的企业进行奖励，授予荣誉，减免税收，加强政策引导；五是建议统战部牵头欧美同学会、工商联等有关机构，从社团层面建立创业海归与本土民营企业之间的交流平台、中介平台、联谊平台；六是建议由统战部牵头欧美同学会、工商联等有关机构，每年举办一次大型的海归企业与本土民营企业对接、对话的高端品牌论坛；七是建议对科技园、产业园和留创园进行适当区分，开放海归和本土民营企业家的合伙企业进入部分创业园；八是建议采用政府优先采购产品的形式，扶持高新技术领域的海归创业与本土民营企业的对接合作；九是建议鼓励海归企业和本土民营企业在国内外合建研发机构，鼓励有条件民营企业嫁接式引进千人计划等人才；十是建议鼓励创业海归与本土民营企业在产业升级、企业国际化和走出去等方面发挥优势互补作用，进行灵活的合作。

本书各章节主要执笔人如下：

第一章《我国海归创业与本土民营企业对接合作研究总报告》王辉耀

第二章《海归与本土创业对比及结合研究——以新能源和生物工程行业企业为例》林道谧、路江涌

第三章《海归与本土企业创业初期资源获取的对比分析——基于互联网和早期教育行业的研究》陈佼莉、路江涌、林道谧、张曦如、刘颖

第四章《清洁能源，清洁世界——普尼太阳能公司》林道谧、张曦如、路江涌

第五章《阳光事业的开拓者——日出东方太阳能股份有限公司》张曦如、林道谧、路江涌、刘颖

第六章《“放弃金饭碗,自主创业”——大同富乔垃圾焚烧发电有限公司》路江涌、林道谧、张曦如、刘颖

第七章《海归科学家的创新路——北京义翘神州生物技术有限公司》郑润泽、林道谧、路江涌

第八章《结合海归和本土优势——北京旷博生物技术有限公司》路江涌、刘颖、林道谧、张曦如

第九章《从代理到自主创新——东胜创新生物科技有限公司》刘颖、林道谧、张曦如、路江涌

本书在完成过程中得到中央统战部、人力资源和社会保障部、中关村管委会、欧美同学会、北京大学光华管理学院、中国与全球化研究中心等单位领导和同事的帮助，也得到书中涉及的各个企业和企业家的大力支持。本书还得到了国家自然基金委员会基金项目（项目编号：71161130174；71172020）、北京市哲学社会科学规划项目（项目编号：11JGB018）、北京大学光华管理学院–思科领导力研究院基金项目的资助以及葛兰素史克公司的支持，特此感谢。

王辉耀、路江涌

2011 年 10 月 25 日

# 目 录

## 第一篇 综合研究篇

## 第二篇 案例研究篇

# 图表目录

# 第一篇

# 综合研究篇

Management

# 第一章　我国海归创业与本土民营企业对接合作研究总报告

## 第一节　海归企业与本土民营企业的现状和特点

改革开放以来，我国非公经济先后有过三次创业潮，并产生了三代企业家。第一次“创业潮”源于中国经济体制的放松和对外开放，20世纪80年代在体制边缘诞生了一批有着“摸着石头过河”的开拓精神和胆量的创业者，乡镇企业和个体工商户是第一代企业家建立企业的前身，主要从事轻工业的“制造业”生产和“生活服务业”。

第二次“创业潮”源于20世纪90年代从计划经济体系开始的转型并逐渐确立市场经济体系，进一步的对外开放。大量外资、外企的进入，大量港台资本和侨资的进入，也包括从体制内部“下海”释放出了一大批有知识、技术的创业者，形成了“制造业创业潮”。本土创业者大多还带有一定程度的体制内背景，并在沿海和交通便利的地区，依靠政府的政策优惠和支持、土地和劳动力等资源低成本优势以及一定的知识技术，承接全球产业转移的浪潮，参与全球产业分工，或为跨国企业承担代工、加工、分工等生产环节业务，或生产低级工业产品和科技产品，主要从事制造业和低端科技产品制造产业。

第三次“创业潮”源于20世纪末的全球信息科技革命，这是一轮来自非计划经济传统的“知识服务产业的创业潮”。一大批在西方发达国家学习和实践后，掌握一定的先进技术、管理经验的海归是这一潮流的先驱，也包括一大批本土知识精英，借助有国际背景色彩的风险投资，采纳西方的企业管理体系，移植西方国家成熟的商业模式并使之本土化，与这些跨国企业在中国市场上展开竞争。

目前，大型本土民营企业及其创建者，都基本产生于前两次创业潮；而大部分知名海归企业则都产生于第三次的“知识服务业创业潮”。但需指出的是，从整体来说，无论是“制造业企业”还是“服务业企业”，是“科技产品制造业”还是“知识服务产业”，是本土创业者还是海归创业者，在经济全球化浪潮中所承担的历史使命尚未完成。“科技制造型企业”在核心技术、自有技术、自主创新、自有品牌等方面的发展严重不足；即使是像联想这样的硬件商，其核心“芯片”和软件系统也都来自美国英特尔等制造商，尽管这也是“中国代工”，但大部分利润、附加值、核心技术都控制在外国跨国企业手中。

从新浪、搜狐、腾讯到百度的“知识服务型企业”，尽管通过“移植并本土化”初步占领了本土市场，且因本土市场的庞大而具有令世界侧目的规模，但只是做到了与国外发展同步，并没有真正在全球知识服务市场崛起，更没有产生具有全球影响力的创新，更别说引领世界的科技革命、知识服务产业的发展。

到目前为止，我国既没有产生通用汽车这样的全球型传统制造业巨头，也没有产生沃尔玛这样的全球生活服务业巨头；除了联想、华为等少数企业之外，也没有产生类似苹果、英特尔这样在自主技术和自主创新上具有国际知名度的全球型民营科技制造业巨头；在知识服务产业，中国企业也只是完成了在本土市场的崛起，并没有产生高盛、美林与微软、谷歌这样的“知识服务产业”的跨国企业。

海归企业和本土民营企业都面临着“产业升级”和企业走出去的挑战，这一产业升级既是从“中国制造”到“中国创造”的产业结构优化升级；也是制造业以及服务产业的内部产业升级。而在以低端产业结构、低附加价值、低价劳动力、高能源消耗为特征的“人口经济”向依托创新、创意、知识、科技的“人才经济”转型中，也需要社会各界包括这些企业、创业者之间的协力合作、共同努力。

## 一、海归回国创业的现状

截至2010年，我国各类出国留学人员总数达190.54万人，共有63.22万留学人员学成后选择回国发展。到2011年年底，出国留学人员总数将会超过220万，归国留学人员将接近80万。改革开放以来，新时期的海归最鲜明特征就在于大批留学人员经过西方发达国家的学习和实践后，选择回国创业，并在中国新经济与高新产业的发展中，在外资、外商、外企的“请进来”与本土企业的“走出去”过程中，在跨国公司中国化与本土企业国际化的过程中，发挥了重要作用。

### （一）海归回国创业的主要优势

作为一个主要在发达国家接受高等教育、并相当普遍在海外工作过的群体，根据课题组进行的样本调查，超过60%的回国创业海归都认为自身在“能更好利用海外关系”、“企业运作更规范”、“在高科技等行业更具优势”等方面有优势。超过40%的海归还认为在“获得风险投资”和“到海外上市”方面具有优势（见图表1–1）。

图表1–1　海归回国创业所具有的优势[①]（多选）

| 优势 | 同意 | 不确定 | 不同意 |
|---|---|---|---|
| 能更好利用海外关系 | 78.1% | 17.1% | 4.8% |
| 在高科技等行业更具优势 | 64.1% | 33.0% | 2.9% |
| 企业运作更规范 | 61.0% | 28.6% | 10.5% |
| 更容易得到风险投资 | 47.6% | 43.7% | 8.7% |
| 更容易到海外上市 | 41.0% | 50.0% | 9.0% |
| 更容易组建创业团队 | 30.4% | 52.9% | 16.7% |

### （二）海归回国创业所需的主要条件

在海归创业成功所需要的条件中，超过一半的海归都同意“熟悉管理经营知识”、“能组建优秀的人才团队”、“熟悉海外渠道和网络”、“国外工作经验”。显然，大部分海归认为创业能否成功，取决于自身的“创业素质”以及能否合理利用自身国际化的优势。

① 资料来源：课题组海归创业的调查。

图表1-2 海归成功创业的条件分析[①]（多选）

| 选项 | 比例 |
| --- | --- |
| 熟悉管理经营知识 | 63.28% |
| 能组建优秀的人才团队 | 53.91% |
| 熟悉海外渠道和网络 | 50.78% |
| 国外工作经验 | 50% |
| 国内政策的支持 | 42.97% |
| 能带来新的技术 | 42.19% |
| 风险投资的支持 | 32.81% |

## （三）海归回国创业的主要地域分布

海归企业主要分布在国际化程度较高、人才和高校密集的地区，基本上是北京、上海、广州、深圳等几个城市，因为主要从事知识服务产业，对于人才资源和知识群体市场的要求很高。但随着北京、上海等大城市各方面成本的上升，而二线城市的产业基础逐渐完善以及日渐重视留学人才，尤其是民营经济发达的东南沿海城市例如无锡、苏州、杭州等，已经成为海归创业的新去向。具有代表性的如施振荣就选择了在无锡建立了他的无锡尚德集团。

## （四）海归在海外的主要工作经验

课题组的调查样本中，在国外创业过的海归只有8%，在企业从事过管理工作的人占大约1/3，大部分创业海归即使是在企业工作，也主要从事技术工作，还有相当比例是在学校、科研机构工作。能“创新”和能“管理”不代表能“创业”，这必然会对许多创业海归在项目产业化、市场化方面带来挑战，分别从事技术或管理职业、具有互补性“团队创业模式创业”会是个很好的解决方案之一。

① 资料来源：课题组海归创业的调查。

图表1-3　在海外工作的经验①（多选）

| 选项 | 比例 |
| --- | --- |
| 在学校和科研机构工作 | 41% |
| 在国外公司任管理工作 | 33% |
| 在国外公司从事技术工作 | 24% |
| 在政府或公共机构工作 | 9% |
| 自己创业 | 8% |

### （五）海归回国创业遇到的主要问题

在课题组调查中，超过一半的海归在回国创业的过程中，都认为国内创业环境存在如下问题："市场运作不规范"，"过于复杂的人际关系"，"有关部门办事效率低"，"缺乏创业资金"。

图表1-4　国内创业环境的不足（多选）②　（单位：%）

| 选项 | 比例 |
| --- | --- |
| 市场运作不规范 | 80.15% |
| 过于复杂的人际关系 | 77.21% |
| 有关部门机构办事效率低 | 62.5% |
| 缺乏创业资金来源 | 52.21% |
| 缺乏相应的人才资源 | 31.62% |
| 子女上学难的问题 | 8.09% |

## 二、海归回国创业的主要困境

在课题组调查中，尤其高新产业领域创业的海归，普遍面临过下列困境：第一，企业早期研发成本高，市场投资风险大，新产品的市场氛围不成熟，知识产权、发明专利难以抵押估值而不便贷款等。因此，缺乏资金和回国创业融资难，是广大留学归国创业所面临的最突出问题。国内支持海归创业的

① 资料来源：课题组海归创业的调查。

② 资料来源：课题组海归创业的调查。

资金渠道，除了海归企业自有资金和在民间寻找投资外，首先是政府类投资，如各地开发区、高新区认定的项目；其次是银行贷款。但对于成千上万海归企业来说，也无疑是远不足够。要解决这一问题，只能是带动来自民间企业、机构以及个人的资金参与进来。

第二，从国内有关政策和政府类投资而言，还一定程度上存在“重创新、轻创业”的倾向。为了吸引留学人员回国发展，政府有关部门出台了大量政策法规，包括建立创业园，设立政府风险投资基金和贷款担保计划，以鼓励留学人员回国创新创业。不足的是，政府主导往往有重创新、轻创业的倾向，各项政策措施制定上往往都是以学历或科研成果作为待遇标准，较少考虑科研成果产业化的实际情况；各地不少项目扶持资金的发放，也往往参考科研成果评选的标准，较少考虑科研转化和市场需要。

然而，这几乎是政府主导的投资难以避免的问题，对于项目是否具备先进性和创新性、理论上是否有市场空间、项目的行业领先水平，可以通过其专业学历、专利和项目情况、职位和过去工作经验等进行客观量化的判断。但对于创业者的“创业素质”却很难客观量化，只能非常主观地鉴定。民营企业和民间资金因为资金自有，可自负盈亏和自担责任，可以根据经验判断。而政府机构和政府工作人员一方面远离市场和企业一线，另一方面也不便进行主观评定，只能是更多的“重创新、轻创业”。要解决这一问题，也只能引入企业、风投、金融等各领域的社会精英作为专家参与项目评估。

第三，近年来除了国家建立150多个创业园外，为吸引留学人员创业，不少地方的开发区、高新区甚至大学也纷纷建立留学生创业园。但由于缺乏整套科学的项目评估机制和有效的融资渠道，不少留学生创业园实际上只扮演着物业管理公司的角色，采取简单的房租加补贴形式，作为对园内海归企业的支持。另外，在资金扶持上，较常见的模式是每个入驻园区的留学人员项目都可以申请补贴，采取撒胡椒面模式，平均分配给园区内的海归企业。这在某种意义上是浪费了投资于不合适企业的资金，而对具有潜质、需要真正支持的企业则不够重视。

第四，海归创业还面临许多自身的挑战。有相当部分海归对目前国内的市场环境并不足够适应，另外大部分海归尽管在跨国企业和外资企业工作过，但自行创业需跟国内各方面包括政府部门，市场上、中、下游等各类环节打交道，因此，远离祖国多年的海归对于本土商业环境、市场等有需重新熟悉、适应的问题。

## 三、海归创业的主要特点

图表1–5　中国海归回国创业成功的因素和特征[①]

| 选项 | | 比例 | 选项 | | 比例 |
|---|---|---|---|---|---|
| 性别 | 男 | 89.58% | 是否加入社会团体 | 是 | 85.88% |
| | 女 | 10.42% | | 否 | 14.12% |
| 回国年龄 | | | 留学国家和地区 | 中国香港地区 | 0.36% |
| | 小于30（含 30） | 12.36% | | 澳大利亚 | 3.2% |
| | | | | 加拿大 | 9.8% |
| | 31–35（含 35） | 31.09% | | 欧洲 | 13.8% |
| | | | | 日本 | 9.1% |
| | 36–40（含 40） | 33.71% | | 英国 | 8.7% |
| | >40 | 22.84% | | 美国 | 54.74% |
| | 平均年龄 | 36.77% | | 留学多国 | 1.8% |
| 所学专业 | 农业 | 2.6% | 学历 | 学士 | 3.6% |
| | 金融与商业 | 24.9% | | 硕士 | 33.94% |
| | 教育 | 0.7% | | 博士 | 48.33% |
| | 工程学 | 14.49% | | 访问学者 | 11.8% |
| | 高科技 | 0.7% | | 博士后 | 2.2% |
| | 人文科学 | 7.8% | 海外工作经验 | 6.4749年 | |
| | 法律 | 2.2% | 国内工作经验 | 5.1437年 | |
| | 医学 | 9.6% | 经商时间 | 6.2626年 | |
| | 音乐 | 0.3% | 所在领域 | 咨询 | 6.8% |
| | 自然科学 | 31.97% | | 教育 | 0.4% |
| | 多学科 | 4.4% | | 高科技 | 76.84% |
| 创业团队人数 | 2人 | 3% | | 制造业 | 5.4% |
| | 3人以上 | 97% | | 服务业 | 5.4% |
| | | | | 培训 | 4.4% |
| | | | | 医疗 | 0.4% |

① 资料来源：课题组针对 300 名创业成功海归的调查。

“高”、“新”、“国际化”、“走出去”是海归创业的四个关键词：一方面，高科技产业、新经济领域、知识服务产业以及涉及国际化和走出去的领域，是海归创业的主要阵地，是最能发挥海归创业优势的领域；另一方面也是海归创业的主要贡献所在，海归通过自身在西方学习和实践中掌握的先进技术、创业理念、商业模式、社会文化观念等，推动了国内高科技、新经济的发展，带回了新的融资方式和国际资本，同时也建立了我国在纳斯达克上市的主要企业，并帮助了本土国营企业和民营企业的国际化和“走出去”。

**（一）具有较高的海外学历和扎实的海外工作经验**

不少海归出身于世界名校和国际名企，掌握先进的技术和理念在课题组的样本统计中，其中48%是博士或博士后，35%是硕士，12%为访问学者，5%有本科学位。例如中国赴纳斯达克上市的第一家网络企业亚信的创建者田溯宁是德州大学的生物学博士，建立搜狐的张朝阳是麻省理工学院（MIT）博士，启明星辰的建立者严望佳是美国宾西法尼亚大学穆尔工程学院博士，中星微电子有限公司的建立者邓中翰是美国加州大学伯克利分校的电子工程学博士。

另外，根据调查，回国创业较为成功的人士平均在海外的工作经验一般都有5年左右，并且不少海归是在“世界名企”从事与后来创业领域相关的工作。例如李彦宏回国之前是在道琼斯工作，并负责搜索方面的技术工作。在世界名校和国际名企的工作和学习经验，尤其专业方向和工作经验与后来创业领域相关，有助于他们掌握国外先进的技术、理念以及商业模式，这些经验的积累，包括海外人脉的积累，对回国创业成功大有益处。

**（二）高科技、新经济以及知识服务产业领域，是海归成功创业的主要阵地**

目前，鼓励海归回国创业的政策很多，然而，究竟海归在哪些领域里创业更容易获得比较优势，也是一个值得研究的问题。根据样本研究，互联网、IT和通信等高新产业领域创业成功的海归占到了70%以上，还有20%的海归集中在咨询、法律服务和教育等知识服务经济领域，只有5%左右是在制造领域。调查说明海归在自身擅长、有专业技术优势、国内外差距较大的高新技术领域里创业，独具优势。

海归们踊跃回国创业的贡献，也突出体现在推动国内在新经济、新技术、互联网、IT、通信、传媒等诸多领域的发展，创办和管理的百度、亚信、UT斯达康、搜狐、新浪、中星微电子、当当、携程、E龙、空中网、尚德集团、展讯、启明星辰等企业，成为了中国新经济和高科技的主流。例在美国高科技板块著称的纳斯达克上市的企业中，大部分的企业都是由海归创办和管理的。

**（三）海归创业往往组建了一个人才团队，并有着完善的现代化管理制度**

在样本分析中，大部分海归在国外没有创业过，但是，回国创业成功的海归往往组建一个很好的海归创业团队，大多数成功的海归企业都有成员三位以上的海归团队参与企业的创办或管理。有着同样文化和海外经历、互相认可、专业能力方面却有互补性的海归创业团队的组建，大大提高了海归创业的成功率。

例如，1999年携程网的创立，背后就有一个三人海归团队。沈南鹏之前在德意志银行工作，担任首席财务官（CFO）；之前在甲骨文担任技术方面工作的梁建章任首席执行官；季琦任总裁；之后又有范敏加盟任副总裁，形成各自负责资本、管理、技术、运营四方面的四人创业团队。还有更大规模的创业团队，例如2001年在上海张江科技园成立了展讯通信公司，就是武平等37位海归集体从硅谷回国的联合创业。这些海归的创业团队一般都会设有首席执行官（CEO）、首席财务官（CFO）或者首席技术官（CTO）等职业经理人职位，建立比较完善的企业管理制度，而这些职位往往都是海归所擅长的，也常常是风险投资所看好的。

**（四）海归创业往往与风险投资紧密结合，发展壮大后也往往倾向海外上市**

在海外成功上市的海归企业中，几乎100%都得到了不同程度的风险投资。国际风险投资青睐中国海归创办的企业，当然也得到了很好的回报。对于海归企业来说，也有利于企业海外上市，有利于企业可持续发展。另外值得注意的是，度过创业初期的海归企业，也往往更倾向于纳斯达克等海外上市。

### （五）创业海归往往积极参与各种社会网络

课题组在调查研究中发现，接近80%的受访海归曾在不同时期参与过起码一个不同的社团、商会、行业组织，校友会、同学会、创业园区组织或者海归访问团等。这些机构的参与，对于海归扩大创业与发展的网络，发现人才，认识新合作伙伴，寻找和交流信息与机会，建立新的社会关系，进而帮助创业，有着积极的意义。

旅比华人专业人士协会主席高伟民在课题组调研时，就以自己参与创建的欧洲华人微电子专业论坛为例指出，微电子产业大环节上游、中游、下游产业涉及的各个环节既复杂又密切关联，绝非个人的能力可以掌握，而通过专业社团往往就能找到各个环节的人才，解决团队问题。金星博士等16位专家就是通过专业社团及相关活动认识，并形成了专业包括设计、工艺、封装、测试、可靠性、失效分析和半导体设备等微电子工程的关键领域的创业团队，集体回国创建了“高可靠性芯片工程研发中心”。

## 四、本土民营企业的发展现状

我国民营企业重新出现在历史舞台上，是改革开放和市场经济的产物。从1988年的《私营企业暂行条例》到2005年的“非公经济36条”再到《物权法》出台，以及2010年国务院发布“新36条”许可民营资本进入金融、石油和电力等垄断性行业，“十二五”规划把“支持民间资本进入基础产业、基础设施、市政公用事业、社会事业、金融服务等领域”纳入未来发展中。我国民营企业的空间与活力逐渐被释放出来，三十年来从无到有、迅猛发展。

截至2010年，中国民营企业已达到850万家，占全国私有企业70%以上，注册资金总额超过10万亿元人民币，平均每天就有2700家民营企业注册，并为国家提供2.5万个就业岗位，目前还大约提供了四分之三的城镇就业岗位以及九成以上的新增就业机会。有着巨大的资金、技术等资源。

不过，尽管我国已有一些具备国际知名度和国际竞争力的科技制造业民营企业，例如联想、华为、海尔；还有一批已相对国际化的知识服务型民营企业，例如阿里巴巴。但就整体来说，尽管许多企业已经初步度过了资金积累等初期阶段，但大多数民营企业主要从事低端制造业，并没有完成产业升级，处于全球产业链的低端环节，普遍缺乏自主品牌和核心技术，出口多是粗放型、数量型的海外发展，以低成本和低价格为竞争优势。

全国工商联发布“2010中国民营企业500强”榜单显示，全国500强民营企业主要集中在建筑业、黑色有色金属冶炼及压延加工业、批发零售业企业三个领域。全国工商联的该调查数据还显示50.6%的企业计划在未来3年内要投资制造业，有44.2%的企业计划要投资房地产业，但是，拟投资服务业、金融业的企业只占28.8%、22.6%。这在某种程度上也反映了我国本土民营企业的一些问题。

如今，产业升级、转变经济增长方式已成为经济发展大趋势，不能应对挑战，就会被淘汰。如何应对新形势、新趋势的新挑战，如何在融入全球化产业链的情况下提升企业各方面竞争力，崛起一大批引领全球经济潮流的创新型企业，这是我国海归企业和本土民营企业不可回避的挑战。

## 五、本土民营企业主要面临的全球化挑战

在过去数年，全球金融危机和人民币升值，就有大批民营企业倒闭；新《劳动法》的出台，甚至只是最低工资标准的调整，又会有大批民营企业倒闭。这显现了我国大多数本土民营企业在全球产业链中处在可替代性差的低端位置，依靠劳动密集型的方式来完成企业增长，以及通过低成本的优势来进行企业竞争，因而产品单一且附加值低，即使完成资本积累，也只是大而不强。随着我国在全球市场日渐成为能源进口大国，环保标准的提高，土地、劳动力日渐不再相对廉价，传统的发展模式必然难以长久持续。

### （一）在全球产业链中产业升级的挑战

我国大多数本土民营企业的自主创新意识较弱，主要靠廉价劳动力来获得低成本和低价优势来进行竞争。一方面存在着企业无力创新的问题，我国民营企业真正发展只有二十多年的历史，人才、技术等普遍积累不足。另一方面则是整个社会对创新的实际支持度不够，例如作为培养人才的教育体系，北京大学生命科学院院长饶毅就认为：目前的教育体系培养的是一种更多适应粗放型、一般型、追赶型经济发展的人才，当中国经济及企业的发展要求由粗放型变为高精尖、由追赶变为引领时，整体人才培养体系就不适应。

当然，最主要的是企业缺乏自主创新的动力。中国的产业发展阶段决定了即使是高新企业，只需要将国外成熟的技术、商业模式、产品移植和应用在中国就可以取得很大成功。自主研发反而运作成本和市场风险更大，再加上相关知识产权保护法律的滞后，国家直接支持较少，因此，移植国外商业模式、模仿国外产品和技术是更容易盈利的模式。

从事风险投资的软银亚洲赛富基金首席合伙人阎焱接受课题组访问就表示："美国的风投与新技术、新生产力的联系紧密，还与新商业模式紧密相关。是因为新商业模式的出现比如最早投入Google的风投，回报都是千倍。但在中国过去十几年，我们这些投资人投资中国所谓的原创技术项目，基本90%以上的都失败。而且比如我们讨论《阿凡达》，中国有这样的设备，但是中国找不到这样一个导演去肯十年磨一剑。"

阎焱认为整个中国从部分政府领导到创业者到市场，都流行以及接纳"速食"文化，从创业者来说希望今天创业，两年以后上市，拿快钱；从政府官员来说，更注意马上能看见的政绩工程。因此，不只是投资者和创业者，包括政府都需要在这方面去思考，需要政策上做些具有前瞻性的引导。

而现在，随着国家发展观念的变化，劳动法、合同法、知识产权保护法以及消费者权益、环保等各方面法规的日渐完善，政府的产业发展战略也会开始"腾笼换鸟"。产业升级、转变经济增长方式，这一挑战对于本土民营企业来说，不是该不该面对的问题，而是该如何面对的问题。

实际上，即使从事低端制造产业，未来的趋势都是需要通过加强创新能力，来提高企业竞争力。当然，创新不只是技术创新，也包括商业模式的创新等。加拿大RIM（黑莓）公司中国商务总经理刘征宇接受课题组调研时就指出："中国企业走出去要有这样的概念，全世界是一个市场，不管做什么产品。中国企业的发展也证明了所有产品在全世界确实是一个市场，但中国企业在产业链里只赚一小部分。不管这个产业链多大，能赚多少钱，以后都要通过加强我们的知识产出、我们的创造力来赚钱。"

**（二）经济全球化中企业走出去的挑战与瓶颈**

截至2009年，我国已成为仅次于美国的世界第二大外商直接投资（FDI）接收国，共吸收FDI近1万亿美元。同时，我国依靠低级工业产品出口成为了世界外汇储备最多的国家。但是，我国对外FDI与接受FDI的总量，以及与本身的经济规模存在明显不对称的现象，巨大的外汇储备更多用来购买美国的国债，而很少用于直接投资。例如美国商务部经济分析局（BEA）最新公布数据就称，中国对美国外商直接投资（FDI）在过去五年（2006—2010年）里，尽管惊人地增长了约25倍。但到目前为止，历年直接投资存量仅为23亿美元，相当于各国对美直接投资存量的千分之一。这说明我国目前巨大的外汇储备并没有得到合适的使用。

在积累庞大的外汇储备之后，我国接下来必然会成为一个资本输出大国。世界各国对外直接投资排名中，2007年至2009年，我国从第20位已经猛升到第6位，对外直接投资的增长非常惊人。美国华盛顿伍德罗威尔逊中心发布的《敞开美国大门——挖掘中国海外直接投资红利》甚至估计“如果中国遵循新兴经济体的典型模式，到2020年，它将输出1万亿至2万亿美元的直接投资。”

但是，单纯地讨论资本输出并没有太大意义，民营企业参与全球产业分工以及走出去，目的是为追求更高的单位利润，而不是依靠利润越来越薄的数量来扩张发展——更多利润分布在上游的设计和下游的分销、零售和品牌管理等环节当中。因此，本土民营企业的国际化和走出去，就不可避免面临一些瓶颈问题：有企业自身内部管理、商业文化的国际化问题；有技术、人才、品牌方面的瓶颈问题；也有企业适应不同的政治环境、文化环境、商业环境的能力问题等。

**（三）企业经营管理国际化、现代化的挑战**

“国际化”和“走出去”是两个不同的概念，“走出去”更多强调企业在海外的发展，“国际化”更多强调企业的国际竞争力。在全球化的背景下，本土企业面临着越来越大的“走出去”和“国际化”的压力，即使在本土也要面临跨国企业的竞争。而在全球竞争的背景下，本土民营企业的做大做强必然面临企业内部经营管理现代化、制度化、国际化的挑战。管理不规范、企业治理机制不合理、职业经理人团队及与合伙人的合作关系处置不科学等问题，一直都是严重影响本土民营企业发展壮大的重要瓶颈之一。

家族企业是本土民营企业最重要的初级形态之一。大多数本土民营企业的创办，资金多来源于自有资金、亲朋好友的凑借，及部分民间借贷和银行贷款，区别于海归企业与风投关系紧密的情况。对于处在创业初期的民营企业来说，家族式管理往往能带来积极的贡献，例如节省人力成本、降低企业运作成本，有利于形成一个具有忠诚度的团队，有利于根据市场变化快速决策，等等。

但是当企业发展到一定阶段后，家庭成员无论是质还是量，都不能支撑企业的人力资源需要，这时企业经营管理就必须面对规范化、制度化的挑战，建立现代企业制度。另外，家族式企业管理制度，也使企业发展过度依赖于企业领导的个人能力，往往需要创始人退休后培养合适的接班人，但大多数情况下接班人的能力通常会不如创始人。因此，即使是家族企业，当企业做大做强后也需要正视制度化、现代化。

曾担任过亚信公司总裁兼首席执行官的张醒生曾表示："民营企业大多经过或者正在经历企业成长四个阶段中不可避免的三个阶段：第一个阶段是企业培育期，那个时候不需要引进职业经理人，因为你看不到方向；第二个阶段是企业高速成长期，此时自己能打会拼，可能不一定要引进职业经理人；但到了企业成熟期，增长平缓了，那些会打机关枪、手榴弹、会拼命的人也不能给企业带来利润增长的时候，就要引进人才，要引进职业经理人，改变业务模式，寻找新的增长点。"

**（四）企业可持续发展的人才瓶颈问题**

人才缺乏是本土民营企业的产业升级、走出去等关键问题。劳动密集型民营企业向产业链更高利润的品牌、创意、设计、研发、生产、销售、管理等各环节发展，都需要各类人才。企业走出去的海外并购、投资、整合、经营，也需要各方面的国际化人才。

美国圣路易斯大学波音国际商务研究中心教授赵红心接受课题组调研时，就强调："在某种意义上，企业国际化成功与否首先取决于公司是否拥有一批国际商务管理人才，因为，国际商务管理人才是具体实现立足本国、放眼世界原则的执行者，也是进行国际战略的实施者。他们对公司国际化目标与公司整体战略愿景相互关系的理解，对公司的决策也起到重要的作用。因此，企业应该在开拓国际市场整个过程中特别强调和注重国际商务人才的培植。”

本土民营企业人才缺乏有各方面的原因，可能有来自企业本身的问题，例如薪酬，人才选拔、使用、激励机制等问题，以及内部管理机制和治理结构。也有可能是人才市场相应供给不足，因为一般来说，企业肯定都希望能够吸引高素质的人才，这一情况下不能只是内部改革，还需要从外部引进合适的人才。

## 第二节 海归创业与本土民营企业对接合作的趋势和基础

在以美国为代表的发达国家，从产业结构来看，服务业已经成为国内生产总值（GDP）的支柱和主要构成。最有市值的企业不是通用汽车、美国钢铁公司等“制造业巨头”，而是沃尔玛、可口可乐、肯德基等生活服务业巨头以及花旗、高盛、微软、谷歌等知识服务业巨头。而这些国家的明星企业则是这些已经基本占据全球市场的知识服务型企业的巨头。但与此同时，也并不意味着这些国家放弃了制造业，它们只是把高污染、高能耗、附加值低的生产环节转移出去，把工厂和生产基地设立在中国等发展中国家，附加值高、利润大的产业链环节还是控制在自身手中，核心技术以及品牌还是在全球市场居于领先地位。

我国除了产业结构需从“中国制造”到“中国创造”的优化升级之外，海归企业和本土民营企业等本身都面临着“产业升级”和企业走出去的挑战。尽管已经成为全球第二大经济体，但我国的“制造型企业”和“服务型企业”都尚未实现在全球市场的真正崛起。“制造型企业”不是从事低端工业产品输出或处于产业链代工、制造等低端环节，就是“科技制造型企业”在核心技术、自主创新、自有品牌等方面严重不足。“知识服务型企业”基本上处于对发达国家商业模式和企业的“移植并本土化”，因本土市场的庞大而具有令世界侧目的规模，在中国市场之外的全球知识服务市场并没有产生真正的巨大影响力。

具备国际化视野、素质以及掌握先进技术、理念的留学人员回国创业，完善了中国的产业结构，推动了高新产业的发展，促进了本土企业的“走出去”与“国际化”，但也面临着融资难、不熟悉市场等许多问题。与此同时，我国已有许多资金实力雄厚、具备一定规模的本土民营企业，有进行多元化经营和投资、产业升级、走出去发展以及国际化等需求。推动双方在项目、技术、市场、资金、销售、管理、团队等方面基于共赢的基础之上展开对接合作，并在整体经济局势上形成共同致力于中国的产业升级、转变经济增长方式以及中国企业走出去，这对于双方的发展以及中国的经济建设都是一件共利之举。

加拿大RIM公司（黑莓手机）中国区商务总经理刘征宇接受课题组调研时就表示：“从国外有两类回国人员，一是在世界名校深造的，有先进的技术；还有一类在世界五百强跨国企业和著名高科技公司担任高层职位，有国际化经验。并且这一在国外经验很少在政府部门，外国也没有国有企业的概念，所以从天然上来说，海归和我们民企的结合都应该非常多。”

当然，海归企业与本土民营企业的对接合作，不只是简单的“技术对接资金”、“海外市场结合本土市场资源”、“国际化对接本土化”对接合作，就能取得成功。双方在资金、技术、项目、人才、市场等各方面存在互补优势，这意味着双方具有很好的合作发展空间，但是，只注意这些，就忽略了企业之间的整合以及经营的复杂性。

海归创业者与本土民营企业的管理者，海归企业与本土民营企业之间，从经营理念到企业文化再到各方面，不可避免会存在各种差异性，需要双方有互相融合和包容的精神。并且即便双方愿意真诚地“求同存异”进行合作，作为市场行为，也绝不只是胸怀问题，既需要有双方可以共同发展的利益，也还需要注意双方在深层次的目标、理念、价值观等方面具有一定的一致性。

海归企业与本土民营企业的对接合作，需要注意合作的空间，即互相能够带来对方不具备而需要的东西；也需要注意合作的一致性，即要有合作发展的共同意愿、前景以及共同的利益基础，包括发展方向、理念、文化、目标上具有一定程度的认可性和一致性；也需要注意彼此的差异性，并能够包容、融合。

## 一、海归与本土民营企业存在优势互补的合作空间

海归创业与本土民营企业能否对接合作、共同发展，是否具备优势互补的合作空间，具备对方需要却没有的资源，这是很重要的方面。这样的优势互补合作，也往往可以取得很好的合作效果。

杭州正泰太阳能科技有限公司总经理杨立友在美国多年从事太阳能电池研究，他与正泰集团董事长南存辉的合作就是一个典型案例。杨立友指出，长期做技术研究的海归回国创业，会遇到太多的问题是不擅长解决的，而本土民营企业对本土创业环境比较熟悉，在一些细节问题的处理上要熟门熟路，另外资金也往往是问题，因此“海归”通过寻找到好的本土民营企业来实现创业，会是不错的模式。

从整体来说，海归与本土民营企业之间明显存在下列可以优势互补的合作空间：

### （一）海归创业和本土民营企业可以形成技术和资金的优势互补

海归一般在高科技方面有优势，拥有专利技术和项目，却苦于缺乏资金，政府、创业园、个人自有资金远远不够，需要风险投资，也需要民间资本；许多民营企业已经完成了原始的资本积累，并不缺钱，但在研发和创新方面特别滞后，渴求获得新技术来改善能源利用、加强环保以及提高生产效率，双方完全可以结合优势并共同合作。

融资难，尤其是高新技术项目融资更难，这是目前广大留学人员归国创业所面临的普遍问题。高新技术项目，估值难，银行抵押难，启动资金大，自有资金远远不够,政府以及各地高新区的扶持资金杯水车薪。与此同时，截至2010年，中国民营企业注册资金总额已经超过10万亿元人民币，相当比例的本土民营企业资金宽裕，除了应对企业自身发展和流动资金需求外，还将大量的资金进入“楼市”，这往往是无奈之举，因为面临“迅速贬值”的风险，同时却又找不到好的投资渠道。

在课题组的研究中发现，中关村海淀留学人员创业园的在园企业目前主要从事电子信息、生物医药、环保与节能、光机电一体化、新材料五大领域，截至到2010年，平均注册资本金364万元。与此同时，2009年只有73家在园企

业共计99个项目获得各级政府支持2894.8万元，项目平均资助额度为29.2万元。显然，资金远远不足，但是政府资金也有限。因此，海归创业需要获得风险投资的支持，也需要民间企业和个人投资的支持。

对于本土民营企业面临的产业升级挑战来说：一种应对方案是外部产业结构的转型，企业本身并不一定转型，但可以是“增量”的方式来进行合作发展，例如从事传统制造业的本土民营企业，利用手中掌握的资金投资有先进技术、项目的海归，开展多元化经营。浙江振亚集团有限公司总裁沈国锋是典型的本土民营企业家，他领导的企业有近10亿元的产值，但一直到2006年之前，他经营的产业都没有离开过纺织制造，他选择企业转型的方式，就是分别投资千万元与两个海归博士合作成立了两家科技公司。

另外一种方式是在产业链内进行内部的产业升级，一是获得技术来提高生产效率，降低生产成本，二是从单纯的“生产”、“制造”环节向产业链其他环节提升，摆脱单纯的“代工”、“加工”的角色，增强商业模式、技术、产品等各方面的创新能力。而拥有先进技术、知识专利以及可以产业化的高新技术项目，正是大批回国创业的海归的优势所在。因此，适当地引导民营企业的资金进入国家重点发展的高新产业，尤其是政府引进高端人才计划有过初步鉴定和筛选、或者政府同时有出资和担保的项目，相对风险较小，这也是个共赢之举。

浙江省杭州市专家与留学人员服务中心主任管宇接受课题组调研时就表示：“在杭州，留学生创办的企业大约70%是与民营企业合作的。民营企业家出资，留学生则以技术入股。前者有资金但缺技术，后者有技术但缺资金，二者各取所需，一拍即合。

**（二）海归创业和本土民营企业可以形成国际市场和本土市场的优势互补**

香港科技大学的崔大伟（David Zweig）教授曾和他的同事们做了一项关于中国海归回国创业和本地企业家的比较。根据崔教授的调查显示，19%的海归在海外拥有自己的公司，25%的海归在海外拥有合伙公司，67%的海归宣称在海外拥有关系网。在供应及销售网络中，平均每位海归联络有1.85个海外公司，而本土企业家平均只有0.82个供应商。海归的优势不只在于国际化方面的素质、视野、经验，还在于他们所拥有的海外人脉。

在课题组进行的样本调查当中，超过60%的回国创业海归都认为自身在“能更好利用海外关系”等方面有优势。并且回国创业较为成功的人士平均在海外的工作经验一般都有5年左右，在海外名校、名企的工作和学习经验，尤其工作经验与后来创业领域相关，这些经验的积累包括海外人脉的积累，使得海归回国创业相比本土民营企业的管理者有国际市场方面的优势。这一点从海归容易获得国际风险投资青睐，以及赴海外上市的民营企业大部分有海归参与创建、管理、投资也可以看出。

但是，作为一个主要在海外发达国家接受高等教育、并工作过多年的群体，相当部分的海归不熟悉本土市场。创业需要跟国内各个方面打交道，把握整个产业链上、中、下游等各类环节，不只是要有技术还需要熟悉市场。相当大比例的创业海归，过去多年都在海外工作，相比本土民营企业和已经在中国扎根发展多年的外国跨国企业，都明显更缺乏本土市场的经验。即使已经建立企业并带领上市的高端海归，例如2005年10月底于清华科技园成立北极光创业投资基金的邓锋表示尽管回国前曾进行过“市场调查”，但美国学习与工作15年后再度回国，还是清楚地感到了自己需要重新熟悉本土市场，他说：“其他风险投资（VC）来到中国直接就开始寻找项目了，但我要同时完成五件事：了解中国市场、熟悉产业环境；建立团队；建立关系网络；融资；寻找项目。”

而对于本土商业和市场环境的适应能力和把握能力，正是本土民营企业以及民营企业家的长处。与此同时，尽管大量的本土民营企业从事出口业务，但处于产业链低端位置以及输出低级工业产品。当企业发展需要走出去和国际化时，明显表现出缺乏海外市场经验和渠道的软肋。这一缺陷不是在国内接受国际化教育就可以弥补，还涉及海外实际工作经验和海外市场渠道、人脉等。因此，海归与本土民营企业在这个领域的互补结合，也是值得探讨的问题。

从全球产业转移的角度来说，20世纪六七十年代日本成为制造中心，东京奥运会之后，日本开始产业升级并伴随着企业走出去；八九十年代是亚洲四小龙成为制造中心、并开始产业升级和企业走出去的阶段，韩国在首尔奥运会之后打造了三星等国际化企业；到了21世纪，北京奥运会后，是我国成为全球制造中心并面临产业升级、企业国际化和走出去的阶段。

"国际化"和"走出去"是两个不同的概念，"走出去"更多强调企业在海外的发展，获取海外的资源、市场、技术等。"国际化"更多强调企业的国际竞争力，掌握国际先进的技术、理念、商业模式等。北京大学光华管理学院副教授路江涌接受课题组调研时就强调，海归创业与本土民营企业的结合，会在国际化和走出去两个方面帮助本土企业。一方面海归企业还是本国企业，"将国际先进的技术、经验扩散的效果比跨国企业更直接，可能更适合中国国情，更容易和本土企业契合起来"；另外海归有国际的经验，"这个经验可以直接增加中国企业出去对外投资的可能性、可行性、成功的概率，他们可能独立建立国际化企业，可能跟民营企业合作推动其国际化，也可能是建立帮助本土企业国际化与走出去的中介性知识服务机构。"

**（三）海归与本土民营企业在企业走出去和国际化时可以形成优势互补**

我国的改革开放不能只是引进外资、外企，本土企业和资本却不"走出去"。目前，我国企业的海外并购和对外直接投资的增长是非常惊人的。

中国企业走出去和对外直接投资基本可分为四种目的：获得自然资源、改进企业效率、开拓新市场、购买战略资产。国有企业对外投资集中在获得能源和资源上，并且基本是巨额投资；而民营企业更多集中在后三者，围绕发达国家的市场、客户、科技以及战略资产走出去。从某种程度上说，是民营企业推动了我国成为世界初级工业产品输出大国。

这种国有企业和民营企业的区别主要原因在于我国能源类企业基本是垄断企业且是国有企业，因而也导致出现了这样的企业"走出去"现象：在澳大利亚、巴西、非洲等这样资源丰富的国家和地区投资的主要是国有企业；在美国等目标为市场和客户的国家，企业走出去和对外直接投资主要是民营企业。例如在美国制造业吸收中国企业投资最多的南卡罗来纳州，直接投资90%以上的中国企业都是民营企业，以兼并收购为主，行业方面多种多样①。

表面看，对这些以制造业为主的本土民营企业而言，从中国到美国设厂，减少的是地价、电价、运输费用和关税，增加的主要是人员和管理成本，包括高管和工人的工资。但实际上，中国民营企业的走出去还面临着其他许多

① 2011 年第 17 期，《新世纪周刊》，《投资美国》。

挑战，这包括企业国际化的挑战，包括适应不同的政治环境、文化环境、商业环境的能力。相对来说，大多数本土民营企业只有二三十年的资金、人才、技术等积累，缺乏国际化的素质、视野、经验以及人脉。

而这方面正好可以借助海归的优势。巴可集团公司中国区总裁阎飞接受课题组调研时就指出，海归应该在中国企业“走出去”与“国际化”方面发挥更大的作用：“这些年，中国企业走出去的成功案例很少，这里面很大原因是人才的贫瘠，不只是兼并本身有没有专家参与的问题，即使请了最好的律师等，但接下来的市场运行、操盘方面没有合适的人才，最后还是可能导致不成功。作为一个老海归，我希望海归想想在这方面能够做些什么。”

以企业海外发展的人才问题为例，往往国内派出的本土管理人员容易水土不服，缺乏海外实际生活工作经验，对开展业务造成一定困难；如果在当地聘用，往往经营理念、风格、文化容易与我国投资者和管理人员发生冲突，影响企业的正常运转，使并购及合资预期的合理效应难以实现。除了能力问题之外，还不能解决信任感的问题。联想收购IBM之后，曾以外派人员和当地人员共同组成“中西结合”管理团队，但实践证明高管层既要争取国际社会的认可，又要消除内部的摩擦，双方的适应与调整步履艰难。

在这些方面，相当部分的留学人员具有天然优势，其核心优势来自于这一人群的“两栖型”特质，即同时在中国和国外生活过、工作过，熟悉两边情况，而且留学人员之所以会避免外派人员难以融入当地商界和社区的通病，不仅仅由于在海外多年的学习工作生活经验，还在于这些经历所形成的对当地社会人文环境的深入了解和广泛的社会联系点，可以同时有效利用两地的机会和资源。

除了在本土企业走出去的过程中，可以形成人才与资本的互补之外。大量海归创业涉及国际化领域，帮助本土企业的走出去既是他们的优势，也是他们的客户市场。例如本土毕业的江南春建立的分众传媒，在2005年选择登录美国纳斯达克上市，背后就有海归张帆等代表德丰杰等国际风险投资的助推。张帆和另外一名创业成功的海归沈南鹏后来联合建立红杉中国基金，并投资悠视网、奇虎网等本土民营知识服务型企业，他在接受课题组的调研时就表示他们的目标正是要推动大量的中国企业走出去：“对于我们而言，如果未来10年在海外纳斯达克等交易所有100家市值超过10亿美元的中国公司上市的话，希望我们红杉中国的投资组合能够在其中占到一定的比例。”

**（四）海归与本土民营企业在企业转型和产业升级中可以优势互补**

海归与本土民营企业在产业升级中在资金、技术、人才、市场等各方面都有优势互补的效应。通常来说，本土民营企业在创新和研发方面相对滞后，缺乏技术，缺乏人才；而大批海归拥有技术和项目，却缺乏资金、市场化能力等将其产业化。

北京大学光华管理学院副教授路江涌在参加调研时指出：他们在过去几年里做过关于海归创业、创新和国际化的学术研究，就发现“海归在创新方面，就像新产品的推出、发明专利的数量上，具有显著的推动作用，这一个作用还不只是限于海归企业，与本土民营企业的结合也会推动这些企业加强创新和国际化。”

路江涌还认为：“改革开放以来，我国花了很多力气招商引资，外资企业也进来很多，目的是也能带来新的以及先进的技术和管理经验，并能够扩散到本土企业里面，但是外企也会带来另外一个问题，就是可能来抢占市场，使国内的本土企业发展被挤压。而海归这些企业也有国际上先进的技术和经验，扩散效应及与本土化结合的效应更明显，双方的对接合作还会加快这种扩散，同时即使他们得到这个市场，也还是本国企业。”

为了充分发挥海归与本土民营企业在产业升级中的优势互补效应，推动留学人才为当地企业科技攻关和技术创新服务，也推动当地企业帮助留学人学的技术项目落地，广州市政府曾从2004年第七届广州留交会开始，设立了“难题招贤”专场，由广州当地企业针对自身技术难题公开征集留学人员项目，并取得了很好的效果。广州市政府也明确对留学人员与企业达成合作的项目，给予经费支持,直接推动项目落户广州。

**（五）海归与本土民营企业在企业经营管理和人才团队上可以形成优势互补**

海归回国创业在团队和企业制度现代化方面具有优势，甚至在开始创业的时候就是团队创业。而本土民营企业一般从家族企业开始。双方在企业经营管理和人才机制上存在各方面的差异，也存在着优势互补的空间。例如在新东方的创业团队当中，俞敏洪和徐小平这样本土毕业和留学背景的创业者就形成了互补，因此有人称俞敏洪是“新东方精神”的缔造者，徐小平是“新东方精神”的归纳者，而钱永强则是“新东方精神”的批判者。

赛伯乐公司的董事长朱敏曾在美国硅谷创业，后来回国从事风险投资。接受课题组调研时就强调海归精英虽然有不错的团队和项目，但相对缺乏本土实际运作能力，回国后总会遇到“怎么这样，怎么那样”的事情，习惯于以外国人的思路来处理中国的事情，他就认为：“海归精英和本土民营企业强强联合是最好的模式。”

## 二、海归企业与本土民营企业还需共同的合作基础

海归创业与本土民营企业的合作发展，不是简单的“技术与资金”、“国际市场与本土市场”、“人才与资本”的优势互补就可以，因为这只意味着双方具有的合作空间。在创业海归与本土民营企业之间，合作难以谈成，最常见的互相抱怨就是本土民营企业抱怨海归只想智力入股，创业失败不担风险，且在股权上狮子大开口；海归则抱怨本土民营企业出资就想要控制权，实际上是把自己当高级打工者而非合伙人来看待。

海归创业与本土民营企业的对接合作，双方应该存在一定的合作的“共同基础”。这一共同性包括两个方面：一方面是要形成既共利共赢又一损皆损的共同利益基础，能共同承担风险、分享成果、形成合适股权的配置。无锡惠山区政府2008年引进海归博士王晨升，就由政府牵头介绍他与当地民营企业进行对接合作。王晨升出任新成立的企业董事长，但就不仅仅是以智力、技术入股，个人也出资100万元人民币。王晨升强调为什么不单纯技术入股就表示：“以现金入股，更重要的是表明一种合作诚意。”这是一个很好的案例。

另一方面，双方还需要在理念、价值观形成一定程度的一致，并建立共同的长远的发展目标和战略规划。浙江振亚集团总裁沈国锋与两个海归博士合作成立了两家科技公司，他认为本土民营企业与海归创业人才进行合作必须要注意三点：“一要有共同的价值观；二要能互相包容；三要建立长远的、共同的战略规划。”

海归和民企的对接合作的重要结合点就是在高新技术领域，但研发某个产品包括高技术的产品，有一定的周期，市场化也有过程。加拿大RIM公司（黑莓手机）中国区商务总经理刘征宇接受课题组调研时就表示："黑莓手机、苹果等都不是到市场流行智能手机时才去研发这个东西，实际上是在成为潮流和产业之前就坚持了很长时间，是5年前或者10年前就开始做了，不是在跟风市场，而是在自我创新、引领市场。海归许多有高技术，与民营企业的资金等结合起来很重要，尽管利益是企业行为的驱动力，但还是希望能够静下心来而不是急功近利，所以希望海归创业与本土民营企业的结合能够形成共同长远的目标和战略规划。"

有时候，即使创业海归自己出资，形成了共担风险的情况，双方也不容易形成信任感。浙江大学管理学院常务副院长吴晓波就建议，许多时候政府出面扮演第三方黏合剂的角色会是个很好的选择，对于合适的高新企业，政府可以出资入股，形成股权三足鼎立、没有一方可以单独获得控制权的局面，这样也有利于保障海归与本土民营企业各自的长远利益。

## 三、海归创业与本土民营企业的合作要能包容差异性

从整体来说，我国无论是民营制造型企业还是民营服务型企业，是科技制造业企业还是知识服务业企业，在经济全球化中的盈利模式是一致的。"制造型企业"以低端制造业和代工生产为主要构成，缺乏自主创新和核心技术，采用低成本、低价竞争的数量型扩张；"知识服务型企业"也缺乏自主创新，主要移植西方国家先进商业模式和产品并本土化应用，作为"移植企业"活跃于本土市场。我国缺乏在全球市场崛起、并充当创新引领角色的大型跨国企业，都面临着"产业升级"和企业走出去的挑战。

但就微观来说，以低端制造业为主的本土民营企业可能已经通过输出低级工业产品而实现了在全球市场的"走出去"，但处于产业链的低端位置，利润微薄，也并没有"国际化"，更像是国际工厂而非具备品牌、创新、研发能力的国际化公司；而从事高新产业和知识服务产业为主的海归企业从融资到经营管理再到海外上市都很"国际化"，但是也并非"自主创新"，更多是移植并本土化应用国际上先进的商业模式和知识服务产品，而且因为这一特点而集

中于本土市场发展，并没有实现在全球知识服务市场的“走出去”。

分别涌现于不同创业潮的海归企业与本土民营企业，从企业创办到经营管理等各方面都存在着许多差异，这一点从其产生和发展历史都可以显现出来。改革开放以来，我国非公经济先后有过三次创业潮，并产生了三代企业家。第一次“创业潮”源于经济体制的放松，在体制边缘诞生了一批“摸着石头过河”、从乡镇企业和个体工商户开始的创业者。第二次“创业潮”源于市场经济体系的确立和对外开放，伴随着招商引资形成了“制造业领域的创业潮”。而第三次是以海归创业为先驱的“知识服务业的创业潮”，同步移植西方国家的商业模式并本土化应用，利用本土优势与外来跨国企业在中国市场上展开竞争。

目前，完成资本积累的大型本土民营企业，基本产生于前两次创业潮；而知名海归企业则都基本属于第三次“知识服务业创业潮”的产物。前两次创业潮和企业家，以张瑞敏、任正非、侯为贵、鲁冠球、柳传志等企业家以及海尔、TCL、华为、联想等企业为代表。在全球化市场当中，这些本土民营企业与跨国企业分别处于产业链不同环节，更多以低成本、低价格优势来展开竞争。或进行低端工业产品生产，或主要承担代工、加工、分工等环节，中国制造再贴上外国品牌最后在全球包括中国市场销售。即使是联想这样可以与惠普、戴尔等展开竞争的科技制造型全球企业，因为从内部芯片到运载系统都需美国企业提供，在全球产业链中与欧美跨国企业也更多是合作关系。

第三次创业潮和第三代企业家则以李彦宏、张朝阳等海归创业者以及接受国际风险投资推动的马云、马化腾等本土精英为代表。这批创业者的知识能力及商业模式不是来自于计划经济体制的传统，而来自欧美发达国家的培育：其一，海归创业者在西方高校、企业接受过学校教育和社会教育；其二，其产品和商业模式更多是从西方市场移植而来，并本土化应用，并非真正意义的创新；其三，他们创业之初的投资与来自国际或海归的风险投资紧密相连，企业上市后更倾向于海外上市融资。但是，这些企业在全球产业链中与来到中国市场的跨国企业处于同一环节，更多是竞争关系。

与风险投资关系紧密，是海归企业与前两代本土民营企业最鲜明的区别之一。本土民营企业更多依靠自有资金和银行贷款，尽管也寻求民间投资，但这跟高度商业化的风险投资机制是完全不同的概念。当然，目前越来越多的本土民营企业开始接受风险投资，但这一商业文化来自海归创业，并且本土主要风险投资基本上是海归创建和管理，来自于创业成功后转型为风险投资人的海归也在努力扩散这一商业模式和企业创业文化。

与之相对应的是，海归企业与本土民营企业在企业用人机制方面和经营管理体制等各方面也存在差异。亚信公司的董事长丁健接受课题组调研时就指出，海归企业与本土企业普遍有三个方面的差异性：“一是企业经营管理体制不同。海归派企业强调的是团队式合作，而本土企业则以家族式为主。二是在人才使用上，海归派唯才是举，一般不任用家族成员。在亚信就有这样一条规定，任何高级主管，三代以内的亲属不得在公司任职。三是融资手段不同。大多数海归派在创业初期都是求助风险投资公司，本土企业更多靠自有资金和银行贷款。”

融资方式、产业领域、经营管理、用人机制等各方面的不同，也导致海归企业与本土民营企业“扎堆”的地区存在一定程度的差异。海归企业主要分布在国际化程度较高、人才和高校密集的城市，如北京、上海、广州、深圳以及有向苏州、无锡、杭州、大连等城市扩散的趋势。创业者则活跃在这些城市的创业园和开发区内。本土民营企业则主要分布在交通便利的东南沿海地区，随着这些地区劳动力和土地等资源成本日渐超过运输成本，本土民营企业的新趋势是向中西部地区迁移。

最后，双方在要求政府提供的公共服务和政策支持的内容也不同。在前两次“制造业创业潮”中，政府更多是大力提倡“招商引资”，提供廉价土地、厂房以及税收优惠等便利，公共服务更多是投资公路、铁路等交通基础设施。而在“知识创业”浪潮中，各地政府的主要因应政策是建立科技园、留学人员创业园，设立政府风险投资基金等，政府公共投资主要放在教育等软件建设上。

当然，海归企业和本土民营企业整体的差异性，还体现在其他许多方面，这样不同的看法，会导致双方合作的分歧。因此，能否包容、兼容、融合这些差异性，也是双方合作的重要保证。

## 第三节　政府在海归创业与本土民营企业合作的职能和作用

海归企业和本土民营企业本质上都是民营企业，企业法人是否留过学，这对于国家、政府、社会来说，没有任何本质的区别。海归创业与本土民营企业进行对接合作，无论双方是单纯的投资与被投资关系，还是合伙的关系，或者是合营或合作，本质上只是市场行为，企业也有其经营的复杂性。但是，这不意味着与政府无关。进行经济宏观调控，解决就业问题，为企业提供公共服务，是政府公共服务职能的主要内容之一。

政府部门所需要发挥的职能角色应根据我国经济发展的客观形势来确定，通常来说，政府的经济宏观调控就意味着必须根据经济发展规划和产业发展战略，通过各种措施对创业以及企业经营进行政策引导，以及与重点产业重点项目的发展、高层次人才引进计划相结合，对重点海归创业与本土民营企业对接合作有所扶持。但需要注意的是避免形成普遍性的政策不公平以及对市场不必要的行政干预。

因此，政府对于海归创业与本土民营企业对接合作，应首先是从国家产业发展战略和经济建设要求出发，发挥政策引导作用，推动海归创业与本土民营企业共同贡献于国家产业升级、转变经济增长方式等经济发展目标；其次，针对国家急缺和重点产业符合一定条件的海归创业与本土民营企业对接合作，通过政府风险投资、税收优惠、科技园、项目和贷款担保等多种形式进行扶持；而对于一般的海归企业与本土民营企业对接合作，则遵循市场基本规律，主要完善公共服务和发挥牵线搭桥的作用。

### 一、政府应根据经济建设规划和产业发展战略发挥政策引导作用

未来的中国面临系列的转型挑战，而人才则是这一转型发展的主要驱动力。只有从低收入、低附加值的“人口红利”向高收入、高附加值的“人才红

利”转型，无论是制造业还是服务业，完成从劳动密集型向知识密集型的经济增长方式转型，才能在经济发展与国民高收入中获得共同的高速发展。“人才强国”的国家战略提出，“千人计划”的出台，《国家中长期人才发展规划纲要（2010—2020年）》的颁布，本身就是在全局的高度发挥“政策引导”作用。

从事风险投资的软银亚洲赛富基金的首席合伙人阎焱接受课题组访问曾表示：“美国的风投与新技术、新生产力、新商业模式的联系紧密，还与比如最早投入Google的风投回报巨大相关。但是在中国投资15年，整体来说中国真正原创技术为核心的产业品牌项目非常少，而且我们这些投资人投资中国所谓的原创技术项目，基本90%以上的都失败。”

阎焱认为这不只是创业者和投资者的问题，整个社会都需要反思为什么我国对于原创技术项目反而接受不了。国家从部分政府领导到创业者，都流行“速食”文化，创业者希望今天创业，两年以后上市拿快钱。政府官员到一个地方任职，也更喜欢马上能看见的政绩工程。他举例称：“比如我们讨论《阿凡达》，中国有这样的设备，但是中国找不到这样一个导演去肯十年磨一剑。”他强调不只是投资者和创业者，包括政府和国民都需要思考，尤其政府必须在政策上能够做一些具有前瞻性引导。只有这样，未来世界发展的两个引擎才可能是除了美国之外就是中国。

当前，政府出台了系列鼓励海外人才回国创业的政策，以及“千人计划”等扶持项目，另外截至到2010年建立了150多家留学人员创业园，吸引了上万家留学人员企业，这表明国内在高新技术领域的创业环境越来越好。但是，仅仅依靠政府有限扶持资金等直接力量去支持，远远不够。

同时，政府推动本土民营企业产业升级，包括传统制造产业采用新技术加强节能减排、提高生产效率等，除了采用“处罚”、“关闭”等“防”、“堵”的措施之外，更需要采取“引导”性的鼓励政策。企业经营是追逐盈利的行为，只有引导形成创新更容易获得成功并盈利的商业环境，企业才有创新和加强环保的动力。

北京中和文化传播董事长艾曙光接受课题组调研时，就以自身经历作为案例，2008年他曾想把韩国一个广泛应用的新技术引进到国内并产业化，见过不少民营企业包括上市公司，表示可以把整个韩国技术带过来，由国内企业来实施产业化。但企业都不感兴趣，感兴趣的反而是能不能通过他把所有元器件弄过来，因为这样可以很容易仿造。

艾曙光认为本土民营企业其实已经面临产业升级换代的问题，也渴求技术和人才来帮助产业升级，但是不愿意大量投入来创新，只想山寨、跟风、仿造，“短、平、快”地赚钱，因为商业和市场环境决定创新缺乏动力。因此，他建议“政府非常需要加强相关方面的政策引导、舆论宣传，包括鼓励海归创业与本土民营企业的嫁接合作，以便推动中国的民营企业规范化、现代化，具备主动创新的意识，进而才能够产业升级，包括从事传统产业的企业加大力度节能减排，提高能源利用效率和环保意识。”

政府应根据经济建设的全局规划、产业发展的长远战略出发，通过政府投资、建立科技园、项目资助、贷款担保、税收优惠等各类措施，落实到对具体产业、企业、项目、高层次创业人才的扶持来发挥政策引导作用，鼓励海归创业与本土民营企业在高新技术领域的对接合作。需要指出的是，目前，大中型海归企业和民营企业可以通过证券交易所向民间的企业、机构、个人募资与融资，但最缺资金的创业企业却在融资方面严重缺乏渠道。

北京美髯公科技发展有限公司董事长朱荣辉接受调研时就称：“中国需要经济转型，但能很简单走向自主创新和高端吗？不那么容易，必须靠市场的拉动，确实给市场和产品销路来支持甚至扶持高新技术企业的发展，并切实鼓励本土民营企业往这些方面的投资。海归创业与本土民营企业结合，确实有普遍的资源互补优势。中国本土民企也需要市场空间，不然，民企转移率将会大大增加。谁都知道中小企业融资难，民间有大量的资本，但国家不放开和引导，很容易就是非法融资，不放开和引导，他们除了进入楼市、股市之外，能拿来投资创业吗？”

政府发挥“政策引导”作用时，通过奖励、安家费等直接方式来支持的效果往往并不明显，政府本身所能投入的资金也往往有限。因此，除了针对重点企业、重点项目进行重点扶持外，要更多发挥“政策杠杆”作用，以“四两拨千斤”的方式带动大量的民间资金和本土民营企业参与到高新产业的发展战略中来。例如英国政府1981年为了加快高新产业的发展，就制订了“贷款担保计划”作为支持，规定私人金融机构对符合一定条件的高技术中小企业贷款，其中金额80%由政府担保。1983年还制订了“企业扩大计划”，规定私人投资国家风险基金可免税。

无锡“530”计划引进当地急缺或重点产业的高层次创业人才，并非常注重嫁接式企业引进科技领军型创业人才，推动本土民营企业与自身急需的创业型高端留学人才进行对接合作，该地就做过通过“政策杠杆”发挥政策引导作用的探索。例如无锡惠山区2010年出台政策规定：凡无锡本地企业对530企业投资不低于200万元、且其投资530企业首年度销售额达到500万元以上，将一次性资助30万元。

一般来说，我国各级政府、各类人才计划、各开发区与科技园等重点引进的对象，既是从自身经济建设的重点需求出发，又设置了高层次创业人才的门槛和筛选标准。因此，政府引导性政策的出台，可与经济建设、产业发展的规划和战略结合起来；而相关政策的落实执行，则可以与重点高层次人才引进计划、科技园等结合起来，推动有实力、有需求、有意愿的本土民营企业进行共赢式对接合作，共同贡献于经济转型、产业升级。

## 二、政府应对重点和急缺产业的海归创业与本土民营企业合作的重点项目进行重点扶持

高新产业领域创业，研发成本高，市场投资风险大，新产品的市场基础不成熟，知识产权抵押贷款难估值等难题普遍存在。目前成功、具有代表性的高新企业，在创业初期几乎都面临过资金、市场等各方面的问题。政府采取重点扶持政策，包括通过税收、贷款担保、政府采购等方式，鼓励本土民营企业同国家重点产业中具有资质的重点企业对接合作，非常必要也非常重要。

以目前兼任北京市青联主席、北京市工商联副主席、欧美同学会商会副会长等社会职务的海归严望佳为例，启明星辰目前是国内最知名的网络安全企业。但她在1996年6月回国建立启明星辰时，企业在1996—1998年的最初3年就处于连续亏损状态。在推出自主产品之前，缺乏资金和融资难成为最突出问题。严望佳在访问中曾表示：“创业之初公司曾连员工工资都发不下去了，有时候工资都是我个人的私房钱。最困难的时候曾找一些留学时的朋友担保贷款。”

尽管政府没有进行特别帮助，但是政府对重点产业从设立基金到入驻创业园区的扶持政策，还是间接帮助了启明星辰的发展。1998年，北京市第一家科技园海淀留学人员创业园成立，启明星辰公司作为第一批海归企业进驻。入园以后，启明星辰因为符合相关资质要求先后获得了中小企业创新基金上百万元人民币的政府风投基金支持，进而一直坚持到1999年推出第一款产品webkeeper网站监测与修复系统，开始实现了盈亏平衡。

邓中翰建立的中星微电子是另外一个案例。邓中翰回国创业，创业领域锁定的是具有巨大成长潜力，在全球范围内又尚属空白的数字多媒体芯片领域，也正符合国家重点发展产业领域、打造“中国芯”计划要求。因此，中星微电子虽以“硅谷机制”创立，但成立之初得到了信息产业部电子发展基金的第一批种子基金作为风险投资，其成功发展离不开政府的重点支持。

当然，资金缺乏以及融资难，几乎是所有创业者都要面临的突出问题。政府不可能对创业企业进行普遍扶持，必须明确选择标准，根据国家长远经济建设和产业发展战略的需要以及企业、创业者本身的资质来公平、透明筛选扶持对象。

欧美同学会商会副会长、万科集团副总裁毛大庆在课题组组织的座谈会上提出：“政府应该更多是怎么样用政策杠杆来引导、推动这个问题，而不是直接行政干预市场。普遍的海归创业与民营企业结合，政府不要太多为这一类企业扶持，企业要有它自己生存的能力，没有生存能力为什么创业呢，为什么其他企业不扶持，公平的起点是什么？因此，重要的是政府应该根据自身经济发展和产业发展的需要来选择性地重点扶持。”

注重政府扶持政策、产业发展战略、与人才和项目的结合，是发达国家和地区发展经济的普遍经验。而在如何引导、鼓励、扶持民间资金和民营企业与高新技术中小企业对接合作上，政府一般是采取担保、税收优惠、带头风险投资、资助等方式。例如1975年，日本政府就在通产省设立了“风险投资公司”与“研究开发型企业育成中心”，专门扶持中小型高新技术企业，“研究开发型企业育成中心”就是带动民间资金进入，政府对持有高技术但因资金不足难于商品化的高新技术企业，进行财务担保。英国政府1981年制定“贷款担保计划”作为支持，就规定私人金融机构对符合一定条件的高技术中小企业贷款，其中金额80%由政府担保。

南京市江宁区则是一个政府注资带动民营企业出资的典型案例，该区建立了开发区风创投管理中心，针对性引导区内民营资本与高端人才项目对接，政府牵头出资并带动民间资金共同建立风险投资基金，规模达20亿元，还与40余家民间投资机构建立了投融资合作关系。2009年，南京江宁区就有3名引进的海归高端人才创办企业时获得了本土民营企业1 700万元的注资。

## 三、政府对海归创业与本土民营企业一般性对接合作应遵循市场基本规律，主要发挥牵线搭桥作用，避免过多行政干预

海归创业与本土民营企业本质上都是民营企业，如果只是一般性的企业对接合作行为，本质上只是市场行为，只因为创业者在国外留学过就有不同的政策对待，并不合适。因此，政府针对普通创业海归与本土民营企业的对接合作，应尊重和遵循基本的市场规律和原则，主要发挥完善公共服务、提供平台牵线搭桥等作用，并不需要出台特殊政策。

价值中国网首席执行官林永青接受课题组调研时就指出："所有创业政府应该一视同仁地公平对待，如果有区别对待，不是因为是否海归、是否高学历，而是因为企业是否属于国家急缺和重点支持产业等。政府应该更多完善基本政策服务，主要发挥牵线搭桥的作用，而不是变成命令企业之间必须进行对接合作。能不能合作，彼此能有什么收获，海归与本土民营企业自己会算，政府主要是扮演一个信任担保、交流平台提供者的角色，让大家在一个比较公平、有个信任门槛的环境下接触，自己决定是否合作。"

而在针对普通创业海归与本土民营企业的对接合作中，政府发挥公共服务、提供平台、牵线搭桥等作用其实并不明显。我国有广州留交会、大连海创周等国家级留学人才交流平台，甚至苏州、无锡等主要二线城市都建立有自身的留学人才交流平台，并在海外设立招才引智的站点。在本土民营企业方面，工商联也每年举办大量的活动，包括发布有关本土民营企业的各类调查、研究报告。两个方面的平台、活动都很充足，但却缺少有关两者之间进行交流、对接、对话的大型平台。而作为我国分别以高新产业、知识服务业和制造业为产业结构主要构成的两类企业，不加强合作交流，也明显不合理。

## 第四节 推动海归创业与本土民营企业对接合作的相关建议

作为发展中国家，我国改革开放以来在经济方面的发展让世界惊叹，独特经验也被许多研究者视为发展中国家可以借鉴的“中国模式”。过去三十年，我国主要依靠人口红利和劳动密集型增长方式来推动经济发展，人口红利是低端制造业的核心竞争力，出口导向的低端制造业和数量庞大的人口城市化推动了铁路、公路等基础设施建设的巨大诉求，人口红利也是房地产业的发展及手机、互联网、电子通讯等产业成为全球最大消费市场的基础，进而推动了中国普及型知识、科技产业的发展。

但是，我国在经济高速发展的同时也积累了许多问题，需要在未来发展中修正与调整。高出口、高能耗、高污染、高投资基础建设与低内需、低附加值、低价劳动力付出、产业链低端位置为显著特征的经济发展模式，既意味着国家、企业、劳动者从全球产业链中获得的利润非常微薄，也意味着产业结构需要优化升级，还意味着大多数劳动者从收入到消费都处于低级状态。产业结构以低端制造业为主，但制造业企业通过低级工业产品实现了“走出去”却并不“国际化”，新兴的知识服务企业“国际化”却没有“走出去”，两者共同点都是在“创新”方面的缺失。

国家进行经济建设，推动经济转型发展，就需要通过政策引导释放海归企业与本土民营企业的活力。一方面，根据宏观经济调控和产业发展战略等需求，包括与相关创业型高层次留学人才引进计划相结合，出台各类优惠和扶持政策，引导高新技术领域海归创业和本土民营企业在资金、技术、人才、市场、项目等各方面展开共赢的对接合作；另一方面，遵循基本市场规律与规则，主要发挥公共服务的职能，建立各类中介平台、信息平台、对接平台、交流平台，为普遍性具有合作诉求的海归企业同本土民营企业的对接合作牵线搭桥，最终形成国家（经济发展）、政府（税收）、社会（就业机会）以及企业共赢的成果。

以下是本研究报告提出的推动海归创业与本土民营企业对接合作的具体建议，供有关部门参考。

**（一）发挥“政策杠杆”作用，与各类高层次创业人才引进计划结合，以税收优惠的政策引导本土民营企业、民间资本加强向高新技术领域的海归创业投资**

我国国民经济近年来出现了传统产业生产能力过剩、新兴产业和高科技术产业增长乏力的局面。但是，推动高新产业的发展，鼓励海归创业，仅仅靠政府直接投资支持远远不够。在政府财政拨款有限的现实条件下，单一的政府投入不仅难以形成大规模的创业投资资金，且常常因为没有谋求高风险、高收益的投资组合动力，加之缺乏有效的监督机制和高效的市场运营机制，容易导致资金使用的低效和浪费

因此，政府在对海归创业与本土民营企业对接合作的引导和扶持中，引导市场的力量参与进来，引导民间资金和本土民营企业参与到我国高新产业发展当中，如何“四两拨千斤”地发挥“政策杠杆”作用，是个重要的课题。对于政府来说，需要通过有限投入带动更多的社会、市场力量进入，并引导流向合适的产业、项目，尤其是投资融资难却具有成长性的高新技术中小型企业和创业型企业，进而“小投入，大成果”地有效推动整个国家的经济建设和产业发展。

加中友谊发展促进会会长王家明接受课题组调研时就指出：“海归聚集了很多人才，但只有技术不足以创业成功，海归的创业成功率也非常低。全国有一百多个创业园，政府也拿出不少钱，但只有政府一条腿是不够的，还需要市场的支持。民企现在赚钱都投到房地产、投到股票，它们也想做别的投资，但是一要有市场利益驱动，二是不知道该如何去做，需要政府的政策支持、引导、推荐。”

参考世界各国发展高新技术产业的经验，一方面针对重点产业、重点企业、重点项目，通过设立科技园、国家专项基金等直接投资和资助；另一方面非常注重通过税收优惠、政府担保机制等“政策杠杆”拉动民间资金、民营企业进入高新技术领域，并鼓励对高新技术中小型企业进行投资。

其中，税收优惠政策是最常规、最主要的措施。税收优惠政策一方面针对高新产业、高新技术企业、高新技术项目本身，例如比利时的高新技术企业享受的税收优惠如下：免10年金额不超过当年公司自有资本13%的所得税，免10年资产注册税和资本增加税，免10年25%的投资税，免10年留存利润税和按股分红的所得税，免10年不动产预扣税和动产预扣税。

另一方面也是针对包括风险投资机构在内的投资者进行优惠政策。在国际上，政府通过少量资金引导、配以税收优惠以及财务担保，带动民间资金向风险投资领域投入，往往能形成1∶10以上的资金带动效应。

在这方面，欧美发达国家是很好的典型。美国1979年起规定对投入高新技术开发的资本，若获利则只收28%的所得税（一般企业的所得税率为49%）。为了鼓励民营企业和民间资本投资高新技术领域的中小企业，1981年又降到20%。美国还允许资本收益和损失互相冲抵，对于经核准的风险投资损失，可以冲抵8年内的一切资本所得税。

英国在1983—1993年实施了“企业扩大计划”，规定投资者向未上市的中小型高新技术企业进行投资可以享受减免所得税的优惠，对一年投资10万英镑以上的个人可给相当于投资额20%的个人税收减免。对于专业民间投资机构，英国当时《投资信托法》也规定：将80%以上资产投于高新技术开发的投资公司或基金会，对其实行税收豁免。

法国在1985年颁布的695号法案中也规定：风险投资公司和本国公司凡是向得到政府批准的新技术工业项目投资，如果投资项目赔本，其公司收入可免交相当于投资金额50%的所得税。

我国对于高新技术企业虽然有税收减免等优惠政策，但对于高新技术企业的投资者却没有所得税优惠政策。一方面，虽然高新技术企业在成立或被认定的一段时间里，可以免缴所得税。但是，高新技术企业的投资回收期长，初期回报率低，在免税期内几乎无税可免。另一方面，对高新技术企业的投资者却没有所得税优惠政策，导致民营企业和民间资本投资高新技术领域的海归创业意愿不高，更多是投资楼市等领域。

税收是政府财政收入的主要来源之一，在现实情况下，不适宜轻易大规模实施税收减免政策。因此，课题组建议政府一方面要更多地通过税收等“政策杠杆”来引导民间资金和本土民营企业参与到高新产业发展当中；另一方面只是针对性对国家重点产业的重点企业、重点项目实施，设置一定的门槛有选择地进行重点扶持。

目前，国家和地方各类创业型高层次留学人才引进计划，往往对留学人才、所携带的技术项目、所属产业和领域已经有了申请门槛和评估筛选。课题组建议统战部及有关政府部门可以结合“千人计划”等各类高层次留学人才引进计划，来实施对投资者税收优惠政策重点扶持创业海归和本土民营企业对接合作。

这样做有两个好处：一是，减少了重复筛选的工作成本，并保证扶持政策用到经济发展所需要的合适领域、合适企业、合适项目；二是，税收优惠政策的目的是带动民间资本和民营企业的进入，但实质上却可以部分抵消国家在这些领域的直接财政投入，因此，并没有减少政府的财政收入，长远来看，却可能带来更大的经济效益。

税收优惠政策的内容可以概括如下：风险投资公司、本国民营企业以及个人投资者，凡是向“千人计划”等政府重点引进高层次留学创业人才的未上市中小型高新技术企业、项目，国家级留学人员创业园内符合规定的重点产业非上市中小型高新技术企业的非收购性投资，可考虑适当降低所得税比例。如果投资企业破产，可在5年内抵消相当于投资额30%的所得税。

适用投资范围、降低所得税的比例、投资亏损后抵消的所得税以及抵消时间，可以根据实际情况再讨论研究。地方政府也可以参照建立。

**（二）政府牵头注资，带动民间资金和本土民营企业，建立专门扶持高层次留学人才在高新技术领域创业的国家风险投资基金**

政策、产业、企业、项目、技术、人才、资金、市场的结合，往往会产生巨大的集聚效应。我国从中央到地方都制定了政策，建立了专门的孵化基地，甚至政府积极进行直接投资。但是，类似创业园的10万元补贴以及针对高层次人才引进百万元安家费的扶持政策，并不够合理。政府的资金有限，“撒胡椒面模式”的平均主义优惠政策，会造成资金使用不合理和政策起点不公平的问题。即使全部投入国家急缺产业和高新产业，“眉毛胡子一把抓”也会在一般性企业身上会造成资金浪费、作用有限，而对于优秀的、有成长性的企业则显得支持力度不够。

目前，世界各国发展高新技术产业，都非常注重通过设立国家风险基金，并带动民间资金、民营企业参与，对高新技术领域的重点中小型企业进行直接投资，将有限资金用在“刀刃”上。例如俄罗斯在2007年就通过国家预算划拨了100亿卢布建立了国家风险基金，同时争取私营企业的合作下设8到12个专项风险基金，计划专门扶持100到200家从事高科技创新的小型公司，重点是信息开发领域，由俄罗斯风险公司进行市场化管理。

为了引导民间资金参与到国家专门针对高新技术中小型企业的风险投资基金，各国通常采用的是以税收作为盈利担保以及税收优惠等引导性措施。例如新加坡政府则规定，凡是向政府批准的新技术工业项目投资的本国公司，若项目发生亏损，可以免交相当于投资金额50%的所得税。英国政府1983—1993年则实施“企业扩大计划”，规定私人投资指定的国家风险基金可享受免税。

英国目前著名的国家风险投资基金是1981年成立的“英国技术集团（BTG）”，由英国企业局和国家研究开发公司创立，在英国有相当实力，成立至今，已先后向430多家高新技术领域的中小企业进行风险投资。除了进行风险投资外，其还对各种技术开发给予各种形式的支持。例如资助大学对一些有希望但尚未证实的高技术试验进行早期开发，并提供“种子经费”以及10到30万英镑的优惠贷款。

需要注意的是，政府直接投资有其特殊性，既要区别于市场行为，符合国家宏观调控和产业发展的战略要求；又必须避免不按照市场化运作，导致经营不善，造成没有发挥作用且形成资金浪费。这一方面，国内外都有过教训。例如1958年美国政府直接出资设立中小企业投资公司，曾由于经营不善而致使最初两年所投资的项目大部分以失败告终。我国于1986年曾成立中国新技术创业投资公司，也于1998年因为债务高积被中国人民银行下令关闭。

我国南京江宁区也进行过探索，一方面自身带头注资，另一方面与全国40余家民间投资机构建立了投融资合作关系，引导国内民营企业、民营资本与高端人才项目对接。其中，江宁区引进美国国家可再生能源实验室首席科学家李小南博士时，在公司注册不到两个月时间，就帮助其获得了民间1000多万元的风投资本。

课题组建议对海归创业与本土民营企业对接合作，政府可以牵头注资，以税收作为投资盈利担保的形式带动民间资金和本土民营企业，建立专门致力于针对高层次留学人才在高新技术领域创业投资的政府风投基金，设定申请门槛和评估标准，并由专业人士管理、市场化运作。具体方案要点可如下：

（1）政府带头注资，作为原始的启动资金。并成立一个由相关行业内资深专家参与评估、专业人士进行市场化运作管理的管理机构。

（2）投资方向设定门槛限定为，国家重点产业、急缺产业以及高新技术产业领域的未上市的中小型企业。前期资金规模小时，申请对象主要为中央和地方高层次创业留学人才计划引进人才建立的企业，国家级科技园和留学人员创业园的企业。后期资金规模大时，可放宽限制许可所有高新技术领域的中小型企业申请。

（3）与国内外主要风险投资机构建立合作和联系渠道。

（4）在运作方式上，既发挥市场的作用，又发挥政府的信用机制。规定设立年度和单项投资的上限，避免亏损经营。同时，风险投资的企业或项目对象可设为两类，一类为直接投资，一类为推荐，主要发挥协助融资的作用。当基金本身资金不足，或融资额度大并超过上限，就向社会包括民间风险投资机构推荐协助融资。

（5）以税收作为投资盈利担保的形式鼓励和引导本土民营企业和民间资金参与。无论是投资到基金，还是只投资基金推荐的企业和项目，一旦投资亏损，都可以享受相当于投资金额50%的所得税收入减免。

（6）政府风险投资基金收获的投资回报，用作基金的后续滚动资金，同时也鼓励曾受过基金扶持、投资的企业在做大做强后，拿出部分资金参与。

### （三）建立针对高新技术中小型企业的贷款担保计划和投资保险计划，为本土民营企业和民间投资机构投资高新技术领域的海归创业进行财务担保

除了通过税收等“政策杠杆”、设立国家风险基金拉动民间资金、民营企业对高新技术中小型企业进行投资之外，各国也普遍建立对民间资本投资高新技术企业的政府贷款担保计划。美国1953年成立中小企业管理局，对高新技术中小企业、贷款额度在15.5—25万美元的提供85%担保。

瑞士于1984年推行鼓励中小企业技术革新法案，根据这一法规，政府将

为高新技术领域中小企业的融资和贷款提供最高80%的财务担保和贷款担保，并对贷款担保做出具体管理规定：所担保的项目还必须有良好的市场前景，担保款项必须专款专用，受保人必须每年向国家交纳一定数额的保证金，项目亏损后向中小型高新技术企业投资的公司和金融机构必须承担20%以上的亏损。

英国政府1981年为了加快高新产业的发展，制定“贷款担保计划”，规定私营金融机构对符合一定条件的高技术中小企业贷款金额的80%由政府担保。1975年，日本政府就在通产省设立了“研究开发型企业育成中心”，带动民间资金进入，政府对持有高技术但因资金不足难于商品化的高新技术企业，给予70%的财务保证。后来又在科学技术厅下设“新技术开发事业团”，直接对于开发风险较大的新技术企业提供5年内无息贷款。

需要指出的是，欧美发达国家这些鼓励民间资本和民间企业投资高新技术企业的政策，主要针对本国的风险投资机构、投资公司以及金融机构，因为这些国家的银行也基本是民营企业。因此，政府的直接投资和贷款担保是作为市场投资和贷款的补充，以便引导资本和人才流向高新技术产业。这一点区别于我国的国情，我国主要银行机构都是国有，因此政府在贷款和担保方面的角色不同。一方面政府要发挥投资和贷款的更大作用，甚至是主体角色；另一方面还必须避免行政干预，按市场化的方式进行投资和贷款。

还有一种方式就是建立风险投资保险的制度，风险投资公司向高新技术企业投资，可以向保险公司提出申请并缴纳保险金，如果投资项目失败，保险公司偿还项目投资损失的一部分。例如法国就曾通过国家财政拨款10亿法郎作为“法国风险投资保险公司（SOFARIS）”的保险基金，用于支持风险资本、民营资本、民营企业对研究和开发型中小企业的投资支持。

课题组建议政府可以参考国际上的经验，针对高新技术领域创业的海归和中小型企业，建立项目贷款担保计划和投资保险计划，为本土民营企业和民间投资机构的进入进行财务担保：

（1）可以建立一个高新产业中小型企业投资风险担保银行（或叫公司），按照市场化的方式进行统一管理。

（2）主要是针对高新技术领域的创业，因此，投资必须符合高新产业、中小型企业两个标准。适用范围可以为国家重点人才计划引进创业人才建立的企业，国家级科技园和留创园内的企业，及国家重点产业的重点企业；也可以放宽为所有高新技术领域的中小型企业。

（3）申请必须经过严格的评估程度，有规范的评估标准，包括实地考察、专家评估等程序。

（4）前期启动资金来源可以为政府前期投入、申请通过企业每年缴纳参保费。

（5）投资额度必须在限定范围内，并且担保额度为机构和专家的项目估值而非申请金额。最高财务担保的比例不超过60%。

**（四）建议对符合国家产业发展战略要求、海归与本土民营企业对接合作并取得成效的企业进行奖励，授予荣誉，减免税收，加强政策引导**

政府有关部门可以结合高层次人才引进计划，根据国家产业发展战略要求，对海归与本土民营企业对接合作并取得成效的企业进行奖励，并加强全国的舆论宣传。

这可以参考无锡惠山区的做法，无锡惠山区规定无锡本地企业对530高层次留学创业人才建立的企业投资不低于200万元、且其投资530企业首年度销售额达到500万元以上，将一次性资助30万元。值得注意的是，“530计划”是无锡根据经济发展和产业发展的实际需要引进创业人才的计划，这表明对奖励政策落实的企业、项目、人才有了严格的筛选，必须是重点产业、重点项目。其次，还有投资额和销售额的门槛，筛选标准不只是看重科研成果，还必须有市场前景，并且已经取得一定成果。课题组认为这一做法可以参考：

一是奖励对象从地方层面改为国家层面，针对全国范围内的本土民营企业和高层次创业留学人才对接合作，进行奖励；不一定局限于高层次人才因计划，还可以包括国家级科技园、留学人员创业园的企业。

二是奖励方式不一定是钱，可以是授予荣誉，也可以是相当于投资总额一定比例的税收优惠与减免，这样能够带动更多的民营企业和民间资本进入。税收优惠对于政府来说，没有直接的财政投入，却能够引导更多的创业投资。民营企业如果倒闭本就不可能带来税收，如果发展很好，免税也有年限和额度。

三是奖励等级可以进行分类对待，对企业所属领域有所分别对待，对高新技术领域或国家急缺产业的投资并取得成效，可以重点奖励。

四是标准要更为完善。首先销售额度不应该只看第一年度，应该可以放宽到投资三年内有两年内达到的一定标准。其次，是可以适当考虑国际领先水平、知名度和影响力、创造的知识领域就业岗位等要素。

**（五）建议统战部牵头欧美同学会、工商联等有关机构，从社团层面建立创业海归与本土民营企业之间的交流平台、中介平台、联谊平台**

海归与本土民企在资金、市场、人才、团队等各方面都可能具有互补优势，政府可以在宏观上引导推动，但能否合作还取决于双方之间自身的具体情况和意愿。因此，政府可以多种形式组织活动与论坛，牵线搭桥，让创业海归与本土民营企业家有个直接交流对话的平台，互相认识，互相接触，给他们创造机会，然后是否合作可以由他们自主决定。

在社团方面，工商联是中国民营企业人士、个体工商户以及民间商会组成的组织。欧美同学会则是党和政府领导下、中国最主要最大的留学人员团体。两者都是党和政府联系非公有制经济人士的桥梁和纽带，也都隶属统战部主管。

因此，课题组建议统战部牵头欧美同学总会和全国工商联，并会同地方欧美同学会、地方工商联，以及各地留学人员创业园、地方民间商会，联合建立为创业海归同本土民营企业对接合作进行各类交流服务的平台。由政府牵线搭桥，通过相关协会和社团组织，建立让双方交流对话的平台。

这个平台主要进行下列三个方面的工作：一是根据双方资金、技术、人才、市场、项目等各方面的情况和需求进行信息发布、项目推介，包括建立信息发布网站，定期举办项目推介会、人才招聘会等。

二是在统战部的主管下，定期举办相关的交流与联谊获得，组织活动、论坛以及联谊酒会等，让海归与本土民营企业家之间直接进行对话，加深接触与了解。

三是建言献策，探讨研究本土民营企业与海归创业相结合的模式，定期发布研究报告。有关海归创业与本土民营企业对接合作，目前在广州、苏州、无锡、杭州等民营经济发达和重视海归创业的东南沿海地区已经有很多市场实践，却几乎很少有理论研究。政府有关部门不一定要专门成立一个研究中心，但可以通过战略合作等形式鼓励一些研究机构进行相关研究，并支持到地方进行实际调研，每年发布相关调查报告。

**（六）建议由统战部牵头欧美同学会、工商联等有关机构，每年举办一次大型的海归企业与本土民营企业对接、对话的高端品牌论坛**

作为我国分别以高新产业和制造业为产业结构主体的两大群体，我国有广州留交会、大连海创周等国家级留学人员交流平台，工商联也每年举办大量本土民营企业方面的活动。但却偏偏缺少有关两者之间进行交流、对接、对话的大型平台和品牌活动。

北京美华新智力科技公司董事长伍筱珊接受课题组调研时就认为：“本土民企需要人才和项目，而海归需要资金，但不仅是资金，只有技术和钱是不够的，要按照国内市场规则和商业文化办事，而民企在地方上打拼这么多年，这些方面也有优势。我觉得政府关注、鼓励这点非常好，但怎么样加强彼此的对接合作呢？政府不能强制性要求海归与本土民营企业家合作，但可以采取一定的形式组织活动与论坛，让大家有个交流平台，互相认识，给他们创造机会，然后由他们自主决定。”

在民营经济发达、同时注重引进海外高层次创业人才推动产业升级广州、苏州、无锡、杭州等沿海经济发达地区，不只是注意到两者之间互补优势与对接合作趋势，也多次举办过海归创业与本土民营企业对接、对话的活动。例如中国侨联、浙江省侨联、杭州市人民政府在2010年10月在杭州萧山区联合就举办过“海归—民企融合发展创业论坛”。150名海外留学精英带来了百余个科研项目，与萧山当地民营企业进行了面对面的交流与合作，并取得了很好的效果。但这样的活动与论坛多半是地方政府自发而又零散的举办，缺乏全国性的影响力。

统战部作为党和政府联系、管理非公有制经济人士的有关部委，建议会同欧美同学会、工商联以及各开发区、科技园等渠道，一方面建立日常化、常态化的信息服务、交流平台，定期发布信息，举办小型活动；另一方面可以在全国全面举办海归企业与本土民企高端交流对话的品牌论坛，同时通过工商联等渠道将创业海归和有利条件、有意愿的本土民营企业家牵线搭桥在一个平台之下交流对话。

这样的活动可以单独举行。如果考虑成本以及可行因素，也可以先放到广州留交会这样的国家留学人员交流平台尝试举行，发挥资源互补优势。广州留交会在2004年就已经有“难题招贤”等当地民企与海归企业的对接活动，广州市政府还出台了项目落地进行资助的扶持政策，推动当地民营企业与海归之间的对接合作。

因此，建议统战部可以联合广州市政府主办，牵头全国工商联、欧美同学会在广州留交会这样全国规模最大的留学人员交流平台，共同建立为海归企业、海外高层次人才和本土民营企业对接合作的专场活动，政府牵线搭桥，在急缺产业和高新产业领域的合作还出台引导、扶持政策，促进双方进行全面的交流合作。

这个论坛可以分为三大部分内容：一是对话交流，邀请成功的高端海归与本土民营企业家作为发言嘉宾，围绕国家经济发展、政府产业发展战略、民营企业发展、海归创业与本土民营企业对接合作以及企业管理等主题展开讨论，交流经验；二是有关可以进行实际对接合作的信息交流，可以举办项目推介交流会，邀请本土民营企业家、风险投资机构参加，以及可以举行人才招聘会；三是联谊互动。

**（七）建议对科技园、产业园和留创园进行适当区分，开放海归和本土民营企业家的合伙企业进入部分创业园**

我国教育体系、科研水平、产业发展阶段与国际先进水平尚有距离，过去改革开放三十年经济主要是粗放式发展，掌握国际上先进技术、理念、经验、商业模式的主要是留学人员，因此造成科技园、创业园、留创园都主要是留学人员企业的现象。但事实上，科技园、产业园和留创园应该是不同的概念，适用不同的对象。

科技园、创业园首先考虑的是国家的产业发展战略以及企业本身的情况，海归和本土民营企业家的合伙企业当然能够进入。例如中关村海淀科技创业园截至2009年共累计入驻企业686家，留学人员企业为582家，并不是只有留学人员企业才可以入驻。形成留学人员企业为主不是有意为之，而是自然形成的现象。

但是，留学人员创业园的适用对象就只有留学人员。目前，民营企业进入留学人员创业园基本是一个空白。很多留学人员企业在创业园提供基本的开办资金后和产地后，后续的市场开发和资金难以持续。还有很多时候，留学人员创业所拥有的只是项目、技术，而民营企业家有资金，双方合作可能只是留学创业人员以技术入股，并且拥有股份不超过30%，大多数情况下不能成为企业法人。因此，留学人员创业园都有底线要求，这一情况下无疑把可以与本土民营企业合作创业的留学人员，排除在申请入驻创业园的范围外。

因此，政府鼓励本土民营企业和民间资金与海归创业对接合作，可以考虑放开部分留学人员创业园的限制，让本土民营企业家和海归的合资、合营企业进入留学人员创业园。只要符合创业园相关产业要求和引进标准，不一定企业法人代表是留学人员、而只要留学人员所占股份超过30%就可以进入创业园发展，享受有关优惠政策，进而鼓励更多的本土民营企业和留学人员在国家的重点产业、急缺产业进行嫁接合作，加快我国的经济转型。

**（八）建议采用政府优先采购产品的形式，扶持高新技术领域的海归创业与本土民营企业的对接合作**

政府优先采购制度是发达国家发展本国高新技术产业的一项有效措施：一方面政府采购需求优先考虑本国民族企业，另一方面可以通过解决部分市场需求，发挥扶持高新技术中小型企业的作用。最终，还会影响民营资本、民营企业对投资本国企业的兴趣。

例如20世纪60年代，美国为了支持集成电路产业的发展，国防部所购买的半导体器件占了当时美国半导体器件生产总值的40%，并且这些制造商都是民营企业。20世纪90年代，美国政府也大量采购计算机，来推动信息产业和计算机产业的发展。

目前，我国政府采购从选择企业类型看，往往只考虑国有企业，考虑品牌则直接找外企；从选择企业规模来看，主要考虑大型企业。北京美髯公科技发展有限公司董事长朱荣辉接受调研时表示：“为什么国家政策提非公36条，就是民营企业处于弱势地位。在国外有很多中小企业法保护，比如政府采购招标里有一定的比例必须是本土中小型企业提供。我们政府一方面很少采购优秀海归企业和本土民营企业的产品，一方面对不好的本国企业又放松食品、卫生等质量监管，这是很不好的政策引导效应。”

建议政府规定每年的政府采购名单中，有一定比例的产品和产值针对我国中小型民营企业，包括海归企业和本土民营企业，行业类型包括制造业也包括高新技术产业、知识服务业，并对其中“千人计划”等引进高层次人才建立的企业有优先采购规定，这对于企业的帮助不亚于融资，也会推动大量的本土民营企业与相关海归企业进行对接合作。

**（九）建议鼓励海归企业和本土民营企业在国内外合建研发机构，鼓励有条件民营企业嫁接式引进“千人计划”等人才**

在我国的高层次人才引进计划当中，例如“千人计划”主要分创新和创业两类，许多高层次留学人才擅长研发，掌握先进的技术，相关知识专利、技术项目也具备产业化、市场化的潜力和前景，但他们本身缺乏市场运作、企业管理的能力。创业不是研发出具有领先水平、市场前景的新技术和新产品就够了，但是，他们科研成果的目标却是要产业化。

与此同时，中国许多民营企业在研发上特别滞后，特别需要支持。因此，建议政府在这方面给予一定的支持，一方面是鼓励更多有条件的民营企业自愿申报成为国家和地方“千人计划”的人才使用基地，联合建立研发机构。

另一方面可以适当鼓励本土民营企业嫁接式引进“千人计划”等人才。这里所谓的嫁接式投资创业是指在本土民营企业的平台、品牌下内部创业，给予股份合伙建立分公司、子公司或研发机构等，而区别于投资海归另外建立新的企业。

**（十）建议鼓励创业海归与本土民营企业在产业升级、企业国际化和走出去等方面发挥优势互补作用，进行松散的合作**

产业升级、企业国际化和走出去是我国目前经济和本土企业发展的重要挑战。中国是世界第二大规模经济体，但不是世界第二大经济强国，我国企业在国际化和走出去这一块也一直不是很成功。海归与本土民营企业在这一领域的合作，不一定是建立合资、合伙企业，也不一定是展开“资智对接”的直接合作。双方还可以采取更为灵活、松散的方式进行共赢的合作。例如日渐重视国际化的联想集团就邀请了海归企业家田溯宁担任了独立非执行董事。

目前，还有许多高层次留学人员在国际知名的咨询公司、会计师事务所、律师事务所、投资银行担任高管。这些人熟悉国际化市场，也为大量中国企业去海外上市、海外发展做过知识服务工作，他们未必愿意自己创业，或者已经创业成功，但却能对海归创业、本土企业的国际化和走出去等发挥很大作用。因此，政府有关部门完全可以在这些方面出台一些鼓励政策，设计一些利益回避的机制，通过咨询、座谈会等多种形式来鼓励他们参与进来，帮助创业海归与本土民营企业的对接合作。

## 第五节　结语

中国正处于着转变经济发展方式、产业结构优化升级的关键时期，具备国际化视野、素质以及掌握先进技术、理念的留学人员回国创业，完善了中国的产业结构，推动了高科技产业、创意经济以及知识服务经济的发展，促进了本土企业的“走出去”与“国际化”，但也面临着许多创业困境。

与此同时，我国已有大批完成资本积累、具备一定实力的本土民营企业，这些企业本身发展也有进行多元化经营和投资、产业升级、走出去发展以及国际化等需求，但在发展过程中也有自身的缺陷和挑战。

从宏观来说，海归企业与本土民营企业都属于民营企业，并致力于我国经济建设的共同目标。而在微观方面，无论是整体产业结构还是企业经营管理，整体上，海归企业与本土民营企业既存在着差异，又存在着可以优势互补、合作共益的空间。

从政府角度来说，政府有进行经济宏观调控，解决就业问题，为企业提供公共服务等机构职能。而无论是对海归创业还是对本土民营企业的扶持，都需要通过有限投入带动更多的社会、市场、民间的各类资源进入，进而“小投入，大成果”地有效推动整个国家的经济建设和产业发展。

因此，政府有必要充分发挥政策引导、公共服务、牵线搭桥等职能作用，鼓励留学人员企业与本土民营企业在共赢的基础之上，进行各方面的对接合作，共同为中国经济建设发挥积极作用。最终达到国家（经济发展）、政府

（税收）、社会（就业机会）以及企业双方共赢的目的，这也是当前经济建设具有建设性、前瞻性以及重要意义的一项工作。

## 附录 课题组举办“海归创业与本土民营企业对接合作研究”专家调研课座谈会发言摘要

2011年1月10日，课题组在欧美同学会会所第三会议室组织了“海归创业与本土民营企业对接合作”专家建言献策座谈会。

与会嘉宾就海归创业以及与本土民营企业合作等议题展开了热烈的讨论。与会专家基本认为：海归创业和本土民营企业之间的对接合作具有广阔的发展空间，政府应适当地引导海归创业同本土民营企业从资金、技术、人才、市场、项目等各方面展开共赢为基础的对接合作，当然，海归企业与本土民营企业的合作，不能只注意资金、技术、人才、市场、项目的互补与差异，还需要注意企业文化、管理制度、商业文化等深层次因素的差异与融合。另外，政府的引导、鼓励应遵循市场自身的规律，避免不必要的行政干预，更多是牵线搭桥和完善基本政策服务。

以下是根据发言顺序整理的调研摘要：

**1、海归与本土民营企业对接合作，能够推动本土企业的创新和国际化**

北京大学光华管理学院副教授路江涌：我们在过去几年里边做过几个关于海归创业、创新和国际化的学术研究，就发现与中国本土民营企业的结合，也会推动这些企业加强创新和国际化。我们发现海归在创新方面，就像新产品的推出、发明专利的数量上，具有显著的推动作用，这一个作用还不只是限于海归企业。

我们都知道，从改革开放以来，我国花了很多力气招商引资，外资企业也进来很多，我们目的是也能带来新的以及先进的技术和管理经验，并能够扩散到本土企业里面，但是外企也会带来另外一个问题，就是可能来抢占市场，使国内的本土企业发展被挤压。而我们看海归的这些企业，他们也有国际上先进的技术和经验，但即使他们得到这个市场，还是我们自己的企业，而且扩散的效果比跨国企业来得更直接，可能更适合中国国情，对中国的管理模式更容易和本土企业契合起来，这是我们的第二个发现，海归企业不仅仅是带来自己企业创新的增长，而且可以把这个效果扩散到本土企业，双方的对接合作会加快这种扩散。

我们做的另外一个研究是和国际化有关，我们是研究中国上市公司的企业国际化，和其他的国家有一个很大的不同，我们改革开放30年走的是渐进的道路，在这个道路过程中，因为海归有国际的经验，这个经验可以直接增加中国企业出去对外投资的可能性、可行性、成功的概率，他们可能独立建立国际化企业，可能跟民营企业合作推动其国际化，也可能是建立帮助本土企业国际化与走出去的中介性知识服务机构。

**2、海归创业与本土民营企业的结合要有长远战略规划**

加拿大RIM公司（黑莓手机）中国区商务总经理刘征宇：有两类回国人员，一类是到外面读书，尤其是在世界名校深造的，有先进的技术，还有一类是在外面工作一段时间，尤其在世界五百强跨国企业和著名高科技公司担任中高层职位，有一定的国际化经验，而且大部分留学人员在国外的工作经验都是在外国的民营企业，很少在政府部门等，外国也没有国有企业的概念，所以从天然来说，海归和我们民企的结合应该要比较多，但是实际上现在回来的海归还是想去国有企事业单位，尤其学术成就比较高的。实际上，我觉得海归对民企来说很有用，现在有一个结合点是在哪里呢？我觉得是高新技术研发某个产品包括高技术的产品，它是有周期的，市场化也有过程，我们国内的民营企业，不只是许多企业有资金，市场销售也做得很好。

另外，希望海归创业与本土民营企业的结合能够静得下心来，尽管利益是企业行为的驱动力，但还是希望有更为成熟的态度，而不是急功近利。举个例子来说，美国有一个叫SUN的公司就养了很多科学家，这些科学家有的和目前产品根本没有关系，但是公司背后有一个长期的战略规划。就像我们黑莓手机，包括苹果也是这样，不是说现在正好市场流行智能手机，所以我去研发这个东西，实际上是在成为潮流和产业之前就坚持了很长时间的，是5年前或者10年前就开始做了，不是在跟风市场，而是在自我创新、开辟新产业、引领市场。

我感觉海归大部分都是高技术、高学历，但是怎么样能够静下心来与民营企业合作，把民企的资金和海归的先进技术更好地结合起来，很重要，而不是说你过来能不能帮明年就销售量达到多少。另外，对于我们政府来说，希望能够政策服务也好，舆论导向也好，或者支持也好，也朝那个方向努力推动，这样会对海归和本土民营企业都会有一个比较大的支持。

**3、要根据各地经济发展的需要引进海归人才**

欧美同学会商会副会长、万科集团副总裁/北京万科总经理毛大庆：关于海归创业，这个事情谈了好多年，我们谈了很多问题，怎么让他落地，给他提供这个政策、那个政策，怎么扶持、孵化，然后似乎弄来弄去还是很盲目，我认为对这个问题的解决要抓住两个事情：

第一要紧紧抓住市场和经济发展的需要，这个话说起来很简单，但是把这个事延展开，我到贵州去，我说贵州有什么海归，他说他们需要的海归人才与北京不同，后来就这个问题我思考了很多。中国有经济的多样性和地域的差异性，比如说湖南省需要大量研究基因、农业科技的高层次人才，贵州需要跟矿产有关、能提供技术提高资源利用效率、促进节能减排的高层次留学人才。所以，对于海归创业与民营企业的结合，中央政府部门不应该过于细化地管理，要根据经济的多样性照顾到地方不同的创业人才需求，更多是怎么样用政策杠杆来引导、推动这个问题，但却不是直接地行政干预市场，这就是我要说的，我们要抓住地域经济的特征，为他们输送人才。

加拿大引进人才的目录就是每三年一变，国家这会儿需要什么，就重点引入这些人，新加坡也在这么弄，时刻跟着经济发展在引入人才。北京不缺乏人才，甚至还限外，那么就推动海归去二线城市，祖国的腹部需要大量人才。普遍的海归创业与民营企业结合，我觉得政府不要太多为这一类企业扶持，企业要有它自己生存的能力，没有生存能力为什么创业呢。而且为什么中国其他民营企业不扶持，就扶持海归企业,公平的起点是什么？重要的是政府应该根据自身经济发展和产业发展的需要来选择性扶持。

第二，怎么输送人才让他去，我觉得海归比国内的大学生还愿意去二线城市和地方，我在贵州跟当地落地的海归座谈，不乏哈佛、耶鲁回来的海归，我就问什么样的东西能吸引人到这来，他说我可能回来时创业，但吸引我的却不只是创业和金钱，还有政治权利，我今天是美国籍了，我很想回中国，但我回中国还是想当政协委员，想有政治话语权，这就是一个工具。政府对人才的看法能不能放在一个相对比较市场的角度，把我们的体制问题、政治因素稍微弱化一点，我觉得在这个问题是对海归落地极其有影响的一件事情。

**4、海归创业和本土民营企业的结合发展有资源互补的优势**

欧美同学会副会长兼商会会长王辉耀：海归创业如何跟民营企业结合，我想海归与本土民营企业之间是可以优势互补的，一是技术和资金优势互补，海归一般是在高科技方面有优势，民营企业一般是在资金、本土市场能力方面有优势。现在许多本土民营企业不缺钱，资金非常雄厚，但往往却用来炒楼，另外还缺乏自主创新能力，从事传统产业但能源有效利用、环保等问题严重，在研发和创新方面特别滞后。而资金恰恰是在高新技术领域创业海归的软肋，高新企业特别缺乏资金，政府、创业园、个人自有的资金都远远不够，需要风险投资，也需要民间资本，双方是完全可以结合的。

二是市场的优势互补，海归有国际市场的优势，但许多不熟悉本土市场，而本土民营企业在这方面很有优势，同时即使本土民营企业从事传统产业，外贸依存度也很高，大量的产品要出口，在这个领域里面如何互补，也是值得探讨的问题。

三是团队的优势互补，海归回来在团队方面是比较有优势的，本土民营企业一般是家族企业，当企业做大做强后就需要团队化、制度化地工作。

四是企业走出去和国际化的优势互补，我看到最新的报道目前中国民营企业走出去只占了12%，绝大部分还是国有企业，在这个方面海归有一定优势。

个人建议有以下几个方面：一是从政策层面来讲，是否政府出台一个政策，在符合国家重点发展、急需的产业领域里（一般来说就是高新产业），如果本土民营企业和海归结合，并且取得了一定的成果，政府将进行支持、资助；二是可以政府牵头，汇集民间资金、本土民营企业成立一个风投基金；三是在创业园方面进一步完善，比如说现在本土民营企业可以进入科技园，但进入留学人员创业园还是一个空白，我们能不能出台一个政策或者说在这个方面优化、转化，比如说海归和本土民营企业的合资企业可以进入这个留学人员创业园，如果留学人员持股超过30%，不一定是企业法人也可以；四是在社团层面，比如说欧美同学会负责海归，工商联负责民营企业，可以联合起来建立交流平台，举办对接活动与论坛，探讨研究本土民营企业与海归创业相结合的模式，也为其提供交流服务平台，包括可以共建创业园进行试点。

**5、放宽海归与本土民营企业的合资企业进入留学人员创业园的限制**

欧美同学会青年委员会主任、北京市侨联副主席陶庆华：现在海归创业已经不是概念了，是普遍现象。这个时候政府部门来研讨这个课题，就必须克服浮躁的情况，必须定位好，抓住定位和需求，不是任何海归与民营企业的对接合作都扶持，必须针对重点发展的产业、急缺产业、高新技术领域以及高层次留学人才，必须避免急功近利和政绩化工程。

第二，民营企业跟海归企业要可以一起进入留学人员创业园的话，现在留学人员创业园都是有底线的要求，建议这些法人代表必须是留学人员才能有所让步，比如说留学人员能占30%股份。合作有可能只是技术入股，但有时候实际情况就是往往留学人员有技术，然后民营企业家有资金，这两个只能这样结合。

第三，由于一般情况下，出资方往往是公司法人，过于强势，但许多时候本土民营企业有资金却又不懂高新技术，会造成外行指挥能行。所以，能否成立专项资金，带动本土民营企业的资金进来，但主要是充当风险投资的角色，合伙而不合营。

第四，无论海归企业还是本土民营企业，都是民营企业，在中国都是弱势地位。政府采购往往只考虑国有企业，或者干脆直接找外企。政府采购能否也要考虑这些结合起来的企业的产品，对于有一些产品政府优先给予扶持、采购，当然得符合质量的需求。我觉得这一点如果能够实施，对企业能够起到实际不亚于帮助融资的推动作用。

第五，现在创新创业好像是两条道上跑的车，创新是国家重点实验室、大学、科研机构等，创业就散落在各个创业园以及企业里面，能不能探讨把这两者结合到一块，然后组建团队，不仅仅是科研成果与产业化结合，还与本土民营企业的资金、市场销售能力相结合。

**6、举办活动与论坛，为海归与本土民营企业提供交流平台**

北京美华新智力科技公司董事长伍筱珊：关于留学政策，我觉得已经定得非常好，可能现在最重要的是这些政策怎么落实下去，怎么样让创业者切切实实感受到我们有关部门的支持。有些时候钱是很重要，但钱不是唯一的，只要有政策，到时候政策要执行还是要找各级政府部门。政府有关部门可能更多去关注了一些高层次海归，比如中组部的千人计划和地方的千人计划，出于战略考虑是需要重视领军人物。但还需要注意的是人才是有成长性的，政府不一定特别在资金上扶持，但要加强基本政策环境和服务体系，让普通的创业者能够感觉到支持。

本土民企需要人才和项目，而海归需要资金，但不仅是资金，只有技术和钱是不够的，要按照国内市场规则和商业文化办事，而民企在地方上打拼这么多年，这些方面也有优势。央企为什么强大，和政府支持有关系。所以我觉得政府关注、鼓励这点，非常好，但怎么样加强彼此的对接合作呢？政府不能强制性要求海归与本土民营企业家合作，但可以采取一定的形式组织活动与论坛，让大家有个交流平台，互相认识，给他们创造机会，然后是否结合可以由他们自主决定。

**7、要将支持海归企业与本土民营企业的政策真正具体地落实**

北京美髯公科技发展有限公司董事长朱荣辉：我做民营企业在中国有将近10年的历史，当时我在中关村的企业是作为一个标杆企业，海归回来创业经常要我去做经验介绍，我也说了很多当时的情况。但很遗憾的是，三年之后遇到这些企业家的时候，他们都批评我，说被我忽悠了，因为我觉得很多企业回来之后，我跟他讲中国创业怎么样，有很多好的政策，可当他们具体创业了，就发现政策落实和持续性都是问题。十年后，我看看这些企业大部分留学人员又到国外去了，我觉得这是个教训。

中国需要经济转型，但中国能很简单走向自主创新和高端吗？不是那么容易。所以不能急于求成，必须靠市场的拉动，确实给民企以市场，给他们产品以销路，支持甚至扶持高新技术企业的发展，并切实鼓励本土民营企业往这些方面的投资。为什么国家政策提非公36条，就是民营企业处于弱势地位。在国外有很多中小企业法保护，比如说在政府招标里头有一定的比例必须是中小企业提供，我们政府很少采购本土民营企业产品的，但却放松包括食品、卫生产业质量监管体系的管理等，实质上形成对高新技术民营企业不重视，却又鼓励了不合格的、利欲熏心的民营企业的效果。

海归创业与本土民营企业结合，确实有普遍的资源互补优势。技术、资金、市场、管理以及团队都存在着互补优势。中国的本土民企也需要市场空间，不然，民企转移率将会大大增加。谁都知道中小企业融资难，民间有大量的资本，但国家不放开，很容易就是非法融资，为什么不能把这个市场放开，不放开的话他们除了进入楼市、股市之外，能拿来投资创业吗？

**8、政府可以为海归与本土民营企业的合作做信任担保**

加中友谊发展促进会会长王家明：21世纪的竞争是人才竞争，为什么美国这么短的时间经济突飞猛进发展，他是把全世界最高尖端的人才全部挖掘，创造了好的生活环境、宽松的社会环境，让全世界顶级的科学家为他服务，所以迅速强大起来。我们现在经济在高速发展，但是我在国内外贸出口大概做过30年，一直感觉到我们中国是在出口低价的、低端的产品，导致全世界都在让中国的人民币汇率升值，有学者估计越来越多的这类出口企业要倒闭，将来中国下一步怎么走，需要人才，一方面是自己培养，一方面是从海外引进，引进包括我们自己派出去的留学人才。

另外，我设身处地地感觉到一个矛盾：经济发达地区吸引投资，但起点高；落后的地区起点低，但是法律不健全，领导一句话就是法律，所以现在的问题是海归回国创业，包括与民营企业结合发展，首先要完善基本政策服务体系，让能力、市场等而不是关系来决定企业成败。

现在中国的高层次人才很缺乏，海归聚集了很多生物制药、文化创意包括高科技领域的人才，但只有技术不足以创业成功，海归的创业成功率也非常低。全国有一百多个创业园，政府也拿出不少钱，但只有政府一条腿是不够的，还需要市场的支持。尽管海归跟本土民营企业结合发展，是利益驱动，但共赢本就是合作的原则。为什么民企现在赚钱都投到房地产、投到股票，他们也想做别的投资，但是不知道如何去做，所以这个平衡点怎么平衡，通过什么机构来推荐，很重要，因为有一个互相信任的问题。民营企业说别到时候我投完钱，这个产品不会有市场，你一点风险也不担；海归说别到时候项目产业化后，你会不会把我赶出去。这种信任感有时候需要第三方例如政府的介入才能产生，不一定是要参股，另外，建议搭一个平台，专门做海归的高科技项目和民营企业对接的信息服务，定期搞一个发布会。

**9、政府应主要发挥牵线搭桥的作用**

价值中国网CEO林永青：关于政府主要完善制度建设、发挥政策服务的作用，并且政策注意起点公平的问题，我也同意这个观点。其实海归企业也好，除了部分人已经是外国籍，大部分也是民营企业，不要做太多区分。只是海归企业可能做起来有些特别，一个是创业者可能离开过这个土壤，学历普遍高些，但讨论这些没有意义。我觉得这不应该归咎于海归创业的问题，所有创业都一样，即使高学历但不熟悉市场、缺乏商业经验都会有问题。政府应该一视同仁地公平对待，要区别对待不是因为他们是否海归、是否高学列，而是因为他们企业的发展情况，是否属于国家急缺和重点支持产业等。

我觉得首先是需要完善基本政策服务，如果政府太多限制，就会影响企业生存。郭台铭讲台湾的民营企业为什么成功，因为政府不去限制它们，我就谈这两点，一个是在具体行业的立法要尽可能加快，另外一点是没有必要的限制要去掉。

有关本土民营企业跟海归企业之间怎么结合的问题，这是一个时间点的问题。如果只是刚刚回来的海归，没有市场也没有经验，是技术人才但没有专利、项目，不在国际上领先，本土民营企业只会直接雇用而不是投资合作。在美国有一类组织叫中间市场协会，专门去帮不同的企业之间做并购、合作等，我认为政府和相关机构应该主要发挥牵线搭桥的作用，而不是变成命令企业之间必须进行对接合作。能不能合作，彼此能有什么收获，海归与本土民营企业自己会算，政府主要是扮演一个信任担保、交流平台提供者角色，让大家在一个比较公平、有个信任门槛的环境下接触，让他们自己决定是否合作。

**10、政府应鼓励海归创业与民营企业对接合作推动产业升级**

北京中和文化传播董事长艾曙光：我想以自己真实的经历作为案例，2008年，我多次去浙江一个城市，我当时想把韩国一个广泛应用的新技术引进到国内，并使其产业化。这个技术现在也只有少数国家才有，然后我到了浙江见了几家企业，包括一些上市公司等，我表示自己可以把整个韩国技术带过来，研发中心带过来，由这边企业来实施产业化。他们都不感兴趣，最后只是找我说，能不能通过你把这个东西所有的元器件弄过来，我一个星期之内就能仿造出来。后来，我总结这些企业其实已经面临着产业升级换代的问题，他渴求着产业升级、渴求着技术和人才，但是他不想花一分钱去做这个东西，又不愿意投入大量的东西引进并创新，只想山寨、跟风、仿造，来短平快赚钱。

所以，我觉得政府还是很需要加强相关方面的政策引导、舆论宣传，包括推动海归创业与本土民营企业的嫁接合作，目的是推动中国的民营企业规范化、现代化，具备主动创新的意识，进而才能够产业升级，包括从事传统产业的企业加大力度节能减排，提高能源利用效率和环保意识。

# 第二章　海归与本土创业对比及结合研究
## ——以新能源和生物工程行业企业为例

## 第一节　引言

近年来，海归潮已成为我国一个重要的现象。根据教育部网站披露，从1978年到2010年底，中国各类出国留学人员总数达190.54万人。近年来，随着中国经济的快速发展，越来越多的留学人员选择回国工作。据教育部网站数据，截至2010年底，留学回国人员总数达63.22万人。此外，在教育部最近进行的调查中，有62.3%的留学人员学成后倾向于选择回国发展。

海归人才受到了我国各级政府的重视。国家政策通过吸引和扶植海归人才的发展，帮助其在我国经济发展尤其是科技创新中发挥重要作用。例如，2008年初，中央政府启动实施了“千人计划”，吸引留学人员尤其是高端海外人才归国创业和工作，已经上升到了一个前所未有的国家战略层面。各地方政府也相继启动了吸引和扶植海归人才发展的计划，例如，北京市于2009年4–5月下发了《关于实施北京海外人才聚集工程的意见》、《北京市鼓励海外高层次人才来京创业和工作的暂行办法》和《北京市促进留学人员来京创业和工作的暂行办法》等一系列文件，开启了“海聚工程”。2009年上半年，中关村管委会也发布了《中关村高端领军人才聚集工程方案》和《中关村高端领军人才聚集工程实施方案》，启动了“高端领军人才聚集工程”（高聚工程）。

另一方面，关于海归的研究也逐步受到了学术界的关注。过去，学者们认为，发展中国家大量优秀人才流向发达国家，造成发展中国家的人才流失（brain drain），影响了发展中国家经济的发展（Bagwati，1976）。但近年来，随着海归回国潮及其在经济活动中扮演了越来越重要的角色，学者们开始研究海归回国的原因及其影响，探究海归在经济活动中所发挥的作用。在以往文献中，很多学者把海归与创业研究结合起来。学者们研究发现，海归创业者正向影响高科技企业的创新（Liu等，2010a）、企业的出口导向及其绩效（Filatotchev等，2009）。另外，海归创业企业对其他非海归创业的高科技企业有技术溢出作用，间接影响他们的创新绩效（Liu等，2010b）；而Wright等（2008）则用互补的视角分析了海归创业者选址的决策机制。

然而，尽管现有研究探讨了海归创业者对创新、技术溢出及其它经济活动的影响，但海归创业者与本土创业者有何不同、海归创业者通过什么机制以及为什么会对企业行为产生影响却仍少有研究。因此，本章的研究问题是：（1）海归创业者与本土创业者在创业机会识别、资源获取、创新以及领导力方面有何异同？（2）海归创业者和本土创业者所表现出的异同背后的机理是什么？（3）在中国情境下，海归创业者的创业行为如何与中国本土情境相互作用？

为了分析海归创业者与本土创业者的不同及其机理，我们以Chen和Miller（2010）所提出的双元文化视角（ambicultural perspective）为出发点，以Chen和Miller（2011）及Gupta（2011）所讨论的关系视角（relational perspective）和交易视角（transactional perspective）为分析维度，探讨海归创业者及本土创业者由于所处文化背景的不同而产生的创业行为中的差异。

“关系视角”作为“双元文化”的一端，其相对的另一端是“交易视角”。Gupta（2011）认为，“关系视角”有其优点和不足，需要与“交易视角”相互补充。“交易”，顾名思义即基于市场机制的买卖。因此，在“交易”视角中，“市场”是基础，而相对应的“关系视角”则把“关系”视为基础。把“关系视角”与“交易视角”结合起来，便形成了Chen和Miller（2010）所提到的“双元文化”视角。尽管“双元文化”概念（ambicultural，bicultural，ambidexterity）近年来被多位学者在概念性论文中提及（Chen和Miller，2011；Gupta，2011；Luo 和 Rui，2009等），但极少有实证研究探讨了“双元文化”的表现形式，及其对管理活动的影响。由于研究问题所关注的是创业过程以及“双元文化视角”发生作用的机制，我们采用案例研究的方法进行研究。本研究包括了生物医药行业和新能源行业的6个案例，其中有3个海归创业的企业案例以及3个本土创业的企业案例。通过对比海归创业以及本土创业的案例，我们探讨了海归创业和本土创业过程的异同，以及“双元文化视角”的作用。

本研究具有重要的学术意义和实践意义。在学术方面，我们对海归创业研究以及“双元文化视角”研究有贡献。第一，本研究比较了海归创业与本土创业几个主要方面的异同。第二，本研究引入“双元文化视角”的概念，解释了海归创业与本土创业异同的原因。第三，本研究通过对比6个案例，用实证研究诠释了“双元文化”的具体表现。第四，本研究通过对比海归创业和本土创业的过程，探讨了“双元文化”影响创业行为的机制。而在实践方面，第一本研究探索了海归创业与本土创业的异同，有利于海归创业者和本土创业者相互对比、相互学习；第二，本研究探索了两个不同的创业群体在创业过程中的行为，有利于国家制定政策，给予每个群体相应的扶持；第三，本研究探讨了“双元文化”与中国情境的相互作用，有助于指导海归创业者和本土创业者的创业行为。

## 第二节　理论背景

### 一、海归创业研究

近年来，海归创业是创业研究中的热门话题。Saxenian（2005）提出，随着大量在西方国家留学的高科技人才的归国，发展中国家从“人才流失”（brain drain）向“人才流动”（brain circulation）转变。这些曾在美国留学的科学家和创业者们，把美国先进的科学技术和制度文化带回中国，大大促进了中国和印度等发展中国家信息技术产业的发展。而Tung（2008）则研究了人才流动、民族散居（ethnic diasporas）与国家的国际竞争力之间的关系。由于越来越多的海归回国创业，很多学者开始研究对海归创业现象展开研究。由于海归受到西方国家教育，在科学技术、商业模式和制度文化方面受到西方国家较大的影响，在创业时有一定的优势。Liu等（2010a）研究了海归创业者、对外投资以及企业间人员流动对中国高科技企业创新的影响。研究表明，海归创业者对高科技企业的创新有正向作用。Liu等（2010b）还研究了海归创业者、国内本土创业者的跨国企业工作经历与中国高科技企业的创新之间的关系，并发现海归创业企业比本土创业企业更具有创新性，而且海归创业企业对非海归企业有技术溢出作用，并对其创新绩效有间接的影响。Filatotchev等（2009）研究发现，海归创业者对新创企业的出口导向有促进作用，并且正向影响其绩效。Wright等（2008）用互补视角（complementary perspective）研究了海归创业者在科技园区选址的行为，研究发现，拥有专利的海归创业者倾向于选址在非高校科技园区；而拥有创业经验的海归创业者则倾向于选址在高校科技园区，表明海归创业者在创业过程中倾向于寻找互补资源。尽管大量的研究表明海归在推动企业创新、出口、知识流动等方面的作用，但我们仍然不知道海归创业者和本土创业者在哪些方面存在不同，存在怎样的不同，以及为什么不同。因此，本研究将尝试探讨“双元文化视角”在创业中的表现形式及其发生作用的机制。我们通过对比海归创业者和本土创业者，试图探讨如下问题：（1）海归创业者与本土创业者在创业过程中的行为有何异同？（2）“双元文化”在海归创业者身上如何体现？（3）“关系视角”、“交易视角”和“双元文化视角”如何影响海归创业者和本土创业者的行为？（4）在中国情境下，“双元文化视角”如何与中国本土情境相互作用？

## 二、“双元文化视角”——“关系视角”与“交易视角”

海归创业者生于中国，受到中国传统文化和思维的影响；而后又留学西方，长时间受西方文化和思维的熏陶。因此，海归创业者一个重要的特点就是他们身上所具有的“两重性”：他们既受到中国传统价值观的影响，又接受了西方文化的熏陶；他们一方面在西方发达国家学习了先进的科学技术，另一方面却也缺失了对中国发展的进一步了解；他们一方面拥有海外的社会网络，另一方面又受到国内社会网络的制约；他们一方面学习了海外先进的制度文化和商业模式，另一方面又面临中国本土情境的适应问题。因此，我们运用“双元文化”视角，来分析海归创业过程中的特征。

Chen和Miller（2010）认为，在经历了经济危机后，世界正在寻求新思想和新视角。管理实践已经从以往的“西方引领东方”转变为“西方对话东方”。他们以宏碁（Acer）的创始人施振荣为例，描述了施振荣发扬东方文化的优点，如长期导向（long-termism）、集体导向与和谐（harmony和collectivism）、师徒制（seniority和mentorship）等，同时又结合了西方文化开放、分权的文化，摒弃了中国传统文化中不信任（mistrust）、保密（secrecy）、中央集权（centralized authoritarianism）等管理思想。Chen和Miller（2010）陈述了结合东方和西方文化优点的“双元文化”视角在管理实践中的表现及其对东西方管理实践的重大意义，认为“双元文化”是结合东方和西方管理文化的优势并规避其劣势的管理视角。“双元文化”视角包括多个维度，例如长期-短期导向、集体-个人导向、关系-法律导向、冒险-谨慎等。总的来说，“双元文化”视角是整合相互对立的视角，即东方哲学中常提的“矛盾统一”。

在东方文化尤其是中国文化中，“关系”是非常重要的特征。过去，人们对“关系视角”的研究主要集中在社会资本和社会网络方面。研究表明，基于关系（relationship）的资源和能力能够给企业带来超额回报（Dyer和Singh，1998；Inkpen，2000）。企业为基于双方之间的关系进行投资，同时也降低了交易费用。“关系视角”中的“关系”不仅指人与人或企业与企业之间的关系（Tsang，1998；Tsui和Farh，1997；Xin和Pearce，1996），更是指我们的逻辑和认知模式（Chen和Miller，2011）。由于中国传统文化崇尚“中庸”、“和”等理念，关注集体和大局，Chen和Miller（2011）从领导方式、战略和组织三个层面解读“关系视角”：第一，由“关系视角”主导的领导者不仅仅是权力的掌握者，更是企业精神的化身；而且领导者具有全局观。第二，从企业战略看，在“关系视角”中，企业的很多资源都是从社会中建立和发展而来的；资源是“关系”的产物，并且为企业提供了信息、机会和信任（Tsui和Farh，1997）。第三，从企业组织看，“关系视角”把企业看做一个社会系统，系统里的个人和组织需求都将得到满足。作为补充，Gupta（2011）把“关系视角”定义为一种重视现有社会关系和谐共存的视角。

“双元文化”的一端是“关系视角”，而相应地，西方文化所崇尚的思维模式是处于另一端的“交易视角”（transactional perspective）。“关系视角”以关系为基础，而“交易视角”则以市场机制为基础（market-based），价格才是企业行为的决定因素。Gupta（2011）把“交易视角”定义为一种依靠市场价格进行决策和行动的视角。因此，“交易视角”关注的是效率、产品和价格，相比起“关系视角”中对集体和和谐的重视，“交易视角”更强调个体的成就和竞争。Luo和Rui（2009）在探讨双元文化（ambidexterity）在关系能力（relational competence）和交易能力（transactional competence）方面的结合时认为，“双元文化”就是企业具备同时配置、发掘和运用交易（以市场为基础）的能力和关系（以社会网络为基础）的能力。因此，在“双元文化”中，“关系视角”强调基于“关系”所获得的资源和能力，并强调集体与和谐；而“交易视角”则强调基于市场机制的资源和能力，并强调个体与竞争。

## 第三节 研究方法

由于关于海归创业以及“双元文化”视角的理论十分有限，我们采用多案例研究的方法，通过归纳法（inductive theory building）来建立理论（Eisenhardt，1989a）。因为多案例研究相对但案例研究而言，能产生普适性更高的理论（Eisenhardt和Graebner，2007）。

我们的研究背景选取的是生物医药行业和新能源行业。这两个行业比较适合研究海归创业者与本土创业者的差异。因为：（1）生物医药行业和新能源行业是知识密集型行业，海归创业者从海外获得的技术和知识优势能够得到充分体现；（2）生物医药行业和新能源行业的海归创业者大都在海外有10年左右的经历，充分了解了西方文化，也受到西方制度和思想较大的影响。相比起其它产业，如互联网、教育业等，在生物和新能源行业的海归创业者能够体现出更多的“双元文化”；（3）生物医药和新能源行业是国家战略性新兴行业，研究将对国家经济有更重要的指导作用。

本研究选取了6家企业（见图表2-1），其中三家属于生物医药行业，三家属于新能源行业。在6家企业中，有三家是海归创业的企业，另外三家是本土创业者创立的企业。

普尼太阳能于2007年在美国硅谷成立，2009年在国内成立杭州公司。随后，普尼在山东、杭州、北京等多个城市开展了太阳能项目，逐步成为世界领先的提供太阳能系统集成方案的跨国企业。在中国的创业团队由3名海归组成，其团队多数拥有博士或硕士学位，并拥有丰富的太阳能产品开发经验、50多项发明专利，在科学引文索引（SCI）收录的国际科学刊物上发表论文过百篇，被引用数千次。

日出东方太阳能股份有限公司于1999年在江苏连云港成立，致力于太阳能热水器、太阳能热水工程系统、太阳能采暖系统以及太阳能制冷空调系统等太阳能热利用产品的研发、生产与销售，产品远销全球100多个国家和地区，是全球最大的太阳能热水器及热水系统供应商，也是中国太阳能光热产业的领军企业。目前公司拥有太阳雨和四季沐歌两个国内外知名品牌。其最初的创业团队主要由本土创业者组成等组成。

大同富乔垃圾焚烧发电厂于2009年11月正式投产。该项目融合了德国、日本、奥地利、芬兰等国家在生活垃圾焚烧发电方面的先进技术和国内技术团队的科研成果，全部设备均由国内企业生产制造，各项环保指标均达到国家或世界水平，并被《新闻调查》、《人民日报》、新华社等广为报道，受到社会各界的赞扬。其最初的创业团队主要由本土创业者组成。

北京义翘神州生物技术有限公司（Sino Biological Inc.）成立于2007年，是北京经济技术开发区内的高新技术企业，主要从事生物技术药物如单克隆抗体、重组蛋白药物、病毒疫苗、快速诊断等研究开发、技术服务和科研试剂开发和销售。公司拥有全球领先的单克隆抗体和重组蛋白药物的生产工艺技术平台，兔单克隆抗体和鼠单克隆抗体技术平台等。义翘神州目前已经成为全球单克隆抗体药物临床前生产技术服务的主流企业，已经成为多个跨国制药企业在重组蛋白和单克隆抗体研究开发领域的全球首选技术服务供应商。其创业团队成员包括3名入选中央“千人计划”的海归创业者。

北京旷博生物技术有限公司于2009年9月在北京经济技术开发区（亦庄）成立，主要从事生物科研和诊断试剂/盒产品的开发，生产和销售。公司的宗旨是通过高效的管理团队，成熟的技术和工业化的生产和质量控制管理经验，建立世界一流生物试剂生产体系和产品。公司主要管理团队由高层次海外学人、国内资深投融资专家以及生物行业市场与销售专家组成。

北京东胜创新生物科技有限公司成立于2002年4月，总部设在北京市海淀区中关村上地科技园。公司是一家专注于生命科研仪器领域的设备渠道商和技术服务商，致力于在三大生命科研仪器领域，即分子影像系列、实验室自动化、科学仪器设备，向用户提供国际一流的产品、最优化的实验解决方案和高品质的专业服务。其创业团队主要由本土销售专家和技术人才组成。

图表2-1　案例概览

| 企业 | 所属行业 | 行业细分 | 成立时间 | 创业团队 | 被访谈人 |
|---|---|---|---|---|---|
| 普尼太阳能 | 新能源 | 光电解决方案提供商 | 2009年 | 海归创业团队 | 董事长兼总经理（主要创始人）、两位副总经理、市场部经理 |
| 日出东方 | 新能源 | 太阳能热水器 | 1999年 | 本土创业团队 | 董事长（主要创始人）、总经理、两位副总经理、总工程师、战略顾问 |
| 大同富乔 | 新能源 | 垃圾焚烧发电 | 2009年 | 本土创业团队 | 董事长兼总经理（主要创始人）、副总经理、总经理工作部部长、运行部部长 |
| 义翘神州 | 生物医药 | 生物科研试剂的开发和销售 | 2007年 | 海归创业团队 | 董事长（主要创始人） |
| 旷博生物 | 生物医药 | 生物科研和诊断试剂/盒产品的开发、生产和销售 | 2009年 | 海归创业团队 | 总裁（主要创始人）、董事长、常务副总裁、研发副总裁、市场总监 |
| 东胜创新 | 生物医药 | 生物科研仪器领域的设备渠道商和技术服务商 | 2002年 | 本土创业团队 | 董事长（主要创始人）、总经理、技术总监、市场总监 |

案例中的六个企业中，有四个属于新创企业，创立时间不超过5年。有两个企业已经创立10年左右，但我们关注的主要是其创业初期的过程。我们把海归创业者定义为出生于中国，出国留学或工作超过2年后回国创业的人。由于

本研究旨在对比海归创业的企业和本土创业的企业，我们把普尼、义翘神州和旷博生物定义为海归创业的企业。其中，普尼和义翘神州的创业团队完全由海归人员组成，而旷博生物的创业团队由海归和本土创业者共同组成。由于旷博创业团队中海归的数目较多，而且是主要的管理者，因此我们仍把它定义为海归创业的企业。而日出东方、大同富乔和东胜创新的创业团队完全由本土创业者组成，我们把它们定义为本土创业的企业。

## 一、数据收集

我们主要依靠以下的数据来源：访谈、后续的电子邮件或电话沟通，以及档案资料，包括内部文件、出版物、官方网站以及新闻报道。多元资料来源能够提供更加准确的信息，提高推导理论的稳健性（Anand等，2007；Jick，1979）。一手资料的收集来源于在2个月中所进行的半结构式的访谈（semistructured interviews）。我们对每个企业的核心创始人进行了访谈，然后根据现实情况对企业的创业团队、高管团队及少部分的中层管理者进行了访谈。

我们访谈时首先确认被访谈人在企业中的职位及角色，然后询问每个被访谈人的个人经历。然后，我们用开放式的问题让被访谈人陈述企业在机会识别、初期资源获取、创新以及企业管理等四个方面的情况。为了获得更完整的信息（Eisenhardt,1989a；Glaser和Strauss，1967），当被访谈人的陈述比较简短时，我们会让被访谈人提供更细节的陈述。所有的访谈都被录音并且抄录。

为了避免潜在的信息偏差，我们采用如下几种方法：第一，每个企业我们都访谈了多个且处于不同组织层次的管理者；第二，我们从多元资料来源搜集信息，包括访谈和档案资料；第三，被访谈者有动机提供准确的信息，因为他们都希望对比自己和他人的创业过程。

## 二、数据分析

根据多案例理论构建的建议（Eisenhardt，1989b；Eisenhardt和Graebner，2007），我们在没有提出先导假设的情况下进行案例内和案例间分析。首先，我们每个人在访谈结束后都会写一个整理，而后由另一个研究员阅读后提出独立的观点，并整合进最初的整理中。其次，我们对每个企业进行企业内分析，根据其创业过程提出先导概念，并尝试解释其创业行为的内在机制。在我们完成了案例内部分析后，我们进行案例间的分析，对海归创业企业和本土创业企业进行对比。再次，我们还运用图表来改进我们的概念和概念间的关系。最后，我们从某些案例中提炼出先导理论，并在其他案例中得到验证或被修改、剔除。

在案例间分析进行的同时，我们对现有理论、案例数据以及文献进行回顾，进一步修改我们提出的概念及其之间的理论关系（Eisenhardt，1989a；Gilbert，2005），直到理论和案例之间相互吻合。最终，我们提出研究的理论框架。

## 第四节 研究结果

### 一、基于社会网络的创业机会识别还是基于技术优势的创业机会识别

我们发现，在创业机会识别过程中，海归创业者和本土创业者都表现出对行业前景不同程度的关注。相对而言，海归创业者比本土创业者更多地关注从自身的技术优势所带来的产品优势中寻求机会，而本土创业者则比海归创业者更关注从以往所积累的社会网络所带来的优势中识别商机。

普尼太阳能的创始人于平荣博士从本科开始，就从事太阳能领域的相关研究，并且在美国科罗拉多大学和美国国家可再生能源实验室有多年的研究经验。在谈到为什么在太阳能领域创业时，他提到："我学的就是太阳能，我的工作也是在太阳能，自然在太阳能这个行业里寻找机会。因为这个行业我熟悉，我创业的资源能把握好。我倾向于做我个人熟悉的领域，有了一定的积累之后在这个行业做。"尽管普尼的三位海归创始人也曾在访谈中陈述过他们对太阳能行业前景的乐观态度以及对行业的个人兴趣，但于平荣博士强调了学科

背景和工作经历对于选择在太阳能领域创业的重要性。

同样，另外两家海归创业企业——旷博生物和义翘神州，其创业者也有类似的深厚的行业科研背景，并在机会识别的过程中体现出对自身学科背景和技术优势的关注。旷博生物的总经理王济民博士在生物试剂行业有16年的科研经历，在谈到商机识别时也表示："在生物试剂科研发展25年的时候，我在这个行业做了16年，我不能说我是资深的，但至少是跟得上的。我就想回国开公司。这个是跟我的经历有关系的。"义翘神州的创始人谢良志毕业于麻省理工大学，在美国默克公司有6年的工作经验，也是生物试剂领域的尖端人才。他谈到创办义翘神州时也提到："我在默克待了六年和在麻省六年学的东西是完全不一样的，很多东西是在学校里学不到的，而且对我现在所做的事情影响非常大。"这三个海归创业的例子都体现了一个共同点：就是海归在识别创业机会时十分关注从自身的技术优势出发，寻找能够形成产品优势的创业机会。

相比之下，本土创业者对自身能力所带来的产品优势的关注则远小于海归创业者，他们更关注由个人关系所带来的机会。如东胜创新的创始人申跃华，本科毕业于北京大学生物系生物化学专业，但其创业的行业是和其专业只有一定程度相关的生物仪器代理销售行业，他在创办东胜创新之前曾在基因公司有10年的销售经验，积累了广泛的社会资本和销售网络。在东胜的初始创业团队中，有3名是来自基因公司的销售人员。他在创业机会识别的过程中，所识别的商机来自于过去的销售经历所积累起来的社会网络，而并未提到任何来自技术或产品的优势。

富乔垃圾发电厂的创始人张建功的机会识别过程也是基于个人所积累的社会网络。张建功毕业后回到老家当乡镇团委书记，几年内由于基层工作出色，被提拔为团中央委员。在创办富乔前，张建功有过创办团办企业以及创业经验，并利用多年积累的社会网络，识别到了垃圾焚烧发电这个商机。张建功表示，在寻找商机的时候，"我有意识地跟国家发改委的人打交道，这能帮助我了解国家的发展方向是什么，国家的发展战略是什么。"张建功在寻找创业机会时，所关注的资源优势主要来自于强大的社会网络，也是通过社会网络，识别到垃圾焚烧发电这个创业机会。

日出东方的创始人徐新建的机会识别过程则主要基于对行业前景的判

断。在下海的最初几年，徐新建从他最擅长的水电安装起步，从事过水电安装、设备安装等多种个体生意，积累了一定的创业经验。而对太阳能热水器这个商机的识别，源于一次偶然的机会。一次他在朋友家做客时发现了太阳能热水器，那股不用电、不烧煤气得来的热水让徐新建一下子产生了浓厚的兴趣。徐新建说，“我进入这个行业，当时是看好这个行业未来的前景。我知道电是怎么来的，煤烧出来发电，发电的效率会降低，在家里面用电热水器，就是用电来烧热水，是最不经济、最不节能的一种手段。”无论是东胜创新、大同富乔或是日出东方，在创业机会识别的过程中都是以社交网络为基础的。

如图表2–2所示，海归创业者具备极强的学科技术背景，在识别机会的过程中以自身的技术优势为导向，结合对行业前景的评估，完成对创业机会的识别；而本土创业者由于受到学科背景和技术条件的限制，在识别机会的过程中以市场前景、政策导向或个人所积累的社会资本为导向，从外部条件出发，完成对创业机会的识别。相对而言，创业者自身的学科背景和技术能力在机会识别的过程中则不那么重要。

图表2–2 海归和本土创业者商业机会识别对比

| 海归企业 | 创始人过往经历 | 创业机会识别 |
|---|---|---|
| 普尼：于平荣 | 1999 年毕业于北京大学，获学士学位；2004 年毕业于科罗拉多大学，获博士学位；曾在美国国家可再生能源实验室从事研究。截至 2010 年，发表论文十余篇，被引用 500 次，国际和美国专利及申请 10 项。<br>在太阳能领域从事研究近 10 年。 | “我学的就是太阳能，我的工作也是在太阳能，自然在太阳能这个行业里寻找机会。”<br>“因为这个行业我熟悉，我创业的资源能把握好。我倾向于做我个人熟悉的领域，有了一定的积累之后在这个行业做。” |
| 旷博：王济民 | 分别于 1978、1986 和 1989 年在上海第二医科大学获得学士、硕士和博士学位。<br>1990 年赴英国曼彻斯特大学进行博士后研究。从 1994 年开始，先后在美国碧迪和英杰公司从事研究。2004 年升任美国英杰公司研发部门总监。2009 年回国创办旷博生物科技有限公司。<br>在生物试剂领域从业经验超过 15 年。 | “我很幸运，世界四大生物试剂企业，我在其中的两家工作过。而且生物试剂行业兴起仅 20 年时间，而我就干了 15 年。……我就想回国开公司。这个是跟我的经历有关系的。”<br>“我上大学期间就觉得这（生物试剂）是一个机会的，中国市场的发展是一个机会，将来中国是需要这个东西的。”<br>“创新其实在某种意义上讲就是我们做工具一样，你要有新的工具才能创造新的东西，现在国家很需要重要科研的力量。” |

续　表

| 海归企业 | 创始人过往经历 | 创业机会识别 |
| --- | --- | --- |
| 义翘神州：谢良志 | 1996 年获美国麻省理工学院博士学位，博士期间共发表 SCI 论文十篇。<br>1996 年加入美国默克公司（Merck & Co.，Inc），从事病毒疫苗的研发工作，负责开发了三个全球上市疫苗产品（Varivax&reg；Proquad&reg；，Zostavax&reg；）的生产工艺，领导建立了全球领先的腺病毒载体艾滋病疫苗生产工艺。<br>2002 年回国创业，2007 年创办义翘神州生物技术有限公司。 | “实际上，无论做药品重要的基础研究也好，药物研发也好，最大的瓶颈就是没有工具。”<br>“做工具蛋白的难度非常大，挑战性比做药的难度还大。生产高端工具蛋白的难度更大，这不仅仅是中国的问题，也是全世界面临的难题。”<br>2002 年，时任国家科技部生物工程中心主任的刘谦邀请谢良志回国创业，指谢良志所掌握的技术是中国当时最急缺的技术，如果谢良志能回国，那么就能解决掉国家发展生物医药的一大瓶颈。 |
| 大同富乔：张建功 | 13 岁开始做小买卖贴补家用，毕业后回到老家山西繁峙县当乡镇团委书记，带领农村青年创建团办实体。由于工作出色，1999 年被提拔为团中央委员。<br>2000 年开始在北京创业，加入“中国青年企业家协会”，曾创办企业推广“弱爆炸波吹灰器装置”。从 2005 年开始筹办富乔垃圾焚烧发电厂，2009 年正式落成。 | 初到北京的张建功发现，高校的科研成果只有极低比例转化为生产力。于是，张建功试图在中间牵线搭桥，使科研成果产业化。另外，他第一时间加入了中国青年企业家协会，通过协会的网络吸引投资，为北航、清华的技术和资本的对接搭建了平台。<br>“我就有意识地跟国家发改委的人打交道，这能帮助我了解国家的发展方向是什么，国家的发展战略是什么。” |
| 日出东方：徐新建 | 徐新建从小生活在江苏省东辛农场，深受知青文化熏陶。毕业后被分配到供电所做技术工作，后跳槽到国有制药厂。<br>1993 年辞职下海，从最擅长的水电安装做起，从事过水电安装、设备安装等多种个体生意。<br>1999 年创办太阳雨太阳能有限公司，经营太阳能热水器。 | 一次偶然的机会，徐新建在朋友家做客时发现了太阳能热水器，那股不用电、不烧煤气得来的热水让徐新建一下子产生了浓厚的兴趣。<br>“我进入这个行业，当时是看好这个行业未来的前景。我知道电是怎么来的，煤烧出来发电，发电的效率会降低，在家里面用电热水器，就是用电来烧热水，是最不经济、最不节能的一种手段。” |
| 东胜创新：申跃华 | 申跃华 1990 年毕业于北京大学生物系生物化学专业，毕业后南下深圳，进入生物科学仪器行业；1992 年，进入基因公司，负责搭建国内营销网络。10 年内，他参与缔造了基因公司的行业领跑地位。<br>2002 年 4 月，申跃华离开基因公司，和原来的两位同事一起创办了北京东胜创新生物科技有限公司。 | 创业机会来源于过去所积累的销售网络。 |

因此我们认为，相对于海归创业者，本土创业者更表现出被“关系视角”所主导，其机会识别过程主要是基于对社会网络的开发，通过利用社会资本，识别和获取创业机会。因此，“关系”是机会识别过程中最重要的资源；而海归创业者则表现出被“交易视角”所主导，其机会识别过程主要是基于对自身能力和资源的识别，最终转变为产品在市场上的优势。因此，海归的机会识别过程是基于产品或技术本身的，体现出“交易视角”。

命题1：在创业机会识别过程中，本土创业者更关注从社交网络中寻求机会，而海归创业者更关注从技术和产品本身寻求机会。也就是说，在创业机会识别过程中，本土创业者更多遵循关系视角的逻辑，而海归创业者更多遵循交易视角的逻辑。

## 二、基于“关系”获取创业资源还是基于“交易”获取创业资源

由于企业在初创时期通常缺乏合法性，因此很难获得所需的资源。因此，创业者需要通过各种方法来获取创业初期所需的各种资源，包括客户资源、人力资源、资金等。通过对比海归创业和本土创业案例，我们发现：尽管海归创业者和本土创业者在创业初期都要依靠过去所积累的社会网络来获取资源，但是本土创业者更注重发掘和运用基于“关系”的能力，而海归创业者则更注重运用基于产品或商业模式本身所具有的能力，来获得创业初期所需的资源。

普尼太阳能在中国创业时，不仅通过在国外所积累的海外社会网络来获取资源，更注重形成产品和商业模式的差异化，来获得资源。普尼不是一家电池制造商，而是一个太阳能系统集成方案提供商。正如于平荣博士所说，“大部分现有的太阳能企业对待客户的时候都是以卖产品为先导的”，但是普尼的盈利模式并不是以卖产品为主要业务，而是以为客户提供系统集成方案，收取咨询费为主要盈利模式。而在中国，能够提供系统集成方案的企业几乎没有。另外，提供系统集成服务需要以先进的技术和产品为基础，而普尼正好具备了这样的能力。因此，普尼在中国短短的几年内便在山东、杭州、北京等多个地方开展了项目，凭借其强大的技术基础和差异化的产品，获得了创业初期所需要的资源。当然，在创业初期，海外的社会网络也是普尼获取资源的重要手段。例如，几位创始人在硅谷留学工作了10年，在硅谷有一定的关系网络。如

李学耕博士所说，于平荣博士和李学耕博士都曾在美国硅谷创业，待了很长时间，而硅谷的创业资源和平台非常完备，包括大大小小的风投、金融机构、供应商等等，同时人员等各方面的交流非常频繁，形成了一个广泛的创业社会网络；又如，系统集成需要为客户寻找金融服务商，而此时普尼在美国的金融网络就起了很大作用。

而义翘神州获取客户资源的方式更是体现出以“产品”为基础的资源获取。创始人谢良志说：“我们目前还没来得及建销售团队，但我们有好技术，市场有需求，我们不用做推广。最初的客户确实和以往的海外网络有关，但是公司的发展并不完全依赖原来的网络，而是原来网络的客户对我们服务、质量很满意，他们介绍别的客户过来，主要是靠口碑。技术是基础，技术好可以做出好产品，才可以做好服务，才可以有口碑，这是需要很多年积累的。”从中可以看出，义翘神州注重打造产品，使客户满意；只通过电子商务销售，而没有销售团队；最初的销售一定程度上依赖过去的社交网络，但逐渐转变为依赖客户的口碑以及产品的质量。因此，义翘神州在一定程度上体现了“关系视角”，但是其客户资源的获取最根本还是依靠产品的研发和高质量，更多地体现了“交易视角”中对产品、价格和市场机制的关注。

但在旷博生物的案例中，创业团队既有海归也有本土创业者。在资源获取的过程中，基于“关系”的社会网络所起的作用也相对更明显。常务副总裁范盘生提到，“现在很多在国内高校或研究机构的实验室里工作的科学家都是当年一起出国留学的同学或工作时的同事、客户，旷博生物里的海归团队们和这些人有很深的交情，即便没有很深交情的科学家们也因为有共同的海归背景而增加了信任感，所以旷博生物产品的初期市场推广依靠海归团队。”而本土的市场总监王洪平也谈到，“我们现在客户拜访都比较喜欢拉上海归人员过去。海归跟专业投资人（PI）在国外就已经是比较熟悉的人，或者是原来就听说过……一下子就会增加很多的信任感。”他们多次提到，很多客户（国内高校或研究机构、实验室里的科学家）都是海归当年在国外的同学、同事或朋友，即使不认识，也会因为共同的海外经历而增进彼此间的信任。在访谈过程中，无论是海归还是本土创业者，都多次提到在客户资源获取的过程中海归人员以往“关系”的重要性，及其“海归”符号所带来的信任。但不仅如此，几位海归创始人在访谈时还提到了产品质量控制在销售中所带来的优势。和国外产品相比，旷博能生产出同样质量的产品，但是物流方面更具备优势，可以更快地把产品送到客户手中；而与国内产品相比，旷博则通过严格的质量控制，保证产品的质量。正如王济民所说，“质量是公司的标准”。因此，在旷博生物案例中，我们既看到了社会网络所带来的资源，也看到了公司对产品质量的强调以及对产品差异化优势的关注。

图表2–3　海归企业资源获取的方式

| 资源获取 | 海归企业资源获取 |
| --- | --- |
| 普　尼太阳能 | **海外社会网络**<br>“像我们这些人回来以后，在我看来有海外工作和学习的天然的优势吧。像我们在硅谷待了很长时间了，硅谷这个地方是一个非常有活力、人员各方面的交流都很频繁、资源非常多的地方。……在硅谷那边想找什么人就很快，这是我们说的海外的资源。”<br>在金融方面，普尼在美国和外资银行有合作的关系，通过自己对技术和项目的把握，为银行和客户牵线搭桥。<br>**产品和商业模式差异化**<br>“大部分现有的太阳能企业对待客户的时候都是以卖产品为先导的，我来帮你就是我卖给你东西。而我们普尼是这样的（给客户做系统集成），我来帮你就是希望帮你把事情做好，有可能到最后我自己什么产品都卖不到你手里。” |
| 旷博生物 | **海外社会网络**<br>“现在很多在国内高校或研究机构的实验室里工作的科学家都是当年一起出国留学的同学或工作时的同事、客户，旷博生物里的海归团队们和这些人有很深的交情，即便没有很深交情的科学家们也因为有共同的海归背景而增加了信任感，所以旷博生物产品的初期市场推广依靠海归团队。”<br>“我们现在客户拜访都比较喜欢拉上海归人员过去。海归跟PI在国外就已经是比较熟悉的人，或者是原来就听说过……一下子就会增加很多的信任感。”<br>**基于产品的竞争优势**<br>“我们产品的质量能达到国外同类产品的水平的话，物流是我们一个很大的优势。……国内有一些不太好的竞争的方式，比如假冒伪劣产品。这样对我们有负面的影响。但是，我们是踏踏实实在做一些事情，希望通过产品质量控制，建立起诚信。” |
| 义翘神州 | **海外社会网络**<br>“最初的客户确实和以往的海外网络有关，但是逐渐的发展并不完全依赖原来的网络，而是原来网络的客户对我们服务、质量很满意，他们介绍别的客户过来。”<br>**产品销售仅靠电子商务**<br>“我们目前还没来得及建销售团队，但我们有好技术，市场有需求，我们不用做推广。技术是基础，技术好可以做出好产品，才可以做好服务，才可以有口碑，这是需要很多年积累的。” |

相对而言，本土创业的企业在创业初期资源获取的过程中体现出更多对社会网络、产品声誉以及全局的关注。

大同富乔创始人张建功运用他在当团中央委员时积累的社会网络以及工作经验，通过政府和官方媒体的支持，为企业争取资源。张建功的合作团队曾经在给中央主要领导的汇报材料中写过这样一段话："人死了都在进行火葬，可是我们的垃圾却在大量的进行土葬"。中央领导对此汇报材料做出了重要批示。紧接着，《人民日报》、新华社、中央电视台等均对富乔进行了正面的报道。尤其中央电视台的《新闻调查》栏目，以"焚烧，探索垃圾出路"为题，为大同富乔垃圾焚烧发电厂做了45分钟的专题报道，增强了大同富乔垃圾焚烧发电项目在大同、山西乃至全国人民心目中的合法性。这体现了社会网络作为富乔创业的最重要的资源之一所发挥的作用，同时也体现了本土创业团队对全局，包括对媒体、对政府，甚至对周围村民的和谐的关注。但同时，大同富乔在获取资源的过程中也十分关注产品质量。为了使富乔垃圾发电项目成为中国的标杆，富乔从国外引进技术，然后与清华、浙江大学、中科院等多个高校科研院所合作，通过消化吸收改进国外的技术，保证垃圾焚烧的效果。对质量的控制是大同富乔能够获得各方支持的基础。因此，在全球化的今天，大同富乔同时体现了"关系视角"中对社会网络和全局的关注，以及"交易视角"中对产品质量的控制。

从日出东方案例来看，在"太阳雨"和"四季沐歌"品牌创办的初期，徐新建通过与北京大学合作等方式，提高了其在太阳能热水器行业的合法性。首先，"四季沐歌"品牌借助"北京"和"北京大学"这两个地位较高的符号，向社会传递高品质的信号，获得合法性。徐新建表示，与北京大学的合作主要是整合技术资源和北京大学的社会信任度。因此，与北京大学的联系是"四季沐歌"获取初期创业资源的重要来源。同时，日出东方的创始团队还十分关注品牌的声誉，具有较强的全局观。"四季沐歌"从2001年开始，就把来年的利润都投入到央视投放广告。原因在于，央视广告在中国市场中有较高的市场地位，而"四季沐歌"正是借助这样的社会资本，为企业品牌获得合法性。和富乔一样，日出东方也非常重视产品质量。1999年，"太阳雨"产品被反映存在质量问题。为了保证产品的声誉，公司忍痛召回质量有问题的产品，在当年亏损8万元人民币的情况下，维护了太阳雨的产品声誉。因此，日出东方在资源获取过程中也同时体现了“关系视角”中社会网络的重要性以及领导者的大局观，以及“交易视角”中对产品质量的重视。

而东胜创新作为一个代理销售生物医疗器械的企业，其在客户资源的获取主要来源于创始人申跃华等人以往的销售网络。申跃华在基因公司有10年的销售经验。根据社会网络理论，申跃华与很多客户都有“关系”（ties），无论是强关系（strong ties）还是弱关系 （weak ties）。在东胜早期的创业团队里，除了申跃华之外，还有另外两名从基因公司出来的销售人员。因此，东胜创新的客户资源的获取最初是基于以往所积累的社会网络的，体现了“关系视角”中社会网络的重要性。

综上所述，我们认为，无论是海归创业者，还是本土创业者，在创业资源获取的过程中都同时体现了“关系视角”和“交易视角”的作用。然而，海归企业在“交易视角”方面的表现更明显，而本土企业在“关系视角”方面表现更为明显，社会网络所发挥的作用更大。比较明显的一个差异是，本土创业者非常关注企业在社会这个整体中的角色，例如富乔会通过各种宣传方式打造企业在社会里的形象，而日出东方也通过在央视做广告、召回有质量问题的产品等行为在社会上建立品牌形象。因此，本土企业在“全局观”（society community）方面表现出比海归企业更强烈的“关系视角”。

图表2-4 本土企业资源获取的方式

| 资源获取 | 本土企业资源获取 |
| --- | --- |
| 大同富乔 | **社会网络**<br>张建功创业前曾是团中央委员，依靠个人的社会资本获取资源。<br>**声誉、关注全局**<br>通过官方媒体《人民日报》、《新闻调查》等获得认知上的合法性。<br>通过给周围的村民派发宣传单获取合法性。<br>**保证产品质量**<br>与清华、浙江大学、中科院等多个科研院所合作，通过消化吸收改进国外的技术，保证垃圾焚烧的效果。 |

续 表

| 资源获取 | 本土企业资源获取 |
| --- | --- |
| 日出东方 | **通过与北京大学的联系获取资源**<br>选择在北京注册“四季沐歌”品牌，以获得“北方”热水器在地域上的合法性；选择与北京大学合作，依托北京大学的技术背景，并在宣传推广中着重强调与北京大学的联系和技术优势。<br>“这个主要是整合技术资源和北京大学的社会信任度。……这是两者结合的，缺一不可：光有技术，没有北大的品牌不行；光有北大品牌，没有实质的东西支撑也不行。”<br>**通过广告打造品牌声誉**<br>2001年，开始中央电视台打广告；2008年，上了央视的招标段。在央视的高调亮相，为“太阳雨”和“四季沐歌”品牌建立了在消费者心目中的“合法性”。<br>**保证产品质量**<br>1999年，召回部分质量有问题的产品，当年亏损8万元人民币，但建立了太阳雨的产品声誉。 |
| 东胜创新 | **社会网络**<br>2002年创办初期，东胜创新获取客户资源的渠道主要依靠早期创业团队所积累下的人脉，通过口碑营销，在以前的同事、朋友、客户中进行产品销售。在这过程中，东胜逐渐壮大，形成了庞大的营销网络。 |

命题2：在创业资源获取过程中，本土创业者和海归创业者都表现出对社会网络的依赖，以及对产品本身的关注。但本土创业者受到“关系视角”影响更多，而海归创业者受“交易视角”影响更多。

## 三、原创性创新还是引进吸收式创新

本研究中的六个案例企业都非常注重技术创新。通过对比，我们发现，本土创业企业和海归创业企业都把创新当做企业的重中之重。而不同的是，海归创业者更注重引进吸收式创新和原创性创新的结合，而本土创业企业则更关注引进吸收式创新。

根据March（1991）对创新的分类，企业中的技术创新可以分为两个类别：引进吸收式创新（exploitation）和原创性创新（exploration）。引进吸收式创新包括改进、选择、生产、效率、执行等；而原创性创新则具备搜寻、差异、冒险、实验、灵活、发现、发明等特征。两种创新对企业都是至关重要的，但是由于资源有限，两种创新会竞争有限的企业资源。就结果而言，引进吸收式创新风险和不确定性低、周期短，但只是对现有技术的改进；而原创性创新风险和不确定性高、周期长，但一旦成功，将会是技术上的一大进步，更可能改变整个领域的技术范式。在案例对比的过程中，我们从合作/内部创新以及引进吸收式/原创性创新这两个角度进行对比（见图表2-5）。

从普尼太阳能的技术创新导向来看，于平荣博士表示，原创性创新和引进吸收式创新对于普尼来说都非常重要。但是，在普尼创办的初期，更注重原创性创新。因为“新创企业不突破、不冒险就没有存在的意义”；而负责研发的李学耕博士也表示，普尼的研发团队一直在陆陆续续做一些感兴趣的、突破性的东西。这种创新短期不一定有结果，但长时间来看是可能有成果的。因此，从普尼案例我们可以看出，普尼尽管也有依赖外部社会网络的研发，但更依赖内部研发，而且既有引进吸收式创新，也有原创性创新。

而另一个海归创业案例——义翘神州是引进吸收式创新和原创性创新完美结合的一个典型例子。从团队来看，三位创业者谢良志、马宁宁、王阳都是美国名校博士毕业，并在该领域从事了多年的研究工作；从研发能力来看，义翘神州着重培养研发团队，“用三四年的时间完成了别人二三十年的积累”，说明企业的研发能力很强；义翘神州一方面利用现有的技术平台生产科研试剂，为医药企业提供技术外包服务，借此积累研发所需的资金，又能推动企业的能力建设。另一方面，继续开展关系企业长远发展的生物医药技术等核心技术的自主研发，努力实现自主创新的战略突破。无论是科研工具、抗体、蛋白的自主研发，还是为生物医药企业提供研发外包服务，从本质上来说都是研发活动，是对生物科技的创新。然而，这两种研发活动有极大的差异，无论从风险和不确定性、回报周期，还是创新的程度上看，都有质的差异。研发外包服务相对于原创性的自主研发而言，都更稳妥、回报周期更短，但创新的程度也略低。但核心技术的自主研发尽管风险高，回报周期长，但却是企业研发的最终目的。因此，义翘神州结合了“引进吸收式创新”的研发外包服务与“原创性创新”的自主研发，通过发展研发外包服务，为义翘神州积累资金、培养能力，最终支撑企业原创性创新的研发。义翘神州所采取的创新的双元理念，是以“引进吸收式创新”养“原创性创新”，通过研发外包服务培养研发能力，同时也为原创性创新提供资金和各方面支持。综上所述，义翘神州在创新形式上以内部创新为主，而在创新导向上则结合了引进吸收式创新和原创性创新。

而第三个海归案例——旷博生物，由于生物试剂产业中国外的技术积累和技术创新水平较高，目前旷博的技术创新主要是消化和吸收国外先进技术，少数产品是自我研发。一方面，旷博与实验室和科研院所合作，把他们的成果产业化，开发成一种产品。这种研发模式具有引进吸收式创新的特点。另一方面，从旷博高管团队对旷博未来走向的描述以及对研发团队的重视、培养来看，“引进消化吸收改进”并不是旷博的最终目的，他们的目标是“创建自主研发的中国民族品牌”。旷博的研发中心由一个入选“千人计划”人才的“海归”科学家领衔，通过国内外重点实验室的紧密合作，不断培养企业的技术团队和新产品的开发能力，逐步建立世界水平的企业技术研发中心。因此，旷博的创新导向从短期来讲是引进吸收式的创新，但从长远来讲，自主研发的原创性创新才是最终目的。综上所述，旷博在创新形式上结合了内部创新和合作创新，而在创新导向上，早期以引进吸收式创新为主，但后期将致力于原创性创新。

在本土企业创业的三个案例中，大同富乔有着明显的“引进吸收”和“中国制造”的特征。垃圾焚烧发电不仅需要优质的设备，还需要与本土的需求相匹配。由于国外有先进的技术，而国内团队也有消化吸收和改进的能力，富乔的技术资源主要通过国外引进、国内优秀团队吸收改进然后制造的方式来获取。富乔平均每年在技术创新、改进上的投入超过500万元。富乔在已有设备的基础上，不断进行改进，使之更加适合处理本土的垃圾。因此，富乔在创新导向上主要是引进吸收式创新，而没有进行技术上的原创性创新。综上所述，大同富乔在创新形式上主要依靠合作创新，在创新导向上主要是引进吸收式创新。

第二个本土案例日出东方也十分重视技术的革新，鼓励“小改小革”。工厂里有制度，员工对设备小改小革成功后，这项技术会以员工的名字命名。这主要体现出引进吸收式创新的导向。综上所述，日出东方目前已经开始培养内部研发的能力，但是从现阶段看，企业创新主要还是以外部合作创新为主；从创新导向上看，日出东方鼓励小改小革，主要是引进吸收式创新。

第三个本土案例东胜创新，其发展历程是从代理到自主品牌的过程。创立初期，东胜创新以代理销售国外专业生物仪器设备和提供配套服务为主要业务。代理产品主要来自欧美著名国际品牌，其中诸多品牌作为独家代理被东胜创新引进国内。尽管在初期，东胜只以代理销售为主，但东胜也在逐步发展自主研发能力和自主品牌。东胜在创新自主品牌的过程中，主要有两个途径：一是通过与国外合作，吸收消化后再转变为自主品牌；另一途径就是自主研发。截至目前，东胜创新已经有一个专利，还有两个专利在申请过程中。因此，东胜注重创新能力的培养，创新形式主要是外部合作，创新导向则以引进吸收式创新为主，结合一定程度的自主研发，逐步从代理向自主品牌转型。

图表2–5　海归/本土创业企业的创新导向

| 企业 | 引进吸收式创新vs. 原创性创新 |
|---|---|
| 普尼<br>太阳能 | “我们很有兴趣也有能力做一些比较新的前沿突破性的东西，这就是为什么我们的研发团队也在陆陆续续地做一些我们感兴趣的东西，也许需要一点时间，也许什么时候我们就会出来比较好的东西，也是有可能的。”<br>“公司刚成立的时候还是关注原创性的创新。不冒险就没有存在的意义，你作为一个初创的公司你的意义在哪里？你如果不去冒险谁去冒险？” |
| 旷博生物 | “我们很着急用的先引进，慢慢在引进的同时再创新。我们公司很小，你也不可能任何一个东西都是自己做的，我们一般就是找依托重点的实验室或者是科研院所他们找很成熟的东西，到我们这儿来产业化，他们也愿意把他们的成果推向市场，我们也有创新的源泉，就是引进技术，来把它产业化开发成一种产品。”<br>研发中心由一个入选“千人计划”人才的“海归”科学家领衔，通过国内外重点实验室的紧密合作，引进成熟技术，跟踪前沿技术，培养企业的技术团队和新产品的开发能力，逐步建立世界水平的企业技术研发中心。 |
| 义翘神州 | “我们做的最重要性的事情就是做能力建设。”<br>一方面利用现有的技术平台生产科研试剂，为医药企业提供技术外包服务，借此积累研发所需的资金，又能推动企业的能力建设。另一方面，继续开展关系企业长远发展的生物医药技术等核心技术的自主研发，努力实现自主创新的战略突破。 |
| 大同富乔 | 从 2009 年成立至今，富乔平均每年在技术创新、改进上的投入超过 500 万元。张向阳：“尽管设备的总体设计没问题，但细节决定成败，有时候需要对设备进行改动，包括引进国外技术并由清华等知名院校设计的焚烧工艺，也有改进的空间”。 |

续 表

| 企业 | 引进吸收式创新vs．原创性创新 |
| --- | --- |
| 日出东方 | “今天我们就把市场的优势，企业的盈利能力的优势迅速地转化为研发的优势，技术的优势。我们现在有全国唯一的、全世界只有三个的太阳能检测系统（研发设备）。”<br>“我们企业也有小改小革，小发明持续改进的一种激励创新机制。比如说每一个月都有考评会，还有年度的考评会。比如说一线员工有小改进，小发明，评估之后会以他个人的名字来命名。这个有制度的。”<br>日出东方与北京大学在真空管技术上一直有很好的合作；如今又与清华大学合作平板技术的开发，已经研发出产品，进入实际生产阶段；与上海交通大学合作的太阳能制冷空调项目，已经完成了开发方案的设计，产品制造也将于今年年底开始。另外，日出东方还和南京工业大学有产品研发方面的合作。 |
| 东胜创新 | 东胜创新也自主研发适合国内市场的中、低端产品，打造自己的民族品牌。在具体实施上，东胜创新的研发团队类似于研究组织，在国外分别寻找产品的功能、外观和生产这三条线的合作者，将这三条线的合作者整合起来，最后贴上“东胜创新”自主品牌，打入中国市场进行推广销售。<br>自主品牌的产生主要有两个途径：一方面是自主研发，另一方面是给国外的产品贴东胜的品牌。<br>“我们跟外面的合作比较多，用人家的东西来消化。按道理来讲，应该找一个真正在西方有一些知识、有一些专业的人回来发展就好。其实我们在这个发展，现在的千人计划有一定的道理，好多海归都是千人企业计划，他就比较好，在国外的一个位置上待得比较高的，往往咱们一些位置高的人是没有技术的。” |

作为总结，我们认为，在全球化的今天，西方文化和东方文化相碰撞，任何一个企业都不只是单一的“关系视角”或是“交易视角”。无论是本土创业企业还是海归创业企业，都表现出“双元文化”的理念。海归企业表现出强烈的“双元文化”主导的创新，从多个维度体现出对引进吸收式创新和原创性创新的结合。义翘神州以“引进吸收式创新”促进“原创性创新”，以一种互补的方式结合了本来相互竞争的两种创新；普尼在初期强调原创性创新，成立后则以引进吸收式创新为基础，辅以少量的原创性创新，体现出在两种创新模式在时间维度上的结合；旷博生物现阶段以引进吸收式创新为主，但同时也在培养原创性创新的能力。因此，在海归创业企业中，创新形式体现出“双元文化”视角，既有引进吸收式创新，也有原创性创新。但与本土创业企业相比，海归创业企业对原创性创新的关注更多。

命题3a：在创新导向上，海归企业表现出同时对引进吸收式创新和原创性创新的关注，而本土创业企业主要以引进吸收式创新为主。

命题3b：海归创业企业受到“双元文化”视角的影响，结合了原创性创新与引进吸收式创新；而本土创业企业被交易视角所主导，尽管也受到西方“交易视角”的影响，但仍以交易视角所体现的引进吸收式创新为主。

## 四、“关系型”领导还是“交易型”领导

Chen和Miller（2011）在关于关系视角的讨论中曾描述，关系视角在领导方式上会体现为领导者不仅仅是权力的掌握者，更是企业精神的化身；而且领导者具有全局观。而在交易视角中，领导者更倾向于与被领导者相互影响，共同创造价值。他们之间的关系是相互依赖的合作者（Kuhnert和Lewis，1987）。在案例对比中，我们把企业的董事长或总经理看做领导者，来对比他们之间不同的领导方式（见图表2–6）。

研究发现，海归创业者受西方“交易视角”所主导，表现出强烈的“交易型”的领导方式；而本土创业者受东方“关系视角”所主导，表现出更多的“关系型”的方式。

普尼太阳能的三位创始人在太阳能领域都有10年的研究经验，都是留学美国的博士和资深研究员。我们把总裁于平荣定义为领导者，但是他的领导方式更多地体现出“合作者”的特征。从对另外两名副总裁的访谈中得知，他们都对行业机会有很深的了解，而且自身也有较强的技术背景，能力与机会匹配是他们加入创业团队的第一理由；而且在团队合作方面，他们三人分别负责企业的外部资源整合、研发与系统集成，相互依赖、相互合作，并未体现出精神引领的领导方式。

义翘神州的三位创始人同是中央“千人计划”成员，在行业内有多年的研究经验。回国创业，都是看到了行业机会，并且有共同的创业理念。我们把董事长兼总裁谢良志定义为领导者，但在企业中，他与另外两名副总裁被称为“三巨头”，各自专注于自己的研究领域，体现出平行的团队合作关系。

旷博生物的多位海归与本土创始人也体现出团队合作的关系。我们把总裁王济民定义为领导者，而他与其他各位副总裁以及董事长兰宝石都各有分工。董事长兰宝石主要负责战略发展方向和市场及政府资源整合；总经理王济民主要负责公司产品发展方向和内部关系协调，以及他有专业特长的免疫试剂

盒产品；常务副总经理范盘生主要负责研发、市场方面的协调工作；此外的几位副总分别负责其专业擅长的产品线和市场推广工作。因此，旷博生物内部的领导方式也是相互合作的方式。

本土创业的三个案例则体现出较强的老板文化。创业团队被核心创始人个人魅力所折服，加入创业团队就意味着“跟随”老板。

大同富乔的领导者是董事长兼总经理张建功。创业团队的成员提到，他们对张建功个人品德的敬仰及对其创业理念的认同。而董事长和总经理张建功也曾提到：“手下的人必须跟你有点差距。如果跟你差距不大，他就不会愿意跟着你干了。”副总经理说：“我就是这么过来的，就是被他的理念所吸引，被他的个人魅力所吸引。”总经理工作部部长也提到：“我就觉得跟着他踏实、放心，这也是我跟着他的一个原因。”而在团队分工方面，董事长张建功主要负责思考企业的战略大方向，而日常运营则交给其他高管。因此，在大同富乔，领导者是“精神引领”的领导方式。

在日出东方，创业团队也表现出对领导者——董事长和创始人徐新建的崇敬。总经理说：“往往人与人之间的交朋友和合作之中就是相互的认同，相互的崇拜，我真是很崇拜他。”因此，日出东方的领导方式也倾向于“精神引领”。

图表2-6　海归/本土创业者的领导方式

| 创业团队 | “关系型”领导vs.“交易型”领导 |
|---|---|
| 普尼<br>太阳能 | **合作者**<br>“很明显这个行业是有前途的，不管是从技术上还是需求上来说，它都有市场。同时我们又都是研究这个的。既然看好这个行业，自己又比较的了解，那我们就去做。”<br>加入普尼的原因，“一个是人，于博士跟我很熟，我也很认可大家的理念，我们也想在新能源的领域上做一些自己能做的事情，我也相信我们很有能力，能给社会做一些有价值的东西。”<br>**团队合作**<br>于平荣博士在商业运作方面比较强，因此他主要负责投资和市场；李学耕博士对于工程和生产、以及工业化等方面有丰富的工作经验，因此他的分工偏向于生产和大设备工业化方面；王东博士研发的能力很强，因此由他负责系统集成，并在研发方面有一定的介入。<br>“我们三个人应该说背景和工作的方式、风格，还有比较大的区别。作为一个团队组合在一起，我认为是一个很好的组合，目前运作得也不错。这跟我们分管的事情有关，当然也跟我们个人的经历相关。实际上，这也是当初为什么我决定到普尼来。对我来说团队是一个很重要的事情。 |

续　表

| 创业团队 | “关系型”领导vs.“交易型”领导 |
|---|---|
| 旷博生物 | **合作者**<br>“我做了一些了解，确实中国的生物95%全是进口，中国一年上千亿这种投入，700、800亿全给外国人占去了。……（我觉得）做份工作还不如回来做这个事情好玩。所以就回来（创业）了。”<br>“……在国外工作也好多年了，也就是这么回事了，就想创业一下。正好碰到蓝总的公司，他们的理念非常好，见到很多的高管也都比较谈得来，都想创造一个本土的试剂公司，就决定回来了。”<br>“两个方面，一个是和王总是朋友这样的关系，另外一方面也确确实实觉得理念比较吸引，要做民族产品，所以就加入到旷博来。”<br>**团队合作**<br>董事长兰宝石主要负责战略发展方向和市场及政府资源整合；总经理王济民主要负责公司产品发展方向和内部关系协调，以及他有专业特长的免疫试剂盒产品；常务副总经理范盘生主要负责研发、市场方面的协调工作；此外的几位副总分别负责其专业擅长的产品线和市场推广工作。<br>以王济民、张卫红等为主的海归创业团队主要负责产品的研发和产品发展方向；而以兰宝石、王洪平等为主的本土团队主要负责市场及政府资源的整合。 |
| 义翘神州 | **合作者**<br>“我回来是因为国内的医药产业的巨大机会吸引了我。……中国医药销售市场每年增长很快。相应地，整条产业链都会随之发展。”<br>**团队合作**<br>谢良志、马宁宁和王阳共同组成了公司生物技术开发的“三巨头”：谢良志和马宁宁具有丰富的细胞培养、工艺放大和生产的技术经验，王阳则有突出的蛋白结构分析和质量把关的能力。 |
| 大同富乔 | **追随者**<br>“他（张建功）做人正、待人诚，从他交这么多朋友，对每个人都是真心相处，以诚相待就能够感觉出来，而且讲诚信……我就觉得跟着他踏实、放心，这也是我跟着他的一个原因。”<br>“通过与张总的交谈，我了解了他办企业的理念。……这三个理念非常符合我的想法，他起点比较高，定位比较高，对我来说产生了吸引力……我就是这么过来的，就是被他的理念所吸引，被他的个人魅力所吸引。”<br>**团队分工**<br>董事长兼总经理主要负责思考企业战略和发展方向，而日常的运营管理都交给厂长和其他管理者负责。 |

续 表

| 创业团队 | “关系型”领导vs.“交易型”领导 |
| --- | --- |
| 日出东方 | **追随者**<br>“他某些方面的精神气质，让人感觉到跟他一起共事、做他的下属，会比较愉快。”<br>“慢慢的我被他（徐新建）的激情感染了，通过这一年，我感觉到他包容心极强。因为往往人与人之间的交朋友和合作之中就是相互的认同，相互的崇拜，我真是很崇拜他。” |
| 东胜创新 | “大家比较多的是盯着老板，你要怎么做我就给你怎么做，也不太管原则，也不管自己有什么样的想法。” |

因此，在海归团队中，创业者之间更倾向于是合作关系。创业成员通过共同的创业理想和愿景，相互支持，形成合作和互补的关系。但在本土创业团队中，创业者之间更倾向于精神引导和追随的关系。主要创始人通过其个人魅力，吸引其它创业团队成员加盟，形成引领和被引领的关系。创始人不仅是企业的管理者，更是精神化身。

因此，综上所述，我们认为本土创业企业体现出明显的老板文化和精神引领的领导方式，受“关系视角”主导；而海归创业企业体现出相互合作、相互依赖的领导方式，受“交易视角”主导。

命题4：在领导方式方面，海归领导者受“交易视角”所主导，对其他创业成员采用相互合作的方式；本土领导者受“关系视角”所主导，对其他创业成员更倾向于采用精神引领的方式，是企业的精神化身。

## 五、“双元文化”如何适应中国情境

本研究的第三个研究问题，是“双元文化”如何与中国情境相互作用。尽管在这个东西方文化碰撞的时代，成功的企业必定要具备“双元文化”理念，但在不同的情境下，“双元文化”的形成过程和动态演变中的主导文化也会有所不同。例如，在美国创业的企业可能需要通过加强“交易视角”的管理方式来适应西方文化；而中国创业的企业可能需要通过加强“关系视角”的管理理念来适应东方文化。因此，我们通过观察三个海归创业案例，研究“双元文化”所主导的海归创业者在适应中国情境时的过程和所采取的方式（见图表

2-7）。

海归企业的创始人从海外归国，一方面具有技术等各个方面的优势，能够通过“交易视角”所关注的产品优势和企业内部资源和能力来获取竞争优势；但另一方面，面对已不太熟悉的中国情境，海归创业者也需要适应本土化的市场和运营。相比起本土企业，海归创业者熟悉海外或国际化的运营方式，却不一定能迅速适应中国本土的市场。我们研究发现，在创业初期，海归企业需要通过不同程度、不同形式的本土化来适应中国情境。

普尼太阳能的创始人于平荣、王东、李学耕都是在外求学10年以上的海归。在回国创办普尼的初期，于平荣博士意识到“向本土学习”的重要性。于平荣博士认为，无论是什么企业，在任何一个市场都面临着本土化的问题。因此，必须要“管理上本土化，文化上国际化”。从股东层面来看，普尼吸收了浙江本土的投资人；从企业职能结构上来看，与市场接触最多的销售团队是中国本土的团队。于平荣博士举了个例子：比如，海归刚听见“十二五规划”会“两眼一抹黑”，而本土的销售人员则会更好地利用国家政策。又比如，海归刚开始可能都不知道吃饭时候的座次，也不懂中国的酒文化；但是本土的销售团队就能较好地把握销售关系。

旷博生物的创业团队也是以海归技术人员为主。但是，旷博生物也在一定程度上进行了本土化。首先，旷博生物由香港晨兴集团和天津永泰红磡集团投资，其中，兰宝石作为天津永泰红磡集团的代表担任旷博的董事长。兰宝石主要负责为旷博整合多方资源，包括政府资源和市场资源，并且根据中国本土市场的具体情况与海归团队共同制定企业战略。其次，旷博的管理团队中有市场经验丰富的副总裁和销售总监。他们了解客户的需求，熟悉本土销售的流程，善于与客户打交道，是旷博市场开拓的重要力量。例如旷博生物目前的两个项目：结核病诊断项目和艾滋病诊断治疗，这些都是政府出台相关政策支持的项目，而要获得政府的支持，除了申报项目，还需要与政府进一步的互动。而有着丰富经验的董事长兰宝石和销售总监为此发挥了巨大作用。

相比之下，义翘神州不做营销，仅仅通过电子商务进行销售。但义翘神州的竞争力在于其性价比极高的产品；同时，尽管义翘神州没有引进本土投资人或销售人员，却仍然以另一种方式进行了本土化。义翘神州很少做宣传，因为他们要专注于技术的研发；他们也没有销售团队，只有电子商务，因为只要产品足够好就会有客户购买；他们也不需要刻意招揽人才，因为只要是业内人士，就会了解一个良好的平台对他们职业生涯的意义。可以说，义翘神州的资源获取是基于良好的产品质量以及研发平台的。从表面上看，义翘神州的本土投资人于2008年退出，企业高管团队中没有本土成员，而且也没有销售团队，似乎是一个纯海归的团队在运营，没有进行本土化。但是，从谢良志的个人经历看，他与2002年就已回国创业。在积累了5年的经验后，他对本土市场、政策、科研实力等等都有了更深的了解。尽管另外两名创业者王阳和马宁宁也是从海外归来的高科技人才，但谢良志本身已经在个人层面进行了本土化，使企业能够更好地适应本土化的市场。

图表2-7　海归企业本土化

| 资源获取 | 海归企业通过本土化获取资源 |
|---|---|
| 普尼太阳能 | **管理上本土化**<br>“不管海归企业也好，跨国公司也好，你到一个市场都面临着怎么本地化的问题。所以我们经常讲，文化上国际化，管理上本土化。任何一个企业海归也好、不是海归也好，其实都面临一个普遍的问题，就是你怎么都要本地化。”<br>**本土投资人**<br>“普尼杭州公司吸收了中国本土的投资人，这里面可能有一个海归和本土之间的互补。……我们当时的判断是我们需要一些本土的，否则全是海外文化的可能搞不定本土的市场，所以也有意识地选择了本土的投资人。”<br>**本土销售团队：普尼的销售团队以本土人员为主。**<br>“我现在还不可能去做销售，也不可能让美国人去中国做销售。这就是本土化。海归对国内的销售方式一开始必定不理解；国内的政策环境和市场环境，本土的也会比海归的了解得更多。” |
| 旷博生物 | **本土投资人：天津永泰红磡集团**<br>旷博生物的董事长兰宝石的主要职责之一是整合公司的政府资源和行业资源。他时刻跟进北京市政府、海淀区政府出台的政策，以获得政府的关注和政策上的支持。<br>**本土市场总监：销售副总裁金利民和市场总监王洪平**<br>王洪平：“有本土背景的销售团队由于和本土客户打交道时间比较长，比较了解客户单位的一些业务流程和客户的一些要求。在国内和在国外做试剂销售有很大的差别。” |

续　表

| 资源获取 | 海归企业通过本土化获取资源 |
| --- | --- |
| 义翘神州 | **投资人：**<br>在 2007 年刚开始创办义翘神州的时候，谢良志得到了一家江苏企业集团的投资。但 2008 年恰逢金融危机，控股公司主动退出，义翘神州的股份结构就变为以谢良志为主的高管团队所有。<br>“我们现在每周都有资本市场的人找我们，但我们现在暂时不愿意接受任何资本的介入，我们主要靠自己的积累。”<br>**不做营销，通过电子商务进行销售**<br>“我们没有销售团队，但我们有好技术，市场有需求，我们不用做推广。”<br>**本土化的创业经验：**<br>谢良志 2002 年回国参与神州细胞的创业，2007 年创办义翘神州。 |

因此，从海归创业的三个案例来看，被“交易视角”所主导的具备“双元文化”的海归，在回国创业时也需要进行一定程度的“本土化”。这种本土化，从本质上来讲，就是向东方文化的“关系视角”进行一定程度的转移。“关系视角”强调关系、社会网络、人与人、企业与企业之间的交流，把企业看作是“社会中的企业”。海归创业的三个企业，通过不同的方式逐渐适应中国情境。普尼太阳能从职能部门的层面，引入本土的销售团队，通过“购买”的方式，由本土销售员帮助企业适应中国情境；旷博生物从高管组成的层面，引入本土投资人和销售总监，通过“合作”的方式，由本土投资人和销售专家帮助企业整合外部资源；而义翘神州尽管没有销售团队，但他们在访谈中提到，未来要开始组建销售团队；而且谢良志具备本土创业的经验，通过“学习”的方式积累了适应中国情境所需要的资源和能力。而反过来说，随着时间的推移和中国本土市场的日益成熟，本土创业企业也会向“交易视角”进行转移，如日出东方随着企业的发展壮大，从与高校研究机构联合进行产品研发，逐渐转变为购买研发设备、组建内部研发团队，从企业内部进行研发。因此，最初受“关系视角”主导的本土企业，随着中国经济市场化程度的加深，也需要逐步结合“交易视角”。

命题5a：最初被“交易视角”主导的海归创业者随着在国内创业时间的推移，需要逐渐结合“关系视角”，形成交易视角为主、关系视角为辅的双元文化视角。

命题5b：最初被“关系视角”主导的本土创业者随中国经济市场化程度的加深，需要逐渐结合“交易视角”，形成关系视角为主、交易视角为辅的双元文化视角。

## 第五节　讨论与结论

综合上述分析，从海归创业和本土创业企业的对比来看，关系视角和交易视角主要有如下表现：

第一，在创业机会识别方面，关系视角主要表现为对社会整体的关注以及基于社会网络的机会识别。而交易视角主要表现为对产品优势的关注，以及基于自身技术背景的机会识别。关系视角的特征是社会网络能够带来信息、资源，同时关注大局和整体；而交易视角的特征是基于市场机制的产品和价格，并关注个人或个体。在海归创业和本土创业的对比中，海归和本土创业者在识别机会时都对行业前景、机会以及个人的社会资本有所关注，但海归创业者体现出更明显的交易视角，即从个人的学科背景和技术优势出发，从产品和商业模式本身寻找商业机会。

第二，在创业初期资源获取方面，关系视角大局观和社会网络的重要性得到了进一步体现；而交易视角也表现为对来自产品和商业模式的竞争优势的发挥。在资源获取的过程中，本土创业企业通过塑造在社会中的形象以及运用社会网络获取资源；而海归企业则通过发挥产品和商业模式的差异化优势，获取资源。尽管海归和本土创业企业都同时运用了社会网络和高质量的产品来吸引资源，但海归创业企业受交易视角所主导，更大限度地发掘了产品和商业模式的优势，而本土创业企业受关系视角主导，更多地依靠社会资本的发掘。

第三，在创新形式方面，关系视角主要表现为依靠社会网络进行合作研发；而交易视角表现为依靠企业自身进行内部研发。在创新形式上，海归创业企业以内部研发为基础，辅以外部合作研发；而本土创业企业以合作研发为主，但也逐步开始培养内部研发的能力。这一方面说明海归创业企业和本土创业企业仍然分别受交易视角和关系视角所主导，另一方面也说明，在全球化的今天，东西方文化发生碰撞，企业要发展就必定要结合两种视角，形成“双元文化”的理念。而在创新导向方面，海归创业企业重视引进吸收式创新和原创性创新的结合，体现出“双元文化”的理念；而本土创业企业则主要进行引进吸收式创新。

第四，在领导方式方面，关系视角所主导的领导方式是精神引领；而交易视角所主导的领导方式是相互依赖、相互合作。从案例对比中可知，本土创业者主要被关系视角所主导，而本土创业者主要被交易视角所主导。

综上所述，关系视角和交易视角在企业战略和领导方面的基本体现是：（1）在战略上（包括机会识别、资源获取、创新），关系视角以社会网络作为企业最重要的资源，它可以衍生出企业的能力、其他资源以及竞争优势。同时，关系视角主导的企业具有大局观，关注整体，注重塑造在社会中的形象。而交易视角则以市场机制为基础，发掘基于技术和产品本身的资源和能力使之成为竞争优势。同时，交易视角所主导的企业更倾向于把企业自身看作一个独立的个体。（2）在领导方式上，关系视角主要表现为领导者不仅是权力的拥有者，更是企业的精神领袖；而交易视角主要表现为领导者和其他成员是相互依赖、相互合作的关系。

“双元文化”，根据Chen和Miller（2010,2011）、Luo和Rui（2009）和Gupta（2011），是某个维度东方文化和西方文化的结合。而在本研究中，我们主要关注的是东方文化中的“关系视角”和西方文化中的“交易视角”。这两个视角是一个矛盾统一体，既对立，又互为补充。因此，学者们提出，要把东西方两个视角结合起来，形成“双元文化”理念，有利于企业的发展。

在本研究中，我们发现，第一，尽管海归创业者和本土创业者分别被不同的视角所主导，但他们都不同程度地受到“双元文化”视角的影响。从案例中企业现阶段的发展来看，这些企业都是至今为止比较成功的企业。他们都受到了“双元文化”的影响，但是其程度则依赖于具体的创业者。例如，在海归创业企业中，“双元文化”更偏向“交易视角”，而在本土创业企业中，“双元文化”更偏向“关系视角”。更进一步，在不同的海归创业企业中，“双元文化”的程度也不一样。因此，双元文化的程度是权变的（contingent），会根据不同的创业者而发生变化。

第二，双元文化的程度还会基于不同的战略类型发生变化。例如，在资源获取的过程中，无论是海归创业者还是本土创业者，都同时利用了社会网络和产品的质量控制来获取资源，体现出较多的“双元文化”主导作用；但在创新的过程中，本土创业者则主要通过合作研发进行技术创新，表现出“关系视角”的主导作用，“双元文化”的作用较少。因此，在不同的战略类型中（如机会识别、资源获取和创新），双元文化的程度也会发生权变。

第三，双元文化的程度还会随着时间发生变化。例如，日出东方在早期创新中主要依赖社会网络获得技术，以后逐渐采取合作的方式进行外部的合作研发。而现在，日出东方开始培养自身的内部研发能力，将市场的优势转变为研发的优势。这体现出，日出东方一开始被关系视角所主导，但随着企业的发展，逐步向“双元文化”视角转变。义翘神州也体现出双元文化随时间的变化。早期，义翘神州的销售依靠电子商务，完全从产品本身发掘竞争优势。但现在，义翘神州也准备培养自己的销售团队，从社会网络方面对企业的产品优势进行补充。因此，义翘神州也从最初主导的“交易视角”，向“双元文化”视角转变，逐步引入“关系视角”。因此，双元文化的程度会随着时间发生权变。

第四，双元文化的程度会随着具体的情境发生变化。例如，在中国情境下，原本受更多“交易视角”影响的海归创业者需要进行不同程度的本土化，加大企业中“关系视角”的主导作用，双元文化的程度发生了改变。因此，双元文化的程度会随着情境发生权变。在美国创业和在中国创业，企业双元文化视角的主导程度会有所不同。

总结对比案例研究的结果，我们列出如图表2-8所示的理论框架：

图表2-8　海归创业和本土创业对比理论框架

| 海归/本土创业<br>创业过程 | 海归创业企业 | 本土创业企业 |
|---|---|---|
| 创业机会识别 | 交易视角为主、关系视角为辅 | 关系视角为主、交易视角为辅 |
| 资源获取 | 交易视角为主、关系视角为辅 | 关系视角为主、交易视角为辅 |
| 创新 | 交易视角为主、关系视角为辅 | 关系视角为主、交易视角为辅 |
| 领导方式 | 交易视角为主、关系视角为辅 | 关系视角为主、交易视角为辅 |

从图表2-8的理论框架可以看出，关系视角所主导的本土创业企业关注社会这个整体、以社会网络为企业的最重要资源，并且以精神引领为领导方式。而交易视角所主导的海归创业企业关注市场机制，以产品本身为基础发掘竞争优势，并且以合作为领导方式。

本研究未来的研究方向可以有如下几点：

第一，根据本研究的理论框架，运用问卷调查等方式，对海归和本土创业企业之间所存在的异同进行进一步的验证。

第二，运用大样本的实证研究，进一步验证双元文化的表现形式、其来源及影响，以及在不同情境中的权变。

第三，在本研究的基础上进行更深层次、更细致的案例研究，进一步充实双元文化以及海归创业的理论框架。

# 第三章　海归与本土企业创业初期资源获取的对比分析
## ——基于互联网和早期教育行业的研究

## 第一节　引言

近年来，创业在中国成为一个热门的经济现象。在谷歌的搜索引擎中，与“创业”信息相关的网页超过1.4亿条。当金融危机冲击西方经济体时，中国持续的经济增长，海量的潜在消费群体和广阔的市场空间为创业者提供了一个巨大的舞台。根据国家工商管理总局的统计，2011上半年，全国新登记注册企业100.15万户，比上年同期增长19.1%，注册资本增长35.02%。其中，内资企业户数同比增长19.38%，注册资本增长37.81%；外资企业户数同比增长6.93%，注册资本增长18.74%。[①]创业、创新成为这个时代最响亮的词句，创业者、创业家成为这个时代被推崇的英雄。

2008年，党的十七大报告明确提出，要实施扩大就业的发展战略，促进以创业带动就业。完善支持自主创业、自谋职业政策,加强就业观念教育,使更多劳动者成为创业者。2008年底，多个部委联合出台了《关于促进以创业带动就业工作的指导意见》，推出了多项优惠政策。共青团上海市委员会发布的《2007上海青年发展报告》中，对数千名在校学生和社会青年的随机问卷调查显示有近六成的受访者愿意选择创业，而2004年的同类问卷数据结果分别为三成和四成。而历时三年的《赢在中国》大型创业电视活动风靡全国，收视率始终位于央视经济频道同时段节目的第一位，官方网站点击率平均每天都在80万

① http://www.gov.cn/gzdt/2011-08/09/content_1922555.htm

人次以上。

与此同时，海归创业潮正在形成。

海归，是对留学归国人员的俗称。中国改革开放后，有大量人员赴国外留学。根据教育部2011年3月对外公布的数据，2010年度我国出国留学人员总数达28.47万人，各类留学回国人员总数13.48万人。与2009年度人力资源和社会保障事业发展统计公报的统计数据相比较，出国留学人数增加5.54万人，留学回国人数增加2.65万人。从1978年到2010年底，我国各类出国留学人员总数达190.54万人，共有63.22万留学人员学成后选择回国发展，其中有相当比例的海归人员选择创业。

2010年留学人员回国服务工作部际联席会议上公布的数据显示，截至2009年全国已建成各级各类留学人员创业园150余家，其中人社部与地方人民政府共建国家级留学人员创业园36家，全国入园企业超过8 000家，20 000余位留学人员在园内创业，有效带动了地方经济发展、科技创新和产业结构调整。以北京中关村为例，截至2011年4月，中关村汇聚了2万多家高新技术企业，近万名海归人才创办了5 000多家企业，分别是10年前的20倍和12倍；海归创业人员数量占中国的近1/4，是国内留学归国人员创办企业数量最多的地区。有数据显示，中关村每年诞生新企业3 000家，每个工作日就有2家“海归企业”诞生。[①]对“海归”和“海归创业现象”的研究对我国经济发展的影响就具有了一定的学术意义和政策意义。

越来越多的海归与本土能人志士加入创业者的行业。他们的学历背景不同，工作经历迥异，创业动机与视角以及资源获取的方式也有各自的特色。对两组企业的案例研究可以帮助进一步构建有关海归创业和本土创业过程中获取外部资源差异性的理论模型，并通过进一步建立海归创业企业和本土创业企业两个大样本数据库，对案例研究中构建的理论模型进行检验。

① 中国新闻网（http://news.163.com/11/0426/14/72ITIE2K00014JB6.html）。

# 第二节　文献回顾

## 一、关于创业及创业资源的研究

目前，创业理论的研究已经引起国内外学术界广泛的关注，尽管有些研究还不够成熟，但影响越来越大。创业是创业者对自己拥有的资源或通过努力能够拥有的资源进行优化整合，从而创造出更大经济或社会价值的过程。创业研究始于18世纪中期，20世纪后期取得了重大进展，使创业活动成为学术界的热点之一。

20世纪90年代中期，“创业研究在学术研究中随处可见”（Shane，2001）。以往国内外对于创业的研究主要集中在创业的主体、创业过程和创业环境领域。在Timmons（1982）的企业创业动态过程模型中，把创业归结为三个要素：创业机会、创业团队和创业资源。Timmons认为在创业前期，机会的发掘与选择最为关键，创业初期的重点在于团队的组成，当新事业顺利启动后，才会增加对于资源的需求。Timmons认为创业是一个高度动态的过程，其中机会、资源、创业团队是创业过程最重要的驱动因素：商业机会是创业过程的核心要素，创业的核心是发现和开发机会，并利用机会实施创业；资源是创业过程的必要支持，为了合理利用和控制资源，创业者往往要竭力设计创意精巧、用资谨慎的战略，这种战略往往对新创企业极为重要；创业团队是新创企业的关键组织要素。

创业主体层面的研究关注创业个体或团队的特征及其认知行为、智力资本，不同类型的创业者以及创业者与非创业者之间的比较等问题。而关注创业过程的研究的学者们试图归纳创业过程的理性成分，论证创业过程的一般规律，揭示创业现象背后的真正法则。创业环境研究关注的是在一定的生态、文化、经济或市场要素的基础上，促进或抑制创业活动的影响变量。国外的研究也因为研究方法各异，研究视角纷杂等问题，使得创业理论研究呈现一种众说纷纭的状态（Low和MacMillan，1988）。大部分创业研究仍处在解释性阶段，创业研究还没有形成一个相对统一的分析框架，没有形成累积性的学术成果，也还没有发展出一个有别于其他领域的真正意义上的创业理论

（Busenitz，2003）。而国内对于创业理论的研究还是比较晚，大多还集中在介绍和描述创业现象和行为，对创业理论的研究不多，很多专家学者都在致力于介绍和引进国外创业学研究成果。

具体到创业机会识别，Shane和Venkataraman（2000）认为，创业机会识别和获取（entrepreneurial opportunity discovery和exploitation）应该是创业领域研究的重点。Casson（1982）把创业机会定义为新产品、服务、原材料和组合方式能被引入市场并以高于成本的价格销售的机会。Drucker（1985）把创业机会分为三类：（1）新信息的创造，如新技术的发明；（2）对由信息不对称引发的市场低效率的机会发掘，如跨区域、跨时间的创业；（3）对资源利用方式的相对成本和收益的改变所作出的反应，如政治、政策和人口变化所引发的创业。

Shane和Venkataraman（2000）认为，尽管能够获取利润的创业机会是一直存在的，但只有当创业者能够识别这个机会的存在和价值时，他才可能获得创业利润。两类影响人们识别创业机会的要素包括：（1）掌握识别机会所需要的知识和信息；（2）拥有评估机会所必须的认知技能。另一方面，创业者在识别机会后还要评估机会并决定是否要投入资源获取创业机会。

越来越多的学者认识到，创业者在创业机会识别的过程、频率以及所识别的机会的质量之间存在着很大的差异（Gaglio和Katz，2001；Ucbasaran等，2006）。例如，Ucbasaran等（2008）研究发现，创业者的综合经验（包括教育背景和工作经历）和创业经验影响了创业者对商业机会的识别和发掘。Ucbasaran等（2009）的研究也表明，过去拥有企业所有权的创业者，比没有企业所有权经验的创业者能够识别出更多、且更有价值的创业机会。因此，创业者的经历对商业机会的识别有重要的影响。

具体到创业资源，国外学术界的研究是比较零散的，缺乏系统的深入研究。关于创业资源，蒂蒙斯认为，外部人资源、资金源和信息源是重要的创业资源。其中短缺的是高素质的创业者和商机，而不是资金。蒂蒙斯揭示了创业资源具有与其他经济资源一样的经济属性即稀缺性。有些学者探讨了社会网络对创业企业的影响。Woodward（1988）认为社会网络在帮助创业者建立和发展企业中扮演了积极的角色。当创业者能够通过社会网络得到充足而及时的资源时，他就容易成功。稀缺资源的识别、收集和配置依赖于创业者的网络关系（Birley，1985；Uzzi，1999）。网络关系有助于创业者建立声誉、获得信息、市场和技术（Gulati和Wesrphal，1999）。国内对于创业资源的研究有分析资源要素的，比如朱炎的《创业管理》和雷家骕、冯婉玲的《高新技术创业管理》中提到的创业六大要素包括有望成功的商业计划，设立企业和起步项目要求的资金；起步项目依赖的技术与人才；技术、行业、市场及政策信息；社会联合和营销网络。在资源管理理论方面，Brush，Greene 和 Hart（2001）提出资源汇集是新企业创建和成长的基础。创业者初始资源禀赋对新企业所需要资源的识别和获取十分重要，并建立了基于集中资源、吸引资源、整合资源和转化资源的创业资源管理模型。

## 二、海归创业研究

海归创业研究是跨国创业研究（Drori，Honig和Wright，2009）的一个领域。跨国创业研究是创业管理领域近年来兴起的一个研究方向，其特点是个人或企业在自己长期工作和经营的国家到不熟悉国家创业或经营。跨国创业分为国际投资创业（international entrepreneurship）、移民创业（ethnic entrepreneurship）、多国创业（transnational entrepreneurship）、海归创业（returnee entrepreneurship）等四类（Drori，Honig和Wright，2009）。海归创业是人们从长期生活和工作的发达国家向出生的母国回流而进行的创业。海归人员通常即具有从发达国家获得的教育和工作经验，也具有对母国的文化认同等特征。海归创业是一个最新的跨国创业现象，也是研究最少的。对中国海归创业有关的研究，比较早的是加州大学伯克利分校的教授Saxenian所做的硅谷亚裔回国创业的研究，他提出了人才循环（Brain Circulation）的概念。另一个是香港科技大学的David Zweig教授做的关于中国海归创业与本地企业家的比较。内地海归创业研究领域比较著名的有欧美同学会副会长、中国与全球研究中心主任王辉耀。他在对海归创业者进行个人内外部因素的统计和分析的基础上提出了海归创业动态概念模型，描述了内外因素如何影响“未归”、“海待”与“海归”的创业过程。

## 第三节 研究方法概述

### 一、研究方法

本章希望通过案例研究法对比海归创业企业和本土创业企业凭借不同初始资源禀赋获得外部资源渠道和效果。笔者将采用案例研究方法，访谈具有处于创业早期的海归创业企业，并以本土创业组作为对照，对比两个群体在获得外部资源困难程度以及渠道方面的异同。

**（一）方法概述**

案例研究方法作为组织管理学研究的基本方法之一，具有其独特的优势。首先，案例研究能够掌握现象的丰富性（richness）（Weick，2007），能够对现象进行厚实的描述（thick description）（Tsui，2007；Tsui，Nifadkar和Ou，2007）。其次，当代社会科学界特别强调多元研究方法论（multiple methodologies），兼用质化和量化的不同方法以强化研究结果的坚韧度（robustness）。与其他研究方法颇为不同的案例研究法深获重视。组织理论的研究学者们已经就案例研究方法的一整套原则、步骤和方法等方面取得了共识（Eisenhardt，1989；Yin，1994；Strauss，1987）。简言之，案例研究方法尤其适用于对现象的理解，寻找新的概念和思路，乃至理论创建（Eisenhardt，1989）。

本章利用案例研究方法的原因是由于大规模海归创业是新现象，相关的理论框架不成熟，选用案例研究是研究方法和研究问题相适应的要求（Edmondson和Mcmanus，2007）。另外，案例研究和其他研究方法比较起来，更适合于研究的问题类型是“怎么样”和“为什么”的情况，且研究对象是目前正在发生的事件（Yin，2010）。就本文而言，是要研究正在发生的本土创业和海归创业案例，探讨他们在资源获取方面有怎样的不同，并试图探索为什么不同，因而选用案例研究方法应该是比较适合的。

参考Robert.K.Yin的《案例研究：设计与方法》和郑伯埙与黄敏萍的

《实地研究中的案例研究》，本章主要从以下几个步骤进行分析研究：

第一步，对以往相关的研究文献，报道和采访信息进行梳理，界定研究问题；

第二步，挑选实验案例（pilot case）进行试探性研究，并从中找出可能的前导概念，进行初步的理论构建，并提出相关假设；

第三步，展开多案例研究，采用多元资料搜集方式，由多名研究者反复进行资料收集和分析，掌握质化和量化的资料。具体而言有以下几个方面的安排：

（1）案例设计及选择。本章将采用多案例多层次的案例设计方法和多元搜集的方式，重点对两组案例中的创始人进行访谈，并对资源提供方（创业园）及创业相关人士进行采访，检验和印证案例访谈内容。

（2）研究工具与方法选择。本章将主要通过访谈和文件、档案调阅相结合的方法，互相取长补短。计划先对实验案例的关键人员采用非结构访谈，让被访谈人畅所欲言而非引导其回答问题。然后从中形成可以供后期其他案例访谈参考的访谈框架（见附录1）。

（3）资料搜集与分析。通过现场笔记与录音相结合等手段反复进行信息搜集，并随机应变。通过案例内分析寻找跨案例的共同模式。通过采纳多元观点，从多资料源获取资料，多方寻找支持与对立论据，互相校准，以形成坚韧的理论与命题。

第四步，与文献对话，包括和矛盾文献以及类似文献的比较，以建构内部效度、改善构念定义和提高理论层次，尽可能达到理论饱和（theoretical saturation）。

### （二）研究问题界定

Eisenhardt（1989）强调，如果不把研究问题确定好，研究者就会被案例所展的“真实世界”的海量信息所淹没。本章对目前学术界对海归与本土创业资源获取方面的研究进行了梳理和相关资料收集，并对长期与创业者接触并且自己也亲自经营初创企业的媒体及商界领袖，被称为“中国创业教母”的王利芬女士进行了采访，以帮助笔者界定研究问题。

在我国，海归创业企业和本土民营企业同属私营企业，在外部获取资源方面相对国有企业都存在劣势。根据《人民日报》公布的数据，截至到2010年底，我国登记注册的私营企业数量从“十一五”之初的430.1万户迅速增加到“十一五”末的逾840万户，年均增速高达14.3%，五年增幅超过95%，成为我国最大的企业群体，占全国实有企业总数的74%。虽然政府一直强调，个体经济、私营经济是“社会主义市场经济的重要组成部分”，然而当今中国政治体制改革的滞后，不完善的法律制度和政策环境让私营企业面对不公平的竞争，在资源获取方面处于劣势。为了改善企业的生存空间，私营企业主不得不通过各种形式的政治参与，加强与政府沟通与合作，争取各种资源和扶持。例如通过政治参与和社会网络关系私营企业可以更容易获得银行贷款（Bai，Lu和Tao，2006）。在政治参与方面，本土企业比海归企业具有一定优势。

2009年《中国人才发展报告（2009）》指出，通过对300名回国创业和发展较为成功海归人士的样本分析，海归在“能更好利用海外关系”、“企业运作更规范”和“在高科技等行业更具优势”占明显的优势。与此同时，也有相当部分的人员认为海归在获得风险投资及组建团队方面有较大的优势。

首先，海归人员由于大都在国外受过高等教育或有国际工作经验，因此在技术创新和国际视野方面较本土民营企业有一定优势（Filatotchev等，2009；Liu等，2010）。Zweig，Chung和Vanhonachker（2007）研究发现许多海归会带回国外较为成熟的但对中国是新颖的技术。《中国人才发展报告（2009）》的研究表明大多数成功创业的海归通常都集中在高科技领域。其中，互联网、IT和通信等高科技领域的海归占到了70%以上。其次，由于国人对西方国家教育的推崇，海归的教育和工作背景在提升个人能力方面的象征性作用明显（symbolic），个人能力的象征性意义可能对赢得关键资源持有者的支持有帮助。再有，海归人员受到的西方教育强调表达和交流，因此在向展示商业计划、表述商业理念等方面具有优势（Chen，Yao和Kotha，2009）。

然而社会上也有很多学者和商界人士认为，海归创业劣势突出，困难重重。2009年《中国人才发展报告（2009）》指出，目前在中国海归创办的企业中，存在比较明显的“三三现象”：大约1/3能有较大发展；1/3勉强维持生存；1/3处于破产或半破产状态。中关村科技园创业服务总部的颜梅主任给出的数据似乎更低：“中关村这边企业的淘汰率还是挺高的，成功的企业最多也就到四分之一。”王利芬女士在采访时提到：“形势表明，越来越多的海归回来要创业，优势是弱于国内创业者，这是我的一个判断。”而创新工场的李开复近日在被笔者问及海归创业时也说：“海归回来创业劣势明显。未来在中国成功的海归比率会越来越低，与中国运营环境的脱节，对中国大环境的不了解，以及中国人脉的缺失，都是海归们的缺陷。到目前在我这里孵化的24个项目中，不成功的唯一一个就是海归。”

海归人员由于多年在国外生活工作，其在国内的关系网络较本土民营企业有劣势，从而影响其在国内获取资源的能力。海归创业企业与本土创业企业相比，国内的政治参与程度和社会网络关系较弱，其获取外部资源的困难更大。例如，欧美同学会在2007年进行的一次调查表明在被调查的海归人员中大多数人认为自己在适应国内制度环境、社会网络和获得外部资源方面有不足。而这些因素包括：市场运作不规范（80%）、过于复杂的人际关系（77%）、相关部门办事效率低（63%）和缺乏创业资金来源（52%）。

和海归创业者相比，本土创业者熟悉国内的商业环境和制度环境，具有深厚的国内人脉关系，深谙商场上的人情世故和“潜规则”。因为扎根本土而市场信息充足，更容易从市场空白中发掘创业机会。然而本土初创企业也具有较高的失败率。根据2010年12月28日《中国商界》杂志的一篇报道，一项调查显示，国内创业企业每100家企业中只有20家到30家可以熬过1年，而熬过3年的企业只占这其中的30%；至于如今流行的大学生创业，其失败率更是高达99%。盲目创业，缺乏契约精神，过分倚重人脉是中国式创业失败的三大主因。

基于以上的背景，通过对现有文献和研究的综合分析，笔者初步认为，由于海归和本土创业者的创业动机，教育及工作背景具有较大差异，他们在创业初期具有各自不同的优劣势，或者说不同的初始资源禀赋。杨俊和张玉利（2004）认为初始资源禀赋能够影响创业企业的机会选择，同时影响创业企业的资源整合过程。那么，海归与本土不同的资源禀赋如何对这两个群体各自的机会识别，资源获取和整合过程产生不同影响呢？而背后的原因又是什么？这是本案例研究要回答的“怎么样”和“为什么”的问题。

**（三）前导概念及理论**

Eisenhardt（1989）指出，在采用案例研究方法时不要有任何预设的理论，因为预设的理论会使研究者的视角有所倾向，从而使研究结果出现偏差。但是笔者认为，没有任何理论方向的指导容易造成信息收集过于分散而导致最终无法进行有价值的对比分析。基于此考虑，笔者在没有任何预设理论的前提下，首先选取了一个实验案例（Pilot Case）“知妈堂”。选择“知妈堂”的原因是笔者与创始人的熟悉程度能保证访谈的质量，以便尽可能的从丰富的谈话内容中寻找到最合适的理论及假设。

通过完全开放式的访谈，归纳总结出可以用于讨论的前导概念主要集中：资源基础理论（Resource-based View，RBV）与资源依存理论（Resource Dependence Theory）两方面。

创业研究里广为接受的资源基础理论认为，企业是一个资源集合体，是一系列资源和能力组成的资源束，其长期竞争优势来自于企业拥有并控制的以无法复制、难以交易为特征的特殊资源，包括实物资源、人力资源和组织资源（Wernerfelt，1984）。企业创业活动实质上是在识别机会的基础上，整合资源满足顾客需要的过程（蔡莉等，2006），是不拘泥于当前资源条件的限制对机会的追寻，将不同的资源组合以利用和开发机会并创造价值的过程（Stevenson，1985）。资源论的假设是：企业具有不同的有形和无形资源，这些资源可转变成独特的能力；资源在企业间不可流动且难以复制；这些独特的资源与能力是企业持久竞争优势的源泉。资源论的基本思想是把企业看成是资源的集合体，将目标集中在资源的特性和战略要素市场上，并以此来解释企业的可持续的优势和相互间的差异。

资源依存理论则属于创业环境研究的范畴。资源依存理论认为，组织不可能从内部生成所有的必要资源，所以任何一个组织都处于与环境因素相交易的关系。Moyes（1990）等人认为新企业的创建、生存和发展与其获取可预测的、稳定的必备资源的能力直接相关。Gnyawali和Fogel（1994）指出，外部环境对新创企业的生存和发展具有十分重要的影响力。创业环境是创业过程中多种因素的组合，这个组合包含五个维度：政府和规程、社会经济条件、创业和管理技能、创业资金支持、创业的非资金支持。因此，政府、企业家和社会各界都要为促进创业发展创造良好的环境。资源依赖理论的核心假设是组织需要通过获取环境中的资源来维持生存，没有组织是自给的，都要与环境进行交换。

资源基础理论和资源依赖理论都强调了资源获取和资源优势建立对于企业发展的重要性，然而又都有一定的局限性。资源基础理论过分强调企业内部而对企业外部资源环境重视不够，而资源依赖理论过分强调外部环境而否定了组织内生资源的价值。笔者认为，每个新创企业有其自身的独特资源禀赋，与企业性质及创始人背景等因素有关。企业依靠这些资源禀赋从外部环境中交换、获取和整合各种企业发展所需要的资源。两个理论的结合，可以更好地分析初创海归与本土企业资源获取的异同点。

**（四）假设**

资源基础理论认为企业是各种资源的集合体，包括人力资源、信息、社会和组织资源等。Firkin（2001）指出，企业家资源禀赋是企业创业前拥有的各种资源的综合，他们能为创业行为与新创企业生存与成长提供价值，包括经济，人力和社会资本。结合理论与研究，基于前面对研究问题的界定，笔者假设海归与本土创业者和创业企业在创业初期具有以下不同的优势资源禀赋（见图表3-1）：

图表3-1　海归创业和本土创业企业初期优势资源禀赋

| 海归创业优势资源 | 本土创业优势资源 |
|---|---|
| 1．国际视野（人力资源）<br>2．国外社会关系网络（社会资源）<br>3．海归背景的象征意义（人力资源）<br>4．企业运作规范：西方成熟规范的现代企业管理模式和运作方式（组织资源） | 1．本土市场信息（信息资源）<br>2．国内社会网络（社会资源）<br>3．政治参与（社会资源）<br>4．对国内商业环境的适应能力：如价值观，潜规则，人情世故等（人力资源） |

由于本土创业家与海归创业家具有不同的自身条件，他们在创业初期资源获取的方法，手段和能力方面都有所不同。笔者将基于以上不同资源禀赋的假设，分析这些资源禀赋如何帮助企业获取资源。

根据创业企业的特性，本章主要集中在以下几个方面的资源获取：

1．机会识别与核心资源获取

2．人力资源：包括创始团队、员工招募与员工留用

3．资金资源：初创资金与再融资

4．客户资源

5．政府资源

在这里，核心资源包括核心能力和核心资产，它可能是某种商业模式，或者技术，也可能是服务，或者是人力资本。它是企业核心竞争力的来源。政府资源，包括各种扶持政策利用及创业园资源获取及利用等。Pearce（2000）指出，在中国，企业都与行政领导以及其他企业的经理建立长久联系。在中国市场化改革过程中，政府减少了对企业的干预，但仍然控制着资源分配、银行贷款以及工商企业的建立。笔者单独将其作为一个分析的维度，旨在分析海归及本土两组企业对这一特殊资源的依赖程度及获取方式的异同。

## 二、数据来源

### （一）深度访谈

对于访谈对象的选择，笔者最初基于三点考虑。首先，本次研究聚焦在对创业初期的海归和本土企业进行对比。主要考虑是创业时间较早的案例，创始人对创业初期的细节已经印象模糊，而且过去与当下的创业环境或许会有很大的不同，信息不具有时效性。其次，考虑到研究的延展性和信息的可获得性和可信度，初步拟定尽量从上市公司中寻找案例。最后，为了让研究更具有说服力，希望从差异较大的行业中选取对比组。基于以上考虑，笔者确定了以下案例选取条件：成立时间最好在1−5年，已经上市的具有一定知名度的企业各两组，并且最好是一组传统行业，一组新兴行业。并且创始人分别是本土及海归背景。

根据提到的条件，笔者从2011年1月开始对中国创业板成立来的上市的初创公司，美国纽约交易所与纳斯达克近几年上市的中国公司，德勤中国高成长50强企业等近数百家企业进行筛选。在访谈对象筛选过程中，笔者发现，5年

内就能上市的企业基本局限于互联网及新能源行业，行业具有局限性。又由于访谈对象级别的要求和时间的限制，短时间约见到合适的对象具有一定难度。在综合了可获得性、时间限制、案例价值等各方面因素，笔者调整了访谈目标，锁定在成立时间在1-2年处于创业最初期的企业，这是创业获取资源最重要最艰难的一个时期。笔者到2011年3月中下旬共同完成13次访谈。其中海归企业访谈5次，本土企业访谈5次，创业园及创业相关方访谈3次。其中，案例研究采用企业共6家，未采用企业共4家。具体情况如图表3-2至图表3-4所示：

图表3-2　本研究采用的访谈：本土及海归组各三家企业

| 日期 | 访谈时长（分钟） | 受访者 | 受访者职位 | 采访人 | 公司/单位 | 业务类别 | 采访地点 | 类别 |
|---|---|---|---|---|---|---|---|---|
| 03/03/2011 | 70 | 辛永健 | 创始人 | 陈佼莉、林道谧、刘颖 | 知妈堂 | 孕期管理 | 朝外Soho上岛咖啡 | 实验案例本土对比组 |
| 06/03/2011 | 54 | 杨威 | 创始人/首席执行官 | 陈佼莉 | 贝瓦网 | 儿童早教 | 中关村苏州街银科中心大厦莫奈咖啡 | 本土对比组 |
| 12/03/2011 | 75 | 彭莹 | 创始人/首席执行官 | 陈佼莉 | 优券网 | 优惠券电子商务 | 紫竹院路8号十号名邸 | 本土对比组 |
| 10/03/2011 | 130 | 孙瑶 | 创始人 | 路江涌、张曦如、刘颖 | 周边游 | 旅游电子商务 | 海淀桥北千晴屋 | 海归对比组 |
| 10/03/2011 | 130 | William | 创始人 | 路江涌、张曦如、刘颖 | 兰婷汇 | 化妆品团购网站 | 海淀桥北千晴屋 | 海归对比组 |
| 12/03/2011 | 120 | 施侃 | 创始人/总裁 | 陈佼莉 | A&Grant | 搜索引擎营销 | 东三环环球金融中心澜咖啡 | 海归对比组 |

图表3-3 本研究未采用的访谈：本土及海归各两家企业

| 日期 | 访谈时长(分钟) | 受访者 | 受访者职位 | 采访人 | 公司/单位 | 业务类别 | 采访地点 | 类别 |
|---|---|---|---|---|---|---|---|---|
| 09/03/2011 | 72 | 史文勇 | 联合创始人/COO | 路江涌、陈佼莉、刘颖 | 网秦天下 | 移动通信安全 | 和平里东街11号院内四号楼 | 本土 |
| 11/03/2011 | 120 | 鲁明 | 创始人/董事长 | 陈佼莉 | 好乐买 | 鞋类电子商务 | 三里屯SOHO | 本土 |
| 29/03/2011 | 38 | 王荣平 | 创始人/总经理 | 陈佼莉 | 盟友软件 | 软件开发与应用 | 中关村国际创业园 | 海归 |
| 29/03/2011 | 41 | 咸才军 | 创始人/总经理 | 陈佼莉 | 首创纳米 | 纳米材料应用 | 中关村国际创业园 | 海归 |

图表3-4 其他访谈：中关村创业园及王利芬女士

| 日期 | 访谈时长(分钟) | 受访者 | 受访者职位 | 采访人 | 公司/单位 | 简单介绍 | 采访地点 |
|---|---|---|---|---|---|---|---|
| 10/03/2011 | 80 | 颜梅 | 主任 | 路江涌、陈佼莉、刘颖 | 中关村科技园区管理委员会 | 创业服务总部 | 海淀区阜成路73号 |
| 16/03/2011 | 30 | 罗毅 | 副总经理 | 陈佼莉 | 中关村国际孵化园 | 海归创业孵化器 | 电话访谈 |
| 16/03/2011 | 15 | 王利芬 | 知名制片人，优米网创始人 | 陈佼莉 | 优米网 | 原央视著名主持人；《赢在中国》、《我们》栏目总制片人兼主持人；优米网创始人 | 首都机场 |

因为各种原因，笔者最终放弃了本土组的网秦天下及好乐买网，以及海归组的盟友软件和首创纳米这四家企业作为案例分析的对象。

网秦创业时间为6年，各方面已经步入正轨，6年前的创业环境和企业发展轨迹和其他成立时间在2年内的本土受访企业的处境有很大差异。受访者在访谈中更多的是以成功过来人的角度回顾创业历史，“原景重现”具有难度。而好乐买虽然成立时间不长，创始人鲁明在创立好乐买之前曾是东易日盛天津公司的总经理，具有丰富的管理经验。这样的背景与其他本土组初出茅庐的创业者具有天然的区别。而在海归组，盟友软件和首创纳米的成立时间都有10年之久，盟友科技的初创团队是海归与本土的结合，而首创纳米是首创集团投资的，在初期具有强烈的国有企业色彩，初创团队很多由首创集团派遣，和海归组的另外三家企业在成立年限和团队和公司性质上都有较大差别。

综合以上情况，笔者最终在案例研究对象锁定在刚成立2年内的6家公司，并结合资源提供方创业园和创业相关人士的访谈内容，进行观点相互印证和检验。每次企业案例的访谈时间基本都在1个小时以上。谈话内容全部都有笔录，绝大部分谈话在征得受访者同意后进行了录音。此外，笔者还通过网络和报刊媒体收集了补充资料。

### （二）小组讨论

笔者与本毕业论文的导师带领的项目团队联合对案例企业进行了访谈。并就一些关键问题进行了多次小组讨论。

### （三）资料研究

笔者对采访笔录资料进行了反复研究，并通过企业内部刊物、网络新闻等途径广泛收集资料。

## 三、数据分析

数据分析的目的在于从大量的定性数据中提炼主题。这一过程类似定量数据研究中的因子分析（Lee，1999；忻榕等，2004）。本人围绕本次研究要探讨的资源获取的几大方面从6位深度访谈者的录音资料中提取出数百条相关信息，再进一步以表格形式进行归类整理。

## 第四节 案例背景及分析

### 一、本土创业组案例简介

#### （一）案例一：知妈堂

知妈堂俱乐部（www.wismom.com）是北京知妈堂教育科技有限公司于2010年9月10日在北京CBD商务区成立的孕妇服务机构。“知妈堂母婴俱乐部”在国内首先提出了“孕期生活管理专家”服务理念，专门服务于进入孕期的女性的专业机构，主要为准妈妈们提供科学、系统的孕产知识、艺术胎教和快乐运动三大方面的孕期课程及相关服务。帮助孕期的女性从容、顺利、科学地规划和渡过孕期。该公司由北京大学第十四届MBA联合会主席、2008级学生辛永健发起创办，初创团队有五人，包括辛永健夫妇及在光华MBA的同班同学三人。公司初创资金来自创始人团队自有资金，本案例采写时，公司还没有盈利，正在接触投资人。

2009年7月，知妈堂创始人在经过为期半年的市场调研和考察后最终立项；联合相关领域专家以艺术胎教课题为主，开始了长达一年的知妈堂专属知识产权的艺术胎教的课程体系研发。2010年2月完成店面选址和施工。9月知妈堂在朝外SOHO正式试营业，当月进行系列孕期公开课程，成功签约知妈堂的第一个会员家庭。2010年11月知妈堂迎来第一位明星会员和第一位外籍会员。2010年12月俱乐部正式推出“孕期生活管理专家”的企业战略，成为国内首家提出“孕期管理”概念以及拥有配套孕期服务的专门机构。2011年3月与中央电视台《宝贝一家亲》和北京广播电台《宝贝计划》合作，进行专家支持及内容提供，持续至今。2011年5月针对孕期的独创研发课程“舞韵”和“孕期健身操”代表东城区妇幼保健院参加北京首届妇幼文化节。2011年8月，知妈堂被评为“母婴行业最具投资价值企业100强”。该评选是由中国排行榜网联合中国上市公司企业联合会、中国上市公司企业家协会、中国上市公司发展研究院、中国排行榜经济研究院依据中国母婴行业相关企业的“盈利模式、创新模式、品牌影响力、核心团队”等指标，进行深入的市场调查后，从中国母婴行业中选择发展前景最大的100家企业组成的首份“2011中国母婴行业最具投资价值企业100强”榜单。目前纳入榜单的企业覆盖了北京、上海、广东、天津、福建等二十多个地区。到2011年9月，通过各种渠道接受过知妈堂服务的孕妈妈已逾千。

**（二）案例二：贝瓦网**

贝瓦网（www.beva.com）是由北京芝兰玉树科技有限公司在2009年10月创办成立，是一家致力于通过互联网技术发展儿童教育及相关产业，以帮助儿童综合素质发展与健康成长为目标的新型公司。公司以“发现儿童的兴趣与天赋，培养儿童的爱好与技能，分享儿童成长中的快乐”为经营理念，打造儿童喜爱的卡通形象品牌，利用网络平台，致力于成为中国最有贡献的儿童成长公司。

创始人杨威2004年毕业于西安交通大学市场营销专业，之后进入腾讯做商务。另一合伙人是他在腾讯时的同事。2010年3月28日，公司获得多位知名天使投资人数千万元投资，为公司迅速的发展奠定了良好的资金基础，开始了贝瓦网的创业征途。5月7日，北京芝兰玉树科技有限公司正式注册成立。7月7日，贝瓦儿童测试版上市。贝瓦儿童（kids.beva.com）是贝瓦网的一个子频道，是一个具有独创性的儿童成长网络平台。它采用网络动画（Flash）等多媒体形式，将传统的儿童画册、故事书、歌曲、百科等内容以互动性更强的方式展示给儿童。不但为儿童提供了丰富的学习、娱乐素材、也为父母与孩子的亲子互动提供了更好的媒介。2010年10月1日，公司宣传片在线发布。11月，贝瓦电台测试版上市。贝瓦电台是一个面向儿童的故事电台，儿童可以选择自己喜欢的节目内容，打造自己的个性化小广播。用户可以选择在线播放和个人电脑客户端播放两种形式，iPhone和iPad的客户端版本也即将发布。2011年3月，公司与北京师范大学教育学部正式签订合作协议进行《多种媒体在学前教育中应用研究》。由全国人大常委、国家督学庞丽娟教授担任课题组顾问。北京师范大学学前教育研究所所长霍力岩教授和公司首席执行官杨威共同担任课题组组长。6月，北京师范大学教育学部与公司在北京师范大学京师大厦联合举办了一场主题为“技术与学术联姻——打造高质量学前教育产品”的研讨

会，围绕科学研究成果及信息技术实践经验相结合在促进学前儿童教育方面的重要作用展开了深入的探讨

案例采写时，公司还没有盈利，刚刚结束A轮融资。

**（三）案例三：优券网**

优券网（www.uquanwang.com）成立于2010年3月，是一个汇集了吃喝玩乐等多种休闲娱乐消费券的电子商务平台，为消费者提供各种优惠的消费券。

创始人彭莹系会计出身，2008年进入北京大学脱产读MBA。曾在北京国安任某事业部总经理。2006年彭莹离职成立公司。通过MBA同学的关系，2009年中秋节向其以前积累的人脉销售哈根达斯优惠券获得成功。于是启发其将更多商家的优惠券放到线上交易，遂在2010年3月成立优券网，7月正式上线。网站巅峰时期曾达到日均2万流量。

2010年上半年，市场涌现众多的团购网站。仅上半年就有400多家。拉手规模最大，美团口碑最好，在众多网站激烈竞争时，优券网依然上线运营，低价格、好商品是竞争的保证，同时优券网与其他团购网站有众多的不同之处。首先，大部分的团购网站都是采用每日推出一款产品的方式，而优券网每天会推出多种优惠产品。其次，与优券网合作的商家都是进行长期合作，对于没有及时团购到的商品，或团购消费之后想再次购买的用户，在优券网只要没到有效期，随时都可以购买并消费。另外，优券网还增加了很多功能，比如竞拍、会员对自己喜欢的商品发起团购，还可以进行议价等。

受到近一年来团购网站的冲击和启发，彭莹对业务进行了调整，提出“二手团购”的概念，建立一个新的网站“去跳蚤”，供消费者交易团购券、各种商家返券、单位礼品券等。优券网合伙人为彭莹的大学同学。初创资金为自有和资金来自MBA同学及老师的投入。案例采写时公司还未盈利，正在初步与投资人接触。

## 二、海归创业组案例简介

**（一）案例一：周边游**

周边游旅行网（www.zhoubianyou.com）是一个最新旅游资讯、最实

惠旅游产品、最全旅游线路和自助游预定中心，一站式个性化旅游服务提供商。周边游旅行网致力于本土旅游文化的传承与创新，业务范围涵盖酒店、旅游线路的预订及商旅实用信息的查询检索等。通过电子商务平台整合中小企业资源，为客户在经营过程中提高竞争优势；充分利用互联网和信息技术，提高客户业务处理流效率并降低其成本。周边游的口号并不是“打造国内第一旅游网站”，而是提供一个专业的城市周边旅游向导。定位于让奔波的城里人每个周末都过得充实。

周边游的产品包括自助游——既有国内自助游套餐也可单订某项产品或任意搭配组合，以及跟团游——提供北京周边短线游和国内长线游。此外周边游旅行网经过对旅游市场的探索特推出新的版块如“蜜月佳地”、“拼车游”等，针对不同客户群体量身定制出行方案。周边游旅行网的优势在于：产品丰富——从近千家旅行社，精选出性价比高的优质线路，组成丰富的产品线供客户挑选；价格保障——不断推出高品质、价格适中的旅游产品供客户选择，公司并不追求一味低价，而是保证价格公道；实时有效——网站后台人员会实时更新适合当季出游景点、线路、板块，最大限度满足消费者需求。方便快捷——400电话，网上预定，并配备专业的旅游顾问。

创始人孙瑶毕业于北京对外经贸大学，曾做过IT和销售，2006年赴斯坦福大学读MBA，2008年回国，2010年开始创业。周边游网站刚在近日上线。初创团队共两人，孙瑶及其从事旅游业的高中同学。周边游出资股东共四人。案例采写时，团队正在与投资人初步接触。

**（二）案例二：兰婷汇**

兰婷汇（www. lantinghui.com.cn）是一家专注于真品化妆品团购的网站。由曾供职于宝洁、欧莱雅等跨国化妆品公司的资深从业人员创办，平均拥有8年的专业经验。出于对市场的敏感度以及对规范市场的渴望，结合多年的化妆品从业经验和积累的人脉，兰婷汇以每日少款产品，大量采购的模式，从厂家或者经销商处拿到最低的折扣。

兰婷汇坚持只卖真货，不仅严格控制自身进货渠道，还提供国内最专业的化妆品真假鉴别方法帮助消费者买到真货。

网站于2010年11月开始运作。创始人William出国前曾在宝洁工作6年。

2006年赴斯坦福大学读MBA，2008年回国，2010年开始创业。有过风险投资工作经历，对电子商务进行了重点关注，结合自己在宝洁经验的优势选择了化妆品电子商务。初创团队为其以前的下属。出资股东共三人。

**（三）案例三：A&Grant**

A&Grant（www.agrantsem.com）专于搜索引擎营销。依托先进的人工智能建模和组合优化算法、最新的学术成果以及多年的大型搜索引擎营销（SEM）项目实战经验，A&Grant具有业内领先的广告优化系统和跟踪系统，是一个解决方案提供商。其广告优化系统可以实现自动竞价管理、账户结构组织和流量质量优化。而其跟踪系统在精确跟踪用户点入广告后的行为。为广告购买、渠道评估带来价值。公司创始人施侃于上海交大毕业。曾在Intel中国工作4年，最初是做技术，后来做市场，担任经理职位。2007年加入VMWare公司到美国工作，之后获公司资助到斯坦福进修战略。2010年4月回国创业，成立A&Grant公司。合伙人为施侃的大学同学兼好友，是搜索引擎营销领域的业内人士。公司初创资金为自有资金，案例书写时，公司已经实现盈利。

A&Grant的客户包括京东商城、一嗨租车和去哪儿网。通过优化京东商城通信产品、电脑产品和消费类电子产品（3C类产品）的搜索营销投放，在一个月内，在消费基本持额平的情况下，订单量上升77%。相当于每单成本下降44%。其跟踪系统帮助一嗨租车建立了精准的广告渠道评估体系，使得一嗨租车能精确跟踪到每个注册用户的来源和每个订单的来源，以及每个用户在点击广告进入网站以后的行为。在此基础上，通过优化系统的操作，帮助一嗨租车把获得新用户成本大幅下降60%。去哪儿是国内领先的旅游搜索引擎网站。“去哪儿”作为一个技术型的搜索引擎公司，对合作伙伴提出了很高的技术要求。A&Grant的搜索引擎营销优化技术与去哪儿的产品强强结合。在一季度内，帮助去哪儿在SEM渠道方面营收增长2倍。

## 三、案例信息整理——优势资源禀赋与资源获取

根据第三节关于海归及本土创业企业优势资源禀赋及创业初期主要资源种类的假设，笔者通过专业录音整理公司对六个案例采访对象的录音还原成文

字，结合现场笔录进行了信息整理。按照主要资源种类分别进行了分析及支持性的引用语举例或者笔录信息的回顾。具体内容如图表3－5至图表3－10所示：

图表3－5　知妈堂——辛永健

| 资源类别 | 分析 | 引用语举例及笔录整理 | 资源禀赋归类 |
|---|---|---|---|
| 机会识别 | 个人需求<br>国外有成熟模式<br>国内商业化运作未成熟 | “首先我是有需求的”<br>“国外类似的服务是免费的”<br>“网上查，发现还真有没有补习班，这个市场很少”<br>“市场上只有一家ForKiss，但是我觉得他有的地方没做好” | 国际视野<br>本土市场信息 |
| 核心资源获取方式获取途径 | 课程与师资<br>内生与外部获取相结合<br>内生——自我设计课程，培养老师<br>外部获取——借鉴市场现有竞争者；外部聘请老师<br>北大圈，高中同学，月嫂 | “瑜伽老师是我们从网上搜的”<br>“我们就踩在他的肩膀上往前走……至少做得都比他（ForKiss）好一点”<br>“只要是朋友，我会对任何人说，我需要这些帮助” | 国内社会网络<br>本土市场信息 |
| 创始团队组建 | MBA同学兼好友 | “我们肯定要从班里的同学找”<br>“大家比较投缘” | 国内社会网络 |
| 员工招募方式和渠道 | 朋友介绍<br>网上发掘<br>公开招聘 | “我们主要通过周围的人脉”<br>“我会到网上去找好的老师资源”<br>“在51job上搜简历，然后约谈” | 国内社会网络<br>本土市场信息 |
| 员工留用 | 团队<br>行业前景 | “首先先看这人是不是靠谱的人，这个能感觉出来。另外我们做的是不是靠谱的事”<br>“我拿一个概念去打动他”“这是个朝阳产业” | |
| 初创资金获得方式 | 合伙人自有资金 | 5名初创团队成员按股权比例共同出资 | 国内社会网络 |
| 再融资的方式及渠道 | 天使基金<br>前同事 | 已经与泰山天使基金的投资人初步接触。该人为辛永健的前同事 | 国内社会网络 |

续 表

| 资源类别 | 分析 | 引用语举例及笔录整理 | 资源禀赋归类 |
|---|---|---|---|
| 客户资源 | 公开渠道<br>朋友支持<br>媒体宣传 | “外包给阿姨发传单，拉朋友来捧场，初步跟媒体接触。”<br>“朋友能带人气” | 国内社会网络<br>本土市场信息 |
| 政府资源 | 不想要这方面扶持 | “一方面怕泄露商业机密，另一方面创业大赛费时费力，难免作秀的成分，而且给钱少。” | |

图表3-6 贝瓦网——杨威

| 关键资源 | 分析 | 引用语举例及笔录整理 | 资源禀赋归类 |
|---|---|---|---|
| 机会识别 | 个人需求<br>国外成熟模式<br>国内市场巨大<br>现有竞争者做得不好<br>投资人认可 | “家里又有这样的用户，老婆生小孩儿，几个人都是这种情况，就凑在一起做了这样一个东西”<br>“当时我们想找到一个国外成型的模式和成型的产品，我们会觉得他在中国目前还没有开始做，或者是刚刚开始，但是又很有前途，所以找了很多的模式”<br>“当我看到学前教育的领域，我突然发现这个市场居然没有一家真正用心做产品或者是做品牌的公司”<br>“投资人…他一直有这个想法” | 国际视野；<br>国内社会网络；<br>本土市场信息 |
| 核心资源<br>获取方式<br>获取途径 | 用新技术实现学前教育的模式和产品<br>外部获取——学习国外成型的模式<br>内生——开发网络平台和光碟书籍等产品 | “我们用了一个多月的时间去调研，找美国市场、韩国市场，我们花了一点时间去调研国外的市场” | 国际视野 |
| 创始团队组建 | 前同事兼朋友 | “在这家公司，主要的合伙人是我和我的技术合伙人，我们两个很简单，在腾讯的时候我们两个是一个公司的” | 国内社会网络 |
| 员工招募<br>方式和渠道 | 朋友介绍<br>公开招聘 | “多数人是自己原来的同事，原来同事的同事，同事的同学，同学的同学，朋友”<br>“信任，基于对朋友的信任也会信任朋友介绍的人” | 国内社会网络 |

续 表

| 关键资源 | 分析 | 引用语举例及笔录整理 | 资源禀赋归类 |
|---|---|---|---|
| 员工留用 | 团队<br>行业前景<br>信念<br>团队的成果和实力 | “人员的培养是靠原来的朋友圈子和自己的感染力去影响的”<br>“让人觉得你是一个靠谱的人，让他觉得你的商业是靠谱的”<br>“对于这份事业或者是对东西的信念或者是最终的成果给人的感受” | 国内社会网络 |
| 初创资金获得方式 | 天使投资——前同事<br>极少量合伙人自有资金 | 天使投资人是原单位腾讯的联合创始人曾李青 | 国内社会网络 |
| 再融资的方式及渠道 | A轮风投<br>前景<br>团队<br>成果<br>天使介绍 | “因为我们在市场上有一些表现”<br>“大家会很看好这个领域，了解了我们的团队以后觉得不错”<br>“天使这边会有一些经常合作的VC”<br>“跟天使基金合作项目后，（VC）对我们也比较信任” | 国内社会网络 |
| 客户资源 | 公开渠道 | “做互联网行业的人有自己的一些推广的方法” | 对国内商业环境的适应能力 |
| 政府资源 | 不想要这方面支持 | “我们一直不太需要那些政策的东西，我觉得花精力找政策，不如花精力把东西做好”<br>“我觉得我们不是体制内的” | |

图表3-7　优券网——彭莹

| 关键资源 | 分析 | 笔录整理 | 资源禀赋归类 |
|---|---|---|---|
| 机会识别 | 之前同学介绍的线下相关业务的成功意识到市场需求 | 通过MBA同学的关系，09年中秋节向彭以前积累的人脉销售哈根达斯优惠券，获得成功。于是启发其将更多商家的优惠券放到线上交易，遂在10年3月成立优券网，7月正式上线。 | 国内社会网络；<br>本土市场信息 |
| 核心资源<br>获取方式<br>获取途径 | 商家优惠信息<br>外部获取——商家产品与服务<br>原先的线下业务资源；<br>招聘招商人员洽谈商家；联合创始人负责招商 | 网站是其实现交易的平台，其背后的商贸活动才是其核心。如何实现消费流量是关键。商家服务与产品的提供是需要外部获取的。优券网目前有数名招商人员在负责洽谈商家。大学同学负责招商。 | 本土市场信息<br>国内社会网络 |

续　表

| 关键资源 | 分析 | 笔录整理 | 资源禀赋归类 |
|---|---|---|---|
| 创始团队组建 | 大学同学 | 大学同学负责招商 | 国内社会网络 |
| 员工招募方式和渠道 | 朋友介绍<br>公开招聘 | 目前公司有人员10余人，分为技术，招商，客服和推广。这些人有一部分是通过朋友介绍的，另一部分是通过公开渠道招聘的。 | 国内社会网络 |
| 员工留用 | 精神感召<br>人情味 | 告诉他们要坚持。<br>一直未领工资，甚至自己再往里贴钱。 | 对国内商业环境的适应能力 |
| 初创资金获得方式 | 自有资金<br>外部投资人：<br>同学和老师 | 其他几位股东都是其MBA班上的同学和老师。股东投资是看重了其执行力和对其商业判断的认同。 在学校虽然并未担任任何职务，但经常策划和组织各种活动。 | 国内社会网络 |
| 再融资的方式及渠道 | 风投朋友<br>成果<br>商业创意<br>团队执行能力 | 已经接触了几个风投朋友。他们说还是先让流量上去有稳定业绩再来。<br>和风投谈主要会从商业创意及团队执行力的角度去谈。 | 国内社会网络 |
| 客户资源 | 病毒营销<br>群发邮件<br>论坛灌水<br>网站发帖 | 和大多数创业者一样，公司在初期也尝试了所有可能的获取客户的方法。 | 对国内商业环境的适应能力 |
| 政府资源 | 完全没考虑过 | 扶持资金利用效率低下，回扣，应酬之后所剩无几。 银行贷款的可能性低。 | |

图表3-8　周边游——孙瑶

| 关键资源 | 分析 | 引用语举例及笔录整理 | 资源禀赋归类 |
|---|---|---|---|
| 机会识别 | 自身需求<br>竞争者少 | “自己找不到东西”<br>“没有人专门做这个” | 本土市场信息 |
| 核心资源<br>获取方式<br>获取途径 | 景点信息和旅游产品<br>外部获取：与景区谈<br>合伙人资源 | “一家一家谈的”<br>“海归背景更信任”<br>“合伙人是搞旅游的” | 海归背景的象征意义；<br>国内社会网络 |

续 表

| 关键资源 | 分析 | 引用语举例及笔录整理 | 资源禀赋归类 |
|---|---|---|---|
| 创始团队组建 | 高中同学 | | 国内社会网络 |
| 员工招募方式和渠道 | 朋友介绍优先<br>公开招聘 | “朋友推荐比较有效率，也会比较信任”<br>“现在很多小民企招人是很难招到好的。从国外回来的还是有一些放心的” | 国内社会网络<br>海归背景的象征意义 |
| 员工留用 | 合理的待遇<br>期权<br>公司前景 | 初级职位的待遇和大公司相差不多，而高级职位我们肯定不能相比，就会用公司前景和期权留住人才” | 企业运作规范； |
| 初创资金获得方式 | 合伙人自有资金 | | 国内社会网络 |
| 再融资的方式及渠道 | 天使投资人-熟人介绍<br>业务模式<br>团队背景 | “在其他方面都差不多的情况下，海归的背景或许能比较容易建立信任。但是最主要的还是看业务模式和团队”<br>“现在火什么我们说什么” | 国内社会网络<br>海归背景的象征意义<br>本土市场信息 |
| 客户资源 | 朋友<br>公开渠道 | 靠朋友推荐<br>零售业的方式都会用上 | 国内社会网络 |
| 政府资源 | 没考虑 | “在中国除了国企其它企业都没有政府支持。先不说政府讲的东西是有用还是没有用，它讲的东西都做不到实处，而且就算它讲的那些东西100%落实了，对于企业来讲也是杯水车薪” | |

图表3-9　兰婷汇——William

| 关键资源 | 分析 | 笔录整理 | 资源禀赋归类 |
|---|---|---|---|
| 机会识别 | 学习国外先进模式和运作方式<br>中国规范市场的缺失 | “要是技术相关的，海归在技术上会强一些。电子商务或者是和互联网相关的一些新兴领域，因为国外毕竟比中国走得更强一步”<br>“比如说像中国假货的问题，如果我没去读书的话，也许我不会看得那么重。你去读了书以后，把这个东西简直当作了生命线的东西” | 国际视野<br>企业运作规范 |

续　表

| 关键资源 | 分析 | 笔录整理 | 资源禀赋归类 |
|---|---|---|---|
| 核心资源获取方式获取途径 | 折扣产品与信息<br>外部获取：产品与信息过去的供应商关系与行业人脉 | “我做宝洁六年，靠以前在宝洁积累下来的那些人脉。这个人脉关系包括了供应商这类的” | 国内社会网络； |
| 创始团队组建 | 前下属 | | 国内社会网络； |
| 员工招募方式和渠道 | 前同事<br>国外朋友 | “以前的下属，或者是以前的老同事，包括在国外认识的一些朋友”<br>“不是说（海归的）光环吧，比如说在跟客户还是团队，跟他们谈的时候还是比较信任的” | 国内社会网络；<br>国外社会网络<br>海归背景的象征意义 |
| 员工留用 | | “海归背景让员工觉得公司不会差” | 海归背景的象征意义 |
| 初创资金获得方式 | 合伙人自有资金 | | 国内社会网络 |
| 再融资的方式及渠道 | 风投朋友<br>海归背景认同 | “大部分风险投资的人也会跟我们的背景比较像，像我们拉风投这方面的资源会强一些。他们也会觉得我们更可信一些” | 国内社会网络<br>海归背景的象征意义 |
| 客户资源 | 公开渠道<br>海归背景 | 网站，活动的宣传推广<br>“不是说（海归的）光环吧，比如说在跟客户还是团队，跟他们谈的时候还是比较信任的” | 海归背景的象征意义 |
| 政府资源 | 没考虑 | “政府的支持我们没有太多的去了解”<br>“政府扶持我觉得还要看不同的城市，还要看行业” | |

图表3-10　A&Gramt——施侃

| 关键资源 | 分析 | 笔录整理 | 资源禀赋归类 |
|---|---|---|---|
| 机会识别 | 国外成熟技术与模式<br>国内市场空白 | “国内这个东西和美国相比太落后了，空白太大了，而且机会是看得到的” | 国际视野<br>本土市场信息 |

续 表

| 关键资源 | 分析 | 笔录整理 | 资源禀赋归类 |
| --- | --- | --- | --- |
| 核心资源获取方式获取途径 | 技术与理念<br>外部获取：<br>国外成熟理念<br>内生-技术<br>合伙人及自有关系 | “超前的技术。加上理念”<br>“我是做技术的”<br>合伙人是业内人士，能带资源进来 | 国际视野<br>国内社会网络<br>国外社会网络 |
| 创始团队组建 | 大学同学兼好友 | | 国内社会网络 |
| 员工招募方式和渠道 | 朋友介绍<br>公开招聘 | “以社会招聘为主。你如果是有人介绍，不一定是多好的朋友，或者是朋友的朋友，有人介绍应该也是很好的” | 国内社会网络 |
| 员工留用 | 风投背书 | “风投给你背书了一下，你在招人方面会很有帮助，钱只是很小一部分” | |
| 初创资金获得方式 | 合伙人自有资金 | | 国内关系网络 |
| 再融资的方式及渠道 | 风投与天使朋友<br>团队背景<br>业绩 | “我这方面认识的人还比较广”<br>“对风投没有神秘感，沟通更容易”<br>“主要是背景。背景包含了学历，这是一个包含的关系。我们现在有不少客户反应也还可以，说明这个至少是可以赚钱的 | 国际视野<br>海归背景的象征意义 |
| 客户资源 | 朋友介绍<br>客户介绍客户 | “第一个客户是朋友介绍的，也有海归背景”<br>“客户推荐客户，我现在都做不过来了” | 海归背景的象征意义<br>国内社会网络 |
| 政府资源 | 创业园一系列支持 | “中关村管委会的一个副主任那时候去美国考察”<br>“该落实的政策落实了。起到了沟通的作用” | 国内社会网络<br>国外社会网络<br>海归背景的象征意义 |

# 第五节 基本发现

## 一、本土及海归创业企业优势资源禀赋与资源获取的关系

进一步整理和提取关键信息，获得了如图表3-11所示的关于三家本土企业与三家海归企业的资源获取图。

图表3-11 初创本土及海归企业初始资源禀赋与资源获取关系列表

| | | 知妈堂 | 贝瓦网 | 优券网 | 周边游 | 兰婷汇 | A&Grant |
|---|---|---|---|---|---|---|---|
| 海归优势资源禀赋 | 国际视野 | 机会识别 | 机会识别<br>核心资源 | | | 机会识别 | 机会识别<br>核心资源<br>再融资 |
| | 国外社会网络 | | | | | 员工招募<br>再融资 | 员工招募<br>政府资源 |
| | 海归背景的象征意义 | | | | 核心资源<br>员工招募<br>再融资 | 员工招募<br>员工留用<br>再融资<br>客户资源 | 再融资<br>客户资源<br>政府资源 |
| | 运作规范 | | | | 员工留用 | 机会识别 | |
| 本土优势资源禀赋 | 本土市场信息 | 机会识别<br>核心资源<br>员工招募<br>客户资源 | 机会识别 | 机会识别<br>核心资源 | 机会识别<br>再融资 | 机会识别 | 机会识别 |
| | 国内社会关系网络 | 核心资源<br>创始团队<br>员工招募<br>初创资金<br>再融资<br>客户资源 | 机会识别<br>创始团队<br>员工招募<br>员工留用<br>初创资金<br>再融资 | 机会识别<br>核心资源<br>创始团队<br>员工招募<br>初创资金<br>再融资 | 创始团队<br>核心资源<br>员工招募<br>初创资金<br>再融资<br>客户资源 | 核心资源<br>创始团队<br>初创资金<br>员工招募<br>再融资 | 创始团队<br>员工招募<br>客户资源<br>政府资源 |
| | 政治参与 | | | | | | |
| | 对国内商业环境的适应能力 | | 客户资源 | 员工留用<br>客户资源 | | | |

笔者在第三节中，假设海归与本土创业者和创业企业在创业初期具有如图表3-12所示的不同的优势资源禀赋：

图表3-12　海归/本土创业优势资源

| 海归创业优势资源 | 本土创业优势资源 |
|---|---|
| 1. 国际视野（人力资源）<br>2. 国外社会关系网络　（社会资源）<br>3. 海归背景的象征意义（人力资源）<br>4. 企业运作规范：西方成熟规范的现代企业管理模式和运作方式（组织资源） | 1. 本土市场信息（信息资源）<br>2. 国内社会网络（社会资源）<br>3. 政治参与（社会资源）<br>4. 对国内商业环境的适应能力：如价值观，潜规则，人情世故等（人力资源） |

并根据初创企业的特性，集中分析以上的资源禀赋在获得以下资源过程中的作用：

1. 机会识别与核心资源获取
2. 人力资源：包括创始团队、员工招募与员工留用
3. 资金资源：初创资金与再融资
4. 客户资源
5. 政府资源

在本节中，笔者把海归与本土企业的信息最终整合到同一张表格中。这是笔者在信息归类之后发现有些资源禀赋对于海归及本土企业都具有重要作用，整合之后有利于横向与纵向的全面观察。

从以上表格笔者有以下基本发现：

1. 共同点：

（1）国内社会关系网络。对所有企业而言，国内社会关系网络对人力、资金和客户等诸多资源的获取具有重要的价值，是影响企业家资源获取的重要因素。

（2）本土市场信息与国际视野。无论本土还是海归，本土市场信息是机会识别的重要条件，本土企业也具有相当的国际视野。

（3）人的价值与瓶颈。无论海归还是本土，创业初期“人”的因素在获取资源的过程中体现重要价值，但同时也是初创企业面临的一大瓶颈。

2. 不同点

（1）政治参与。本土初创企业基本无显著的政治参与活动，且远离政府资源。

（2）海归背景。海归企业的海归背景在获取客户，员工，尤其是政府资源方面依然发挥着重要作用。

（3）企业运作规范与对国内商业环境的适应能力。海归企业的规范运作能为企业带来一定优势，但对国内商业环境的适应也十分重要。

本章剩余小节将就以上基本内容及其他基本发现进行进一步阐述。

## 二、海归与本土企业创业初期资源获取的共同点

### （一）运用国际视野结合本土市场信息是创业者通用的机会识别方式

王辉耀在2007年的一项对海归回国创业所具备的素质的调查显示，“把握机会的能力”被留学人员认为是海归创业的首要素质，接近86%的人都认同这一点。海归的国际视野通常能帮助其发现国外先进的模式，理念或产品。同时他也发现，海归经过发达国家各种成熟的商业模式，先进科学技术，各类成功管理经验的熏陶后，通过学习掌握了一定技术，聚集了一定资金和人脉，利用国内外经济发展差距进行创业，实际构成了很对海归创业活动的主要形式。这也就是大家常说的复制到中国（C2C，copy to China）的模式。

分析案例企业，无论是海归，还是本土创业者，都普遍通过对本土市场空白的捕捉，结合国外先进模式进行机会识别。知妈堂的孕期管理在国外有很成熟的经验，但是在国外是免费的服务。在市场空白的中国把它做成盈利的商业模式，就是国际视野与本土市场信息资源的良好结合。而贝瓦网也从一开始就非常清楚如何进行“两手抓”，并花功夫潜心研究国外模式：

“我们想找到一个国外成型的模式和成型的产品，在中国目前还没有开始做，或者是刚刚开始，但是又很有前途。我们用了一个多月的时间去调研，找美国市场、韩国市场。”

A&Grant的施侃在提到他们的核心技术和产品时也说：

“国内这个东西和美国相比太落后了，空白太大了，而且机会是看得到的。”

周边游的创意看似十分本土，但创始人孙瑶也同样认同：

“海外的经历让你的视野也更开阔一些，你会知道，很多事情你以前不会去想，而且不敢去想，或者是想不到，你会觉得这个事情真的是离我们很近很近。所以也敢去做这个事情。”

可见国际视野在潜意识里激发了其敢于寻找创业机会。而互联网技术的飞速发展和国内外交流的日益密切，让国内外信息沟通越来越顺畅。海归创业者不光充分发挥了国际视野这一资源优势，也十分注重发掘本土市场信息，发现创业机会。而本土创业者并不是闭门造车，他们不光从自身需求和本土市场寻找机会，也会放眼全球，寻找和借鉴现有的国外先进模式，再摸索出符合中国水土的模式。

兰婷汇的William说，国内市场变化非常快，在国外的两年让其错过了国内电子商务发展的黄金时机。2006年的时候William在国内的一个风险投资工作，评估投资机会，当时50个中间有3个电子商务，但是当时都认为电子商务在中国是没法做的，没有诚信，物流系统也不完善。而等到2008年计划回国创业做电子商务时，京东、淘宝已经很成熟了。彭莹的优券网在2010年7月上线，美团网在3月上线，团购风潮席卷全国。优券网的电子消费券模式受到很大冲击。获得风投资金支持的团购网疯狂争夺商家，不惜通过预付大量现金购买优惠额度的方式争夺产品资源。靠自有资金运转的优券网自然无法与之竞争，招商遇到很大阻力，上线的产品数量急剧减少。彭莹坦言：如果当初注意到国外的团购模式和商业机会，优券网的业务模式和处境或许会不同。

可见，本土创业者如果缺乏国际视野，很可能在瞬息万变的市场竞争中处于劣势。而海归创业者如果不对本土的市场信息有及时敏锐的把握，也会错失良机。

### （二）国内社会关系网络对海归和本土创业者获取资源起到重要作用

本章的另一个发现是，不论是海归还是本土，国内的社会关系网络几乎在各种资源获取的环节发挥着重要作用。

1．社会关系网络的分类及对初创企业资源获取的价值

社会网络是由多个社会行动者及它们间的关系组成的集合。社会网络有各种分类方法。Sawyerr和McGee（2003）把社会网络分成正式的网络与非正

式的网络。所谓正式网络是指与企业与企业间或者其他服务机构间建立的专业关系。所谓非正式网络是指与亲戚朋友、商业伙伴和其他熟人之间的关系。Uzzi（1996）把社会网络分成契约性关系网络和嵌入性关系网络，所谓契约性关系就是以个人利益计算为基础的，通过合约达成的法律关系；而嵌入性关系则是指个人之间长久的稳定的私人关系。还有根据Granovetter（1973,1985）和Coleman（1988）的分类方法可将网络内容划分成“强关系”和“弱关系”。所谓强关系是指与开创者较为亲密的朋友和亲戚之间的关系，所谓弱关系是指与开创者较为疏远的其他商业伙伴或社会往来的关系。

中外学者对社会网络对与企业获取资源具有重要作用已经有充分的肯定。Elfrlng和Hulsink（2003）认为，获取资源的关键是用最小的成本获得所需资源，社会网络在获取资源的过程中是非常重要的，紧密的社会网络或稀疏的网络都会提供给创业者所缺少的资源。Hakansson（1987）认为就知识和资源而言，当企业属于一个紧密的网络时，能够改善他的资源基础。对于初创企业而言，Woodward（1988）指出社会网络在帮助创业者建立和发展企业时扮演了积极的角色，提高开办企业的成功率，成功的创业者往往会花费大量的时间去建立个人的社会网络以帮助新创企业的成长。Birley（1985）考察了创业者与外部环境网络主体互相作用的范围，发现不管从非正式网络（家庭，朋友，商业联系等）还是从正式网络（银行，会计师，律师等）获得的帮助和指导都深深地影响着新创企业的创建和发展。

2．强关系的价值

创业者在创业初期资源禀赋匮乏，他们自身的人力资本仍未得到社会的认可，还在机会的搜寻和初步开发阶段，也没有更多的建立与政府和银行等部门的关系，对未来可能拓展的市场也没有清晰的了解，而自身的合法性和声誉也没有建立，在这样的情况下，创业者会通过非正式关系，嵌入式关系，或强关系社会关系网络去提升他们的资源获取状况。尤其在中国这个“讲关系”的商业背景下，强关系的价值更加明显。

案例公司在初创团队组建和员工招募甚至融资渠道方面都对强关系网络有相当的依赖。以人力资源方面的初创团队组建和员工招募为例，朋友，同事，同学这样的强关系起了重要作用。如图表3-13和图表3-14所示：

图表3-13　案例公司初创团队关系图

图表3-14　案例公司关于员工招募途径的表述

| | 引用语举例 |
|---|---|
| 员工招募 | "我们主要通过周围的人脉" |
| | "多数人是自己原来的同事，原来同事的同事，同事的同学，同学的同学，朋友" |
| | "这些人有一部分是通过朋友介绍的" |
| | "朋友推荐比较有效率，也会比较信任" |
| | "以前的下属，或者是以前的老同事" |
| | "你如果是有人介绍，不一定是多好的朋友，或者是朋友的朋友，有人介绍应该也是很好的" |

王利芬说：

"你要做创业的时候，新团队，又是新的事，这是很难成功的。最好是旧团队干新的事，熟悉的有默契的合作伙伴，大家共同有往前的冲动和愿望，什么都是新的，咱俩八杆子打不着，说我们要做一个新事，这个磨合成本很高的。"

这种基于同事，同学，友人等关系的嵌入式社会网络是建立在信任上的。贝瓦网的杨威在采访中提到了他的用人原则：

“我是比较会信任人的人，我的一个朋友，我认为他是相对靠谱的，我会默认一点，他如果告诉那个朋友不错，我默认这个朋友不错，中间可能会有衰减，但是我会默认这种东西，我一般会用这样的方式去找人才。”

采访中多位创业者也都提到，从信任的人际关系中寻找资源，可以增强企业凝聚力，省去甄别良莠资源的时间，提高企业运作效率。社会网络能让资源匮乏的初创企业能用更有效率的方式聚集资源，但是创业者也需要意识到过分依赖人脉关系的风险。首先，人脉关系虽然可以让创业者事半功倍，但决定企业生存与发展的是其核心竞争力。其次，人脉关系是动态变化的，如果过分依赖关系，一旦关系失去，将使企业陷入困境。

3．国内关系网络也是海归资源获取的重要途径

和本土创业者相比较，由于海归常年在外，海归的关系网络优势应该更多的是在国外，而非国内，这是本章最初的假设。然而案例却发现，海归创业者都具有较强的国内关系网，并且国内关系网络对海归资源获取的多个环节起到了重要作用。这一方面是由于研究对象均在出国前有工作经验，为其打下了良好的创业人脉基础，另外除人脉积累外，理性回归与回归后的人脉关系建立也很重要。具有较强沟通和与人交道能力的人，回国以后很快就能建立起自己的关系。海归一旦回国，在新的人脉关系建立方面的起点和本土创业者是一样的，并不具有劣势。中关村颜梅主任如是说：

“现在（海归）一般不会盲目的（回国创业）。有一个创意就回来了，回来了我就直接创业。他一般都比较理性，回来以后会做一些市场调查。另外他在国内会有很多人脉，他的同学朋友包括老师等等都有很多的人脉关系，一般都会把人脉关系走通以后，他才会开始创业。”

其实，海归对关系网络价值具有较高的认可度。王辉耀的《300名创业和发展成功海归人士案例样本的分析》对海归创业成功因素研究发现，有接近80%的海归曾经在不同时期参与过至少一个不同的社团、商会、校友会、同学会等。被访者中，A&Grant的施侃在美国时是上海交大校友会美国硅谷分会的理事、副会长，而周边游孙瑶也在访谈中强调了斯坦福的校友网络的重要

性。海归创业不仅带回了海外的技术和理念等，而且他们也注重内外的网络和社会资本。参与社会网络或社团，对于海归扩大创业与发展的网络，发现人才，认识新的合作伙伴，得到资金的信息或寻找和交流新的创业信息，得到有关企业的支持，建立新的社会关系来帮助创业，具有十分积极的意义。而海外的华人社团等网络和国内都有千丝万缕的联系，为海归建立国内关系网络创造了条件。

本次研究一个有意思的发现是，恰恰是国外社团的参与，为海归创业者提供了国内本土创业者不可企及的国内关系网络，尤其是政府网络与资源。施侃因为上海交大校友会和美国大学生联合会的关系，在2009年的时候，在美国硅谷接待了41个中国的政府考察团，考察团至少是市委书记带队的。在国外的华人圈子能让海归接触到政府高官，对于一个初创者，这在国内是不可想象的。这一点在中关村孵化园的罗毅副总那里得到了证实：

“他们（海归创业者）相对缺乏国内的人脉。但是他们有很多人与各省市领导关系不一般。因为国内政府出国考察都是留学生接待。这些领导在国内很难接触到，在国外就容易很多。”

这样的政府关系对海归回国后的创业将具有很大的潜在价值。

此外，还有一个重要的圈子是在国内的海归圈子。周边游的孙瑶在采访中特别强调说：“已经归国的海归圈子，分布在各行各业，而且很多职位较高。这些人对于海归创业者来说，是客户、融资等各方面资源和信息的有利提供者。”

施侃也提到：

“去海外以后，有一些圈子的搭建，这些圈子里的很多人后来都回国了。我不觉得我在这一块是不处于劣势的。”

由此可见，过去国内人脉的积累为海归创业者打下了良好的基础，而国外社团组织的参与为其获取难得的国内的政府关系网络提供便利，国内的海归圈子也为其创业铺路，海归在国内关系网络方面其实并不输本土企业，而且这个网络在其资源获取过程中发挥了重要价值。相形见绌的是，企业见本文最初对于海归优势的国外关系网络的假设，并没有特别突出的价值体现。分析其原因，或由于大部分归国创业者，业务主要针对国内市场，而创业初期企业还处于求生存阶段，其业务还未拓展到国际市场，其在国外的关系资源网络还不太具有用武之地。

### （三）“人”的价值与瓶颈

初创公司获取外部资源最重要的资源禀赋是什么？答案都集中到了“人”上。六位受访者对这一资源的重要性有一致的共识（见图表3-15）：

图表3-15　受访者对“人的价值”的认可

| | 引用语举例 |
|---|---|
| 人的价值 | “首先先看这人是不是靠谱的人，这个能感觉出来。另外我们做的是不是靠谱的事” |
| | “让人觉得你是一个靠谱的人，让他觉得你的商业是靠谱的” |
| | “完全是在个人。…把一个企业做好做大，最终还是得看人” |

我们看到，不论是对海归还是本土创业者，创业初期“人”的因素在获取资源的过程中体现重要价值。而资源拥有方，例如风投机构和创业园，是否也认同“人”在他们资源输出过程中起到重要作用呢？访谈发现从创业园的角度，创业项目和团队的确是他们对入园和扶持申请的重点评估内容。中关村孵化园罗毅副总在访问中说：“学历与学校，在外职业经历和是否有团队是审核的重要部分。”而从风投的角度，美国知名风投公司KPCB合伙人约翰·多尔曾这么说过：“在当今的世界上，有大量的技术、大量的创业者、大量的资金、大量的风险投资，稀缺的是优秀的团队。”绝大多数的风投在评估企业的时候，会把人的因素作为最重要的考核指标，尤其是早期企业更是如此。因为早期企业离成功还很远，还不能像成熟企业那样可以交给职业经理人管理，创业者的特质会决定企业的走向。一个普通的业务在优秀的团队手里可以变成杰出的企业，而一个绝佳的机会在普通的团队手里会被糟蹋掉。泰山天使创业基金合伙人杨镭也说：“天使投资看人和商业模式更多些，这样可以节省时间也节省资金。其中最重要的因素是人。”因为技术是会落后的，任何其他的东西，比如说模式也是会变化的，而“人”会随着变化找到自己的思路。

由此可见，“人”，包括创始人和团队，是初创企业获取外部资源，如人力资源和资金资源的重要筹码。资源拥有方评估团队质量以决定资源的投向。然而，初创公司获得和留住人才又是何其的难，被访企业都不约而同的提到这个瓶颈（见图表3–16）：

图表3–16　受访者对人才的瓶颈的评价

| | 维度 | 引用语举例 |
|---|---|---|
| 人的瓶颈 | 人才经验 | “团队中没有一个真正懂互联网的专业人士，个人和核心团队都没有互联网背景。”（彭莹） |
| | 人才流向 | “人才的流向。国内还没有形成去创业公司工作的商业文化。”（孙瑶） |
| | 团队组建 | “人才，这个团队组建是非常困难的。”（施侃） |

初创公司的人才困难主要是由两方面原因造成的。首先，初创企业往往工资微薄，早期合法性和信誉并未建立，具有风险。这与中国追求稳定和威望的就业观和社会文化是不相符的。周边游的孙瑶说：

“在美国，去创业公司工作对求职者是一件很有吸引力的事。然而在中国，还没有形成这种文化。人们普遍认为到大公司拥有一份稳定的工作是更好的选择。”

在这方面而言，海归与本土都会通过强关系去弥补外部大环境对人才获取造成的障碍，而海归背景带来的员工信任感让其比本土具有稍强的优势。其次，中国的教育体制从来都不是以创业为导向的，它能培养出具有高技能的人才，但在人的领导力、冒险精神、心理素质等方面的培养是欠缺的。招来的员工能否承受初创公司的压力和工作方式也是一项挑战。

## 三、海归与本土创业初期资源获取各自特点的观察

### （一）本土创业者政治参与度低，远离政府资源

相对与海归创业者，政治参与是本土创业者具有的获取资源方面的优势，这是本章最初的假设。私营企业主经济实力的不断增强和当今私营经济处于的弱势地位使得私营企业希望主通过政治参与可以靠近政府，反映诉求，影响政治决策，争取资源和支持，加强自身的合法性，为自身发展营造良好的外

部环境。政治参与的主要途径有经党政部门和有关组织的推荐，进入人大、政协、工商联任职或参政议政；参加企业协会、行业协会等民间社会经济组织；以及与政府官员保持各种正式与非正式的关系等。然而本次的案例分析却表明，被访本土企业对政府关系有一定的排斥心理，目前基本没有政治参与，而对于国家政策和各种创业扶持资源的利用，本土创业者一致认为资金上支持有限，却要耗费很多精力，还不如把重心放在做好企业本身。贝瓦网杨威评价道："我们一直不太需要那些政策的东西，我觉得花精力找政策，不如花精力把东西做好。"优券网的彭莹也是完全没考虑政府扶持和贷款。财务出身的他非常明白银行对于初创企业贷款的态度：对于不同贷款金额的项目，银行需要花同样的时间和精力，风险却更大。而申请扶持资金需要走关系，就算申请下来也会把2/3的钱用于回扣和应酬。政治参与程度低的另外一个重要原因是初创企业实力及影响力十分有限，远未到进入人大、政协、工商联任职或参政议政的阶段。虽然知妈堂的辛永健提到目前正在寻找相关行业协会和机构，争取成为其理事单位，但他也坦言真正的"政治参与"需要假日时日。

本土企业对政府资源的冷淡态度和其外部生存环境有直接关系。在2011年亚布力中国企业家论坛第十一届年会上发布的《2010年中国企业家生存环境调查报告》指出：尽管民营企业家总体看好中国经济发展，但大多数认为政策环境是当前民营企业面临的最大挑战，而政策的公平性和稳定性是企业家最为普遍关注的问题。近七成（66.7%）民营企业家称，在与国企和外企的竞争中感觉压力大，其中近两成（18.9%）表示"压力非常大"。调查显示半数民营企业家（50.5%）认为政府对国有企业和民营企业政策上有失公平，其中认为"非常不公平"的为11%。而服务业、中小型企业对政策有失公允的感受更强烈。王利芬在采访中也提到：

"（中国政府和金融机构对于本土创业企业的支持力度）我觉得非常不够。首先中国政府的一贯强势到现在是有增无减，这个强势是在大大挤压创业的生存空间。"

研究表明，在创业初期，政治参与程度并不没有在本土创业者获取资源过程中发挥太大作用。尽管国家鼓励创业，有失公平的政策环境和效率低下，让本土创业者在企业发展初期对于政府资源的获取意愿十分有限。

那么对于海归企业来说，其海归背景的象征意义是否对企业获取政府及各方面资源起到积极作用呢？

**（二）海归光环依然**

从1978年到2010年底，我国各类出国留学人员总数为190.54万人，仅2010年就有28.47万留学生，留学生规模继续扩大。与此同时，留学也日渐显示低龄化的趋势。2007年，上海市教委国际交流处发布的留学调查报告称，在上海的出国留学生中，15−19岁的学生占到了27%之多。如果说八九十年代，海归是高素质人才的代名词，而现如今的海归背景是否还受到各资源相关方的认可？

本章的研究发现，本土和海归创业者大多认为海归的背景并不是资源获取的决定性因素，但都在一定程度上都承认海归标签的积极作用（见图表3－17）。

图表3−17　海归与本土受访创业者对海归背景象征意义的评价

| | 分析维度 | 引用语举例 |
|---|---|---|
| 海归背景的象征意义 | 容易获得政府及朋友支持 | “很容易拿到一些政府支持，或者是一些朋友的支持……这些都不重要”　重要的是你做的东西是市场认可，如果这个东西市场不认可，你再有好的背景也不行。” |
| | 融资机会更多视野更开阔 | “海归创业者与风投接触的机会更多，而眼界也越宽” |
| | 视野更开阔视野更开阔视野更开阔 | “完全是在个人，它完全不在于你是否是海归。海归无非只是多了一些人，比如对某些东西你的视野可能更开阔。但这个把一家公司真正把它做好有多大的帮助，我觉得可能是比较小的，最终还是得看人” |
| | 沟通能力 | “对风投没有神秘感，沟通更容易” |

国人对西方国家教育的推崇，海归的教育和工作背景在提升个人能力方面的象征性作用明显（symbolic），而个人能力的象征性意义对赢得关键资源持有者的支持有帮助。案例分析显示，海归背景的象征意义主要在于招募员工时应聘者对公司水准的评估，在再融资过程和获取客户方面更容易建立信任，

以及政府对海归光环的依然认可。

兰婷汇William这样评价海归标签的作用：

“不是说（海归的）光环吧，比如说在跟客户还是团队，跟他们谈的时候还是比较信任的。海归背景让员工觉得公司不会差。”

周边游孙瑶也提到：

“大部分风险投资的人也会跟我们的背景比较像，像我们拉风投这方面的资源会强一些。他们也会觉得我们更可信一些。”

再有，海归人员受到的西方教育强调表达和交流，因此在向展示商业计划、表述商业理念等方面具有优势（Chen，Yao和Kotha，2009）。这在与A&Grant的施侃的对话中得到印证：

“我觉得跟风投的沟通会很顺畅。现在跟风投喝喝茶都比较放松，大家也都可以相互交流，很多东西也会讲的比较清楚和透彻，双方也比较容易产生感觉。”

其次，政府对海归价值的认可度依然很高，而中国社会流行的“成分论”决定了拥有海归光环的创业者依然可以得到比本土创业者多得多的资源和扶持。从2006年国家部署《留学人员回国工作“十一五”规划》到2008年初中央政府启动实施了“千人计划”，吸引留学人员尤其是高端海外人才归国创业和工作，已经上升到了一个前所未有的国家战略层面。各地方政府和创业园区也相继启动了吸引和扶植海归人才发展的计划，例如北京市的“海聚工程”和中关村的“高端领军人才聚集工程”（高聚工程）。对于海归创业者来说，进入创业园是一条获取多方政府支持的捷径。尽管创业园的重心是在扶持高端海归人才和企业，对于初创企业一般采用普惠政策，但创业园在促进政府政策沟通，担保创业贷款及提供市场机会方面依然发挥积极作用。这能在很大程度上弥补了海归创业者面临的信息不对称的问题。案例研究中的周边游和兰婷汇并没有选择创业园和国内的扎实的人脉关系，所处行业和归国两年后再创业的情况有关，因而对创业园也就不太具有需求。

总体而言，从政府的角度，鼓励留学人员回国创业，一方面不会导致加剧体制内的就业竞争，另一方面还能创造更多就业机会。而海归背景不仅仅提升了海归自身的自信心，还能获得资源提供方的信任，政府对海归标签的认可也可以为海归创业带来了创业园和其他各种资源。

### （三）国际惯例与本土潜规则的坚持与放弃

“企业运作规范”与“对国内商业环境的适应能力”是本章假设海归企业具有的优劣势，也是对海归企业的重点考察维度。案例反映出：海归创业者在海外受国外先进管理理念的影响，讲究国际管理，运作规范。规范的运作让海归企业更容易在招募和留用人才及获取政府支持时获得优势。

讲求国际惯例和规范运作的背面是对本土商业准则和人情世故的适应能力。空中网首席执行官杨宁在谈到海归创业时就曾说过：“海归创业是按部就班，不讲人情味，情商较低。”王利芬在采访中也认为在这方面海归具有劣势：“创业是人性的较量，创业是做人。跟人打交道是最最需要本土化的东西，你要了解人的心理。”中关村颜梅主任说过，有好多留学生有好的东西，就是推销不出去，确实不会给人打交道。案例中本土企业优券网的彭莹自掏腰包为员工支付薪水，似乎不符合“规范操作和国际惯例”，但这种“有人情味”的做法确实在员工留用方面起到积极作用。

中关村创业园的罗毅副总说：

“海归在国外越久，越习惯所谓的‘国际惯例’和那边的做法。海归创业者对于国情的了解，是否懂得人情世故，懂得人脉关系，及潜规则，商业理念及社会价值观等方面都需要一个适应的时间。极端的例子是个别有宗教信仰的创业者在调整自己的过程中会比较困难，因为人生观，价值观会受到挑战。”

兰婷汇的William评价：

“出去读两年书我的一些价值观会不如本土来得那么直白。比如说像中国假货的问题，如果我没去读书的话，也许我不会看得那么重。你去读了书以后，把这个东西简直当做了如生命线的东西。”

对“高道德底线”的坚持在短期会造成成本升高，让企业处于与同类企业竞争的劣势。然而，坚持“无假货”也让William在竞争激烈的化妆品市场开拓出商机，从长远来讲，会对企业树立品牌带来优势。

笔者认为，海归企业应该坚持国际管理和正确的价值观，而中国商界的做人之道和规则的熟悉和适应能力，也是企业更好获取资源的必修课。

# 第六节　讨论与结论

## 一、讨论

本章研究的目的是对比本土创业者与海归创业者在创业初期资源获取方面的异同。研究证实了本章最初的一些假设。本土与海归创业者依靠各自不同的资源禀赋获取外部资源。海归企业的规范运作和海归背景的象征意义在帮助海归企业获取资源方面起到积极作用；本土企业凭借对本土市场信息的灵敏捕捉和宽广的国内人脉获取资源。

本章的一些结论也与前人的研究结果相一致。

首先，本章发现，利用国内外经济发展差距进行创业，实际构成了海归创业活动的主要形式。这与王辉耀在2007年所做的海归创业和成功要素研究中的发现相吻合。

其次，本章关于社会关系网络对于初创企业资源获取具有非凡意义的结论也与Woodward（1988）的研究结果一致。他指出社会网络在帮助创业者建立和发展企业时扮演了积极的角色。例如个人的社会网络特性可以提高他去实际开办一家企业的成功概率，成功的创业者往往会花费大量的时间去建立个人的社会网络以帮助新创企业的成长。

再次，本章发现，海归与本土企业在创业初期资源获取方面存在很多共同点：

（1）无论是海归，还是本土创业者，都普遍通过对本土市场空白的捕捉，结合国外先进模式进行机会识别。海归的国际视野通常能帮助其发现国外先进的模式，理念或产品。而互联网技术的飞速发展和国内外交流的日益密切，让国内外信息沟通越来越顺畅。本土创业者再也不是闭门造车，而是从自身需求和本土市场寻找机会，同时放眼全球，寻找和借鉴现有的国外先进模式，再摸索出符合中国水土的模式。

（2）无论是海归还是本土创业者，国内社会关系网络都对资源获取起到重要作用。尽管最初的假设是海归由于常年在外，其国内的关系网络应该相对削弱。但案例研究却发现，海归创业者都具有较强的国内关系网，并且国内关系网络对海归资源获取的多个环节起到了重要作用。海归对关系网络价值也具有较高的认可度。

（3）海归和本土创业者多认为，初创公司获取外部资源最重要的资源禀赋是人，包括创始人和团队，是初创企业获取外部资源，如人力资源和资金资源的重要筹码。

最后，除了共同点外，海归与本土在初期资源获取方面又具有自己的特点。

（1）本土企业对政府关系有一定的排斥心理，目前基本没有政治参与，而对于国家政策和各种创业扶持资源的利用，本土创业者一致认为资金上支持有限，却要耗费很多精力，还不如把重心放在做好企业本身。研究表明，在创业初期，政治参与程度并没有在本土创业者获取资源过程中发挥太大作用。

（2）相反，海归则发挥其“海归”的符号作用，通过政策等各个方面获取资源。海归的背景并不是资源获取的决定性因素，但都在一定程度上都有海归标签的积极作用。案例分析显示，海归背景的象征意义主要在于招募员工时应聘者对公司水准的评估， 在再融资过程和获取客户方面更容易建立信任，以及政府对海归光环的依然认可。海归背景不仅仅提升了海归自身的自信心，还能获得资源提供方的信任，政府对海归标签的认可也可以为海归创业带来了创业园和其他各种资源。另外，香港科技大学的Zweig教授在2004年对海归企业家的调查曾显示，海归比本土企业家与政府有更紧密的关系，但海归并不十分喜欢依赖政府。这与本文的发现也是基本一致的。

（3）案例反映，海归创业者在海外受国外先进管理理念的影响，讲究国际管理，运作规范。规范的运作让海归企业更容易在招募和留用人才及获取政府支持时获得优势。

关于海归与本土创业资获取比较，本章也有一些与假设不一致的研究结果和新的发现。首先，本土创业在捕捉创业机会时，都对国际市场的新动向进行了相当的关注和充分的调研。国际视野已经不再是海归的专属优势。其次，本土初创企业并不通过政治参与获取资源。海归创业者的国外社会关系网络和国外资源在创业初期并不能给海归创业者带来显著的价值。反而，国内的社会关系网络对其获取初创团队，人员招聘甚至客户资源都起到关键作用。

## 二、研究局限

然而，本研究也有一些不足。

首先，本章采用的案例研究法本身具有局限性。案例研究法在发现问题、启发灵感和解释说明方面具有优势（Siggelkow，2007）。然而案例研究法也有其局限性，这些局限性限制着案例研究法的效度与信度。首先，在外部效度方面，由于案例研究非常耗费时间和人力，所以采用该方法进行一项研究时，通常不会出现大量的案例，而是应用小样本研究。然而，小样本研究的弊端显而易见：当一个以小群体为被试得出的研究结论被应用于其他群体，或者较大的群体时，其有效程度是难以测量并令人信服的。因此，案例研究法的外部效度下降。其次，在内部效度上，案例可以说是一个真实的故事，其中包含的信息极其丰富，这对研究者把握重要情况，提炼变量的能力提出了更高的要求。Yin（1994）认为案例研究的归纳不是统计性的，而是分析性的，这必定使归纳带有一定的随意性和主观性。由此，案例研究法的内部效度会被提出质疑。最后，多案例进行研究案例间可能会是异质的，造成难以对案例进行归纳，这是信度上的不足。

其次，具体到本研究，也存在一定的局限性：

1．本研究在案例选择上可能会有局限性。笔者受时间和空间的限制，只选取了通过个人关系易获得的北京地区的案例。而案例也主要集中在互联网相关行业。行业和地区的单一性可能让案例的结论较片面。

2．本研究虽然对资源寻求主体六位创业者进行了深入访谈，并在后期又对其中的两位进行了再次采访补充信息，同时使用专业录音整理公司进行访谈内容还原，然而由于疏，忽其中一个访谈录音质量太差以至于无法进行还原整理，另外一个访谈因为忘记带录音笔只能靠笔录。这在一定程度上影响了信息的完整性和可信度。另外，由于本人是第一次实践案例研究法，对于海量信息中关键信息提取还欠缺经验，可能会造成归纳的主观性。

## 三、结论与建议

本章通过对海归与本土创业企业和创业者在创业初期的各自不同的资源禀赋对于其获取资源的差异的分析发现，两者既有共同点也有不同之处。在机会识别阶段，本土创业者同样具有高度的国际视野和意识，而海归创业者也十分注重对国内市场信息的把握。利用国内外经济发展差距进行创业，仍然是本土与海归创业都通常采用的模式。初创公司由于在早期合法性和信誉并未建立，国内社会关系网络对于本土及海归创业者获取资源都具有重要价值，尤其在初创团队和员工招募方面强关系网络发挥着重要作用。“人”和“团队”的因素是海归与本土创业者都认可的最重要的资源禀赋。政治参与度不是本土初创企业获取资源的重要手段。尽管国家鼓励创业，有失公平的政策环境和效率低下让本土创业者在企业发展初期对于政府资源的获取意愿十分有限。而海归方面，过去国内人脉的积累为归国创业打下了良好基础，而国外社团组织的参与为其获得政府关系网络提供便利，加上国内的海归圈子，海归在国内关系网络方面不输本土企业，甚至拥有比本土企业更好的政府网络资源。但国外关系网络对于针对本土市场的处于创业初期的海归企业作用有限。尽管海归背景的象征意义依然具有积极作用，不仅帮助获得员工和投资人的信任，还能获得相当多的政策支持，海归创业者对于中国国情、商业运营环境和人情世故的了解和适应也是创业成功的必修课。

根据本研究结论，笔者建议海归和本土创业企业一方面要充分利用国际视野，积极调动和利用国内人脉关系，充分把握市场信息，提高商业敏感度和管理经验，及时识别创业机会和整合资源，尤其是最重要也最困难的 “人”的资源。但同时不要过分倚仗人脉而忽视对企业自身核心竞争力的塑造。海归企业要发挥规范的运作模式和西方先进管理模式的优势，树立良好企业形象吸引资源，积极运用“海归品牌”挖掘政府网络及多方资源，同时也要对归国后价值观和商业准则方面面临的挑战有充分准备，加强对国内商业环境的适应能力。本土创业者应多与政府相关人士保持非正式的沟通和联系，为将来争取政治参与机会创造条件，通过加入行业协会等组织加强企业合法性和声誉，为获取信息与资源及自身发展创造更多有利空间。笔者呼吁政府加强对优秀本土创业企业的关注和扶持力度，同时密切关注海归群体的趋势和变化，将普惠政策区别化。同时对于初创企业都面临的人才瓶颈问题，政府应该从创业人才的教育与培养入手，同时营造更良好的舆论导向和创业环境，促进更多人才向创业公司流动。

## 附录 访谈框架

| 核心资源 | 人力资源 | 资金资源 | 客户资源 | 政府资源 |
|---|---|---|---|---|
| **1. 机会识别与商业模式**<br><br>**2. 核心资源**<br>a）自带<br>b）内生<br>c）外部获取 | **1. 初创团队**<br>a）合伙人关系<br>b）合伙人特质<br>c）发起人影响力<br>d）分工<br><br>**2. 员工招募与留用**<br>a）团队建设目标<br>b）人员分工<br>c）招募途径<br>d）如何吸引人才<br>e）如何留住人才 | **1. 初创资金**<br>a）规模设定<br>b）来源<br>c）如何实现<br><br>**2. 再融资**<br>a）方式<br>b）渠道<br>c）规模<br>d）沟通与说服<br>e）获得投资最重要因素 | **1. 锁定客户**<br><br>**2. 寻找与吸引潜在客户**<br>a）渠道<br>b）方式 | **1. 扶持政策**<br><br>**2. 扶持资金**<br><br>**3. 贷款项目**<br><br>**4. 创业园** |

# 第二篇

# 案例研究篇

Management

# 第四章　清洁能源，清洁世界
## ——普尼太阳能公司

### 企业简介

普尼太阳能公司（Optony Inc.）是一家领先的提供太阳能解决方案的跨国企业。普尼的客户包括像华盛顿、旧金山那样的低碳城市，希望通过新能源实现节能减排的政府及企业，大型太阳能电站开发商，以及像军方那样对太阳能有特殊需求的群体。

普尼目前在中国和美国两个国家运营，在硅谷、丹佛、华盛顿、杭州、北京、常州设立分支机构。中美两国是未来最重要的太阳能市场，同时这两个国家的资源优势又可以互补。在中美两国的成功运营为普尼打造国际一流企业奠定了基础。

普尼的团队成员很多拥有博士或硕士学位，并拥有丰富的太阳能产品开发经验、50多项发明专利，在科学引文索引收录的国际科学刊物上发表论文上百篇，被引用数千次。普尼在通过不断的技术革新提高太阳能电池效率的同时，也大幅降低了太阳能电池板及系统的成本，从而使光伏发电比传统电价更低成为可能。

普尼的优势在于能够整合、调动整个产业链的资源，把世界上最先进的经验和技术用于满足客户的需求。普尼掌握多种最前沿的太阳能核心技术，并基于这些技术为客户提供解决方案。普尼拥有多样化的系统集成经验，并与美国国家可再生能源实验室（NREL）、世界资源研究所（WRI）、北京大学等著名机构合作，携手开发清洁能源，建设清洁世界。

资料来源：普尼太阳能公司网站（http://www.optony.com）。

## 第一节 产业背景

### 一、新能源——国家战略性新兴产业

#### （一）国家战略性新兴产业

2010年10月18日发布的《国务院关于加快培育和发展战略性新兴产业的决定》（以下简称《决定》）中将战略性新兴产业定义为以重大技术突破和重大发展需求为基础，对经济社会全局和长远发展具有重大引领带动作用，知识技术密集、物质资源消耗少、成长潜力大、综合效益好的产业；并将七大产业圈定为战略性新兴产业，包括：节能环保产业、新一代信息技术产业、生物产业、高端装备制造产业、新能源产业、新材料产业和新能源汽车产业。《决定》规划，到2020年，节能环保、新一代信息技术、生物、高端装备制造产业将成为国民经济的支柱产业，新能源、新材料、新能源汽车产业将成为国民经济的先导产业。这对新兴产业中不同行业的发展进一步明确了定位。《决定》显示了我国政府推动经济发展方式转型的空前决心。国家计划，到2015年战略性新兴产业的增加值占国内生产总值的比重力争达到8%左右，到2020年这一比重争取达到15%左右。

#### （二）新能源产业

新能源是指在新技术基础上加以开发利用的可再生能源，包括太阳能、生物质能、水能、风能、地热能、波浪能、洋流能和潮汐能，以及海洋表面与深层之间的热循环等；此外，还有氢能、沼气、酒精、甲醇等。而已经广泛利用的煤炭、石油、天然气、水能、核电等能源，则称为常规能源。随着常规能源的有限性以及环境污染等问题的日益突出，以环保和可再生性为特征的新能源越来越得到各国的重视。

我国的新能源产业也进入的快速发展的新阶段。截至2010年底，可再生能源的应用规模如图表4-1所示。“十二五”期间我国还将继续加大新能

源及可再生能源在一次能源消费结构中的比重。国家能源局负责人表示，到“十二五”末，争取非化石能源在一次性能源消费中的比重达到11.4%。

图表4-1　中国可再生能源应用规模①

| 类型 | 2010年底容量 |
| --- | --- |
| 水电装机 | 2.1亿千瓦 |
| 风电装机 | 3 100万千瓦 |
| 太阳能光伏发电 | 50万千瓦（2010新增） |
| 太阳能热水器安装使用 | 1.68亿平方米 |
| 生物质发电 | 450万千瓦 |
| 沼气 | 130亿立方米（年利用量） |
| 生物成型燃料 | 30万吨 |
| 生物燃料乙醇 | 180万吨 |
| 生物柴油 | 50万吨 |

新能源产业的发展对国家经济有极其重要的意义。2009年，我国政府确定了新能源产业的战略新兴产业地位。政府出台的《太阳能光电建筑应用财政补助资金管理暂行办法》和《金太阳示范工程财政补助资金管理暂行办法》，对国内光伏市场的建设具有极大的推动作用。2009年8月，我国对《中华人民共和国可再生能源法》进行了修订，法案的修订体现了国家对能源安全的重视。修正案新增加了国家实行可再生能源发电全额保障性收购制度，设立了政府基金性质的可再生能源发展基金，并以法律的形式明确了对可再生能源发展的扶持政策，这对鼓励和引导可再生能源的发展、进一步优化可再生能源结构、保障国家能源安全具有重大的现实意义。

① 数据来源：国家发改委能源研究所。

## 二、太阳能光伏发电产业

### （一）世界光伏发电产业概况

从太阳资源的利用方式上来说，本质上，地球上的风能、水能、海洋温差能、波浪能和生物质能以及部分潮汐能都来源于太阳。但是，对太阳辐射能的即时利用是当前技术研究的重点。目前，对太阳辐射的利用主要有热利用和光电利用两种。在本章中，我们主要关注的是光电利用，也就是光伏发电。

在20世纪50年代，美国贝尔实验室三位科学家首次研制成功使用单晶硅太阳能电池，诞生了将太阳光能转换为电能的光伏发电技术，在太阳能电池发展史上起到了里程碑的作用。

迄今为止，晶体硅仍然是太阳能电池的主要材料。太阳电池后来的发展主要是薄膜电池的研发，如非晶硅太阳电池、CIGS太阳电池、CdTe太阳电池和燃料敏化纳米晶太阳电池等。此外主要是生产技术的进步，如丝网印刷、多晶硅太阳电池生产工艺的成功开发，特别是氮化硅薄膜的减反射和纯化技术的建立以及生产工艺的高度自动化等。

光伏发电产业自20世纪80年代以来得到了迅速发展，平均年增长率达到15%；近几年光伏产业出现供不应求的局面，发展更加迅速，成为全球增长最快的高新技术产业之一。近年来，世界光伏市场发生了很大变化，开始由主要为边远农村地区和通信设备、气象台站、航标灯等特殊应用领域解决供电问题，逐步向并网发电和与建筑相结合的常规供电方向及商业化应用方向发展。光伏发电技术和其他可再生能源技术一起成为全球减排温室气体的重要技术手段。

从20世纪90年代末开始，欧美、日本等国家纷纷实行“阳光计划”，在太阳能发电的价格、税收、发展基金等方面给予较大优惠。同时，在政府资助下，欧洲一些高水平研究机构也加大了太阳能能源利用的研究。2003年以来，欧洲各国实施了对太阳能发电的补贴政策，太阳能光伏产业在这几年间得到了迅猛发展。根据欧洲光伏产业协会数据，2007年全球累计装机容量达到9 100MWp，2008年达到14 721MWp，2000—2008年间，累计装机容量增长了将近10倍，年复合增长率达到33.9%，如图表4–2所示。

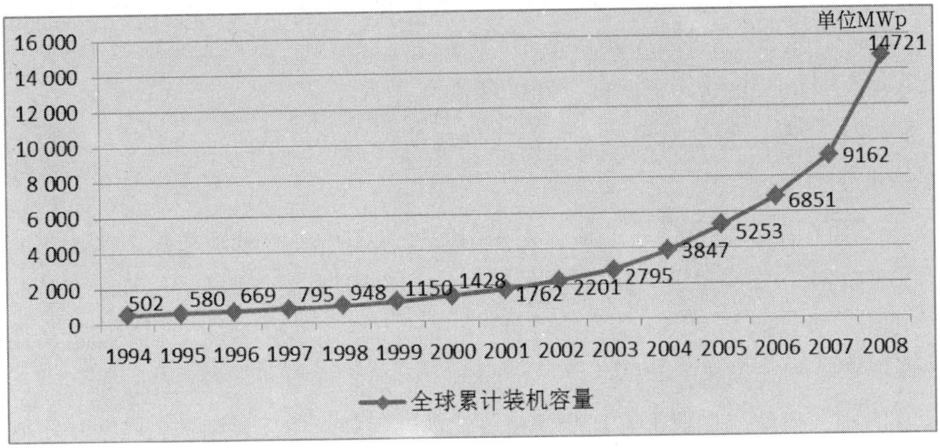


图表4–2　1994—2008年全球累计装机容量图线走势[①]

据欧洲联合研究中心（JRC）的预测，到2030年，可再生能源的比重将在世界能源结构中占到30%以上，光伏发电将在世界电力供应总量中占10%以上；到2040年，可再生能源的比重将占世界能源消费总量的50%以上，光伏发电将在世界电力供应总量中占20%以上；到21世纪末，可再生能源的比重将在世界能源结构中占80%以上，太阳能发电（包括光伏和光热发电）将在世界电力供应总量中占到60%以上。

**（二）我国光伏产业发展概况**

进入21世纪，传统能源价格持续上涨，环境保护的呼声越来越高。我国于2006年1月1日正式开始实施《可再生能源法》，明确规范了政府和社会在可再生能源开发利用方面的责任与义务，确立了一系列制度与措施。此外，国家第一次在《“十一五”国民经济发展规划（2006—2010）》和《中长期能源发展规划》中包含了可再生能源发电的规划目标，其中对太阳能利用的目标到2010年达到300MW。2009年3月，财政部发布了《太阳能光电建筑应用财政补助资金管理暂行办法》等政策，具备标志性意义，开创了国内政府扶持太阳能发电的先河。

① 资料来源：欧洲光伏产业协会 (European Photovoltaic Industry Association, EPIA) 、中投顾问《太阳能光伏发电系列之三：世界光伏产业的过去、现状与趋势》。

相对于美国和欧洲等发达国家，我国光伏产业在应用方面的发展比较落后。2007年，我国光伏发电设备新增装机容量26MW，仅比上年增长16MW，却达到了160%的增长率。截至2007年底年累计光伏装机容量为106MW，同比增长32.5%，与全球装机容量的平均增速持平，但只占全球总装机容量的1.16%。①

然而，中国却是世界上第一大太阳能电池生产国。我国光伏产业从2002年左右起步，发展日新月异，短短几年时间，我国光伏产业已经形成了完整的产业链，并跃居全球太阳能电池组件生产第一大国。2007年至今，中国已经连续4年光伏电池产量居世界首位。2010年，中国光伏电池产量已超过全球总产量的50%。目前已有数十家光伏公司分别在海内外上市，据估算，行业年产值超过3 000亿元人民币，直接从业人数超过30万人。②

中国光伏产业的发展带来了光伏产品制造成本的快速下降，推动了全球光伏发电的应用。随着原材料价格的下降、电池转换效率的提高以及光伏发电在全球推广应用力度的逐步增强，光伏产品的价格呈现快速下滑趋势。据统计，1978年太阳能光伏组件的价格为78美元/瓦；发展到2011年，已下降到1美元/瓦左右。全球范围内，光伏产业持续向低成本地区转移。中国企业在推动光伏制造产业降低成本方面发挥了重要作用。

### （三）中国光伏产业的地区分布

从地理分布上看，我国光伏产业形成了数个产业集群。环渤海、长三角、珠三角和中西部地区已形成覆盖整个光伏产业链的研发或制造企业群，集聚效应比较显著，呈现出利用区域优势、核心企业及配套加工企业群共存的局面。③

环渤海地区以河北省为核心，依据单晶硅研发的历史优势，在光伏产业的上游单晶硅领域形成了一定的产业集聚形态。目前国内生产太阳能级单晶硅规模最大的是河北宁晋单晶硅基地（世界上最大的太阳能级单晶硅生产基地，

① 东北证券金融与产业研究所，《太阳能光伏行业研究报告——“从产业链融合和技术结构调整的方向重估光伏产业价值流”》，2008年。

② Semi, PV Group, 中国光伏产业联盟，《2011中国光伏产业发展报告》。

③ 东北证券金融与产业研究所，《太阳能光伏行业研究报告——“从产业链融合和技术结构调整的方向重估光伏产业价值流”》，2008年。

也是国内目前最大的硅片加工基地）。该基地现有两个龙头公司、11个子公司。河北保定市已是中国“电谷”，天威保变等优势企业正强势发展光伏、风电等新能源业务，在国内有举足轻重的地位。

长江三角洲地区以江苏省为产业增长极，光伏电池及组件的产业规模位居全国前列，初步形成“两个核心、多点发展、以点带面”的格局，即以无锡尚德、中电电气为核心企业，带动周边南通、高邮等城市太阳能电池产业的发展，进而全面推动该省的太阳能电池产业发展。

珠三角以深圳为核心，目前是光伏产业链下游环节中应用产品的生产基地，全球70%以上的光电类小产品生产厂家集中于珠三角地区，但80%以上产品以出口为主，销往北美地区（美国和加拿大）和欧洲（德国为主）、日本等地区。

利用水电等低价能源优势，中西部地区（四川、河南和江西等省份）在光伏上游多晶硅产业上占得先机，一方面形成上游原材料研发制造的集群，另一方面也为区域经济发展和就业的解决提供了新的平台。

**（四）中国光伏产业的挑战**

中国光伏产业发展迅速，但也面临来自全球和产业自身的挑战。

首先，光伏产业的国际、国内竞争进一步加剧，新技术和新产品不断涌现。同时，国外大型电子制造企业和大型财团都以不同方式进入光伏产业，其资本优势和技术优势为中国光伏产业的继续发展带来了极大的未知因素。为了打破光伏市场上技术差异性相对较小的特点，行业领军企业都极为重视技术的积累进步和新产品的开发。多家设备企业和原材料供应商也在致力于技术的更新换代，加大了在新兴技术方面的投资。

第二，目前我国光伏企业面临“技术在外和市场在外”的“两头在外”问题：首先，我国光伏产业的产能90%销售在以欧美市场为代表的海外市场，这除了造成我国光伏产业面临海外产业政策变化风险、海外倾销质疑风险、产业利润大头在外等问题外，从技术层面来看，这种现状使得海外市场的技术壁垒成为越来越严重的问题。其次，我国企业的科技创新能力普遍欠缺，核心技术大多来自并且依赖于海外公司，而以低成本制造为主要优势；光伏产业的情况也同样如此。目前，多数企业主要从事技术要求相对较低的加工业务，关键生产设备基本依赖进口，生产工艺落后，分布在产业链两端的企业较少，缺乏具有突出科技创新能力的企业，核心技术和专业人才都非常匮乏。

因此，我国光伏产业需要通过不断开展光伏产业的科技创新，才能提升企业的预警能力，才能提升产业的核心竞争力，才能实现光伏产业的可持续发展。

## 第二节　普尼模式

普尼太阳能于2007年在美国硅谷成立，2009年开始跨国运营，在国内成立杭州公司。随后，普尼在山东、杭州、北京等多个城市开展了太阳能项目，逐步成为世界领先的提供太阳能系统集成方案的跨国企业。

普尼的商业模式整合了太阳能光电产品、服务和系统。它不仅为客户提供了产品和服务，更提供了整个太阳能系统集成的解决方案。具体而言，普尼会帮助客户，完成从最初的方案设计，到最终的系统维护，包括可行性评估与方案设计、项目申报与设备招标、施工及项目管理、绿色营销以及系统检测与维护等5个阶段。普尼的业务围绕整体系统集成开展，它的优势在于对系统的整体把握以及对产业链的资源整合。普尼模式的侧重点在于系统集成。一方面，普尼会为客户设计平衡系统，通过温度仪、辐照仪、风速仪、监控数据采集、远程监控等等为客户进行系统检测和追踪。在产品采购的时候，客户可以根据需求，选用普尼或者其他设备制造商的产品。另一方面，太阳能项目需要融资，普尼会帮助客户与金融机构接洽，选择合适的金融工具，确保项目顺利进行。这和大部分的太阳能企业有很大差异。中国的太阳能企业大多是进行低成本的大规模生产，主要的业务是产品销售。而普尼是一个综合的服务提供商，因此普尼的业务是直接从城市整体规划入手，规划设计新能源该如何发展，把政府变成客户，帮助政府推行新能源城市的建设。普尼创始人于平荣博士说：

“大部分现有的太阳能企业对待客户的时候都是以卖产品为先导的，我来帮你就是我卖给你东西。而我们普尼是这样的，我来帮你就是希望帮你把事情做好，有可能到最后我自己什么产品都卖不到你手里。”

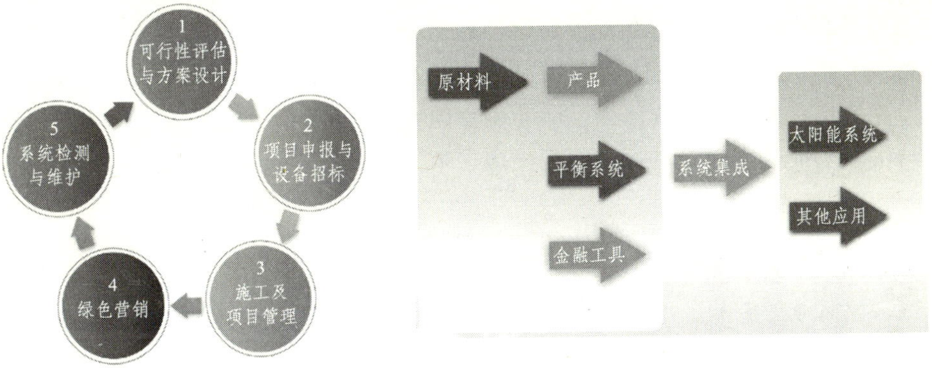


图表4-3 普尼的模块化咨询和工程服务[a]

先进的技术和产品，是普尼优质的集成方案必不可少的一部分，但绝对不是全部。因为，理解和运营太阳能要从整体入手，从系统的角度考虑问题。普尼的核心竞争力是系统集成能力：如果把太阳能电站比作一座建筑，那么某种产品或者技术提供商就好比某种建材生产企业，而系统集成商要把电站这个“建筑”从规划设计到建造施工，再到优化和维护运营的所有环节完成。因此，系统集成商的优劣对于太阳能项目的顺利实施是至关重要的。

通过为客户提供系统集成解决方案，普尼形成了三大业务支柱。第一个支柱，是作为服务概念的“新能源城市”。具体是，普尼会帮着政府从规划设计开始，一直做到项目落地和维护。整个过程从理念灌输开始，一直到落地见效。第二个支柱是太阳能电站建设。无论普尼是投资方还是总包商，它会负责把电站建起来。第三个支柱才是产品。普尼可以为客户提供第一代晶体硅电池板和第二代薄膜电池板。并且，普尼根据不同客户需求，提供太阳追踪系统、太阳能灯具、太阳能电子产品等。

① 资料来源：普尼太阳能公司网站。

而这三个业务支柱需要两个基础，第一个基础是研发和生产，另一个基础是资源整合能力，这两大基础也恰恰是普尼的优势。普尼与美国国家可再生能源实验室有长期的合作，在技术方面有长期的积累。这使得普尼能看准行业的发展方向，在给政府规划的时候就具备行业和技术前瞻性。能源项目需要很大的投入，回报周期很长，需要找到和金融服务的结合点。普尼在技术方面有很强的积累，国际业务方面也要有一定的经验。普尼在海外和国内都有完善的金融网络和多年的运营经验，能够为客户解决融资问题；另外，普尼的经验和技术能力使得它能高度把握整个系统，为客户进行资源整合，保证项目的顺利实施。

经过近五年的发展，普尼已经逐步成为具有差异化竞争优势的太阳能系统集成服务提供商。作为一名海归科学家，普尼创始人于平荣博士从进入太阳能领域，到创办普尼，再到回国开展业务，一方面是基于创业的机会，另一方面也是基于个人的积累和兴趣。

## 第三节　创业机会与创业团队

### 一、创业机会识别

普尼的创始人于平荣博士1999年毕业于北京大学，而后赴美国攻读博士学位，2004年毕业于科罗拉多大学。于平荣博士的主要研究方向是新型太阳能电池的开发，曾在美国国家可再生能源实验室从事太阳能相关材料、飞秒激光光谱、器件的制备和优化等研究。可以说，于平荣博士从20世纪90年代末开始，就专注于太阳能开发利用的研究，经历了世界太阳能市场从无到有、发展至今的全过程。美国国家可再生能源实验室的经历，对于平荣博士有很深的影响。

“我在美国国家可再生能源实验室，那个实验室是过去30年里世界上几乎唯一一家以研究可再生能源为主业的国家级的实验室，现在整个行业的太阳能技术几乎找不到一个跟这个实验室没有关系的。现在可再生能源有市场了，大家开始关注了。但在过去30年大家还没开始关注的时候，实验室特别兴奋地研究新能源，为我们做了几十年的铺垫，这是很了不起的……在国外我有幸跟世界上最顶级的太阳能专家学习。”

进入太阳能行业，是基于以往的积累。于平荣博士学的是太阳能，在实验室的工作也是太阳能，因此，他很自然地在太阳能这个行业里寻找机会。他说：

“因为这个行业我熟悉，我创业的资源能把握好。我倾向于做我个人熟悉的领域，有了一定的积累之后在这个行业做。”

进入太阳能行业，更是基于个人兴趣的选择。于平荣博士坦率地说，他就是特别喜欢太阳能，天生地对于健康的生活方式特别喜欢。国外的那段经历使他有幸进入到太阳能这个行业，他甚至觉得这就是一个幸运：

“如果现在做的事情我喜欢的话，以前的那些东西对我来讲完全就是幸运。以前无论是谁把你带入到这个行业，对你来讲都是很幸运的事情。”

正是在美国国家可再生能源实验室的那段经历，使于平荣博士成为进入太阳能行业的第一批人，为他创办普尼奠定了基础。对于于平荣博士而言，行业经验和个人兴趣，就是选择太阳能行业的最好理由。2007年开始创业时，他没有资源、没有基础，相当于什么也没有。但于平荣博士说，“我就喜欢这样。因为创业的人最兴奋的时候就是从零开始。什么都没有，你在一片特别乱和不确定的环境里，从没有做到有，那是令人很兴奋的事情。”

和任何的新创企业一样，普尼的创立也必须以一个强有力的创业团队为核心。而当时，于平荣博士和其他几位同样有志于太阳能行业的中国人组成了普尼太阳能的创业团队。

## 二、创业团队

创始人之一王东博士本科毕业于北京大学，后赴美留学，在罗格斯大学获得博士学位。王东博士在太阳能领域有超过10年的行业经验，并曾在美国国家可再生能源实验室进行博士后研究。由于与于平荣博士同样毕业于北京大学，在几番电话往来后，王东博士决定与于平荣博士一起创业。谈及为何创办普尼，王东博士的答案非常简单：

“很明显这个行业是有前途的，不管是从技术上还是需求上来说，它都有市场。同时我们又都是研究这个的。就好比说你是挖金子的人，你明知道那儿有一个金矿，那为什么不试着挖一下呢？本着这个意思，又看好这个行业，自己又比较了解，那我们就去做。”

Ben Forster，一个地道的美国人，在普尼的核心创业团队里起了独特的作用。Foster先生至少在两个方面为团队做了重要补充：一是成员的国别多样性。作为一个拥有MBA学位、又在跨国公司高层工作过的美国人，Foster先生显然对美国社会和企业的细微理解比他的留学生合作伙伴们更强。二是知识背景多样性。有别于他的三个理学博士伙伴，Foster先生主要发挥了他在运营管理方面的强项。差异化很大的团队组成使普尼能够更有效地发掘中美市场的机会和促成资源互补，更全面地向一个成功的国际化公司迈进。

而另一位核心成员李学耕博士本科就读于清华大学，毕业后赴美留学，于美国纽约州立大学获得博士学位。李学耕博士主要从事工程和制造方面的研究，在半导体及其在太阳光电方面的应用领域有逾10年的经验，发明了多项太阳光电相关的核心技术，拥有十多项专利。在加入普尼之前，李博士曾在一家美国创业型企业工作。这家企业用了他读博士期间的专利，以做太阳能电池为主，主要是在薄膜领域用打印的方式去做太阳能电池，最近被杜邦收购。李博士在这家企业中，主导了从研发到中试，到工业化，到推出商业化设备，到最终成功的全过程。而李博士也是在这家公司与于平荣博士结识，并参与普尼太阳能的创业。谈到加入普尼的原因，李博士认为首先是大家的理念一致，其次是团队具备在太阳能方面的能力。他说：

“第一个，是人。于平荣博士跟我很熟，我也很认可大家的理念，我们也想在新能源的领域上做一些自己能做的事情，我也相信我们很有能力，能给社会做一些有价值的东西，这是我们的本意。”

普尼的团队分工明确，于平荣博士主要负责外围事务，比如与投资人的往来、市场的开拓；王东博士主要负责系统集成，做太阳能工程；Foster先生负责美国分部的运营和美国市场的开拓；李学耕博士主要负责研发和生产，包括新技术的开发和生产线的建设。这样的分工，是和几位高管的个人经历紧密相关的。例如李博士对于工程和生产、以及工业化等方面有丰富的工作经验，因此他的分工必须偏向于生产和大设备工业化方面，相对地会比较成功。而王东博士则有所不同，他在国家实验室工作过，研发的能力很强，因此由他负责系统集成，并在研发方面有一定的介入。Foster先生因为熟悉美国社会，自然就负责美国方面的事务。而于平荣博士在商业运作方面比较强，因此他主要负责投资和市场。李学耕博士说：

“我们几个人应该说背景和工作的方式、风格，还有比较大的区别。作为一个团队组合在一起，我认为是一个很好的组合，目前运作得也不错。这跟我们分管的事情有关，当然也跟我们个人的经历相关。实际上，这也是当初为什么我决定离开硅谷的前一家公司，到普尼来。对我来说团队是一个很重要的事情。”

## 三、来自中国市场的机会

普尼太阳能公司2007年在美国成立， 2009年开始在中国开展业务。回国开展业务的原因主要有三点：一是市场需求的启动，二是国内有合适的投资，三则是对中国市场的熟悉。

第一个原因是，2009年，中国政府开始大力推动新能源行业的发展，市场进入蓬勃发展的时期。在一个新的市场，特别是政府介入比较多的市场，在一开始总是面临某种程度上的混乱，表现为行业政策和法规的不完善、市场竞争格局不明显、短期内处于混沌状态。就像跑马拉松一样，大家不追求短期内跑得快，而是要与市场同步学习，不仅是企业要学习，政府也要学习。于平荣博士说，2009年公司进入中国市场后，基本上是跟着中国市场走，也是走得比较快的。

“2009年恰好对新能源来讲是比较有意思的一年，2009年、2010年是中国太阳能市场的启动年，我们从某种意义上讲，能够跟这么大的市场同时起步也比较幸运。”

第二个原因则是投资。2009年恰好中国的投资人愿意投资，所以就到中国来发展业务。

而第三个原因，则是因为大家都对中国相对熟悉。正如创始人之一王东博士所说：

“我们是中国人，对中国相对比较熟悉。如果是摩洛哥、南非，给钱我们也不一定去。”

基于以上考虑，普尼于2009年开始在中国开拓业务。正如王博士所言，没有什么特别的原因，主要是基于资金流向和公司业务发展的考虑，以及受到金融危机的影响。回国创业，在当时而言是一个合情合理的选择。

## 第四节　中美资源互补

准确地说，普尼的几位创业者不是“海归”，而是“海鸥”。所谓“海鸥”，就是在中国和外国同时开展业务的创业者。而“海鸥”，最大的特点就是同时依托两国的资源和文化，对各项优势进行整合利用，促进各国业务的共同发展。而普尼太阳能正是这样一家企业。通过整合美国和中国的社会网络、结合美国的研发优势和中国的成本优势，以及借助在美国近两年的品牌资本，普尼太阳能在中国的发展具备了一定的资源优势。

### 一、海内外的社会网络

社会网络，对于新创企业的资源获取有着至关重要的作用。普尼太阳能具备的，不仅是在美国运营多年的经验和品牌，更是整合了海内外资源的社会网络。

一方面，普尼作为在中国运营的企业，正在逐步获取本土的网络资源。首先，在与国内银行和本土投资人的洽谈中，银行跟投资人都表现出了对太阳能工程方面、尤其是系统利用方面的强烈兴趣。王东博士说，有一点可以明确的是，银行和客户之前需要普尼发挥纽带和咨询的作用，促进双方的合作。其次，在国内有一些海外归来人员活动的平台。通过这个平台，海归人员可以增进彼此之间的沟通和交流，也可以更好地整合国内的资源。李博士说，比如杭州市海外留学归国人士发展促进会，为海归创业者搭建了一个很好的平台。这是一个交流的平台，也有政府的帮助，有基金、风投等机构的介入。偶尔还会请当地有名望的人士来做讲座，为海归企业的发展提供了资源整合的平台。

而另一方面，作为一个“海鸥”企业，普尼不仅能获取本土的网络资源，同时也能享有海外的社会资源。

首先，如李博士所言，从海外回国创业的人，有海外工作和学习的天然优势。于平荣博士和李学耕博士都曾在美国硅谷创业并待了很长时间，而硅谷的创业资源和平台非常完备，包括大大小小的风投、金融机构、供应商等等，同时人员等各方面的交流非常频繁，形成了一个广泛的创业社会网络。在这个平台里，于平荣博士等创始人积累了一定的资源。李博士说，“在硅谷那边想找什么人很快，这是我们说的海外的资源。”

其次，以金融工具为例，融资在普尼的系统集成中，是极其重要的一部分职能。几位创始人以及市场经理都曾多次提到，帮助客户完成融资是普尼提供的咨询方案中一个重要的组成部分。而在金融方面，普尼在美国和外资银行有合作的关系，通过自己对技术和项目的把握，为银行和客户牵线搭桥。比如，有些银行专门有新能源产业的投资方向，但只有财务人员，对技术本身缺乏了解，无法做出准确的投资判断。而普尼恰好扮演了一个咨询的角色，帮助合作的银行分析应该投什么项目，值不值得投。而另一方面，作为项目的系统集成服务商，普尼需要帮客户分析，应该寻找哪些投资方，从而在其中扮演纽带和桥梁的作用。

再次，普尼在海外有多年的品牌声誉，投资机构和合作方对普尼已经建立了信任。同样，对于国内的投资机构而言，普尼在美国的品牌声誉在中国也有象征性的意义，这就为普尼在系统集成的金融工具方面提供了很大的优势。

作为一个“海鸥”创办的企业，普尼在社会网络方面有其独特的优势。在美国的个人经历和公司的运营经验，以及有来自美国本土的核心成员和团队，使得普尼在海外资源获取方面比本土企业更具备优势，也使得普尼能够有更坚实的基础，成为世界领先的系统集成方案提供商。

## 二、研发生产的跨国循环

2009年普尼进入中国后，公司的研发中心逐步转移到了中国，但中国和美国两地的分公司仍然有沟通和交流的机制，使公司之间的资源能够相互流动、互为补充。

从研发到生产再到销售，中美两边部门之间有一个资源的循环。首先，美国有新能源行业发展的前沿信息，是高科技信息的接收终端。美国分部可以最快接触到最新的太阳能资讯和科技成果。这些信息会传达给中国的研发中心，加速研发拥有自主知识产权的核心技术和产品，增加在世界新能源产业中的话语权。其次，中国的生产部门可以利用人力成本优势，进行大规模的生产制造。由于中国的生产成本相对较低，价格降下来后，就可以把先进而实惠的产品卖回到美国去。于平荣博士说：

“中国制造业起了很重要的作用。它们占行业一半以上的制造能力，中国只要一制造，成本就降下来了，成本降下来了国外就可以用得起了，这是一个优势互补。很典型的，中国过去30年一直在做这件事情。包括衣服、鞋子都是这样子的，没有中国的加工业，国外不可能拿到比较实惠的东西。”

而中美两边部门的沟通渠道非常丰富，包括开会、在线交流、共同合作项目等，而高管团队则是频繁地两边飞。例如山东的项目，美国方面也派人来到中国，一方面是支持项目的实施，另一方面也是相互交流和学习。

## 三、美国品牌的光环

普尼太阳能在美国拥有旧金山、华盛顿等多个客户，在美国加州圣塔克拉拉郡的50多个地点完成了太阳能光伏项目，在加州桑尼维尔市实施了太阳能系统的检测和优化，其项目案例印成白皮书在网上供下载，其系统集成经验也被美国环境保护署推广。

2009年普尼在中国开展业务，其在美国的运营经验为客户资源的获取起了很大的作用。于平荣博士说：

“基于我们美国项目的白皮书，现在网上也可以下载；有一些案例，中国政府也想看，也希望给翻译成中文学习。真刀实枪的东西放在那儿，中国合作伙伴或客户还是有学习的意愿的。他想学习，你自然做事情就好做了。”

由于普尼有先进的商业模式、坚实的技术基础，以及美国成熟的运营经验，普尼在中国的短短两年间就完成了多项太阳能项目，包括山东枣庄的商业大型光伏电站，普尼提供了与政府对接项目立项申请和工程总承包（EPC）服务；河南巩义青龙山庄的光伏示范项目，普尼打造了郑州市首座光伏并网电站；杭州武林国际公寓的太阳能光电建筑应用项目，普尼帮助实现了房地产项目中的太阳能光伏应用。

从美国到中国，普尼无疑是带着光环和资源而来。但于平荣博士有一句话，“无论是什么企业，都面临着本土化的问题”。三位海归，带着从美国来的普尼，要在中国这片土地上站稳脚跟，仍然需要从一定程度上适应中国的环境。用于平荣博士的话说，正是“管理上本土化，文化上国际化”。

图表4-4　普尼的全球产业布局[①]

## 第五节　管理上本土化

作为一个海归企业，普尼无论是在美国还是在中国，都面临本土化的问题。而普尼在中国的本土化，体现在各个层面，包括本土的资本、市场和销售团队的本土化、研发中心的本土化，还包括人力资源获取的本土化。

“不管海归企业也好，跨国公司也好，你到一个市场都面临着怎么本地化的问题。所以我们经常讲，文化上国际化，管理上本土化。任何一个企业海归也好、不是海归也好，其实都面临一个普遍的问题，就是你怎么都要本地化。”

① 资料来源：普尼宣传册。

## 一、本土投资

普尼在2009年进入中国市场时，获得了中国投资人的投资。普尼中国公司的创立，部分是受到了本土投资的吸引。

“普尼杭州公司吸收了中国本土的投资人，这里面可能有一个海归和本土之间的互补。因为我们当时拿投资的时候也有一些不是本土背景的投资人想跟我们一起做，我们当时的判断是我们需要一些本土的，否则全是海外文化的可能搞不定本土的市场，所以也有意识地选择了本土的投资人。”

于平荣博士提到，在中国的市场上，毕竟有中国本土的做事方式，在商场上是需要遵守的。本土的投资人能够在市场开拓和处理关系方面对海归团队形成互补。于平荣博士说：

“其实海归和本土是不同而已，但是没有什么好坏之分，都需要，特别是在中国，我们强调企业文化要国际化，但是管理一定要本土化。”

## 二、市场开拓

普尼管理的本土化还体现在市场和销售团队上。销售和市场是企业价值链的终端，跟本土的环境接触面最大，也是本土化需求最大的环节。

一方面，需要有本土的人对市场进行更精确的把握。于平荣博士提到了海归创业可能存在的劣势：海归一般有很强的技术背景，注重创新，追求技术上的差异化。然而，过于追求技术创新也是一把双刃剑。于平荣博士说：

“我觉得也对也错，很多海归的失败就是因为太专注于对技术的追求，对差异化的追求。有时候太差异化了，太追求技术了，你跑的比市场都快，市场在哪儿你都不知道。”

现在普尼的市场部有一些人是本土的，当然也有海外留学过的MBA。市场部有中美两方背景的人，能起到补充的作用。

另一方面，于平荣博士认为海归和本土在销售方式上能形成互补。海归对国内的销售方式一开始必定不理解；国内的政策环境和市场环境，本土的也会比海归的了解得更多。比如，海归刚听见“十二五规划”会两眼一抹黑，而本土的销售人员则会更好地利用国家政策。又比如，海归刚开始可能都不知道吃饭时候的座次，也不懂中国的酒文化。

“海归一开始会倾向于纯海外的管理方式，但在本土市场与人打交道，海归还是要学习国内的，至少你得知道。其实我觉得，总体上海归应该向本土学习的地方还是很多的。”

因此，普尼的销售团队以本土人员为主。海归创始人可以面对投资者，因为投资人有一定的层次，他们看重的是技术、商业模式和管理文化。但海归不一定能面对客户，因为客户可能要用本土的销售方式去打动。于平荣博士说，“我现在还不可能去做销售，也不可能让美国人去中国做销售。这就是本土化。”

## 三、技术开发

技术，是普尼太阳能的核心竞争力之一。正是强大的研发能力和技术支撑，使普尼拿下了美国和中国的一系列太阳能项目。正如李博士所说，研发团队在普尼的作用是巨大的。普尼跟本土公司有一个非常大的区别，那就是普尼在研发方面的重视程度和投入程度非常高。另一方面，普尼创始团队的几位核心成员在研发方面的实力是很多国内团队所不具备的。

现在，普尼的研发团队约有20人，至少拥有硕士学历，也有多位拥有博士学历的，实力很强。但普尼的技术团队还远不止于此。由于普尼在美国也有分公司，因此普尼在美国请了很多顾问，包括美国国家实验室的技术人员。谈到美国和中国两边的研发团队，李博士提到，美国和中国的技术人才有不同的优势。在光伏这个行业里，研发和生产在中美两国各有侧重。在美国，生产性的企业较少，多数企业是研发性质的，因此美国的技术团队更具备研发方面的能力；而在中国，生产性的企业居多，从生产的角度，国内的技术人员也接触到国外的很多先进技术，也有一定的开发经验和能力。由于普尼在中国的研发团队主要侧重生产方面的技术开发，因此，由核心研发团队带领，以本土技术人员组成的技术团队是符合中国环境下的开发需要的。

随着普尼中国公司的建立，普尼的研发中心逐步从美国转移到了中国，在企业价值链最前端的研发层面进行了本土化。

一方面，在中国做研发的性价比比在美国做研发高。李博士说，在美国，普普通通的一个工程师就要超过10万美元的年薪，这是一般公司很现实的考虑。另一方面，研发和开发的工作，是应该跟着生产走的。李博士说：

“现阶段，我们如果把研发放在美国实际上是不合适的，因为生产基地已经转移到中国，我们所有的东西都这里，我们是一定要有一个基地和团队建设在这里，利用本土的资源做研发。”

综合考虑，普尼逐步把研发中心转移到了中国，在研发层面也进行了一定程度的本土化。

## 四、人才获取

普尼的核心管理团队大都具备行业经验，比如研发部的经理、生产开发部的经理等核心人员，都有其他公司关键部门的生产经验。但是，于平荣博士和李博士也谈到，在普通研发人员和员工方面，普尼倾向于招应届毕业生，他们认为，这些人才完全可以自己培养。一方面，普尼的商业模式非常独特，其他的经验不一定能应用于普尼的运作；另一方面，普尼所强调的企业文化和很多企业都有差异，比如强调责任感、感恩等。因此，普尼讲求有经验的高管和没有经验的应届毕业生之间相互搭配。李博士说：

“我们也有过惨痛的教训。因为我们刚回来的时候，有点过多强调经验，但实际上效果不好。现在我们自己培养了一些，都很不错。我的感觉还是比较成功的，从这个角度来说，是一个搭配吧。”

管理的本土化，除了资本、市场、研发等方面之外，还需要以人力资源的本土化为支撑。作为一家海归企业，和所有其他创新型企业一样，普尼也面临着人才资源缺乏的问题。于平荣博士感慨地说：

“一直到现在为止，我觉得唯一缺的还是人。我知道很多其他的海归的企业家也都跟我讲，就是找不到人，可能本土的企业家也存在这个问题。对我们来讲，我们做的事情不容易做，商务模式比较复杂，技术也比较难，能做的人就很少。所以，尽管我不能说我天天都处于面试的状态，但对我来讲一个很大的任务就是不断找人。人才特别难找，无论是哪个职位。”

尽管普尼是跨国企业，但在人才获取方面，于平荣博士认为不应该完全依赖海外的人才。首先，海归的圈子很小，本来就是一个小群体。其次，有些外国人也希望来中国发展，认为中国很有趣。但是，外国人不会讲中文，这也是一个很大的障碍。因此，于平荣博士把对本土人才的培养看做一个重要使命。于平荣博士说，这也是他为什么愿意在北京大学当教授。

“我觉得一个企业能培养的人有限，北大能培养的可能更多，所以我后来就去了。”

现在普尼的员工中，只有五六位成员是海归，其他都是本土员工。普尼为了适应中国环境，进行了市场、研发和人力资源的本土化；而作为一家中美两国同时运营的“海鸥”企业，普尼在管理上本土化的同时，也致力于打造国际化的文化，保持跨国企业在文化和管理范式上的优势。当然，在打造国际化企业管理文化的过程中，普尼不可避免地遇到中西方文化冲突，并且也在冲突中不断融合。

## 第六节　文化上国际化

“管理上本土化，文化上国际化”，这句话在普尼的高管团队中非常流行。3位在美国超过10年的海归高管，带领众多中国和美国的员工，同时运营中、美两地的公司，必然带来中西方管理文化碰撞的火花。而“国际化”三个字，是普尼在企业文化上的定位。正如于平荣博士所说，在普尼，有来自不同国家、不同肤色、不同种族、不同年龄的人，要让他们觉得普尼是无国境的，文化上必须要国际化。

### 一、中西方创业文化

#### （一）创业者的美国烙印

于平荣博士曾在美国科罗拉多和硅谷创业，深受美国创业文化、尤其是硅谷文化的影响。于平荣博士如此描述硅谷：

“硅谷就是每一个人都在创业，到处是风投，到处是投资人，十分活跃的环境，虽然受经济危机影响了，但是至今为止我觉得它的文化还是一个很让人尊敬的创新创业的文化。”

于平荣博士说，这种氛围是特别可贵的。当硅谷的风险投资人投钱给企业的时候，他就知道有90%的可能是要损失的，但是他仍然毫不吝啬地给钱，让企业能专注地研发和运营。硅谷的风投在有投资回报之前能支持一个企业10年之久，这是很不容易的。

相对而言，中国的创业环境和硅谷的发展阶段不一样，仍处于积累期。过去30年，中国的创业很简单，尤其是资源型创业，根本不需要创新。过去10—15年，企业做房地产，每年房价都在涨，企业赚钱容易，也不需要创新。但是现在，中国要创业就必须创新了。前面的30年已经走到尽头，往后的路就要靠创新来驱动。

美国的氛围，包括科罗拉多和硅谷，对普尼创业者的影响是深远的。于平荣博士在谈起美国创业的“疯狂”时，眼光中仍然流露出拓荒者的光彩：

“他们对于环境和新能源是理想主义的，特别疯狂。你要用钱去诱惑他们，他们根本不理，觉得你傻呀。和攀岩、滑雪一样，他们创业追求的是精神层面的提升，他做研究也特兴奋。”

于平荣博士自己在创业的时候也同样追求这种精神层面的兴奋感。正是这种“什么都没有”、从零开始的状态吸引了他。因为，创业的人最兴奋的就是从零开始，在一片混乱中摸索，从无到有；在不确定性和风险中探索，最终找到企业发展的道路。

同样，在创新方面，于平荣博士也是一个“疯狂”的拓荒者。在最初创业的时候，由于资源的限制和抗风险能力的低下，大多数企业不敢进行冒险的突破式创新，而只能在现有的技术基础上进行渐进式创新。但是，于平荣博士的说法直截了当：

“不冒险就没有存在的意义。作为一个初创公司，你的意义在哪里？你如果不去冒险谁去冒险？硅谷初创型的公司都是很冒险的，最具有冒险精神，我们说在硅谷，创业的人都是鲨鱼，有冒险、有攻击力他才愿意去，生存环境是很艰难的。”

在硅谷，很多创业者的目标是“打败微软”。这在中国的创业者看来是不可思议的。但是，硅谷的创业者都有这样的想法，一年不行就两年，两年不行就十年，十年不行就二十年……总而言之，创业属于“疯狂”的人。

深受美国创业文化的影响，普尼在创办初期进行了一项又一项的创新。正是这种创业文化的烙印，使普尼独具一格，在光伏产业开辟了一片疆土。

**（二）海归与本土创业者的差异**

● “差异化”与“赚钱”

于平荣博士说，海归和本土创业者是两种人，做企业有两种风格。很多本土创业者擅长对市场的把握。他们不需要了解技术有多先进，未来是否有前景；也不需要考虑企业长期能不能发展，他只关心三年之内能不能回本。

“我见过太多这样的本土企业家。他才不管别的，看见某人已经开了这个公司，他一看你赚钱他也去干，你赚10块他赚9块，他就很高兴了。有很多的本土企业家什么赚钱干什么，干火锅赚钱就马上开火锅店，两年不赚钱关了就干房地产，反正就这么折腾，怎么赚钱怎么来。当然，也有一些企业家会在一个行业里面长期地积累，至少很多海归企业家是这样的。”

海归创业者则不一样，赚钱对于他们来说不是要考虑的第一因素。比如做房地产肯定比做生物医药、新能源行业赚得更快。但海归会说，“我为什么要去做房地产，我这么丰富的人生经历去做房地产就亏掉了”。

海归创业的人，大部分都有一定的技术背景。当他们有了技术基础后，就会寻找差异化。这也是多年做技术研究所养成的习惯：别人做过的研究，不会再重复做。于平荣博士以普尼为例：在面对每个城市的新能源规划项目的时候，普尼都要总体思考和设计整个城市的能源产业该如何发展。这都是没有先例的，有时候于平荣博士也会犯难。但是，没有先例和参考就意味着这是一个全新的领域，意味着“差异化”。于平荣博士兴奋地说：“我们有研究背景的人就喜欢这样的过程。”

另一方面，海归创业者还有另外一个特点，就是关注企业的长期利益，追求长期发展。于平荣博士特别喜欢新能源，从业也已经十几年。尽管太阳能是个新兴行业，但于平荣博士在行业里算是老人了，他希望能长久地在这个行业里奋斗。他说：

“企业有时候也是这样的，一时之高低对企业没太大的帮助。企业做到一定程度也有竞争优势。我觉得它不是一个单点的竞争，企业之间的竞争跟人一样，不是说我这次数学考了59分，我这辈子就完蛋了，没有这样的事情。”

当然，海归对技术的痴迷和对差异化的追求也是一把双刃剑。很多海归的失败就在于过于强调对技术的追求、对差异化的追求。有时候，过于追求技术和差异化，就会和市场脱节，忽略了市场的现状和需求。

● “授权”与“集权”

在企业赋权方面，海归和本土创业者也有很大的差异。

于平荣观察，很多本土企业都是依赖个人英雄，本土企业家的个人经历和个人思想在企业的发展中特别突出，就像是企业的灵魂。本土企业家在创业时候一般都事必躬亲。于平荣博士举了个例子：有个民营企业老板，特别辛苦。只要是上万元的事情的，他都一定要亲自去看。所以他的业务都在开车能到的地方。

但是海归企业则更注重团队的合作。于平荣博士说：

“中国和美国的分公司即使我不在也不担心，找到一个项目大家自己去折腾吧。即使项目很大我也不担心，我知道他们应该能做得还好。只要不出大事情，犯点小错误就是学习了，我也百分之百的相信他们。”

对于海归企业家而言，分权和授权是很自然的事情。只要团队有两个人，就开始分权。但是，这种授权的思想在面对中国员工的时候，也遇到了很大的冲击。如何平衡集权与分权，如何融合西方管理思想和东方文化，成为普尼要解决的一个课题。

## 二、中西方管理文化的冲突与融合

### （一）管理文化的碰撞

● 授权的障碍

平等和人性化，是西方文化所崇尚的。于平荣博士说，在美国，员工们都是直接叫他的名字，偶尔开玩笑才会称呼他为“于平荣博士”。但在中国公司，很多员工还是无法习惯直呼名字。因为在中国文化里，“博士”或是“于总”这个称呼，是对人的一种尊重。

所以，于平荣博士也不过分坚持要员工直呼名字。他说，分权、平等、人性化的东西还是应该有个尺度。假如所有中国的员工都习惯了这种本土文化，而海归高管仍然坚持另外一种方式，就一定会有冲突。因此，于平荣博士希望找到一个平衡点，能够同时适合中美文化。

另一方面，在普尼现阶段，员工自主解决问题的能力很重要。因为普尼正处于成长期，而成长期就需要员工能习惯不确定性，习惯在迷雾中寻找方向，习惯在混沌中坚持。但是，于平荣博士说，这种人特别稀缺。

李博士也认为，在美国企业中，授权是一个很自然的事情，员工有很大的主动性去承担责任，老板也会很放心地给员工授权。但是，在普尼中国公司里，授权并不如想象中顺利。王东博士说：

“这个授权的问题就是因为受教育方式的差异。员工会怀疑自己是不是可以授权了，会觉得自己是不是有错，或者是潜意识里就已经限制住他的思维，但是其实你是希望他这么干（创新）的。”

李博士和王博士都认为，中美文化是不一样的。美国人的主动性比较多，创新能力也会比较强，在研发方面能充分授权。老板只需要告诉员工他要的进度，员工就会自己把事情完成。但在中国，员工会等着老板下指令，每一步都需要老板去推进。

创新和主动性对于研发而言尤其重要。尽管老板事无巨细的管理也能使员工勤奋工作，但是这就限制了员工探索方向和挖掘细节的能力，不利于创新，更不利于研发。如今普尼正在逐步让员工习惯被授权，使每一个链条、每一个环节都具备自主性，使企业更加高效地运转。

**（二）管理文化的融合**

正如于平荣博士所说，任何企业都面临本土化的问题。同样，该如何在中国本土真正落实 “文化上国际化”这句口号，是普尼在中国面临的文化难题。西方文化和中国文化的激烈碰撞，促使普尼通过各种方式平衡融合企业中的中美文化。

说起文化冲突，于平荣博士毫不讳言。

“公司基本上处于这样一个状态，美国和中国都有分部，在文化方面我们自己也经历了或者正经历着一些磨合、探索和成长期，有一些必然的苦恼。你用一个什么样的文化，什么样的管理方式能同时管理不同文化背景的人，并且他们还有不同的业务和分布。”

在研发方面，李博士也正在探索一个中美文化融合的管理方式。一方面，他希望把美国的高效运作方式引入普尼，例如科研方面的框架、经验和技巧，希望能够在普尼建立一套高效的研发体系。另一方面，考虑到国内员工对美国模式的适应问题，普尼现在也引进了在国内大公司有运营背景的人，由他们协助制定公司内部的框架、流程和规则，尝试融合中美双方的优点。

也许在管理文化方面，普尼还有很长的路要走。中西方管理文化的融合，是一个不断探索的过程，也是一条漫长的道路。但无论是中国还是美国文化，有一些精神是普尼所坚持的，那就是社会责任感。

## 三、企业文化

在普尼的展厅里有这样一句话："普尼文化核心——责任感。"正如图表4-5所示，从核心的"责任感"延伸出了"对社会负责"、"对客户和合作伙伴负责"、"对员工负责"、"普尼人相互负责"以及"普尼人对自己人生负责"。责任感，是普尼这个新能源企业核心的价值观，是普尼高管团队发自内心的强调，也是在普尼飞速发展的过程中对管理者的提醒和鞭策。

| | |
|---|---|
| **愿景** | **清洁能源，清洁世界** |
| **使命** | **为全世界贡献1亿千瓦（相当于7个三峡电站总装机容量）的清洁可再生能源** |
| **文化** | **普尼文化核心"责任感"**<br>**对社会负责：责任为本，商业是途，当仁不让，打造传奇**<br>**对客户和合作伙伴负责：超越期待，利益共享**<br>**对员工负责：事业舞台，精神家园**<br>**普尼人相互负责：克尽己责，团队精神，互相关爱，共同进步**<br>**普尼人对自己的人生负责：挑战自我，追逐梦想** |

图表4-5　普尼的愿景、使命和文化[①]

① 资料来源：普尼太阳能公司网站。

于平荣博士说，当夜深人静的时候，他会思考创办普尼最初的原动力，那就是心里很强的责任感。但是当企业飞速发展，甚至上市之后，人的状态可能会发生变化。可能会迷失，会追求利润最大化，会忘记最初的初衷。但是，“责任感”这个企业文化，能够时时刻刻提醒和鞭策自己，不放弃当初所追求的梦想。

这也是海归企业面对多重文化所必须强调的价值观。纯本土或是纯外资的企业，文化上容易统一，只需要适应一种文化背景。但普尼的团队比较复杂。要让来自各个国家、各种文化的人都认同一种文化，是不容易的。比如员工中有伊斯兰教的，高管中有纯美国的，这些在理念上都难以统一。所以，文化上必须要国际化，必须强调对员工的责任，以及对利益相关者的责任。于博士说：

“不管是有经验还是没有经验的人，我们希望他跟我们的企业文化能够绝对匹配。我看不出年轻和年老的差异，是什么肤色的我也不管。但这个人要有上进心，要愿意学习，一定要有社会责任感，一定一定要有社会责任感，这是多次强调的。”

## 四、合作与交流

强调文化上的国际化，也包括与海内外各类机构的广泛合作。为了更好地利用普尼的资源服务客户，也为了更好地自我提升、优势互补和共同实现社会责任，普尼一直积极地与不同国家的政府、企业和非营利机构开展合作与交流。

王博士说，普尼与学校有很多交流，包括与北京大学、浙江大学都有技术合作项目。但是，与高校的合作主要集中在科研方面，技术的产业化还有赖于企业的努力。因为，国内高校的教授有很多成果，但大多局限于学术论文的发表。因此，普尼和高校的交流，只能局限于技术层面。但即便如此，对普尼也有很大的帮助。普尼可以直接把学校的科研成果加以改造，进行产业化。普尼与美国国家可再生能源实验室也有广泛密切的合作。

普尼与企业的交流也很频繁，包括本土企业和外资企业。合作的本土企业主要是供应商。普尼会向供应商购买仪器、设备和原料，而供应商有了新技术也会告诉普尼。在和供应商的交流中，普尼能够获得大量最新的技术信息。与国外的交流则更加频繁。李博士与很多海外公司都有合作，同时他们还会经常去美国参加展会，在活动的过程中也和其他机构有频繁的交流。

企业间的交流离不开人才的流动。王博士说，人才的流动主要有两个渠道。一是普尼会通过展会等机会来认识同行业或是产业链上处于不同位置的人；第二个渠道就是通过自己对行业的了解，主动去找。王博士说：

“对我们来说其实做一个技术，不管你是在实验室里做，还是以前在公司里做，这个链条有什么人在都很清楚。这就是做技术人的优势，纯做管理和投资人他是不知道的。”

管理上本土化，文化上国际化，是普尼作为一家跨国企业的宗旨与特征。尽管要寻求一种普适的企业文化并不容易，但普尼已经迈出了第一步。中西文化的碰撞和冲突是文化融合的前奏，普尼将在不断尝试中找到一条中西文化结合的管理道路。

## 第七节　未来展望

随着普尼引入系统集成的商业模式，中国产业界也逐步意识到系统集成的重要性。一个城市走向低碳，不仅是完成减排的任务，同时必须要考虑经济效益，进行产业调整，同时解决就业问题。因此，中国目前迫切需要对低碳城市的科学规划，更需要严格的落地实施。这正好为是普尼的优势，也是普尼发展的契机。

于平荣博士曾表示：“可以说我经历了大规模太阳能市场从无到有，发展至今的全过程，知道产、学、研、政府，各个环节一个都不能少。”

普尼不仅是一个为客户提供太阳能系统集成方案的系统集成商，同时也是推动清洁能源发展的使者。作为“Solar Decathlon China中国国际太阳能十项全能竞赛”的发起赞助商，普尼正在全力支持大赛的筹备，于平荣博士更是担任了这项赛事的组委会主席。这项比赛由美国能源部发起，同中国国家能源局一起主办，由北京大学承办，并得到了胡锦涛主席和奥巴马总统的支持。

比赛以全球高校为参赛单位，旨在借助世界顶尖研发、设计团队的技术与创意，将太阳能、节能与建筑设计以一体化的新方式紧密结合，设计、制造并运行一座高效节能、有吸引力的太阳能居住空间。希望通过比赛加快太阳能界国际化的产学研融合与交流，推进相关技术创新、发展和商业化。

普尼不仅仅是一家企业，更是一家有社会责任感的企业。普尼的愿景，是“清洁能源、清洁世界”；企业使命是“为全世界贡献1亿千瓦（相当于7个三峡电站总装机容量）的清洁可再生能源”。普尼就像一颗冉冉升起的新星，而中国的光伏发电行业也还有很长的道路。普尼将与中国太阳能事业紧密相连，更将承担起它的社会责任，推动中国清洁能源的发展。

# 第五章　阳光事业的开拓者
## ——日出东方太阳能股份有限公司

### 企业简介

日出东方太阳能股份有限公司致力于太阳能热水器、太阳能热水工程系统、太阳能采暖系统以及太阳能制冷空调系统等太阳能热利用产品的研发、生产与销售，产品远销全球100多个国家和地区，是全球最大的太阳能热水器及热水系统供应商，也是中国太阳能光热产业的领军企业。目前公司拥有太阳雨和四季沐歌两个国内外知名品牌，拥有北京四季沐歌太阳能技术集团有限公司、太阳雨太阳能有限公司、山东太阳雨太阳能有限公司、辽宁太阳雨太阳能有限公司、江苏四季沐歌太阳能有限公司、四季沐歌（洛阳）太阳能有限公司、四季沐歌（沈阳）太阳能有限公司，江苏太阳能研究所有限公司和太阳雨韩国公司等国内外多个子公司及科研机构。

公司自成立以来，一直积极推行全面"精益"质量管理，在行业中率先全面通过ISO9001、ISO14001、国家3C认证、环境标志认证、康居认证，企业资信等级被评为AAA级，通过欧盟CE认证、德国solar keymark认证和韩国、澳大利亚等国家认证，并在行业内首批荣获"中国名牌产品"、"金太阳认证"等荣誉称号。四季沐歌品牌为"中国500最具价值品牌"、"中国航天事业合作伙伴"、"中国驰名商标"。

在技术创新与产品研发上，公司与北京大学、中科院等科研院所展开专家级合作，在北京共同组建"研发中心"，承担了多项国家火炬计划项目。十余年来，公司开展的千乡万村阳光热水工程，系统解决了千万农村家庭的生活热水问题，更成功推动"太阳能下乡"，实现"三中标"——中标产品最多、中标区域最广、中标价格区间最宽，成为太阳能行业的领先企业。

资料来源：日出东方太阳能股份有限公司网站（http://solareast.com/china/about.asp）。

# 第一节　产业背景介绍

## 一、新能源产业

随着经济社会的不断发展，各行业对能源的依赖也越来越大，能源行业的可持续发展日益受到关注。作为能源领域的新生力量，新能源产业的发展已被越来越多的人们关注。从广义上看，新能源不仅包括可再生能源，用新技术使传统能源实现清洁高效利用也可称为新能源。具体而言，新能源包括太阳能、生物质能、水能、风能、地热能、波浪能、洋流能和潮汐能，以及海洋表面与深层之间的热循环、氢能、沼气、酒精、甲醇等。

### （一）我国新能源产业发展概况

目前在我国发展较好的新能源产业主要包括：核能、风能、太阳能、生物能源。2009年，中国风电新增装机达到1 380万千瓦，超过美国，成为当年新增风电装机容量世界第一的国家，当年新安装风机总数达到10 129台，平均每天27台，相当于每小时就竖起一台风机。与此同时，累计装机达到2 580万千瓦，位居全球第二。[①]全国风电吊装容量累计达到4 000万千瓦，连续5年翻倍增长。上海东海大桥10万千瓦海上风电场在世博会期间并网投产，成为除欧洲之外世界上第一座海上风电场。[②]

在核能方面，我国核电厂址资源丰富，现有厂址可支撑装机1.6亿千瓦以上，经过进一步勘查选址，远期可满足4亿千瓦装机[③]。在生物能源方面，我国资源丰富，每年理论上有生物质能资源50亿吨左右，其中农作物残留物占一半多。生物质能源是我国仅次于煤与石油的第三大能源，在全部能源消耗中约占15%，是可运输和储存的可再生能源。目前，生物质能源主要用于发电和转

① 李俊峰、施南飞、高虎，《中国风电发展报告 2010》，海南出版社，2010 年。

② 数据来源：赛迪顾问，《战略性新兴产业系列之三——四大新能源产业迎来高速发展》，2011 年。

③ 赛迪顾问，《战略性新兴产业系列之三——四大新能源产业迎来高速发展》，2011 年。

化为“绿色汽油”与“生物石油”等方面。

从“十一五”规划到“十二五”规划，新能源产业作为我国战略发展产业之一受到政府政策的大力支持。“十二五”期间我国将继续加大新能源及可再生能源在一次能源消费结构中的比重。国家能源局负责人表示，到“十二五”末，争取非化石能源在一次能源消费中的比重达到11.4%。为了达到这个目标，更好地推动清洁能源和新能源发展，按照国务院的部署和要求，国家能源局组织编制了《新兴能源产业发展规划》。规划期为2011年至2020年，对先进核能、风能、太阳能、生物质能、地热能、非常规天然气等新能源和可再生能源的开发利用，洁净煤、智能电网、分布式能源、车用新能源等能源新技术产业化应用的具体实施路径，以及发展规模、重大政策举措作出了明确部署，对推进新兴能源产业的健康快速发展将产生积极的作用。

“十二五”期间，国家能源局将有序推进大型风电基地建设，重点发展内蒙古、甘肃、新疆及东北地区等千万瓦级风电基地，加快海上风电开发；要加大力度解决风电并网难的问题，做好风电基地发展规划和电力消纳外送规划，重视风电就地转化利用，拓展风电就地消纳途径；也要结合智能电网研究，加强风电并网技术研发和并网标准建设，做好风能和风机发电功率预测等工作。①

## 二、太阳能产业

在太阳能发面，我国太阳能资源非常丰富，主要分布在西藏、青海、新疆、甘肃、内蒙古等省区，可开发装机规模超过20亿千瓦。一度集中在以德、法为主的欧洲地区的光伏产业，逐渐在中国崛起。2010年中国光伏电池产量达到8千兆瓦，约占全球总产量的一半，居世界首位。

我国目前掌握着全球太阳能的研究领域的关键核心技术，包括太阳能热水及采暖、太阳能制冷、太阳能高温热发电以及太阳能光伏发电等。据不完全统计，截至2008年底，中国太阳能热利用产业，实际推广集热器1.3亿平方米，占全球总推广量的76%，覆盖5 000万家庭，近2亿人口，为世界节约了3亿多吨标准煤，减排2亿多吨二氧化碳及其他排放物。

① 赛迪顾问，《战略性新兴产业系列之三——四大新能源产业迎来高速发展》，2011 年。

在太阳能光伏产业方面，我国总计有10家光伏企业实现海外上市，首次公开发行（IPO）融资总额超过20亿美元；我国多晶硅材料总产量已从2005年的30吨增加到2008年的近5 000吨，产能从2005年不足200吨上升到2008年的6 000吨以上，基本缓解了我国太阳能电池生产中多晶硅材料短缺的问题。在光伏电池生产方面，2007年，我国光伏电池产量首次超过德国和日本，居世界第一位。2008年的产量继续提高，达到了200万千瓦，占全球产量的比例由2002年的1.07%增长到2008年的近16%。[①]

"十二五"期间，国家将通过继续推广利用太阳能热水器、稳步启动国内太阳能发电市场、加强行业规划和准入管理等措施，努力将其培养成我国先进的装备制造产业和新兴能源支柱产业。到2015年，我国太阳能热利用面积将达到4亿平方米。未来5年，太阳能产业有望成为我国新兴能源支柱产业。[②]

## 三、热水器行业

在我国近几年的常规能源热水器市场上，主要有燃气热水器和电热水器两类产品。从2010年到2011年，国内电热水器市场品牌集中度较高，位居品牌排行榜前两位的海尔、A.O.史密斯的关注份额分别为32.3%、25.8%，累计接近六成，前十大品牌的关注份额累计超过95%。[③]

具体而言，速热式产品成为电热水器市场的新宠。一直以来，加热时间长是电热水器的一大软肋。海尔、A.O史密斯等厂商针对这一弱点进行产品改进和研发，陆续推出速热式产品，使这一问题得到解决。这也说明，随着行业竞争加剧和用户需求的不断提到，技术因素在竞争中的作用越来越大。

在燃气热水器方面，由于我国城市天然气管道覆盖情况得到了改善，燃气热水器市场的潜力得到有效释放。2010年，燃气热水器市场规模快速增长，表现出的特点也是市场品牌集中度高。据有关数据显示，位居燃气热水器市场排行榜前十名的品牌关注比例累计达到97.1%。[④]

① 赛迪顾问，《战略性新兴产业之二——新能源产业产业 2011 变局之年，产业化爆发态势渐明》，2011 年。

② 赛迪顾问，《战略性新兴产业系列之三——四大新能源产业迎来高速发展》，2011 年。

③ 互联网消费调研中心，《2010—2011 年中国热水器市场研究年度报告》，2011 年 1 月。

④ 互联网消费调研中心，《2010—2011 年中国热水器市场研究年度报告》，2011 年 1 月。

在另一方面，中国燃气热水器市场产品均价不断上升，用户关注度也呈现向中、高端产品转移的趋势。据互联网消费调研中心数据显示，2010年，1000元以上各价位段产品关注份额均出现不同幅度的上升，而1 000元以下的低端产品关注份额降幅接近8个百分点。①

## 四、太阳能热水器行业

按照不同的分类标准，可将太阳能热水器分为不同的类型：

图表5-1 太阳能热水器分类②

| 分类标准 | 具体类型 |
|---|---|
| 从集热部分来分 | 全玻璃真空集热管式<br>全玻璃热管式<br>金属玻璃热管式<br>平板式 |
| 从结构来分 | 普通式太阳能热水器<br>分体式太阳能热水器 |
| 从水箱受压来分 | 承压式太阳能热水器<br>非承压式太阳能热水器 |

无论哪种太阳能热水器，都有自己的优缺点。例如，真空玻璃管太阳能热水器是目前吸热效率最高的集热部分，它的优点在于，不需要在集热部分再增加保温层，而且现在的真空玻璃管无论在抗高温、抗打击和保温上，性能都非常好，也被绝大部分太阳能热水器生产厂家所采用；其缺点在于体积比较庞大，管中容易集结水垢。再如，金属平板太阳能热水器是在传热性能极佳的金属片上，覆盖上吸热涂层，利用金属的传热性，将吸收的热量传于水箱中。其优点是外观美观，安装方便，可以做成平板，而且不容易损坏；缺点在于保温

① 互联网消费调研中心，《2010—2011 年中国热水器市场研究年度报告》，2011 年 1 月。

② 互联网消费调研中心，《2010—2011 年中国热水器市场研究年度报告》，2011 年 1 月。

要花很大的代价，成本高，间接增加了消费者负担。

我国自1978年引进全玻璃真空集热管的样管以来，经过二十多年的努力，攻克了热压封等许多技术难关，已经建立了拥有自主知识产权的现代化全玻璃真空集热管产业，用于生产集热管的磁控溅射镀膜机质量达到世界先进水平，产量雄居世界首位。1978年，中国诞生第一台太阳能热水器；1987年，我国制造了第一支全玻璃真空集热管；1993年我国太阳能产业进入发展阶段；1997年至2001年逐渐形成北京、鲁东、泰安、扬州、海宁等5个产业基地；继2004年，太阳雨将中国的真空管太阳能产品带出国门，到2008年上半年出口近80个国家、销量持续以两倍速增长后，力诺瑞特、皇明等其他中国太阳能光热行业的龙头企业们也纷纷进军国际市场。除这些龙头企业外，以生长于常州和浙江一带的部分中小企业为代表，也在循着早年“浙商”闯荡世界的模式，携真空管产品的独有优势和他们惯有的低价思维“漂洋过海”，在国际太阳能光热市场上形成了一定的冲击力。①

伴随着政府的“家电下乡”政策，太阳能热水器的市场从城市扩展到农村。农村市场可谓是太阳能热水器的一片蓝海。但农村市场给企业带来发展空间的同时，当地村民本身有限的消费能力也催生了大量的太阳能热水器伪劣产品。而随着中国城镇化的加速和农村多层建筑的兴建，研发适合农村、城镇边缘地区的特殊产品成为太阳能热水器企业发展的必然趋势。

一方面，随着大品牌引领的太阳能热水器企业走出国门，开拓海外市场，我国太阳能热水器行业发展蒸蒸日上。另一方面，在这个行业内也暴露出一些问题。2011年曝光的“海宁事件”在太阳能热水器市场上演了一幕劣质产品“傍”名牌的闹剧，太阳能热水器产品出现了严重的质量问题。目前我国太阳能热水器行业存在以下问题：市场低门槛、4 000余家大小企业无序竞争、质量把关不严的局面亟待整顿；行业呼吁提高进入门槛，加强认证监管工作。目前太阳能热水器企业前30家企业的市场占有率仅为30%左右，非常分散。为了与进入家电下乡名录的太阳能热水器生产企业争夺市场，一些企业进行低价销售，进而导致更恶劣的低成本竞争，甚至出现粗制滥造的现象。此外，太阳

① 赛迪顾问，《战略性新兴产业系列之三——四大新能源产业迎来高速发展》，2011 年。

能热水器行业还存在比较严重的地方保护主义。

太阳能热水器在热水器市场上占有一定地位，随着我国农村消费者对健康生活的认识不断加深，国家家电下乡等政策也给太阳能热水器产业提供了强有力的支持，市场容量不断扩大。但2010年，在自然灾害较多及渠道营销同质化严重等因素影响下，销量增速明显放缓。价格较高是目前影响太阳能热水器产品普及和市场扩张的重要原因。2010年中国太阳能市场上，2 000元及以上价位产品数量占比达87.5%，接近九成，且其中大部分产品售价不低于3 000元。

2010年《家电下乡消费者调查报告》显示，在家电下乡过程中，消费者最希望购买的太阳能热水器品牌，排列第一的是“太阳雨”，选择此答案的人数占被调查总人数28.3%，其次，是“四季沐歌”和“皇明”，选择此答案的人数占总人数依次为26.0%和24.1%，其他依次为：选择“长虹”的占总人数的19.6%，选择“美的”的占总人数的12.0%。

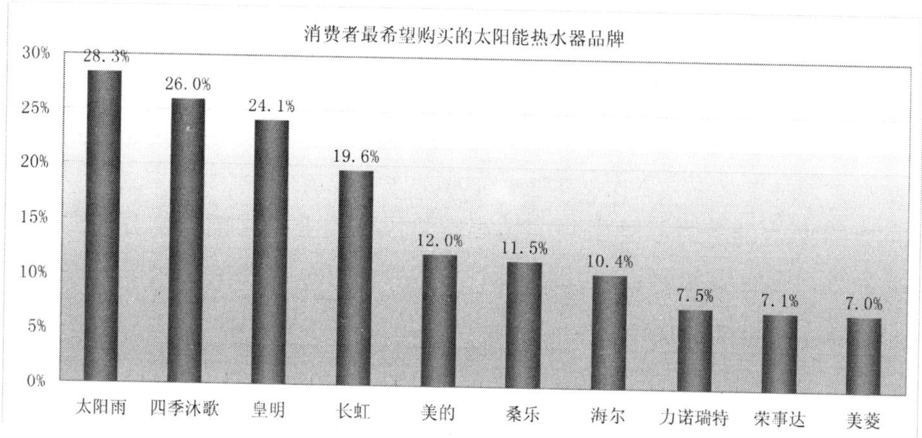


图表5-2　消费者最希望购买的太阳能热水器产品①

① 中国家电网行业中心，《家电下乡消费者调查报告》，2010，www.cheaa.com。

## 第二节　创业机会识别

日出东方太阳能股份有限公司旗下拥有“太阳雨”和“四季沐歌”两个热水器品牌，在行业内有着重要的影响力，具有广泛的经销商网络和消费者基础。通过十余年的发展，日出东方太阳能股份有限公司已经从连云港众多热水器生产企业中的普通一员成长为国内太阳能热水器的领军企业，并走出国门，开拓了广阔的海外市场。而成就这项事业的根基，来自于创始人徐新建的执着的创业精神和对太阳能热水器创业机会的精准把握。

### 一、走上创业路的徐新建

#### （一）知青文化的熏陶

日出东方的创始人徐新建出生于1964年。1998年的徐新建还只是一个怀抱创业梦想的青年，仅有20万元贷款和微薄的资源；而十余年后的今天，他已经成就了一个辉煌的企业，打造了两个成功的品牌，成为在行业中有着重要地位的优秀企业家。徐新建现任日出东方太阳能股份有限公司董事长，同时还是全国工商联新能源商会执行会长、中国太阳能热利用产业联盟副理事长、江苏省十一届人大代表以及连云港市工商业联合会副会长。

直到今日，回顾自己的人生经历，徐新建还对小时候的农场生活充满自豪。

徐新建从小生活在江苏省东辛农场，这个江苏省大型国有综合性农业企业位于亚欧大陆桥东桥头堡的连云港市境内，东眺黄海，北倚云台山，独特的生活环境塑造了徐新建与众不同的性格。

徐新建的父母是农场干部，作为江苏生产建设兵团的成员，父辈早期的拓荒精神和部队遗风给徐新建留下深刻的印象。上小学时，徐新建的老师大部分是下乡的知青。尽管身处农场这样一个相对封闭的环境，但徐新建的知青老师们却给他带来了另外一个全新的世界。从那时起，城市青年的创新精神和开阔的视野就让年纪不大的徐新建受益良多。

“兵团部队的这些知青老师对我们这一代的影响是潜移默化的，你也说不清楚是哪一段对你的影响，它是潜移默化的，我们的企业文化中也是囊括了我这一段的成长历史。”

同样让徐新建引以为豪的是，与地方上的市民比较起来，农场职工不论在思想意识还是纯洁度上，都没有沾染丝毫的小市民习气，父辈的理想主义至今还能在他身上看到影子。于是，这种独特的农垦文化和知青文化的融合，塑造了徐新建的开拓精神和不安分的性格，为其日后的创业道路奠定了基础。

### （二）放弃铁饭碗的创业青年

毕业后的徐新建被分配到东辛农场供电所做技术工作。这是一份在当时被很多人羡慕的铁饭碗，单位福利待遇十分优厚，逢年过节都有单位分发的丰富物资。然而徐新建的天性当中就有不安分的一面，相对优越的工作环境并没有让他安于现状，徐新建又跳槽到了一家国有制药厂工作。但这份工作也没能令徐新建感到满足，长期的办公室工作使他觉得是在荒废自己，“我应该做一些更能实现自身价值的事”。抱着这一单纯的理想，渴望求变的徐新建毅然决然地辞掉了铁饭碗，走上了创业的道路。

在徐新建看来，1993年力排众议的辞职下海行为，成为他人生的分水岭。在下海的最初几年，徐新建从他最擅长的水电安装起步，从事过水电安装、设备安装等多种个体生意，积累了一定的创业经验。然而，究竟怎样一个产业能够成为为之奋斗终身的事业呢？徐新建“更好地实现自身价值”的理想究竟应该怎样实现呢？一个偶然的机会，他接触到了太阳能产业；从此，一个新的创业篇章拉开了序幕。

## 二、国内市场机会识别

徐新建和太阳能的结缘是在1996年。一次偶然的机会，他在朋友家做客时发现了太阳能热水器，那股不用电、不烧煤气得来的热水让徐新建一下子产生了浓厚的兴趣。在接下来的两年时间里，徐新建做了大量的市场调研，经过一系列的准备工作和严谨的思考来评估太阳能热水器行业的创业机会。

从产业发展前景来讲，太阳能产业必然具有巨大的发展潜力。在能源价格不断上涨、储量不断下降的今天，全球都在提倡可再生性能源的开发与利用，我国也在大力倡导节约型社会和可持续发展，就政策而言，国家对这一行业必然会采取鼓励扶持性态度；就百姓消费者而言，太阳能热水器低廉的能源采集成本也给他们节约了电费、煤气费，长远来看也会受到消费者的欢迎。谈起选择这个行业进行创业，徐新建说道：

“我进入这个行业，当时是看好这个行业未来的前景。因为我是搞电的，我知道电是怎么来的，煤烧出来发电，发电的效率会降低，在家里面用电热水器，就是用电来烧热水，是最不经济、最不节能的一种手段。”

从技术条件来讲，我国自1978年引进全玻璃真空集热管的样管以来，经过多年努力，已经攻克了热压封等技术难关。与国外流行平板类太阳能热水器的情况不同，在真空管类太阳能热水器领域，我国已经建立了拥有自主知识产权的现代全玻璃真空集热管产业，在20世纪90年代末已经初步形成了产业化体系。也就是说，当时的徐新建如果进入太阳能热水器产业，基础技术资源是可得的。

再从竞争环境来讲，20世纪90年代末的太阳能热水器行业竞争态势还并不完全是红海。尽管行业内已经有不少运营的企业，但都规模不大，先入优势并不明显，整个产业还没有进入寡头阶段；同时，基于技术资源的可得性，行业的准入门槛并不高，创业企业有其生存的空间。而与此同时，当时太阳能热水器整体配套的技术、制造、工艺水平却是不完善的，综合能力还有许多可提升的空间；品牌推广的意识也才刚刚开始萌芽，还有大量没有挖掘的市场资源，这就给企业提供了创造差异化、在行业中建立竞争优势的重大机遇。

于是，徐新建基于上述对太阳能热水器产业的考察和分析，精确地识别到了这一创业机会，毅然决定停掉其他所有生意，集中精力投入到太阳能行业中来。日出东方的厂区大门里的这样一句话表明了创始人徐新建的创业理念：

“太阳能产业，是一个可以为之奋斗终身的产业，是一个可以惠及子孙后代的产业，投身这个产业，我们感到无比自豪。”

## 第三节　创业资源获取

发掘了创业机会之后，开拓创业事业的基础在于资源的获取和整合。徐新建和许多其他创业企业家一样，都面临着很多资源获取的难题。1999年，太阳雨太阳能有限公司成立，除了一份美好的企业愿景，公司在资金、技术、设备和人员等方面都是匮乏的，在随后的几年间，徐新建及其团队通过多种方式寻求突破，不断为企业的发展整合资源。

### 一、市场资源获取

太阳能热水器是太阳能热利用的一种终端产品，市场资源的获取对企业有着至关重要的作用，是企业在行业中生存和发展的基础。

**（一）避实就虚，回避直接竞争**

企业刚刚成立的时候，市场环境对于一个初创企业并不有利。当时国内的太阳能热水器企业已经有上千家，仅连云港当地就有十几家太阳能热水器企业，有的企业已经在市场中摸爬滚打多年，在当地已小有名气。一般企业的思维模式都是先在自己的本土发展，再逐步走向省外、甚至海外，但日出东方作为一个后来者，在资金等资源有限的情况下很难与连云港的多家竞争者抗衡，于是徐新建从一开始就采取了一种避实就虚的市场策略，把市场目标瞄准那些太阳能企业较少的城市，回避锋芒，从连云港外的市场开始做起，徐新建说道：

“我们一进入以后采取的策略就是回避锋芒，我回避在连云港的这些强大的竞争对手，不做连云港。很多人是想不通的，就像当年我们看到的一些连云港已经很大的企业，它们都没有走出连云港。我跟人家去正面竞争，马上会被踩死，所以我回避，我一起步就走出连云港，去外面的市场。”

避实就虚市场策略的第一站选在了南京。徐新建通过高中班主任的帮助，以南京经济广播电台为媒介，在公园组织的一场活动中进行了产品促销。

徐新建亲自参与了这次促销，当时连云港这个城市的知名度并不高，但太阳雨这个好听的品牌名字很吸引人，他们便这样从零开始地推销自己的产品，成立了南京办事处。通过这一窗口作用，1999年4月公司还获得了来自河南客户的第一份订单。随后，徐新建又先后在武汉、兰州等城市建立了办事处，受到当地消费者的认可。在这些市场推广成绩的鼓舞下，徐新建开始关注一些人口众多、竞争相对较低的地区的市场资源，于是太阳雨太阳能热水器的经销商开始逐步活跃在山东、安徽、河南、河北、黑龙江等多个省市。

### （二）保证产品质量，赢得市场声誉

市场资源的巩固和进一步获取必须有过硬的产品质量作保证。然而，在企业刚刚起步的时候，徐新建就遇到了一个重大考验。1999年冬天，当年销售出去的几千台太阳能热水器因为存在质量问题，遭到大量消费者投诉，要求退货。退还是不退？这对于徐新建和刚刚成立的新企业来讲都是一个重大的难题，退则必然意味着亏损，资金本就紧张的创业企业能否熬过这一难关？不退则意味着企业丧失市场信誉，失去已有的客户资源，难以在行业中立足发展。最终徐新建决定召回这部分质量有问题的产品，这使得这个还在贷款的企业当年就亏损了8万元人民币。如今谈起那段经历，徐新建已经很轻松，但当时他所面临的压力和挑战是不言而喻的：

“那不是一台两台，那个时候我们要人才没人才，要技术没技术，资金也没多少，贷款还贷了一些，怎么办？我们企业的路还长，我也还年轻，不能因为这件事情把自己的未来断送了，所以我们咬牙把所有的产品都退回来，退回来就销毁了。”

许多人都津津乐道海尔集团将不合格冰箱砸烂的故事，为海尔赢得了良好的社会声誉，使它成为注重产品质量的楷模；但当时的徐新建还没有宣传包装的意识，召回几千件产品的故事并不为许多人所知，但尽管如此，他接受退货的举动为他在行业内赢得了良好的声誉，为其进一步获取客户资源打下了基础。

## 二、资金资源获取

像许多其他民营企业家一样，徐新建也在创业过程中面临过资金短缺的

难题。1999年初企业成立时，徐新建只有抵押房产得来的20万元贷款作为启动资金，开始了太阳能热水器的生产和销售。然而到1999年年底，几千件产品因为质量问题被召回之后，企业当年非但没能盈利，还亏损了8万元。此时的徐新建面临着更为严峻的资金困境，他的家人也曾劝他放弃，但是最终姐姐看出徐新建继续做下去的信心和把握，义无反顾地支持他，将姐弟俩共同购买的挖掘机卖掉，所得收入全部补贴到太阳能热水器的事业当中，使企业渡过了难关。

随着企业的发展，尤其是2003年产品走向国际市场之后，日出东方在海外市场的利润率要高于国内市场，同时国内太阳能热水器行业进入了品牌推广和激烈竞争的时代，企业需要投入大量资源提升自己的品牌影响力。于是徐新建的策略是把海外市场的盈利拿回来攻克国内市场，从而使得企业的产品在国内的品牌竞争中拥有相对充裕的资金。

初创阶段的民营企业想要获得贷款并不容易，所以资金利用效率就显得格外重要。徐新建表示日出东方的资金周转天数能够达到14天，资金实现快速回收，这是保证企业在资金资源相对匮乏的情况下得以生存发展的一个关键，徐新建强调：

“我采购回来立马组装产品，产品出来以后立马就（销售）出去了，产品没有做好，那边的钱已经打过来了。这就是为什么我们在那么缺少资源的条件下能够活过来，这一点非常重要，这就是小企业要的效率。”

## 三、人力资源获取

人力资源是企业最核心的资源之一，徐新建认为：“企业的成长离不开一个好的人才队伍”，只有通过人的成长和积累才有能力获取其他资源，推动企业的发展。于是，日出东方在人才吸引、团队建设和人力资源的长期培养上做了很多工作。

### （一）人才吸引和团队建设

作为一家三线城市的民营企业，想要吸引到大量的优秀人才并不容易，许多连云港籍的学生大学毕业之后都去上海等地谋求发展，人才大量流出，而到外地去吸引人才也更是非常困难，徐新建曾经非常苦恼，“这是使我很郁闷的一件事，企业发展需要人，没有人怎么办？”没有大城市得天独厚的条件，徐新建只能在吸引和留住人才上面倾注更多的精力。

日出东方战略顾问江长海表示，作为一家民营企业，能否留住人才最初是要靠创业企业家：

“本质上能不能把人才留住，最初还是靠老板……这是徐总（徐新建）的最大优势，对事业、对企业、对人生，他都有非常到位的看法，这也就决定了他的心态和心胸，所以他能够吸引到行业内外各个层面的重要人才。”

日出东方副总经理刘伟也表示，他来到日出东方发展的最重要原因就是被徐新建本人精神气质所吸引：“他某些方面的精神气质，让人感觉到跟他一起共事、做他的下属，会比较愉快”。在企业家个人层面之外，行业和企业的发展前景也是吸引人才的重要方面，尤其对于高层团队的成员。“这个行业有没有朝气，有没有未来的前景，这个企业在这个行业中有没有往前冲的潜力和前进的动力”。副总经理刘伟在谈到行业、企业情况如何影响他的职业选择时说道：

“如果行业很好，但是企业不行，没有动力没有前进的方向，那么这个企业也不适合去加盟；如果行业一般，但是企业的发展战略有超越行业的一些东西，能有新的发展、新的道路，那么也是可以的。”

日出东方总经理万昶旭曾经在海尔集团工作了近20年，后来选择转行到太阳能热水器行业加盟日出东方，原因就是从徐新建身上看到了这个行业和企业的希望，“人为希望而活”，这也是他选择职业的一个标准。和徐新建接触的过程中，他所透露出来的远大抱负和对事业的执着让万昶旭认定这是一个有长远发展前途的企业，是一项充满希望的事业。

除此之外，个人价值的实现也是影响人们是否选择一个企业的重要原因，企业需要给人才提供良好的环境和平台，充分利用每一个人才的才能，使其得以在团队中发挥重要作用。于是，依靠徐新建的个人魅力、新能源行业的广阔前景、企业的发展潜力，日出东方吸引到了一大批优秀人才，建设起了一支强大的人才队伍。

随着企业综合实力的不断提高，在行业内的知名度也逐渐提升，日出东方已经愈加有能力吸引到优秀人才，为他们提供更好的发展空间。日出东方已经在北京建立了研发实验室，以充分利用北京高等院校的人力资源优势，吸引技术研发人才，未来可能有更多职能性部门在其他城市建立机构，整合不同地区的人才和社会资源优势。

**（二）人力资源的长期培养**

徐新建非常重视人的作用，在他看来，做企业的本质就是“做人”，这里的做人是指“依靠人、经营人”。谈及日出东方的核心竞争力，徐新建不谈技术驱动、不谈营销驱动，而是反复强调人才驱动。在吸引了优秀人才之后，企业必须建立长期的人才培训机制，为高管团队成员和普通员工搭建更完善的发展平台，从而留住人才，提高人才素质。对于人力资源的培养，徐新建十分强调眼界的重要性，到更广阔的舞台上吸收学习才能给企业带来新的成长突破点，他常常说道：

“一个人的成就不会大于他的梦想，一个人的梦想不会大于他的所见所闻。”

这既是敦促他自己不断学习的座右铭，也是他实施在企业人才培养过程中的理念。徐新建和高管团队中北京四季沐歌的负责人陆剑都是北京大学光华管理学院EMBA班的学员，陆剑还曾完成了北京大学光华管理学院EDP项目的学习，这既是一个整合高端资源的机会，更是一个开阔眼界、学习思考的过程。团队中的其他成员也会去关注和参与一些其他培训，徐新建表示，“作为我来讲，对高端人才肯定是最重视的，尽管精力和能力有限，但一定是倾注精力去做”。

除了参与其他社会机构的学习项目之外，日出东方也会定期邀请一些高校教授、业内专家到企业去给业务人员讲课，给企业的发展带来新思路。此外，日出东方在2009年5月还成立了自己的企业大学，这是一项创新性的举措，企业大学的职责在于根据企业战略发展的需要，培养企业内部或者与企业相关的人员，使之成为具有成长性、实践性和创新性的人才，力图打造一条企业生产和复制人才的“流水线”。企业大学的培训项目包括企业文化课程、职业素养课程、管理培训课程和专业培训课程，培训者包括内部讲师和客座教授；企业大学还开设了在线学习功能，与“时代光华”等管理培训机构合作开展在线上课活动。

人才培养是一个长期的过程，徐新建坦言，每一次培训课程的帮助也许并不大，但是这种影响是潜移默化的，正像他一直所坚持的学习观，他希望通过长期的培训教育，能够让日出东方的每一位员工有更广阔的所见所闻，更美好的梦想，从而成就更大的企业业绩。

## 第四节　开拓海外市场

2003年，徐新建带着日出东方太阳能热水器走上了海外市场拓展的新道路，今天企业的产品已经远销至全球100多个国家和地区，成为全球最大的太阳能热水器及热水系统供应商。

### 一、海外市场机会识别

徐新建对企业发展机会的识别贯穿于日出东方的整个发展历程中，从精准地识别到太阳能热水器行业开始，他从没有止步于日出东方的任何成绩，而是不断的积累、思考和评估，在创业过程中不断为企业的发展寻找新的机会。

#### （一）广交会初识海外市场机会

2000年，在企业刚刚成立一年之后，徐新建就带着一位助手希望到广交会上寻求新突破。到了广州，徐新建才知道，那时的广交会并不是想去就能去的地方。企业必须通过各省市的外贸厅、外贸局的审批，根据指标分配到展位才能够进去，初出茅庐的徐新建和他刚刚成立一年的新企业是根本无法取得这样的机会的。但他并没有轻易放弃，徐新建找到江苏省代表团的领导，几经协商，哪怕不能带产品进入广交会展示，也希望能够进去看一看。最终，在对方的帮助下，徐新建和助手拿到了证件，终于进入了广交会的现场。琳琅满目的商品和争相观展的外宾都给徐新建以很大的震撼，是他之前在苏北小城连云港所无法体会到的。尤其在海尔的展位前，徐新建感受到了其卓越的竞争力和难以超越的市场机会，这种巨大的差距让他看到了海外市场的广阔和自己的渺小，当时外商主要关注的还是中国的电冰箱、洗衣机等家电产品，太阳能热水器还没有进入他们的视野，徐新建当时就想："如果我们的热水器也能卖得这么火就好了”。但当时的，公司还是一个连宣传材料都不舍得多印的小企业，徐新建和助手在海尔的展台边上把仅有的一些资料发放了出去，其中一个看了材料的德国外商给徐新建燃起了出口的希望。谈起当时的情景，徐新建至今仍记忆犹新：

“他告诉我，我们这个东西是好东西，但是我今天不要，我将来可能会要。就是这句话，给了我后来（走向海外）的希望和信心。”

从广交会回来的徐新建知道自己离成功大企业还有很远的距离，当下还不是走向海外的时机，需要扎扎实实地先在国内市场打开局面，但他确信将来的国外市场一定是充满机遇的，日出东方势必要走向海外。

**（二）放眼海外，寻求突破**

在企业创立的最初几年间，尽管已经开始有了微薄的盈利，但是和行业内许多企业相比，公司仍然非常小，难以找到一个突破口创造差异化，在行业里建立起竞争优势。徐新建认为这样下去是不行的，企业要发展必须不断地谋求突破，然而怎样才能突破呢？就当时国内的竞争环境和日出东方的自身实力来讲是困难重重：

“国内黑压压的一片企业，怎么样去找机会？市场也不像这几年那么成熟，消费者对产品的认知程度还不是很高，推广的难度也是很大的。我们又没有品牌，也没有各种各样的软硬件资源，怎么去跟别人竞争？要什么没什么。”

于是，徐新建再次把眼光投向了海外市场，试图把出口作为企业的突破点。日出东方在国内市场的一些竞争短板，诸如品牌、荣誉等并不会制约其在海外的发展，向海外客户提供优质的产品和价格优势是成败的关键。

然而对这一市场机遇的判断也受到了许多挑战。2003年，太阳能热水器行业的相关领导专家和企业家们组成了一个考察团，赴欧洲参观考察太阳能热水器产业。由于生病没能参加的徐新建满心憧憬地期待考察团能够带回一些积极的信息，最终却得到了相反的答案，否定了他对国外市场的认知：

“本来我是一定要亲自去的，因为生病了去不了。我就积极地想得到他们回来能给我带回来什么样的信息，可回来之后就带给我一条信息：我们行业的所有领导和专家一致判断我们中国的太阳能热水器不可能出口到欧洲去，我们跟他们差距太大。但我就是不信这个邪，以我的判断不是这样的。”

徐新建认为，国外的太阳能热水器采用的是平板技术，质量非常好，却价格昂贵，只能依靠政府的补贴进行发展，而我国的真空管太阳能热水器有着性价比高的重要优势，物美价廉，这在欧洲市场一定是有需求的。徐新建提出，产品的推广一定要经历三个阶段，分别是样品、产品和商品，只有能卖出去的产品才能够称之为商品，而国外的太阳能热水器产品恰恰是在产品到商品的转化过程存在问题，中国企业的机会和优势也就在这里。徐新建认为当所有人都没有意识到的时候，也许机会就在那里，也许这就是2000年广交会上德国外商向他表明的市场需求。就这样，徐新建和他的太阳能热水器产品走上了海外市场开拓的道路。

## 二、海外市场的开拓

从2000年开始，徐新建便已意识到太阳能热水器在欧洲和美国的前景会非常之好。2003年，经过对海外市场机遇的再次判断，徐新建于11月到上海成立了国际贸易部，成为国内太阳能热水器海外市场的首批探路者。最初的市场推广主要是通过国际商务平台的作用，发布各种图文信息吸引国外客户，徐新建和上海国际贸易部的三个成员不断研究讨论，制定政策，解决陆续遇到的问题。由于存在时差，国际贸易部的成员都在晚上工作，徐新建也几乎整整半年的时间都到凌晨三点之后才能睡觉。从2004年获得英国的首批订单开始，到2005年日出东方的海外市场销售就实现了较大突破，在全球许多城市建立了办事处，全年业绩达到了500万美元。除了在世界各地设立办事处，企业还开辟了另外两条通向国际市场的通道，即一方面寻找国外合作伙伴，比如和德国太阳能研究所合作研发；另一方面就是在海外设立分支机构，比如2006年8月在韩国成立了太阳雨独资公司。海外市场的增长势头一直没有停止，到2010年，日出东方的海外市场销售一直遥遥领先，中国的太阳能热水器已经确立了其在国际上的产业地位，产品也越来越受到世界同行和消费者的认可。

目前，日出东方的太阳能热水器产品已经远销至100多个国家和地区，欧盟地区的销量占到整个出口比例的40%左右，其他地区的市场构成比较分散。亚洲地区主要是韩国和日本市场；中东地区主要包括叙利亚、约旦和地中海周边国家等；欧洲地区主要集中在南欧，最主要是在德国、奥地利、意大利、法国等国家，这几年也逐步向挪威、瑞典、芬兰等北欧国家发展。

海外市场的客户分工更加专业和系统化，其产业链条上有系统集成商，即向业主提供新能源方案的提供商；还有安装公司，负责按照系统集成商的设计方案经过业主同意后进行具体的设备采购和安装；还有经销商，在安装公司只负责安装的项目中，负责采购相应产品提供给安装公司；还有一部分业主按照系统集成商的设计方案，自己进行产品的采购，再雇佣安装公司进行安装。于是，海外市场的客户就分为最终用户、安装公司、系统集成商和经销商批发商，其中最主要的是安装公司。

目前，企业接触国外客户、获取国外市场信息的渠道主要有三方面。第一就是参加产品展览会，这样获得的信息非常直接；第二是拜访客户，从经销商和终端用户处获取信息，了解他们在产品销售和使用过程遇到的问题，反馈给企业改进；第三就是借助国际市场中行业组织协会的力量，参加相关论坛，从中获取市场信息。随着市场的完善和客户专业程度的提高，企业更应该在获取市场信息上投入更多精力，及时获得客户反馈，更新对竞争环境、消费者认知和习惯的看法，从而帮助企业及时进行产品改善，走在行业前端。

开拓国际市场资源的过程中会遇到一些新的挑战，比如文化上的差异。有些国家的客户对红色有天生的恐惧感，如果按照我们中国的习惯，很有可能给对方造成不适，影响合作。日出东方的团队非常重视细节，在有外国客户来访时，会提前让他们填写信息表格，了解他们的习惯和注意事项，从细微处为海外客户着想。

## 三、海外市场和国内市场的互补

日出东方通过开拓国际市场资源，给企业带来了新的突破，在获取海外市场资源的同时，也给国内市场的拓展带来互补作用，从整体上提高了企业的行业竞争力。副总经理刘伟认为，国内外市场的互补是非常重要的，如果缺失了这一点，那么企业将和东南沿海一些纯粹做代工生产（OEM）的企业一样，单纯通过出口赚取利润，这并不能成为一项事业，而只是一种短期的生意。

日出东方走向海外开发国际市场资源的原因之一就是其在国内的竞争处于不利地位，缺乏提高品牌影响力的资源。品牌建设是一个漫长的过程，品牌的培育阶段需要大量精力和资源投入，回报周期也很长，日出东方正是利用了产品出口的高额利润支撑了这个过程。谈起海内外市场之间的互补，徐新建说到：

“恰恰就在这个时候，我们的国际市场就有回报了，国际市场的回报给我国内市场品牌的推广带来了资金，带来了钱。2003—2007年这四年时间外贸给我们带来的回报是比较丰厚的，这是我们企业发展过程中重要的一个阶段，我认为国际市场的作用是很重要的。我是把所有的国际市场产生所有的利润全部投向了国内市场，在我们当年连贷款都贷不到的企业来讲，是非常重要的。”

除了资金的补充，产品出口的成功也成为日出东方软实力的一张名片。在行业内率先走向海外市场，在一定程度上已经证明了企业的实力和魄力，无形中给企业的品牌增添了价值。由于企业国际业务开展得早，并且把国际业务放在企业发展的战略高度进行考虑，因此在国际市场上赢得了很好的声誉。徐新建介绍到：

“起初，我们在国外市场不做广告，但是在欧洲提到全世界谁是做太阳能热水器的老大，Sun Rain！为什么？我们做的早，而且持续做。从产能的角度讲，中国级就是世界级，欧洲的行业内同行都充分认识这一点，没有人存疑义的。”

## 第五节　品牌建设

今天日出东方太阳能股份有限公司的下属子公司已经成功地打造出了“太阳雨”和“四季沐歌”两个太阳能热水器的知名品牌，从最初没有品牌意识，到倾注资源提升品牌影响力，徐新建和他的团队已经走出了一条属于自己的品牌建设之路。

## 一、双品牌战略

2000年，徐新建在北京注册建立了北京四季沐歌太阳能技术有限公司，并创立了一个崭新的太阳能热水器品牌“四季沐歌”。在太阳雨的基础上，重新注册一家公司、打造一个新的品牌的原因主要是出于对商标使用权和产品定价定位的考虑。

在太阳雨太阳能热水器进入市场的最初阶段，徐新建并没有商标意识，只是在关注产品和渠道，当有朋友提示他“太阳雨的商标注册了没有”时，这对他完全是一个崭新的问题。然而令徐新建始料未及的是，查询之后的结果是“太阳雨”这个商标已经在西安被注册了。但很快，他在国家工商行政管理总局的朋友告诉他“太阳雨的商标虽然已经被注册，但是对方已经几年未使用，很快可申请撤销，我们便可申请注册”。但这个好消息只是让徐新建空欢喜了一场，因为没过多久，“太阳雨”商标被原持有人转让出去，“死商标”变成了“活商标”，徐新建已经无法注册。尽管经过多年的争取和努力，现在公司已经拥有了“太阳雨”这个商标，“太阳雨”和“四季沐歌”作为兄弟品牌共同蒸蒸日上地发展，但基于当时的情形，公司既不甘心放弃已经开展起来的太阳雨太阳能热水器的推广，又对这个品牌的未来充满着担忧。

另外从产品定位的角度，企业刚刚起步的时候，资源非常匮乏，很难对“太阳雨”这个品牌进行包装，只能走中低端路线；同时，经销商的议价能力也相对强势，产品价位也只能处于行业中低水平。这种产品定位和市场定价一旦确定之后，很难调整和提升，使得企业利润率较低，从而也制约着进一步的品牌和研发投入。

于是在这样的背景下，基于对太阳雨商标问题的担忧和突破产品中低定位的考虑，徐新建在北京注册了新公司，“四季沐歌”品牌诞生了。选择在北京注册，是帮助新品牌建立一个高端的形象，同时也有利于寻求北京高校的技术支持，提高品牌的可信度和竞争力。当时的清华大学和中科院都已经有了自己品牌的太阳能热水器产品，北京大学成为了四季沐歌寻求技术力量的主要对象。在朋友的介绍下，徐新建结识了北京大学新能源研究发展中心的赵夔教授，他发明的镀膜技术已经具备国际领先水平，区别于其他太阳能热水器企业所使用的清华大学的相应技术。经过不断争取和协商，四季沐歌终于和北京大学新能源研究发展中心确定了合作关系。“四季沐歌”从一开始亮相，就确定了高端的品牌形象，依托着北京大学的技术背景，并在宣传推广中着重强调着与北京大学的联系和技术优势，对北京大学技术资源和品牌资源进行了综合利用。

## 二、央视广告，高调亮相

凭借崭新的品牌形象、漂亮的产品外观，更加上北京大学技术和品牌资源的价值支撑，四季沐歌品牌已经顺利地切入市场，然而要想实现更好的市场业绩，把四季沐歌品牌推向更高的行业位置需要一个更有力的突破点。品牌定位是否高端并非企业自身能够决定的，需要有其他相匹配的高端资源共同塑造品牌形象。这时的徐新建做出了一个“艰难的决定”——“上央视”，这在当时受到了许多人的质疑，甚至连徐新建本人也坦言“以我们那个时候的条件上央视是自不量力”。但从结果来看，这无疑是确立四季沐歌品牌地位的转折点，是一个非常明智的选择。四季沐歌品牌的定价较高，想要拓展销售渠道、扩大经销商基础，中央电视台带来了不可替代的效用：

“我们如果不上央视，渠道拓展就很难做了，我的品牌站的高那么多，凭什么人家（经销商）要卖你的产品，所以广告是一定要上的。”

徐新建选择了当时收视率非常高的《东方时空》栏目作为投放时段，然而中央电视台高昂的广告费用，企业怎么支付呢？1999年，由于产品召回事件，企业发生亏损，到2000年开始有盈利，2001年逐步好转，但企业的总盈利仍然不够央视的广告费。最终徐新建把“太阳雨”和“四季沐歌”两个品牌2000年和2001年的全部盈利以及2002年的可能盈利全部投放到了中央电视台。央视广告一方面宣传了产品，打开了销售渠道，另一方面也标识了企业的能力，央视也作为一种品牌资源为四季沐歌提升了价值。

央视广告给企业带来了丰厚的回报，产品销量迅速增加，在支付了巨额广告费之后，2002年企业还实现了利润收入，从此，徐新建一直不断地在央视投放广告。

2008年，徐新建带领企业在金融危机之时，转危为机，把太阳能热水器产品在中央电视台的广告又上了一个新台阶——上了招标段，这也是得益于他又一次对机会的精准识别。在央视投放广告的商家有很多，但收视率有差别，能否上招标段是一个重要的门槛，企业享受到的资源和政策也是有重大差别的。央视招标段的广告费用逐年上涨，如果企业一开始没能进入门槛，未来很可能追不上广告费用增长的节奏。徐新建选取了金融危机这个时点作为上招标段的最好时机。由于金融危机的来临，许多企业都采取了收缩行为，不敢出手，这一年竞标的竞争对手相对较少，央视当年的费用涨幅也较低，这就给了企业一个以最低成本上招标段的机遇。正是这种区别于他人的判断让徐新建抓住了重要机遇，他说道：

“成功有他的道理，其中一个道理就是机会，当时金融危机对我们来讲就是一个巨大的机会，别人不是这么认为的，而我认为是机会。这个时候大家都收缩了，谁都不敢投了，行业里谁都不敢出手了，这恰恰是我出手的机会。”

由于在最合适的时机选择上了央视的招标段，为日出东方争取了很多资源：企业的品牌知名度大大增加，拉动了销量的增长，从而提升了企业的盈利能力。企业利润增加后，便有资金跟上央视逐年上涨的广告费，不断塑造企业品牌，从而形成品牌资本的良性循环。如果企业一旦没有抓住那一次机会，则可能永远拉开了自己与央视招标段的距离。

中央电视台的推广宣传更加巩固了四季沐歌品牌的高端形象和行业领军地位，也为企业提供了其他的附加价值。徐新建甚至称2008年这次上央视招标段是一次“小上市”，它给企业带来的不仅仅是广告，还大大提升了行业和企业的社会认可，增强了集团员工和品牌经销商的信心。

## 三、打造终端服务网络

央视广告是品牌建设的突破点，但并不是品牌建设的全部。品牌知名度能够拉动产品的销售，但产品美誉度要依靠优秀的销售队伍和可靠的终端服务来打造。目前，日出东方旗下发展出的“太阳雨”和“四季沐歌”两个太阳能热水器品牌，分别都建立起了愈加完善的市场部门，负责产品的推广和销售，为争取更多的市场和客户资源做出努力。

徐新建提到，企业的能力建设中，不仅包括产能提升和研发创新，还包括人才队伍。在上央视之前，公司为每个品牌培训了上千人的销售队伍，为产品销售和客户服务提供了基础。日出东方战略顾问江长海说：

“四季沐歌和太阳雨的品牌主要并不在央视，而在终端。这两个牌子跟其他牌子不一样的地方也是在终端推广。你要消费者建立一种联系，创造一种很好的沟通方式。”

“太阳雨”和“四季沐歌”每个品牌都有一个销售团队。徐新建说，这是企业营销能力的浓缩，没有这个支点不行。以“太阳雨”品牌的市场部门体系为例，据副总经理刘伟介绍，市场部门中包括市场部、销售部、财务部和售后服务部，市场部负责前期的市场导入工作，拓展新展品，制定和实施促销政策，并负责和媒体广告相关的推广工作；销售部在全国分了十几个大片区，按照区域进行管理；售后服务部专门针对客户所反映的问题进行处理和反馈。此外，与市场部门相关的，企业还单设了订单中心，在进行客户订单处理的同时，还兼顾着与业务人员沟通联系的职能。业务人员是在市场上与经销商紧密接触的人员，订单中心会设置“片长”职务，专门为该片区的业务人员和经销商进行服务，处理销售之外的其他事务。近年来，随着工程项目的增多，企业又创新性地在销售部外单设一个工程市场部，专门针对非零售市场。工程市场的用户对象并非单个家庭，而是医院、学校、工厂甚至是房地产开发商，需要对一个区域的大量房屋进行太阳能热水器的系统性设计和安装。这一部门经过几次调整，现在已经成为企业内部的一个二级单位，即工程技术公司。工程技术公司成为整合企业内外部资源的平台，逐步形成为客户提供系统集成化综合服务的能力。为此，企业也针对性地设立“工程技术中心”，为不断发展的工程市场提供技术创新与服务支持。

除了企业自建销售团体，销售能力的大幅度提升还要靠经销商的协助。日出东方通过渠道的大量铺设，把太阳雨和四季沐歌的品牌延伸到了中国的每一个角落。经销商是客户体验的最前端，是企业与客户接触的窗口，对企业的发展十分重要。江长海说，太阳雨和四季沐歌的经销商很多都已经合作了10年，是和企业一起成长的。他们对待客户，可以借用阿里巴巴的价值观来描述，“客户第一，员工第二，股东在最后”。

为了优化和经销商的关系、提高渠道服务的质量，日出东方力求通过各种途径给经销商提供利润机会。公司在洛阳建厂，把产业链一体化后，物流、损耗等各种成本都会大幅度下降，由此利润提升的一部分也会用来回报经销商，让经销商在市场上有比竞争对手更多的优势，为经销商创造利润机会。在具体业务操作上，企业的营销队伍十分庞大，他们的日常工作就是跟经销商一起，帮他们建店、管理、培训、推广，提供人员方面的支持。每年，太阳雨和四季沐歌都会召开数千人的经销商大会，对经销商进行培训和沟通，并且把经销商的建议、投诉等问题通过各种各样的机制反馈到不同层级，甚至直接到达董事长。

另一方面，日出东方在文化上也十分重视对经销商的责任感。在公司为企业员工提供的“家基金”中，有一部分是专门提供给经销商的，旨在建立一种机制，为经销商提供更多的关怀。因为经销商在销售产品时要上门安装，渠道非常分散，工作环境不稳定，有时候可能会出现突发性事件。因此，“家基金”就是要在经销商有需要的时候，为他们提供帮助。

日出东方对品牌的打造，是一个营销资源整合的过程。依托北京大学等资源提升品牌形象，利用媒体广告提升品牌知名度，通过渠道建设保证客户体验。“太阳雨”和“四季沐歌”两个优秀的品牌，在短短10年内脱颖而出。

## 第六节　合作与创新

### 一、研发团队

徐新建说：“我们要把市场的优势、企业盈利能力的优势迅速转化为研发的优势和技术的优势。”在技术创新思想的引导下，日出东方的研发团队发展迅速，仅研发中心就从一开始的三、四人发展到如今的250多人。研发中心的结构也日趋成熟。针对不同的营销系统，研发中心下设“太阳雨”产品开发部、“四季沐歌”产品开发部、国际产品开发部和工程系统集成部。另外，还有提供技术管理的产品开发检测中心和技术支持部。

这种结构有三个好处：第一，它能使各部门有明确对应的营销系统，使研发能以顾客需求为导向，直接利用营销系统反馈的信息进行新产品开发。第二，每个研发部门都能设定自己的绩效目标，更有利于部门的规划和绩效评估。第三，每个研发部门能够有针对性地培养专门的人才，无论在人才招聘或员工成长方面，都比一个混合的研发中心要发展得快。

为了吸引更多的研发人才，日出东方一方面加强了连云港研发总部的平台建设，另一方面在北京设立了实验室。总工程师焦青太表示，尽管连云港作为一个城市的知名度较低，但随着日出东方的发展，企业的知名度在行业内会越来越高。为了吸引人才到研发总部，日出东方需要加强企业平台，尤其是研发平台的建设，为员工个人的发展和才华的发挥提供更有利的条件。而另一方面，由于真空镀膜方面的人才主要聚集在北京，加之北京的高等院校和各种社会资源较为集中，日出东方在北京设立实验室也是非常有意义的，能够更好地吸引专业人才，整合优质资源。

## 二、持续创新

创新是企业持久发展的源动力。在行业技术基础逐渐成熟的情况下，日出东方以“持续创新”作为企业技术发展的主要力量。总工程师焦青太说，近两年日出东方的研发投入不仅在数量上大幅度增加，而且其在销售额中的占比也在增加，达到5%以上。徐新建介绍说，日出东方拥有全国唯一的一个从德国引进的ITW太阳能检测系统，全世界也只有三套。而且公司马上要投资1500万元，从德国进口太阳能模拟器，用于产品的研发和测试。

巨大的研发投入是日出东方持续创新的基础。企业的产品开发皆以项目的形式进行。开发项目的来源主要有三个：第一，来源于公司层面的战略规划，高层管理者会直接下达长期的产品开发目标。第二，开发项目可能来源于研发部门的调研，包括市场调研或对行业发展的判断，在营销系统之外提出技术发展的中长期目标。第三，大多数开发项目是从市场层面，根据国际事业部和两个营销系统的市场和客户信息反馈，确定产品开发的短期导向。

同时，为了促进技术的持续创新、提高员工积极性，日出东方一直鼓励员工“小改小革”，并设置了专门的激励制度，通过一定评估机制，对创新成果认定之后就以提出创新观点的员工的名字来命名。总经理万昶旭表示："创新的潜力是无限的，创新允许失败，失败了也还是要鼓励创新。"

随着日出东方研发能力的提高和研发规模的扩大，公司对知识产权的关注也越来越多。总工程师焦青太说，企业在知识产权方面应该做到两点：一个是对自己知识产权的保护，另一个是对行业内其他知识产权的搜索。如今，这两点在日出东方研发团队中已经形成了惯例，即是常态化的工作。只要公司开发出新的设计，就会及时申报成专利的各种形式，保护知识产权。但是，焦青太也提到，知识产权的保护有两种方式：一种是通过社会专利保护；另一种是通过保密的方式。当社会专利保护的有效性较低时，企业就会选择保密。例如热管当中有溶液的配方，如果申请专利就要公开配方，一旦配方公开，竞争者就可以稍加更改加以使用。因此，对于一些具体工艺的创新，日出东方会采取保密的方式保护知识产权。焦青太表示，当开发成果是设计工艺、方法的改进时，专利很难发挥保护的作用，此时企业会倾向于保密；但是结构设计或是创新型的发明比较容易保护，企业就倾向于申请专利。

## 三、高校合作，寻求创新突破

日出东方不仅强调企业内部的研发，也非常重视与外部机构的研发合作。这首先要求企业的研发平台要有一定的基础，能够和外界的研究机构相互对接。焦青太说：

"公司首先要有一个平台，有一群人可以和外界对接，才能把它的资源吸收过来。否则你只能看，看教授来了，没人可以对接上，技术在你这里也没办法转化成产品。"

随着公司研发实力的提高和平台的发展，日出东方开始加大与外界的研发合作。公司与北京大学在真空管技术上一直有很好的合作；如今又与清华大学合作平板技术的开发，已经研发出产品，进入实际生产阶段；与上海交通大学合作的太阳能制冷空调项目，已经完成了开发方案的设计，产品制造也将于2011年年底开始。另外，日出东方还和南京工业大学有产品研发方面的合作。焦青太说，和南京工业大学合作改进热管的成果非常好，是企业出口的主打产品。其他国内合作的高校还包括北京航空航天大学、东南大学等。

日出东方的研发交流已经延伸到海外，和德国一所大学有广泛的合作。焦青太表示，一开始的合作只是在德国进行产品测试，继而进行技术交流；后来就进一步合作进行人员的培训，再到后来的设备检测。到了现在，日出东方已经和他们合作系统设计，开发了中国第一个季节性蓄热太阳能系统。未来，公司还会和更多的国内外研发机构有长期的合作。

## 第七节　企业管理文化

一个企业的生存和发展离不开一份激励和约束企业上下的管理文化，日出东方所倡导的价值观是其全体员工为了共同的企业愿景不断努力的内在动力。日出东方非常重视企业文化建设，在其网站上展示着非常全面的企业文化体系，以创世界名牌、做百年企业为企业愿景，从发展观、经营观到质量观、效益观等多个维度塑造了独特的企业文化。

### 一、核心价值观：诚信、责任、感恩

2009年11月26日，在太阳雨成立十周年庆典上，徐新建说：

“今天，我们拥有三种最宝贵的东西：一个是人，一个是机遇，还有一个是属于我们的价值理念。这些才是我们继续前行的内在动力，这些无形的资产远远大过那些属于过去或暂时的数据和成绩，这些才是我们值得传承和践行的核心资产。”

企业文化是企业经营之魂，那么其核心价值观就是企业永续经营之根。恪守诚信，勇担责任，心存感恩就是企业要一直养护、传承的核心价值观。企业的经营要创信誉、传信誉更要守信誉，每一位员工都是日出东方信誉的载体；同时，企业要对员工负责、对客户负责，更要对社会负责，太阳雨在1999年底的三千台产品召回事件，实际上就很好地诠释了恪守诚信和勇担责任的精神，经受住了那场严峻的考验；另外，企业坚信，感恩是一种态度，是一种使命，更是一种力量，这种力量能够带动全体企业成员向着共同的企业愿景共同付出。徐新建曾提出企业不能用的“五种人”：

“不孝敬父母的人不能用；兄弟姐妹不和睦的人不能用；不诚信的人不能用；姓名不止一个的人不能用；频繁更换手机号码的人不能用。”

这五个“不能用”看似都是很小的细节，但是却反映出徐新建对人的品德的重视以及企业“诚信、责任、感恩”的核心价值观。

日出东方一直是一个积极承担社会责任的阳光企业。企业将完成累计近亿平方米太阳能热水器的推广，能够实现累计常规能源替代2 000万吨标准煤、碳减排3000万吨，每年节省的能源消耗相当于1.06个三峡电站，为国家的节能减排做出了巨大贡献；在十余年的发展历程中，企业携手残奥，成为残奥会的独家合作伙伴，成立了太阳雨残奥助威团；在拥军、助学、抗非典、抗震救灾等社会公益事业捐款捐物的过程中，企业也累计贡献了千万元，是一家实现了企业发展与回报社会良性互动的负责任的优秀企业。

## 二、家文化理念

日出东方管理文化的另一大特点就是像对待家人一样对待员工，让企业充满家庭的温暖，也激励员工像关爱家庭一样回报企业。

日出东方专门设立了内部的“家基金”，由企业出注册资金，在企业内部组织募捐，基金由日出东方员工和经销商共享，用来帮助解决他们的危机困难。问题的解决需要一个良好的机制，而“家基金”的创立和运作就给帮助员工和经销商解决困难提供了保障。通过家文化的宣传和“家基金”的机制运作，员工和经销商更加加强了对企业的信任，对企业有了家一样的感受，从而也能更大程度地激发工作热情，为企业发展做出努力。

## 三、集权与分权

徐新建在一次接受《华夏时报》记者的采访时说道：

“民营企业的文化最开始是老板文化，所以在初创阶段，老板的人生高度决定了事业的格局和未来；老板对行业的态度决定了企业在发展中的高度；老板对待事业的态度同样也决定了企业的未来。”

所以，和许多中国的民营企业一样，日出东方在初创阶段的集权程度是比较强的，与运营管理相关的各个决策都是由徐新建主持制定的，他也主导参与了企业发展的每一个事件。副总经理刘伟也表示“这就是一个典型的中国民营企业，中国民营企业的很多特点它都具有”。

但随着企业的发展，徐新建也逐渐意识到“老板文化需要转化为团队文化”，要用团队的力量去实现企业的愿景，企业的管理也开始向着更开放、更授权的方式转变，充分发挥团队价值。

## 第八节 未来展望

今天的日出东方经过了十余年的积累，已经成长为太阳能热水器行业的一个领军企业，“太阳雨”和“四季沐歌”的品牌建设也已经取得了良好的成果。面对未来，日出东方还有更远大的目标，要向着一个又一个新台阶不断迈进。

### 一、“三化”发展方向

日出东方的未来要向着“三化”方向不断深化发展，即市场化走下去，品牌化走上去和全球化走出去。“市场化走下去”就是要通过市场化的方式扩大产业化规模，走到更多消费者的身边去。太阳雨、四季沐歌已经在渠道建设上做出了很多努力，并且通过参与“家电下乡”项目把渠道延伸到了城镇乡村，这条市场化的道路还要坚持不懈地走下去。“品牌化走上去”就是要继续巩固品牌定位，树立“太阳雨”和“四季沐歌”在消费者心中的优质形象，从行业众多中小杂牌当中突出企业品牌的高端。“全球化走出去”就是要继续扩大海外出口的规模，企业正在考虑未来在德国等国外地区建设工厂基地，利用海外政策优势，进一步扩大国际市场。

### 二、可持续发展管理

日出东方的未来管理将上升到综合的战略高度，正如其战略顾问江长海所展示的日出东方可持续发展战略管理图，如图表5−3所示。

日出东方打造了战略管理的三个目标维度，即产品线，人才线和价值线。产品线是企业要发展完善以太阳能热水器为主的产业链，构建一流的产品线，提供优质产品，更进一步地发展为提供系统集成化服务；人才线就是要通过日出东方企业大学的构建，形成培养复制人才的流水线；价值线则是围绕企业文化为核心的价值构建，使日出东方的核心价值观深入人心。这三条线的综合发展是实现企业健康可持续发展的基础，是日出东方战略管理要同时兼顾的三个维度。

针对这三个维度，企业从管理运营的角度推进三项工作，实现三个层面的创新。第一是通过股权改革，实现机制创新。企业要真正有活力有创造力，需要具备与时俱进的健康体制，企业家本人完全持股的制度已经跟不上企业的发展，目前的日出东方已经实施了股权改革，让部分管理人员持股，形成更有利的股权结构。第二项工作就是进行集团化管控，实现组织创新。要充分发挥集团公司的力量，实现对各个事业部、各个品牌的监督、支持和管理，从组织结构上寻求创新，优势互补，实现集团整体实力的提升。第三则是通过实施信息化系统，实现流程创新，利用ERP系统的上线提升企业的运营效率和管理水平。这三条线的管理目标和三项工作带来的三重创新相结合，将是未来日出东方战略管理的框架，为其“创世界品牌，做百年企业”的企业愿景服务，实现可持续发展。

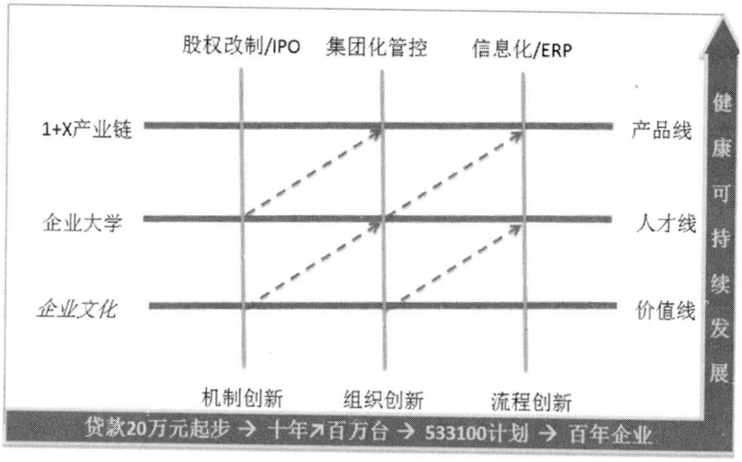


图表5-3　日出东方可持续发展战略图[①]

① 资料来源：日出东方太阳能股份有限公司战略规划部。

## 三、优化管理分工

日出东方的管理分工理念借鉴了哈佛大学的框架，企业不同层次人员的工作重点是具有很大差别的。基层人员主要注重业务的实际操作，少量涉及人际关系的协调；中层人员减少了实际操作，但是需要进行更多的人际关系协调和宏观管理；而到了高层人员，他们几乎不进行实际操作，主要围绕着企业的宏观管理开展工作。如图表5-4左侧所示：

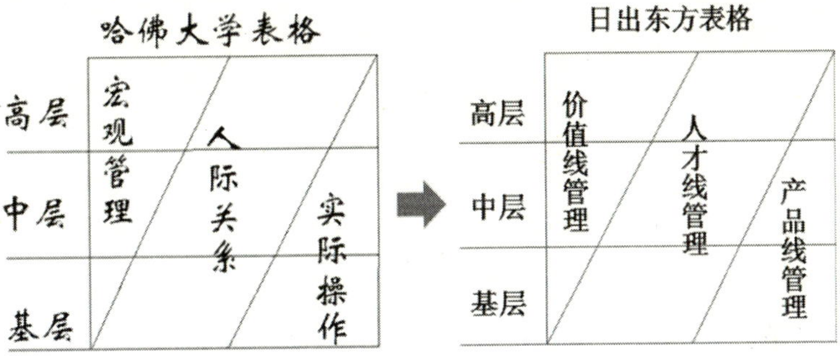


图表5-4　日出东方管理分工模型①

通过吸取哈佛大学模型框架的精髓，日出东方结合提出的可持续发展战略框架，也提出了自己的管理分工模型，如图表5-4右侧所示。发展战略当中提出的“产品线”、“人才线”和“价值线”也要分别结合到不同层次人员的工作中。基层人员更多地负责“产品线”的管理提升；而企业的高层则要把握管理的要点，输出核心价值观；而人才线贯穿于三个层次，显示了其重要性，说明“企业大学”不只是狭义的一个部门，而是由以中高层管理者为主导的所有管理者共同参与和推动，形成常态的面向全员、全系统的人才开发、培训、培养和使用的企业经营行为。日出东方希望通过三个层次人员的共同努力，逐步实现“三条线”的管理目标，把企业的发展推向新的台阶。

① 资料来源：日出东方太阳能股份有限公司战略规划部。

# 第六章　“放弃金饭碗，自主创业”

## ——大同富乔垃圾焚烧发电有限公司

### 企业简介

大同富乔垃圾焚烧发电有限公司由弘乔实业投资有限公司（北京）和鼎富集团有限公司（香港）共同投资组建；采取BOT（私人资本参与基础设施建设，向社会提供公共服务的一种特殊的投资方式）与大同市政府合作，对大同城市生活垃圾焚烧发电项目进行投资建设。

该项目符合国家发展循环经济和节能减排的产业政策，秉承变废为宝、资源再生、保护环境、和谐发展的理念，每天将1000吨的生活垃圾转化成电力资源，年发电两亿千瓦时，实现了生活垃圾处理“资源化、无害化、减量化、工业化”。该项目可大量减少二氧化碳的排放，消减二氧化硫、氮氧化物等有害物质，对大同市环境、社会、经济的科学、和谐、可持续发展将起到巨大的促进作用。

大同富乔垃圾焚烧发电厂于2009年11月开始正式烧垃圾发电。该项目融合了德国、日本、奥地利、芬兰等国家在生活垃圾焚烧发电方面的先进技术和国内技术团队的科研成果，90%的设备来自国产，各项环保指标均达到世界水平，堪称中国垃圾焚烧产业的标杆企业。

资料来源：山西新闻网、山西经济日报、山西日报（http://www.daynews.com.cn/）。

# 第一节 产业背景介绍

## 一、新能源产业

新能源是指在新技术基础上加以开发利用的可再生能源，包括太阳能、生物质能、水能、风能、地热能、波浪能、洋流能和潮汐能，以及海洋表面与深层之间的热循环等；此外，还有氢能、沼气、酒精、甲醇等。而已经广泛利用的煤炭、石油、天然气、水能、核电等能源，则称为常规能源。由于常规能源的不可再生性以及环境污染问题日益突出，以环保和可再生性为特征的新能源越来越得到各国的重视。新能源产业的发展既是整个能源供应系统的有效补充手段，也是环境治理和生态保护的重要措施，是满足人类社会可持续发展需要的最终能源选择。目前在中国，可以形成产业规模的新能源主要包括水能、风能、生物质能、太阳能、地热能等可循环利用的清洁能源。

### （一）国际新能源产业发展情况

2009年，亚洲和大洋洲在清洁能源领域投资额达到373亿美元，投资领域主要集中在风电；太阳能和光伏仍然是2009年新能源的发展重点。2009年，全球太阳能电池产量超过9GW，光伏新增装机容量超过6GW。风电新增装机37GW，总装机达到154GW，较2008年增长31.6%。①

产业结构上，风能、太阳能和生物质能仍然是全球新能源的主要开发形式。2009年，全球新能源产业增长仍然以风电产业为主，占清洁能源投资比重达40%以上。太阳能投资比重有一定下滑。产业规模上，全球新能源应用各有侧重，美洲国家美国和巴西在生物乙醇方面应用较多，巴西生物乙醇燃料占其机动燃料总量约达50%左右，法国核电发电量占其发电总量约达到80%，德国在太阳能和风能领域都应用较多，而我国则在太阳能热利用，尤其是太阳能热水器领域的应用比较广泛。如图表6-1所示。

---

① 赛迪顾问，《2009—2010 年中国新能源产业发展研究年度报告》。

图表6-1　全球各国新能源产业应用状况[①]

| 国家 | 新能源类型 | 应用领域 | 市场份额 |
|---|---|---|---|
| 巴西 | 生物乙醇 | 交通燃料 | 约占该国机动燃料总量的50%左右（不包括柴油） |
| 丹麦 | 风能 | 发电 | 约占该国发电总量的20% |
| 德国 | 太阳能、风能 | 发电 | 风电装机约占该国总装机的25% |
| 法国 | 核能 | 发电 | 核电发电量约占该国发电总量的80% |
| 美国 | 生物乙醇 | 交通燃料 | 约占该国机动燃料总量的8%（不包括柴油） |
| 中国 | 太阳能热利用 | 太阳能热水器 | 占热水器总市场份额较小，但占总新增市场的20% |

新能源产业的发展从发达国家开始，并且长期以来发达国家一直是利用新能源的主力军。不过随着全球的环保意识都在不断提高，同时原油价格在2008年上半年开始持续上涨，欧洲等发达国家对新能源产业支持力度也有所下滑，这就使得诸如印度、中国等新兴国家也逐步成为新能源发展的重要力量。

自2009年起，全球新能源产业发展的战略特征日趋明显。全球实施新能源产业不再单纯以低碳生活为导向，金融危机的到来使得各国也将新能源产业作为未来经济的重要发力点。新能源产业已经从单纯的替代能源角色上升至国家摆脱危机、占领未来经济新增长点的举措。

由于竞争需要，全球新能源企业联盟整合的速度加快。为降低生产成本，各大企业开始在全球布局；亚洲和大洋洲地区是未来新能源产业投资重点地区，风电是投资主力，同时光伏和生物燃料领域投资活跃。

**（二）中国新能源产业发展情况**

中国的新能源产业已经成为全球新能源产业的重要组成部分。中国太阳能热水器行业起步较早，保有量一直处于全球第一位；太阳能电池产量从2007年以来一直保持全球第一的位置；2009年中国风电新增装机容量超过美国，成为全球新增装机第一大国；同年，中国政府确定了新能源产业的战略新兴产业地位，同时出台了一系列政策刺激新能源产业的发展，包括金太阳示范工程、可再生能源法的修订等，这些政策的颁布和实施都将影响未来中国新能源产业

① 数据来源：赛迪顾问，《2009 — 2010 年中国新能源产业发展研究年度报告》。

的发展。与此同时，随着国家对新能源产业支持力度的加大、新能源推广力度的加强，公众对新能源的认可度也随之提高，国内新能源市场的发展潜力巨大。尽管当前我国新能源产业的规模仍然较小，但增长非常迅速，是一个发展势头强劲的新兴产业。

图表6-2 中国可再生能源应用规模①

| 类型 | 2010年底容量 |
|---|---|
| 水电装机 | 2.1亿千瓦 |
| 风电装机 | 3100万千瓦 |
| 太阳能光伏发电 | 50万千瓦（2010新增） |
| 太阳能热水器安装使用 | 1.68亿平方米 |
| 生物质发电 | 450万千瓦 |
| 沼气 | 130亿立方米（年利用量） |
| 生物成型燃料 | 30万吨 |
| 生物燃料乙醇 | 180万吨 |
| 生物柴油 | 50万吨 |

除了产业规模不断放大以外，中国新能源产业结构也不断优化升级。新能源各细分产业都得到不同程度发展；同时，产业技术不断成熟，和国外同类企业竞争的能力也不断提高。

## 二、垃圾焚烧发电产业

垃圾焚烧发电产业是新能源产业中生物质能领域的一个分支，通过生活垃圾的焚烧处理产生电力资源，极大地体现了变废为宝、资源再生、环境保护、和谐发展的理念，是当前解决垃圾处理窘境和能源危机的重要手段，具有广阔的市场空间，发展潜力巨大。

### （一）垃圾处理的迫切性及处理方式

生活垃圾是指在日常生活中或者为日常生活提供服务的活动中产生的固

① 数据来源：国家发改委能源研究所。

体废物，主要包括城市生活垃圾、餐厨废物、城市污泥等。目前中国城市生活垃圾累积堆存量已达70亿吨（不包括农村生活垃圾），东部发达地区填埋用地日渐紧张，“垃圾围城”的形势越来越严峻。以北京市为例：据北京市政管委宣传处处长郭卫东介绍，目前北京市垃圾日产生量1.84万吨，并且正以年均8%的速度不断增长，而现有设计日处理能力仅为1.04万吨。如不采取措施，现有的13座垃圾填埋场将在4年内填满。据中金2008年研究报告，在我国，仅城市垃圾得到部分安置处理，其余将近70%的垃圾尚未进行妥善处置；多位行业专家认为我国城市生活垃圾处理率实际不超出30%。①

垃圾的处理方式分为填埋、堆肥、焚烧和综合利用4种。填埋最简易、成本低，但由于用地紧张和二次污染问题，我国垃圾填埋发展已经遇到瓶颈，未来垃圾填埋处理量增长将放缓甚至有所下降；堆肥方式强调资源化，但处理成本高、容易造成二次污染，近年来也已经逐步萎缩；焚烧方式减量化最有效，能够达到80%—90%，同时大大减少了处理垃圾所占用的土地资源，而且焚烧发电能够实现资源再利用，形成可再生能源，据研究1吨生活垃圾可发电约300度②；综合利用则结合以上三种单元技术，在垃圾分类体系完善的情况下是最理想的处理方式，但国内目前的垃圾分类状况对其存在一定制约。

综合分析我国生活垃圾积累状况以及各种处理方式的利弊，垃圾焚烧将是未来垃圾处理的重点方向。我国垃圾焚烧处理起步较晚，其发展呈现三个特点③：（1）项目从东南地区向中部转移。东南沿海地区支付能力高，土地贫乏，焚烧技术的经济性得以体现，已有焚烧产能中，江苏、浙江、广东、福建四省占据近7成；而从在建产能看，已经往湖北、河南、河北等中部地区转移；（2）投资以BOT（私人资本参与基础设施建设，向社会提供公共服务的一种特殊的投资方式）为主导。垃圾焚烧投资较大，BOT能较好地缓解地方财政压力；（3）竞争相对有限。BOT对竞争者的投资能力要求高，市场主要竞争者较少。第一类是地方国企，如上海城投环境、天津泰达、光大国际等；第二类是引进消化国外技术或依托国内科研机构形成自主技术的专业

① 华控汇金整理上市公司年报，《城市生活垃圾焚烧处理投资机会分析》。

② 招商证券研究报告，《垃圾焚烧蕴藏巨大商机，系统集成打开成长空间》。

③ 国信证券，《垃圾处理行业专题报告》。

企业，如大同富乔、杭州锦江、中科通用等；第三类是外资企业，如威立雅、金州环境、香港创冠集团、瑞威集团等。

### （二）我国垃圾焚烧发电产业发展状况

1985年，我国在深圳建立了首个垃圾焚烧发电厂，自此，垃圾焚烧发电产业在我国多个地区开始逐步发展。在新能源和环保产业倍受关注、增长势头强劲的大背景下，垃圾焚烧发电产业市场空间非常广阔，近年来开始加速发展。截至2009年底，全国共约有93座垃圾电站，装机容量达50万千瓦，主要集中在东部沿海地区；截至2010年底，已建和在建的垃圾焚烧厂达到180座，翻倍增长。研究估计，到2015年垃圾发电装机容量将新增250万千瓦，新增垃圾处理能力将达12万吨/日。[①]

目前我国垃圾焚烧发电的市场竞争以民营企业为主，运营主体比较分散，从事垃圾焚烧发电项目投资建设的企业主要有中科通用、光大集团、河北建投、杭州锦江、上海环投、绿色动力、伟明集团、上海建投、浙江旺能等。全国已有的180家垃圾发电厂中，建设较多的省有：江苏24个，浙江23个，广东22个，山东、湖北11个，河北9个。除中科通用是在全国各地投资建设外，其余各企业均在某一个或两个省形成了绝对的优势。

总体而言，垃圾发电有三大经济支柱，分别是政策税收优惠、政策电价优惠以及垃圾处理补偿费。这三点既是垃圾焚烧发电盈利的关键性因素，同样也是该行业潜在的风险因素。财政补贴通常都以政府补贴为准，因此，由于地区差异，企业补贴不尽相同，因而盈利情况也有较大差异。由于我国提倡地方自行选择垃圾处理方式，因此，若地方土地资源紧张，经济发达，可选择焚烧方式处理垃圾，这就导致当前垃圾发电以东部地区为主的现状。受环保与新能源两大概念的热捧，越来越多的资本陆续进入垃圾发电行业，给行业注入了新鲜血液，但是由于行业处于发展初期，相应的配套法规并不细致，因此，投标或运行过程中容易出现低价竞标的恶性循环竞争与质量不达标的现象，这些缺陷制约了垃圾发电产业化发展。图表6-3是对垃圾发电的各项影响因素进行的分析：

① 瑞银证券投资研究报告，《久旱逢甘霖——中国生物质能发电：机会与风险》。

图表6-3　垃圾发电企业业绩影响因素分析[1]

| | 影响关系 | 影响类型 | 影响因素 |
|---|---|---|---|
| 垃圾处理费 | 同向关系<br>业绩敏感性最强 | 处在不同省市的垃圾发电厂<br>规模各异的垃圾发电厂 | 当地经济发展状况<br>居民消费水平<br>政府支持力度 |
| 政府财政补贴（税收） | 同向关系<br>业绩敏感性次高 | 处在不同省市的垃圾发电厂 | 国家宏观经济政策<br>地方政府财力<br>地方政府支持力度 |
| 上网电价 | 同向关系<br>业绩敏感性较低 | 发电量有较大差异的垃圾发电厂 | 国家优惠政策力度<br>上网电价的协商度<br>上网电量的规模 |
| 设备价格波动 | 反向关系<br>业绩敏感性较强 | 无法自行提供设备的垃圾焚烧发电厂 | 钢材价格、煤炭价格、运输费用、设备运营维修费用 |

目前我国垃圾焚烧电厂面临的国家政策是：就上网电价而言，《可再生能源发电价格和费用分摊管理试行办法》规定，2006年及以后建设的垃圾发电厂，上网电价执行当地脱硫燃煤机组标杆电价+0.25元/度的补贴电价；税收政策上，以垃圾为燃料生产的电力或者热力，垃圾用量占发电燃料比重不低于80%，且排放达标，则实行增值税即征即退政策，同时实行企业所得税头三年免征、后三年减半征收的政策；而垃圾处理补贴由项目业主方和政府部门协商解决，目前国内的补贴水平在60—240元不等。图表6-4整理了自2001年开始我国针对垃圾焚烧发电产业的相关政策及其意义：

图表6-4　垃圾焚烧发电产业的相关国家政策[2]

| 时间 | 部门 | 名称 | 内容 | 意义 |
|---|---|---|---|---|
| 2001年 | 环保总局等 | 危险废物焚烧污染控制标准 | 规定了危险废物焚烧的选址、技术指标及排放限制等 | 首次全面规范危险废物焚烧处理 |

① 数据来源：中投顾问《宏观利好垃圾发电受追捧》。

② 数据来源：瑞银证券投资研究报告，《久旱逢甘霖——中国生物质能发电：机会与风险》。

续 表

| 时间 | 部门 | 名称 | 内容 | 意义 |
| --- | --- | --- | --- | --- |
| 2001年 | 建设部 | 城市生活垃圾焚烧处理工程项目建设标准 | 规范焚烧厂建设标准等 | |
| 2002年 | 环保部等 | 生活垃圾焚烧污染控制标准 | 规定了垃圾焚烧厂选址、技术性能指标及排放限制等 | |
| 2004年 | 建设部 | 生活垃圾卫生填埋技术规范 | 垃圾填埋技术规范 | 对原有技术规范进行了修改和补充 |
| 2004年 | 全国人大 | 固体废物污染环境防范法修订案 | 固废防止纳入国民经济和社会发展计划，实行谁污染谁负责的原则，建立固废监测制度 | |
| 2005年 | 环保部等 | 矿山生态环境保护与污染防治技术政策 | 矿山生态环境保护 | 规范矿产资源开发中环境和生态保护方针，推行循环经济技术原则 |
| 2007年 | 发改委 | 全国城市生活垃圾无害化处理设施建设“十一五”规划 | 至“十一五”末，城市垃圾无害化处理率达到60%，东部城市焚烧处理率不低于35% | 首次提出处理率目标 |
| 2007年 | 建设部 | 城市生活垃圾管理办法 | 规定了城市生活垃圾清扫、收集、运输及处理管理等问题，出台相应罚则 | 对运营企业提出规模，技术及配套能力要求 |
| 2008年 | 环保部 | 生活垃圾填埋场污染控制标准修订案 | 垃圾填埋的污染控制 | 对选址、设计、施工、验收及垃圾入场、运行等提出明确控制要求 |
| 2010年 | 环保部 | 生活垃圾焚烧污染控制标准 | 规定了垃圾焚烧厂选址、设计、运行与管理的污染控制等 | |
| 2010年 | 环保部等 | 生活垃圾处理技术指南 | 因地制宜的选择技术路线，指导卫生填埋和垃圾焚烧选址、设计和运营 | 强调垃圾分类，全面阐述填埋和焚烧的使用范围和优缺点 |
| 2010年 | 环保部等 | 关于加强二噁英污染防治的指导意见 | 确定了二噁英污染防止的原则和目标任务，优化产业结构以及推进重点行业二噁英污染 | |

利用产业五力分析法观察垃圾焚烧发电产业的基本情况如下：（1）供应商稳定，垃圾生产量稳步增长；（2）新的竞争者进入需要面临技术、资金、实施经验的挑战与已建项目示范作用的约束；（3）购买者是政府，政府既有较强的购买力也有较强的议价能力；（4）无替代品，并且随着土地资源的日益紧张，垃圾处理中焚烧发电的份额将逐步扩大；（5）行业竞争已经处于过渡期，逐步进入轨道。

“十二五”期间将是固废行业黄金发展时期的开始。2011年3月23日，国务院总理温家宝主持召开国务院常务会议，研究部署进一步加强城市生活垃圾处理工作。会议提出，通过努力，到2015年，全国城市生活垃圾无害化处理率达到80%以上，50%的社区城市初步实现餐厨垃圾分类收运处理。会议提到的垃圾分类、收费制度完善、监管加强等政策，对固废行业的快速发展具有重要意义。尤其是“要推广废旧商品回收利用、焚烧发电、生物处理等生活垃圾资源化利用方式”的指导意见将对我国的垃圾焚烧发电产业起到重大的推动作用。

## 第二节　创业机会识别

2011年3月，山西大同富乔垃圾焚烧发电厂获得了2010年度“中国人居环境范例奖”，“富乔”已经成为中国垃圾焚烧发电产业中一股重要的新生力量。而富乔项目建立的基础，来自于富有企业家精神的张建功对创业机会的精准识别。

### 一、放弃金饭碗，自主创业

2011年3月，山西大同富乔垃圾焚烧发电厂董事长张建功获得中国十大杰出青年创业奖。颁奖时团中央书记宣布的颁奖词是：“放弃金饭碗，自主创业”。这是国家对富乔走出的中国新能源创新创业之路的鼓励，更是对走在垃圾焚烧发电产业前端的杰出企业家张建功的肯定。

#### （一）钢铁是怎样炼成的

董事长张建功是富乔的创始人，更是富乔的灵魂人物。独特的人生经历，练就了张建功睿智的头脑和宽厚的胸怀，为其日后创建富乔垃圾焚烧发电厂奠定了基础。

张建功出生于山西五台山脚下的一个小镇，父亲从部队退伍后分配到国营大煤矿。张建功从小生活条件艰苦，较早与社会接触。13岁那年他看了一本书——《钢铁是怎样炼成的》，对他日后的人生产生了巨大的影响。提起《钢铁是怎样炼成的》，张建功说到：

“《钢铁是怎样炼成的》中的保尔·柯察金对我的人生有很大影响，看完书后，我脑子里老想着保尔·柯察金。到如今我都记着保尔·柯察金‘当回首往事时，不因虚度年华而悔恨，也不因碌碌无为而羞愧’的那段话。我觉得这么多年这段话一直对我有很强的激励作用。很小的时候看的这本书，可以说影响我的一生。”

张建功从小便利用课余时间打工，补贴家用。13岁那年，他拿着父亲给的20元本钱，在大同卖锅盔（一种当地粮食加工食品）。他从家附近的粮食局以一毛六分的价格买进锅盔，然后走二三十里山路到小煤矿去卖。当时的市场价是三毛，张建功就卖两毛五分，卖得非常快，每天能赚十块钱。谈到这段少年时代的回忆，张建功仍不无自豪地说：“当时我父亲下一天矿井赚7、8块，我能赚10块”。

从卖锅盔开始，张建功的少年时期是在做小买卖中度过的。他卖过酸梅汤，批发零售过西瓜苹果，还在包工队当过小工。谈起少年时代的经历，张建功别有一番感慨：

“很多人说‘失败是成功之母’，但我认为成功才是成功之母。因为咱既不是李嘉诚的儿子也不是高官的孩子，你一无所有，败不起。你失败的次数越多，你的路就越窄。当第一次失败，人家说你刚出道还是个小孩再让你试试；当第二次又败的时候，他对你的能力有怀疑，就画上问号了；当你第三次又败了，他把问号就改成感叹号了。当社会连失败的机会都不再给你时，又何谈成功！”

张建功作为一名普通人家出身的孩子，从小就明白了商业社会的生存法则，知道每一次成功的重要性，懂得珍惜身边的每一个机会。“只要机会到了我手上，就绝不允许失败”。这是张建功少年时期形成的观念，也是后来指导他创业的座右铭。

### （二）共青团组织重点栽培的基层团干部

离开学校之后，张建功放弃了留在城市的机会，选择回到老家——山西繁峙县当乡镇团委书记。张建功的想法很独特，他认为城市里人才济济，自己各方面的背景都不是很好。在大城市里，要想成功得凭各种综合因素，不单单是个人努力就能实现的。所以他选择了回家，“如果你真要是优秀的话，在一个贫困的、相对落后的地方做出成绩，更容易被人发现”。

当乡镇团委书记后，张建功重点做了两件事。第一件事，做了包村干部，当了村官；第二件事，搞团办实体带领青年农民脱贫致富。

当村官期间，张建功一方面通过村务公开、政务公开、发扬民主的办法缓解了干群关系，另一方面充分发挥共青团的组织优势给村里办实事，建立起了村民对村干部的信任。

第二件事是带领农村青年创建团办实体。1997年，在信息网络逐渐兴起、知识经济即将到来的大背景下，全国基层团组织的建设受到了前所未有的挑战。张建功经过调研，认定只有通过带领农村青年脱贫致富，才能从根本上提升基层团组织的凝聚力和向心力，才能有力促进基层共青团的组织建设。于是张建功开始带领青年农民做大米的精加工、搞科学养猪、手工编织珍珠领带，以及创办五台山青年旅游服务中心等团办实体，解决了200余人的就业问题，也为我国基层共青团的组织建设探索出了一个新的实践模板。

从乡镇团委书记开始，张建功由于开创性的工作业绩，得到了各级团组织的充分认可：1998年6月参加共青团十四届全国代表大会，并当选为团中央候补委员，一年后当选团中央委员。在成为团中央委员后，张建功的思想发生了转折。在北京参加会议时，张建功发现每个人的谈吐和思维都很不一样，和他在县城里接触的人差别很大，这给他很大冲击。

“我突然间明白了我在繁峙县坐井观天了。其实天下这么大，外面有这么多杰出优秀的人才……我当时就感慨，怎么同一片蓝天下，竟然生存着如此状态不一样的两种人，其实这个观念是最终导致我离开老家来北京创业的最重要原因。”

张建功成为团中央委员的时候只有二十多岁，仕途发展前途无限；而就

在此时，他萌发了到北京闯荡的想法。张建功说，

“战争年代要求出的是军事家，和平年代应该出的是经济第一线的人才。从政的人最根本的目的是带领老百姓过上好日子，促使国富民强；而实现这一目的的途径，可以是从政也可以是从商。”

怀抱着创业梦想，张建功来到了北京。

**（三）初试锋芒的创业者**

初到北京的张建功把目光放在了北京航空航天大学和清华大学教授的科研成果上。他发现，这些科研成果只有极低比例转化为生产力。于是，张建功试图在中间牵线搭桥，使科研成果产业化。另外，他第一时间加入了中国青年企业家协会，通过协会的网络与企业家联系，吸引投资，为北航、清华的技术和资本的对接搭建了平台。之后，张建功开始重点关注一个投资小、有前景的高科技项目——电站锅炉除灰技术的研发和设备的生产，这个技术解决了中国电站锅炉的除灰难题。

中国大型电站锅炉，比如两台60万千瓦机组的电站，每年因锅炉积灰造成的停炉和热损失及所产生的相关费用就达千万元以上。在这之前，最早是人工除灰，就是把电站锅炉停下，人工掏灰，后来改进成钢珠除灰，再后来发展成蒸汽除灰。蒸汽除灰相比前两种方法较先进，但它的弊端在于虽然通过蒸汽压力有气流冲刷的作用，但一部分疏松灰接触蒸汽后就变成粘结灰了，粘结灰含酸性物质，时间长了会腐蚀管道。当时虽已发明了声波除灰技术，然而难题在于次声波虽然作用力较强，却对人体有害，如果调到超声波就又起不到除灰的作用。而北航一位教授结合飞机发动机和导弹加速器的原理，研制了吹灰器装置，依靠乙炔气体和空气经充分混合后瞬间点燃时的气流冲刷和爆发的力量来除灰。这个技术研发出来后一直没有付诸实践，只是作为技术成果留在北航。后经张建功及其创业团队的共同努力，“弱爆炸波吹灰器装置”很快便脱颖而出了。

弱爆炸波吹灰器项目的创业团队有三个人，一个出资金，一个出技术，而张建功负责运营管理和市场推广。市场开拓的第一个点定在北京第二热电厂（北京二热），一家给中南海供热的热电厂，也是全中国门槛最高、最难突破的发电厂。张建功的团队，用了半年多时间，集中精力突破了北京二热。

从此，弱爆炸波吹灰器一炮打响，短短几年时间，其市场份额就做到了全国最大。

可是市场上逐渐出现了模仿者，同类产品越来越多，吹灰器陷入了价格战，即使申请专利也不足以保护知识产权。“我们申请了37个专利后却发现专利根本不受保护，你说我们哪有时间天天跟他们打官司，”张建功说。曾经，吹灰器的创业团队把企业愿景定为“要在全世界、全球推广我们的设备，要上市，要成为全世界最大的电站锅炉除灰企业”。可是面对越来越多的恶性竞争，张建功开始采取收缩战略，并静心寻找新的创业机会。

张建功的第一次创业机会识别，是基于一个平台、一个社交网络。他一方面在高校里寻找先进的科研成果，另一方面积极加入社会团体组织，寻找资本，把技术和资本的相关资源充分对接整合，并时刻把握机遇，探求适合自己的创业机会和发展平台，一旦获取便牢牢把握。

## 二、二次创业

当吹灰器项目的发展遇到瓶颈，不得不采取收缩战略的时候，张建功走到了人生的另一个岔路口。他的选择标准是一句话：“职业、产业、事业三合一”。第一，是一份“职业”，它必须能养家糊口、孝敬父母；第二，是一份“产业”，这份产业是对社会有利的，用张建功的话说，“你因为做这件事情，证明了你的存在，你死了以后，还标志着你的符号……”；第三，是一份事业，是一份值得自己十年以上甚至毕生追求的、对社会发展有贡献的事业。“职业、产业、事业三业合一”是张建功一直以来追求的理想境界，相比起单纯追求个人财富的生意人，他显然有更广博的人文情怀和更强烈的使命感，谈到“财富”，张建功说：

“我从山西出来的，我太知道财富是什么概念了。你再怎么大，你怎么能够比煤老板挖煤一天纯利润100万的赚钱速度快呢？煤老板经过短短几年就能积累几亿、十几亿，你做什么能比“掠夺”资源赚的更快呢？所以我一直认为单纯积累财富不是事业，做事业就要做对社会发展有促进作用的事情。”

于是，在面临第二次创业机会识别时，张建功把目光投向了国家政策：

“我就有意识地跟国家发改委的人打交道，这能帮助我了解国家的发展方向是什么，国家的发展战略是什么。”

张建功意识到新能源是个机遇。新能源产业中，风电、水电受自然资源的限制，而秸秆发电受农民的限制，唯一不受限制的资源就是大家把它当废弃物的垃圾。中国是全世界人口最多的国家，垃圾产生量也是最多的国家之一，可是我们的垃圾处理程度和处理方式比起欧美发达国家却相去甚远。张建功的合作团队曾经在给中央主要领导的汇报材料中写过这样一段话：“人死了都在进行火葬，可是我们的垃圾却在大量的进行土葬”。中央领导对此汇报材料做出了重要批示。这说明中国的垃圾处理问题已经成为国家领导高度重视的一件大事，垃圾围城的现状亟待解决，中国垃圾无害化处理的任务非常艰巨。而这也同时意味着，垃圾焚烧发电产业的市场空间是巨大的。

发现了创业机会之后，张建功并没有贸然运作，而是先向专家请教学习，并深入到各地的垃圾焚烧发电厂考察调研。从05年开始，张建功花了一年多时间，考察了国内三十多家垃圾发电厂，也考察过巴黎塞纳河沿岸、日本东京等多家国外垃圾发电厂。他常说一句话，“骑马不一定比骑牛快”，做事一定要踏实。面对机遇时也一样，不能说干就干，而是把情况调查清楚，把不懂的研究透。但是一旦选择了，就绝不放弃。张建功说：

“我这个人有个特点，因为败不起，所以我从来不敢轻易做一个决断，我一定要把这个事情弄清楚，调查得踏踏实实后才会行动。我一旦开始行动，开弓没有回头箭，我就绝对不会放弃。要么不干，要干就必须把它干好。”

在考察了国内外多个垃圾发电厂后，张建功对垃圾焚烧发电这个创业机会有了更深的了解。中国垃圾发电有三个问题：完全依赖国外技术、整体规划存在短板、垃圾焚烧发电的法律法规不完善。这也就意味着，如果张建功能克服这三个问题，那么他的企业就具备了差异化竞争优势。

第一个问题：完全依赖国外技术。由政府和国有企业投资建设的垃圾焚烧电厂基本采用国外的技术和设备。但是国外的技术和设备是在国外垃圾成分和垃圾热值的基础上研发制造的，一旦来到了中国，要处理中国的垃圾，就会遇到不服水土的问题。比如中国的垃圾分类无法达到国外的水平，现在有些高档社区也会区分可回收垃圾、不可回收垃圾、有害垃圾，但垃圾运输车辆在转运的过程中，并不会分三辆车来运输，这些垃圾又混合在一起了，所以国内的垃圾几乎处于未分类的状态。用张建功的话说就是，“人家的设备是针对分类完成以后的垃圾进行精细化处理，是‘吃细粮’的；而到了中国开始吃‘粗粮’了，肯定会遇到水土不服的问题”。

第二个问题：整体规划设计存在短板。中国许多企业的管理者往往心态浮躁，做决策喜欢“拍脑袋”。事情确定之前没有经过相应的流程，造成整体规划设计存在短板。就像一个木桶，水肯定从最短木板的地方流出来。企业从国外引进垃圾处理的主设备后，没有理智科学地选型配套高标准的国产设备使整体设备配置不匹配，造成了短板，甚至形成了“大马拉小车”的现象。比如某国有垃圾焚烧电厂，主要垃圾焚烧设备是从日本进口的，但配套设备是未经匹配设计选型的国产设备，结果，仅仅厂用电率这一项就达到总发电量的40%以上，也就是说，该垃圾发电厂生产出来的电有超过40%被自己的设备使用了。这充分说明，一味引进国外先进设备，而不配合整体的流程设计，会造成不匹配的技术短板。

第三个问题：垃圾焚烧发电的法律法规不完善。在2005年国家可再生能源法出台之前，江浙一带很多民营垃圾焚烧发电厂的投资商担心国家政策不稳定，在规划时就考虑了相应的对策：国家给政策时就烧垃圾，不给政策时就要想办法烧煤。这就给专家学者、主管机构、行业相关单位带来了困惑，担心这些民营企业“挂着羊头卖狗肉”，打着垃圾发电的名义发展小火电。另一方面，民众对垃圾发电也缺乏了解。由于某些城市的城市规划不到位，房产开发商买下一片地还没多久，当地政府就要在旁边建垃圾发电厂。于是开发商就有组织、有策划地抵制垃圾发电项目的建设，向外界宣传垃圾发电的弊端，比如“二噁英”问题，使许多民众对垃圾发电的认识存在偏差。同时，国内许多垃圾焚烧发电厂的运营水平也确实难以令人满意，民众也许不懂环保，但他们有嗅觉，一个隔着500米、1000米都能闻到臭味的垃圾焚烧发电厂是不可能被支持的。张建功举了个例子：

“有一次去参观垃圾电厂，转了一圈出来后，晚上考察人员一起吃饭，往那儿一坐不行，太臭了，赶快上去把衣服全换了，又下来坐下。大家菜都点好了，可是还不行，怎么还有味儿呢？彼此一闻对方头发，赶快回房间里再去洗澡，洗完澡再下来吃饭。”

国内垃圾发电厂的现状曾经让张建功想放弃，但当他看到国外垃圾发电厂优美的环境时，他下定了决心：一定要做一个全新的垃圾发电项目，而且一定要做得漂亮，要做成国内垃圾焚烧发电的样板工程。

国家的政策导向，垃圾焚烧发电产业的市场前景，加上中国垃圾发电存在的三大问题，让张建功看到了自己要克服的困难和未来的发展空间。这是一次充满机遇和挑战的创业机会。

## 第三节 创业资源获取

创业资源的获取是企业创办初期的一大困难，但张建功通过独特的公关理念、精耕细作的营销方式和广泛的社交网络，获得了相对充足的资源。富乔创业之初便获得了政府、资本和社会各界的支持。富乔垃圾发电厂采用BOT（建设–经营–移交）方式与大同市政府合作，项目投资4.3亿元；仅用20天就将区县级的相关土地手续办妥，并及时报市国土资源局及省厅审批；项目建设仅13个月就建成并投入运行。

### 一、创业团队形成

张建功通过对国家战略方向的了解和对垃圾焚烧发电产业发展前景的判断以及对国内外垃圾电厂广泛认真的考察分析，发现了垃圾焚烧发电这一创业机会。而想要真正把富乔项目运作起来，把它建设成中国垃圾焚烧发电的样板工程，则必须有一支共享这一企业愿景的卓越的创业团队。

富乔项目初期筹备阶段的创业团队除张建功外，还有他的老部下田迎利。田迎利目前在富乔任总经理工作部部长，围绕管理层的决策制定计划和开展工作。他在吹灰器项目时期就被张建功招进公司，而后随张建功一起到大同筹备大同富乔垃圾焚烧发电项目，在初期申请项目审批、获取外部资源的过程中做出了重要贡献。谈起他长时间追随张建功、为企业的发展不断努力时，田迎利朴实地说：“他（张建功）做人正、待人诚，从他交这么多朋友，对每个人都是真心相处，以诚相待就能够感觉出来，而且讲诚信……我就觉得跟着他踏实、放心，这也是我跟着他的一个原因”。可见，张建功通过自己的个人魅力吸引了最初的创业团队人员。

随着项目建设进程的推进，富乔又吸引了另外几位优秀人才，形成核心创业团队，分别是前期任生产准备部长，现任总经理助理的冯国亮、目前任副总经理兼生产厂长的湛为平及任总工程师的韩为革等。他们几人都有在国内其他电力企业工作的丰富经验，选择加入富乔团队，一方面是他们自身都有投入到新能源产业的事业心，另一方面是被张建功的创业理念和个人魅力所吸引。副总经理湛为平曾在国电集团供职近25年，来到富乔团队对他而言是一次“从国企到民企，从传统火电到新能源”的重大转变，谈起最初和张建功接触的过程，他记忆犹新：

“通过与张总的交谈，我了解了他办企业的理念。张总当时给我讲了三条，他说：这个垃圾电厂（大同富乔项目）第一个目标是建成中国垃圾发电的标准，不仅仅是一个垃圾发电项目，而是要通过这个项目影响我国垃圾发电行业标准；第二个目标是建成中国垃圾发电产业的黄埔军校，大量培养人才，从前期准备到设计、设备的引进、制造、安装、调试、营运、到EPC总承包形成一个专业性的团队；第三个目标就是要建成青少年环保教育基地。这三个理念非常符合我的想法，他起点比较高，定位比较高，对我来说产生了吸引力……我就是这么过来的，就是被他的理念所吸引，被他的个人魅力所吸引”。

垃圾焚烧发电产业前景广阔、潜力巨大，张建功作为企业家在创业之初就给富乔项目设立了“建设成中国垃圾焚烧发电样板工程”的高定位，奉行“高层团队用事业来感召”的理念，并凭借他正直、诚信、持之以恒的个人魅力，吸引了优秀的创业团队人才，形成创立富乔的中坚力量。

## 二、人力资源获取

垃圾焚烧发电作为一个新兴产业，行业人才极度缺乏。张建功表示，当未来越来越多垃圾发电厂建成的时候，富乔要成为一个输出人才的地方。而当谈及富乔自身如何吸引人才时，张建功提出了一个理念：

“高层团队靠事业来感召，中层团队靠平台来吸引，基层团队靠利益来激励。”

首先，富乔垃圾发电厂的厂长是从国电集团过来的。国有企业待遇好、收入高，仅仅靠利益吸引是不够的，而要靠事业来感召。张建功把做垃圾发电当成一项事业，让企业高层把个人发展和垃圾发电事业结合起来，用事业感召来组建高层团队。

其次，中层团队靠平台来吸引。很多企业因缺少内部提拔发展的机制，其中层团队优秀人才即使具备了提拔的条件，却总是得不到提拔。这时，谁能重用他，给他一个更广阔的平台，就能把人才吸引来。

最后，基层团队靠利益来激励。基层团队一般都是毕业后工作两年以上的大学生。曾经招聘这些大学生的企业由于已经投入了培训费用，不愿意轻易给他们涨工资；而大学生经过几年的历练，能力有所提高，认为企业应该给自己涨工资，内心的不满情绪潜滋暗长。而在这种状态下，富乔愿意给这些大学生涨工资，这些基层员工认为自己的价值得到了体现，能力得到了证明，经济上也满足了需要，就被激励过来了。

富乔副总经理、高级工程师湛为平也说，富乔目前招的全都是在国内电厂有三年以上工作经验的。因为富乔本身就是一个新兴的电厂，走在行业的前面，加上国内还没有新能源的专业院系，如果招应届生，企业还要培训常规的电力运行知识，企业的发展就会滞后。张建功表示，未来垃圾发电人才会出现一个巨大的缺口，富乔不仅要吸引人才，还要输出人才、输出管理，成为中国垃圾发电行业的黄埔军校。

### 三、政府／客户资源获取

谈起富乔垃圾发电厂的创业过程，张建功自豪地说：“历史上大同市南郊区的土地审批时间最快是6个半月，而我们只用了不到20天时间就把南郊区的相关土地手续办了出来”。当被问及原因的时候，张建功认为，首先是因为领导们支持这个项目，因为这个项目对国家、对地方是有利的；其次，是因为团队合作的力量及独特的公关理念。

张建功在与人交往时奉行一个准则：在企业层面，要“合情、合理、合法”。合情是重感情、交朋友；合理是尊重客观实际，讲诚信、讲义气；合法是依法办事。而在个人层面，是“感情、诚恳、希望”。张建功说，“我从来不给人送钱，我送的是‘感情、诚恳、希望’。”

比如送“感情”，所有帮过富乔的人，无论官职大小，张建功都把他们的名字、地址、联系方式记在电脑里。多年以后，名字越来越多，即使人已经不记得了，张建功还会在每年春节和八月十五给他们寄小礼物，企业每期的文化小报也会及时寄送给他们。张建功认为，中国很多生意人都是过河拆桥，即使不是，很多帮过忙的人也只是生命中的匆匆过客，帮完忙就忘记了。中国人已经习惯了这种情况，一旦有一个做法不同的人出现，大家便会对你印象深刻，特别念你的好，把你当朋友。张建功说：“我虽然没有给他们送过一分钱，但却和这些人交下了长期的朋友。在他们心目中，我张建功是个可交的人。”

而送“诚恳”，则是诚信、以诚相待。张建功表示，他这个人有个特点，不该说的、违反原则的话绝对不说，但说出来的话一定是真的，要说到做到，比签合同还要管用。“衡量一个人最好的标尺是什么？”张建功说，“是时间。所以拿时间来证明自己是可交的、让人放心的。”

张建功举了个例子，比如他跟客户约了8点，即使只有半个小时的路程，但是因为害怕堵车，他往往6点半就出发，7点到了等到8点……张建功说，“我敲门的时候绝对是8点。这么多年已经养成了习惯。”

谈到送“希望”，张建功说，“既要让你看到这个产业未来的希望，也要让你看到这个企业的希望，更要让你看到这个企业人的希望。”富乔项目正是这样，南郊区的土地能够用不到20天就办完相关手续，首先是因为领导看到了垃圾发电这个产业的前景；其次是看到了富乔这个企业与众不同的地方，看到了企业的希望；最后是看企业的领导人，相信张建功能够带领富乔越走越好，能够带领富乔造福一方。张建功说：

“他们说必须喝酒才能干成的事，我却很少喝酒，我觉得人心是需要沟通的，感情是需要交流的。同样，别人认为只有送钱才能办成的事，我也从来不送钱，我送的，是‘感情、诚恳、希望’。”

总经理工作部田迎利部长是最早跟随张建功做市场开拓工作的人。谈到政府土地审批，田迎利认为，他们的成功不是由于传统观念上的“公关”，而是他们的团队感动了政府官员：

“我们并不采用传统意义上的‘公关’手段，公关过程中我们真的不送钱。如果我们采取给钱的方式，反而这个事情可能就做不成了，因为大家可能就把你等同于其他生意人一样看贬了……我们能请政府工作人员加班加点为我们的项目而工作。他们说：‘感动了，真感动了。你们企业这种精神我们很佩服，项目确实是好项目。’”

在整个政府审批的过程中，张建功和他的团队发扬了草原狼的精神：持之以恒、坚韧不拔、团队合作。他们每天不到七点起床，七点多出发，在领导上班之前到办公室门口等。田迎利说，“政府有些事情是要一把手来处理的，而一把手的会议比较多，上午他们就只有半个小时到一个小时的时间。如果在他开门的一瞬间抓不住他，可能今天就再也没机会让他审批或解决问题了”。

办理项目选址审批手续的时候，曾经有位处长对垃圾发电非常抵触。为了得到该处长的主动支持，张建功没有直接去找他的上级领导，而是不厌其烦地给他汇报了17次，光汇报给他的从中央到地方的相关政策性支持材料就有一尺多厚。之后处长提出一个理由：“绝对不允许在大同市的家门口建公共厕所”，张建功解释说，城市居民以往的公共厕所变成单元楼家里的独立卫生间是现代城市文明发展的一个标志。富乔只能说是大同市的独立卫生间，因为处理的是大同自己的垃圾，而且富乔垃圾发电厂是一个五星级的卫生间。第16次汇报成为处长支持本项目的转折点，张建功按约定好的时间提前来到处长办公室，结果赶上处长要开会，张建功就站在处长办公室门外从下午两点一直等到晚上七点，直到该处长开完会。会议期间处长三次上洗手间都看到张建功规规矩矩地在那儿站着，散会后，处长的态度改变了。田迎利说，

“最后是生生地把这个领导给感动了……我们有很多特别的东西，尤其是我们这种感恩的心，这种做人的低姿态，这种做事的效率和风格，包括认真、细致，感染了各级政府的官员。”

在历次创业中，张建功都是市场开拓的中坚力量。谈到营销，他奉行的做法则是“做精不做多”。

“做营销，我不打无准备之仗，我的营销战略是做精、做到位。我从来不全国撒网，我的团队人很少，跑销售就那几个人。”

张建功曾当过团中央委员，全国各地朋友很多，在市场开拓的过程中，他的社会网络也起了很大作用。

在资源获取的过程中，送感情、送诚恳、送希望是公关方法，做精不做大是营销方式，强大的社会网络是前进助力。但归根结底，是这个产业、这个企业、这个创业者，让资源投资人看到了希望。

## 四、企业生态系统

对于富乔垃圾发电厂而言，厂房建设和设备的质量是保证垃圾处理的前提条件，因此，施工方和设备提供商的管理对于富乔的生存尤其重要。在这方面，富乔的理念是：打破组织边界，和供应商合作共赢。在一般的逻辑下，富乔是甲方，设备供应及施工方是乙方，甲方和乙方是对立的关系。但张建功提出了另外一种理念：

“最简单的办法就是把甲乙双方对立的关系变成交叉的关系，把彼此之间的作用力和反作用力消化为零，扩大团队建设的外延。工程建设期间我们不单单是把富乔内部的二十多个人打造成一个团队，而且要把团队的外延扩展到所有参与项目建设的乙方。我把他们当做我的团队，大家心往一处想，劲往一处使，捆绑在一起，目标才可以实现；同时就是打造共同的愿景，这个愿景不单单是我们二、三十个人的共同愿景，而是包括所有外延团队的共同愿景。”

对此，张建功谈到了几套办法。

第一，与获取政府、客户资源相似，要给予供应商“希望”，让他们和企业共享愿景，目标一致。张建功说：“我一直在向他们传递一种观念，大同项目从第一天的规划开始，定位就是一个行业标准，一个样板工程，现在要拉着大家一起来干这个事。”谈到和供应商合作时，张建功还提到了“苏宁电器原则”。苏宁电器为国内外优秀的产品提供了平台，消费者因为信任苏宁电器的品牌，也信任苏宁电器销售的各种产品。同样，富乔也要打造一个平台，让全中国最优秀的产品和服务在平台上展示。张建功告诉供应商：

“大同富乔就像苏宁电器的柜台一样，是展示大家优秀品牌、优秀产品、优秀服务的一个平台，你把你的设备提供给大同富乔以后，你不交一分钱柜台费，而且我还要给你一点利润。但是如果这个项目做好了，做成高标准了，你等于是不花一分钱，就做了全中国的广告。”

富乔对设备供应商不设监造，给予他们充分的信任，张建功认为：一旦设了监造，供应商就会有依赖；而不设监造，只要供应商对此项目充分重视，其主要领导便成为该项目最好的监造。

第二，要激发供应商的内在动力，建立起“信仰”。张建功从富乔项目创建之初就许下诺言，当项目建成后，要把所有支持过项目的政府机构、相关领导、专家学者，以及所有参与项目建设的合格供货商、设备厂家主要负责人、技术主管人员的名字刻在石碑上。张建功说，“再过十年、二十年、三十年，当大家回首往事时，都知道是哪一批人把富乔垃圾发电厂建设起来的”。

第三，在工程建设扩大团队外延的过程中，张建功还给富乔的团队定下了一个制度：绝不允许吃回扣和收受贿赂。

“谁敢吃客户一顿饭，我要扣他两个月的工资；谁敢接受礼品，直接开除；谁敢接受贿赂，直接移交司法机关。我是这样说的，也是这么做的。”

在中国，尤其是设备采购和土建施工过程中，买设备要回扣，做土建工程要拿好处，这似乎已经成了潜规则。但是富乔团队纪律严明，坚决打击吃回扣和收受贿赂的行为。富乔在施工过程中，管理团队前后换了两批，都是在施工最关键的时候。第一次是因为管理人员收了一箱酒，十多条烟。按富乔的纪律，收礼品是要被开除辞退的。尽管当时是在施工的关键时刻，张建功宁可把整个项目停下，也要开除相关人员。张建功说，“如果不这样做，这个项目会是一个豆腐渣工程。”第二次换掉的是一位非常著名的专家，也因为同样的原因被劝退了。张建功说：

“我不处理你，大家都会效仿。所招聘的人到岗前我都会讲一段话，就是来富乔要知道我们的规矩，你在其他地方可以拿到的灰色收入，在我这儿会合情合理合法地给你，就是你工资之外的奖金。但是有一个前提，你必须认真负责地做好工作。”

最终，富乔扩大团队外延的理念和严明的纪律起到了良好的作用：大同项目工程建设的有效周期是13个月，而山西历史上最快的也需要16个月；富乔的设备调试时间仅为40天，意味着所有设备到富乔后都质量良好。大同富乔通过与供应商建立共同目标和“信仰”，激发出内在动力，最终实现了共赢。

企业不仅生存在产业内，还生存在整个与企业利益相关的生态环境中。作为一个垃圾焚烧发电厂，大家最关心的就是环境污染问题。对此，富乔副总经理湛为平如此说道：

“我认为电厂管理应该总结为四句话：设备是基础，技术是重点，管理是关键，和谐是保证。”

首先，设备是基础，有好的设备才能保证运行的质量；而好的设备必须有好的技术，所以技术是重点；但是再好的设备和技术，管理不好也不行，所以管理是关键；最后，和谐是保证，包括与社会的和谐，与环境的和谐，与周边城镇的和谐，与企业员工的和谐。这四句话充分体现了富乔的高管团队对于企业生态环境的重视。

正如董事长张建功考察所发现的，二噁英的产生一直是困扰垃圾发电产业的难题。二噁英的产生需要三个条件：温度、时间和湍流度。假如焚烧炉的温度低于800度，焚烧垃圾所产生烟气在炉膛里停留时间低于2秒，烟气没有充分混合，二噁英就容易产生。而富乔的垃圾焚烧炉用的是循环流化床技术，炉膛温度始终保持在850−900度之间，而且炉膛较大，烟气在炉膛内停留时间长、烟气得到充分混合，二噁英则能得到抑制甚至消除。2010年12月，国家环保部到富乔进行二噁英监测，得到的数据是0.022纳克/立方米，远远优于中国1纳克/立方米的标准，甚至优于欧盟0.1纳克/立方米的标准。

为了给富乔营造一个良好的企业生态环境，在富乔创办之初，张建功便十分注意处理和周围社区、农民之间的关系。

首先，富乔给附近的居民发了很多宣传材料，陈述了发电厂如何处理垃圾，并浅显易懂地说明了垃圾发电的工艺流程。同时，关于大家最担心的二噁英问题，富乔作了担保：假如二噁英排放不达标，大家可以堵到厂门口，让发电厂无法正常运营。其次，富乔从附近一个村中每户人家挑了一个村民到厂里上班。上班的人参与了企业的运营，就知道废水废气没有外排，以及环保设施的运行情况。他们也相当于是企业的监督者，把厂里看到的环境情况回村里宣传，村民们就放心了。从富乔项目建设到运营，没有发生过一起村民因垃圾电厂环境问题闹事的事件。再次，是和村民们利益共享。富乔垃圾电厂周边每年产大量玉米秸秆，过去村民们都白白烧掉了。没有产生任何效益。富乔电厂正式运行后以市场价向农民收秸秆，用秸秆代替煤炭，这样不仅增加了富乔的二氧化碳减排指标，减少了露天焚烧秸秆带来的环境污染，而且还使周边农民增加了收益，使村民利益和企业利益紧紧的捆绑在一起。

富乔垃圾焚烧发电厂投产以来，受到了各方面的广泛关注，人民日报、新华社、中央电视台等均对富乔进行了正面的报道。尤其中央电视台的《新闻调查》栏目，以“焚烧，探索垃圾出路”为题，做了45分钟的专题报道，为我国垃圾处理产业发展指明了方向。富乔项目自2010年春节到2011年6月这一年半的时间里接待了200多批，近4 000人次的考察，其中包括15个国家的外国考察团、外国电视台以及中国各级官员、社会各界人士及青少年。

和谐的生态环境不仅能给企业带来好的运营环境，还能给企业带来经济效益。富乔已经就二氧化碳减排跟英国雷克投资公司签约，并在2010年9月30日获得了国家发改委的批复。如果近期在联合国注册成功，每年可获得来自国际组织一千万元左右的收入。

## 第四节 技术流程创新

张建功说，大同富乔是创新的地方。

“还记得1998年，我住在京西宾馆开会，到处都贴着‘知识经济时代来临了’。知识经济最核心的东西是什么，是创意思维和创新。如今在信息产业时代，同样也是一个知识经济大爆炸的时代。那么在这个时代里，如果没有创新，你老喜欢踏着别人的脚印走路，是永远走不远、走不好的。”

中国制造和创新，是富乔的一大特色。外国上百年的垃圾焚烧技术，必然有其优势和可取之处；然而全盘引进，又存在水土不服和整体设备不匹配的问题。国内经过几十年的科学技术研究，也形成了一些优秀的技术团队，但是完全的自主创新却仍不如发达国家的技术先进。面对这个创新难题，张建功选择了引进吸收和自主创新相结合的道路，在学习西方先进技术的基础上，创新出适合中国的垃圾焚烧发电技术：富乔项目引进了德国、日本、奥地利、芬兰等国家的先进技术，由国内优秀的技术团队消化吸收而后生产，所用设备均为国产。董事长张建功说：

“我买他（外国）的技术在中国消化以后，在中国加工制造，环保指标比他还高，价格比他还便宜，工艺比他还好……在这个过程当中等于是创造了自主知识产权。”

在考察国内外发电站的时候，张建功曾提到中国垃圾发电产业在技术理念上的一大问题：前期不注意整体规划，急着上项目，一味引进外国设备，导致整体项目不匹配，存在短板。因此，在创办富乔的时候，张建功十分关注前期的整体规划，争取让所有的设备、技术、参数等都在一个水平上。张建功说：

“大同项目的专家咨询费和前期设计规划费是中国同等规模工程项目，尤其是同等规模电力工程建设项目中花费相对最多的。但也正是因为我们前期专家咨询费、顾问费花得多，没有拍脑袋做事情，所以大同项目的总体投资是最少的。”

张建功仍然引用了那句老话“骑马不一定比骑牛快”。他说到爬山的过程和经验：要从山下一步一个脚印，永远匀速地往上爬，不要在一开始的时候拼速度，把体力耗尽。做企业的道理也是一样的：

“如果你最初开始就蛮干，不重质量、不重技术、不进行管理创新和技术创新，不进行人才的铺垫和积累，很多东西就跟不上趟。骑牛的过程中牛的能量是很足的，它不单单可以享受过程中的风景，而且它每走一步都知道脚下是否有风险。而骑马的目标太明确了，尤其我们现如今的中国企业，很多骑马的目标就是为了赚钱、为了做规模。在这个过程当中说不定哪天一失足成千古恨，就彻底完了。”

有媒体报道说，“富乔走出了一条‘技术引进，消化吸收’的创新之路，使国际先进技术在优势整合、重新配置、二次改造中，逐渐形成具有中国特色的垃圾焚烧发电设备体系，并真正转型为中国制造”。尽管中国的垃圾发电产业仍处于起步阶段，富乔的各项指标却已达到国际水平，走在了行业的前沿，成为了中国垃圾发电的标杆企业。

## 一、垃圾焚烧发电流程

富乔副总经理湛为平说，垃圾发电就是把垃圾资源通过一定方式转化为热能，再把热能转化为机械能，最终机械能转化为电能的过程。在富乔的展厅里，摆放着一个立体模型，勾勒出垃圾焚烧发电的每个环节：第一步，垃圾运输车通过物流通道进厂；第二步，垃圾车通过垃圾卸料门将垃圾卸入两条垃圾分选线（或卸入垃圾池后再由抓斗将垃圾送入分选线），对垃圾进行人工分选、磁选、破碎。人工分选的目的是把大件的、不能焚烧的建筑垃圾和玻璃等分选出来，磁选是将垃圾中的金属分离出来，最后垃圾经过破碎机破碎后被重新送回垃圾池；第三步，垃圾在垃圾池内进行一定的发酵后，送入锅炉的炉膛焚烧。垃圾焚烧后产生热能，将水变成高温高压的蒸汽，推动汽轮发电机发电；再通过高压输电线路，送入华北电网。而垃圾焚烧所产生的气体和固体排放物则通过另外两个渠道处理。一个是烟气处理，通过活性炭的吸附、脱硫、布袋除尘，烟气可达到排放标准；二是，垃圾焚烧后剩下的炉渣，全都回收到富乔制砖厂；最终，垃圾焚烧所产生的废物都得到无害化处理。

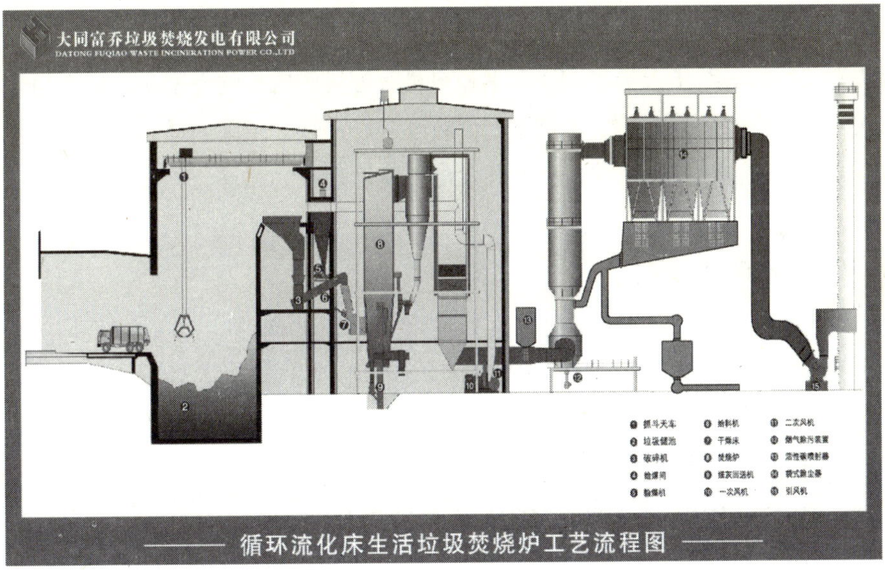


图表6-5 大同富乔循环硫化床生活垃圾焚烧炉工艺流

在这一整套垃圾焚烧发电流程中，从垃圾分选到垃圾焚烧，从垃圾抓斗到烟气脱硫，每一个技术环节都关系着垃圾焚烧发电的质量和周围生态环境的保护。而在这一系列的技术环节中，富乔通过引进吸收再创新，摸索出了一套适合中国垃圾的焚烧发电技术。

## 二、技术创新

### （一）自主创新

张建功谈到，“垃圾焚烧相关技术有德国的、奥地利的、芬兰的、日本的。发达国家有一百多年的垃圾发电发展史，一定有精华的东西，而精华的东西我们一定要学”。学习的途径有多种，而张建功选择了从国外引进吸收，然后由国内团队创新改进的方式。

谈起国内的优秀技术团队，张建功独有一番见解。他提到，中国优秀的技术团队有很多，包括清华大学、浙江大学、中科院。但这些技术团队都相互竞争，学术上也相互批评。但事实上，它们各有优势，相互间也互为补充。比如，清华大学的理论研究很深，但实战经验较少；浙江大学的理论研究较浅，但实战经验多，实践的过程中弥补了理论的不足；而中科院则介于二者之间。于是，张建功分别找到了清华大学、浙江大学和中科院等科研机构的专家，让他们消化吸收从外国买来的技术，然后各自进行创新改进。最终，由国内顶级的垃圾焚烧技术专家团队合作，并结合德国技术开发出了富乔现在的循环流化床垃圾焚烧技术及相关设备。

### （二）战略合作

垃圾抓斗技术也一样面临着国外技术本土化的问题。过去中国企业纷纷购买德国德马格和芬兰科尼公司的抓斗，成本很高，而且还面临着维修困难和不适合中国垃圾等问题。而当时国内的某北京研究院，做抓斗研究已十多年，在中国市场上的份额也很大，但就是一直克服不了技术上的难关。于是，张建功努力促成该研究院消化吸收了国外的先进技术。

在这个过程中，富乔与这家研究院形成了战略合作伙伴，获得以成本价买入设备的优惠条件。张建功说，设备是中国的、德国的都无所谓，关键是技术提高和价格降低了，并且大家成为了战略合作伙伴。张建功认为，竞争到一定程度就必须要合作才有进步。

“当大家竞争到一定程度以后，需要合作。合作可能会双赢；竞争的话互相排斥，可能大家都做不好。”

中国的机械加工能力在世界上排在前几位，劳动力成本却比发达国家低。于是，出于对设备本土化和中国机械加工优势的考虑，富乔采用了从国外引进相应的先进技术，让国内的设备制造单位消化吸收、加工生产的方式。富乔的尾部烟气处理设备是从奥地利引进技术、由国内的无锡某厂加工生产的；垃圾分选线是从日本引进技术、由江苏的一家企业加工制造的；垃圾焚烧锅炉引进了德国的技术，并结合我国清华、浙江大学、中科院的技术优点，由山西某锅炉集团加工制造的；垃圾抓斗是从芬兰和德国引进技术、由北京某设计研究院消化吸收并加工制造的。通过这样的做法，富乔花了相对少的钱，生产出了整一套适合中国垃圾的设备，并达到了比国外更高的工艺水平，同时间接提高了国内设备厂家的技术工艺水平，增强了其竞争力。

事实证明，引进技术后由中国生产加工的设备不比从外国直接进口的设备效果差。富乔采用的国产尾部烟气处理设备，在工艺水平和烟气处理效果上都要优于奥地利能源集团为江苏某市直接提供的设备。同时国产设备在价格上优势更为明显，富乔的尾部烟气处理设备仅花费两三千万元，而该市的进口设备需要四五千万元。因此，无论从垃圾处理效果、工艺水平或是成本来看，国内加工的设备都比外国直接进口的设备更有优势。

### （三）持续创新

富乔不仅在项目投产前关注技术的创新，在项目投产运营后仍不断改进，在设备维护的过程中持续创新。

张建功有一个很形象的比喻：“生孩子重要，养孩子更重要。”意思是，投产前的技术创新很重要，但设备运营中的维护和改进更重要。尽管由国内优秀技术团队改进的技术总体上比较先进，但细节上仍然有需要改进的地方。因此富乔在投产后进行了许多技术改造，包括从运行的控制到设备的结构。负责生产维护的运行部长张向阳说，“尽管设备的总体设计没问题，但细节决定成败，有时候需要对设备进行改动，包括引进国外技术并由清华等知名院校设计的焚烧工艺，也有改进的空间”。一般的垃圾焚烧炉两个月就会被动停炉检修一次，但经过富乔改进后的锅炉能连续运行三个月，而且是主动停炉检查。另一方面，供应商提供的说明，在实际运行中也有很多不适应。因为设备也是根据国外技术、结合中国实际新设计的，供应商也没有经验，因此整个运行调整相当于重新摸索。

从2009年成立至今，富乔平均每年在技术创新、改进上的投入超过500万元。张向阳说：

“按照张总的理念，我们要在垃圾焚烧方面做标准。那我们要做标准的话，就要研究各种各样的焚烧工艺，包括设备的结构到它的运行、调整，各个方面我们都要做。做这个是需要投入的，这是为了我们后续的发展。在国家的垃圾焚烧的标准制定上我们要拿出一套符合我国实际的技术参数，这些技术参数是单凭金钱买不来的。那靠什么？靠我们不断的实践，不断的创新”。

另一方面，富乔还注重企业间的交流学习。富乔经常会和设计单位、制造单位及同类型的企业有技术交流。张向阳说：

“我们也希望他们到我们这儿来，在交流的时候大家可以探讨在垃圾焚烧方面共同面临的一些问题。俗话说‘八仙过海，各显神通’，通过交流就能发现别人的一些长处，也能发现自己的一些不足，这样来讲对双方在处理问题和思路上有很大的帮助”。

## 三、环保创新

国内的垃圾发电厂大多环境较差，给周边的居民和相关产业带去很多负面印象。张建功在创办富乔之初就决定，要从环境上彻底改变大家对垃圾发电厂的看法。

首先，张建功学习国外的垃圾发电厂，对工厂景观设计非常重视，为此他请来了负责奥运场馆景观设计的清华大学教授秦佑国，为富乔设计建筑景观。当时国内只有高档的渡假村、酒店等有建筑景观的概念。当听到富乔垃圾发电厂也要考虑建筑景观，秦佑国教授表示愿意不收钱为富乔进行设计。但张建功表示，“钱必须要付，付了钱双方就有责任，不付钱就是义务，要做就必须做精品”。

其次，富乔垃圾发电厂要从视觉、嗅觉、听觉和感觉等四个方面对人们造成冲击。在视觉效果上，发电厂经过专业的景观设计非常漂亮。垃圾处理车间使用全封闭输送设备和独特的通风除尘系统，厂房外听不到噪声、车间内看不到烟尘。张建功还带领员工在厂里种了四千多棵树，环境非常优雅。张建功说，当时愿意种那么多树有两个原因：第一，“这是一件积功德的事儿”。大同上千年历史，垃圾属于‘零’处理状态。现在富乔给大同摘掉了这个帽子，张建功说，“我的荣誉感、成就感都在这里了”。第二，当若干年后这个电厂不复存在时，现在种下的树还在，而这批树会改变周围的生态环境，这都是对子孙后代有利的事情。

在嗅觉效果上，富乔垃圾发电厂的厂区内是闻不到臭味的。每天大同市有三四百辆车的垃圾要送到厂里，要把臭味堵住是非常困难的，而富乔却非常好地解决了这一难题。这当中工艺设计是重要原因，另一方面便是管理的原因。富乔在防臭方面采取了三条措施：第一是疏，第二是堵，第三是治。“疏”，就是把垃圾的臭味疏导到锅炉里烧掉。因为垃圾产生的臭味本身就是很好的助燃剂，垃圾焚烧全程负压运行使“助燃剂”均被吸入垃圾焚烧炉内焚烧，因此厂内闻不到臭味；垃圾渗滤液也通过回喷泵回喷到炉内彻底焚烧处理。而想要把臭味疏导到位就必须“堵”严，在富乔垃圾电厂里，一个针尖大的缝都不给臭味留下；第三是治，张建功表示，治理和管理应该是在设计之初就规划好的。比如，垃圾分选人员和检修工从垃圾前处理设备那里出来以后，一身衣服脏了，走过的地方全是臭的。于是，富乔为他们开辟了专门通道和专用食堂，并专门为他们设有澡堂。

通过视觉、嗅觉等一系列的管理，大同富乔垃圾发电厂里既没有臭味也没有乱糟糟的垃圾，只有绿树成荫、景色和谐的园林景观。这可谓是开了中国垃圾发电厂的先河。

## 第五节 文化理念创新

当代企业，面临的是全球化的竞争，而全球化视野带来的是中西方管理文化的碰撞和冲击。富乔董事长张建功非常重视企业内部管理文化的构建，同时他对我国传统的晋商文化、徽商文化和温州商业表现形式以及现在所面临的西方管理文化有着深入的思考，力图打造出一种新晋商文化。

## 一、内部日常管理

企业的创立、生存和发展，除了扎实的技术水平、卓越的创新能力、智慧的公关手段等，还离不开科学的内部管理和深厚的文化价值观。张建功将自己对于企业文化的独特见解不断应用在富乔的管理实践当中。

### （一）集权与授权

在企业的初创阶段，大同富乔实行的是高度集权管理，张建功认为“真理不见得掌握在大多数人手里”。在技术引进阶段，张建功通过了解国外上百年的垃圾发电发展史，认为其中肯定有精华的东西值得吸取，于是他坚持花几百万的成本从奥地利能源集团购买专利技术请国内的技术团队钻研。这一决定受到了整个团队的质疑，投资人都表示不理解，对此有异议。张建功始终坚持，想办法说服了团队，保证了决策的实施。最终证明他的这一决定对富乔的技术突破是非常有价值的。关于创业初期与合作伙伴的关系上，他表示：

“我跟他们合作的时候有一个前提：这个厂子，我占多少股份无所谓，但我必须有决策权，否则的话，这个事情是干不成的。”。

尽管有一部分投资人对此无法接受，认为自己投入了资金却全部让张建功掌握权力是难以理解的，但最终还是有一些人出于对张建功人品和才能的信任选择了他，使得富乔垃圾焚烧电厂这项事业能够做起来。这也是典型中国民营企业家的特点，他们往往具有非凡的魄力和眼光，集权管理能够充分地发挥其企业家才能，也大大提高了决策效率。富乔初创过程中的许多决策都是由张建功个人主导的，实施的每一个过程也由他亲自带领。

随着富乔项目建设进程的推进，企业逐渐走上运营的轨道之后，张建功开始发挥管理团队的力量，进行充分授权。目前公司的重大决策至少由三人共同确定，除张建功外，负责厂内生产大局的湛为平、外围关系的冯国亮、技术问题的韩为革等核心高层团队成员依据具体决策内容参与决策过程，大家集思广益，时刻遵循民主集中制的原则。许多日常生产运营的相关事宜张建功都进行了充分授权，管理团队分工明确，各司其职。

此外，富乔对基层员工的管理也是开放的。公司在员工管理过程中强调“忠诚、责任、执行力”，对忠诚度非常重视，在半军事化管理的方式下，尽管要求员工对企业形成的管理制度无条件执行，但是却能提供充足的沟通渠道让员工反馈意见和想法。张建功尽管不常在厂内，但每次回富乔，他一定会找一部分基层员工进行面对面的交流，了解他们对公司的意见和建议、以及在工作中遇到的问题；同时，他的邮箱也向全体员工开放；每天召开的生产会议、定期召开的民主生活会都给予富乔员工提出意见、反映问题的机会，真正做到以人为本。

**（二）精细化管理**

和精耕细作的营销方式一样，富乔发电厂崇尚的是细节管理。

张建功认为企业管理的最高境界是没有管理，从初创时期的事必躬亲到现在每个月只到大同两三天，企业已经在正确的轨道上顺利运行起来。张建功说，“今天的省事儿是因为当初的付出”。实现“没有管理”的核心之处就在于细节，张建功有着这样一套管理的哲学：

“观念决定命运，行动决定价值，理念决定机制，细节决定成败。能够绊倒人的永远是小石头，大石头顶多是碰壁，碰壁可以重走，大不了碰的头破血流，也不会丧失生命；但是小石头一旦把人绊倒，有可能摔伤甚至摔死；决定企业成败的不是大石头，而是小石头，是细节，细节决定成败。”

张建功在每一位员工的办公桌上贴了一句话：“没能力的人找理由，有能力的人找办法”。尽管这只是一个很小的细节，在管理中却非常奏效，每一位想反映问题的员工总是先独立思考，认真寻找解决问题的方法，从而推进了工期进程，提高了企业的运营效率。他常常强调，垃圾发电厂就像齿轮，咬合的很紧，一个环节断掉就会导致整个链条瘫痪，于是他给企业提出“凡事均须确认三次”的要求，任何事情必须确认三次之后方可行动，“不怕慢，只怕站”。他常常告诉员工，磨刀不误砍柴工，看似一件事情重复了两三遍，但却保证了每一个环节都不犯错误，项目反而进展快、效率高。

以精细化管理的思想为基础，富乔的企业规章制度由副总经理湛为平主持制定，包括行政管理制度、经营管理制度、安全环保管理制度和生产管理制度，这一套富乔人的行为准则可以被评价为四句话：“标准明确、职责清晰、监督到位、考核有力”，这是富乔管理制度的核心思想，更体现了富乔精细化的管理文化。为了能让这套企业管理制度真正深入人心，规范每一位员工的行为，富乔借鉴了“三大纪律、八项注意”简单易懂的方式，把一本厚厚的制度简化成几十页的手册，最终甚至是简化成几页，贴到每个岗位的墙上，每句话代表一个意思、代表若干个制度。通过这样的方式，员工能够真正记住企业制度，使电厂的复杂管理系统简单化。

**（三）员工培养管理**

富乔对员工的培养管理，很多时候是通过对“孝”的重视和感召。所谓“小孝治家，中孝治企，大孝治国”，这是富乔人坚信的理念。企业在员工中推行《弟子规》的诵记，因为富乔相信如果一个人连赋予他生命的父母都不去回报，怎么可能回报朋友、回报企业甚至是回报社会呢？如何孝敬父母是富乔员工进厂培训的第一课，怀有一颗感恩的心是成为一名富乔员工的必要条件。总经理工作部部长田迎利在谈到富乔员工招聘时提到，每一位进入最终面试的求职者都会被问到这样一个问题：“如果现在通知你，你被录取了，需要多长时间能够到岗？”如果应聘者回答马上可以到岗，不需要在原企业进行相应的工作交接，甚至不需要与领导同事告别，那么富乔是不会录用他的。因为一个不去感激上一家企业的人也不会在富乔的岗位上尽职尽责，不会对富乔感恩。富乔期待的是，他们能够去回报感激一下自己的上一家企业，尽管由于各种原因，求职者要离开原来的企业，但是，也正是上一家企业的培养让他们有资格参加富乔的面试。

对员工的任用和培养上，富乔非常重视“德行”，企业的用人标准可以总结为：“德才兼备者提拔重用，有德欠才者培养使用，无德无才者不用，无德有才者坚决不用”，个人的品德素养、感恩和孝心是企业最看重的。张建功在谈到员工文化素质时说到：

“曾经有人说我管的太严，我不允许大家下歌厅，不允许赌博……不允许大家做一系列违规的事，甚至不能在厂里抽烟，当然不抽烟也是为了员工的健康和生产的安全。为什么呢？我认为在这个社会环境里面，富乔人是能够

‘出淤泥而不染’的，大环境我们不去排斥他，存在是正常的，但是我们要把自己做好，我张建功可能是一个理想主义者，把我自己做好的同时，希望我的团队也是这么做的”。

通过这样的培养文化，富乔希望能够带出一批“敬业勤为本，处事德为先”的员工队伍，一批有孝心、懂感恩、品德高尚的富乔人，只有这样的人才会成为企业长远持久发展的源动力。

**(四)“家企业”文化**

富乔企业文化的一大特点就是给予员工家一般的尊重和关爱。张建功正致力于打造一种“家企业文化”，他希望大家一起戒除浮躁，给心安个家。他把企业比喻成一个家庭，构建一个成功的企业就相当于维护一个和谐的家庭：

“一个和谐的、阳光的、向上的家庭，必定是父母和谐，儿女孝顺的家庭。在一个家庭中父亲是董事长，母亲是总经理。首先董事长、总经理必须要和谐，要不和谐打了架，这个家庭其他人再有责任感，都弄不好，这个家庭都是苦恼的。那么这个孩子是谁呢？就是职工，你要想让孩子对这个家庭负责任，关心家庭，首先父母要疼他。就是说你对他倾注了多少爱，他就会多么爱你，多么爱这个家庭。联系到每个企业，这一点是一样的。企业要和谐，必须有一个前提，就是相当于家庭父母的高管团队要和谐。高管团队有多和谐，凝聚力有多强，企业的职工就有多团结。”

基于这种理念，他希望把企业打造成一个温馨和谐的家庭，通过对员工的关爱，也让员工对企业负责，为共同的企业愿景服务。张建功表示，“家企业文化”的推行要从他自己开始，真正关心下属、关心他们的成长。富乔从不吝惜地为员工创造了良好的办公和住宿条件，希望通过营造一个和谐良好的人文环境，让员工有一种“开开心心地工作，高高兴兴地回家”的感觉。值得一提的是，富乔每个月给当月过生日的全部员工过集体生日，令员工感受到家人般的关怀，给予员工物质和精神的双重激励。目前富乔正准备推出“优秀员工”计划，为没有时间回家探亲的优秀员工提供和父母一同旅游的机会，为员工孝敬父母提供条件，从而真正给员工企业就是家的感觉，激发员工的主观能动性，像关心家庭一样回馈企业。

## 二、草原狼精神

无论是最初的项目开拓过程还是目前的企业运作过程，张建功常常向富乔人宣扬一种“草原狼精神”，他常常讲述的三个草原狼的故事便体现出这种精神的内涵。

第一个故事：一匹非常雄壮的大狼在草原上逮羊时，他会在草丛中潜伏一天，等到牧羊人打瞌睡，才纵身跳出。但它绝不会逮捕大羊，而是逮一只最瘦弱的小羊羔，逮上就跑。因为草原狼非常清楚，如果逮了大羊，就会拖慢奔跑的速度，就会被牧民的套狼杆套住。张建功认为人性应该向狼性学习，不贪婪，这是做企业最基本的原则，也是做人的基本原则。

第二个故事：当一群狼围猎群羊时，在方圆几公里以外的时候，头狼就会先给群狼开会，进行战略布局，对群羊形成包围圈；而在包围的过程中，狼群不会把这一群羊全部围死，而是给群羊留一个缺口，缺口的尽头是一人深的雪堆。狼把群羊赶到雪堆里，这里就成为了天然的冰箱。狼群执行的战略是包围，而同时又讲究了战术，留了缺口，把羊群赶到雪堆里；而且还具有很强的执行力。狼群的联络形式单一，而且不能发出任何声音，要悄无声息的围攻。要想同一时间在方圆两公里外把群羊包围，坚强的执行力是核心。富乔团队就是以这种草原狼的精神开拓事业的，最初的项目审批过程需要拿下170多个文件，盖下500多个公章。张建功认为团队必须要如同群狼一样，讲究战略战术的同时，通过坚强的执行力突破一个又一个挑战。

第三个故事：东北雪地里，每年狼皮的价格上涨，农民都会支上狼夹子捕狼。但是有时候捕不到狼，却能捕到孔雀。捕狼的时候往往只能捕到狼的一条腿，狼被夹住腿之后会把自己的腿咬断，虽然剧痛，但狼懂得舍一腿而保全身，大局意识非常强；但是孔雀的尾巴被夹住之后，它为了保护美丽的羽毛会小心翼翼地萎缩不动，直到农民过来把狼夹子打开，才想起要逃命。两种动物区别很大，为了自己的虚荣心断送性命是得不偿失的。张建功懂得，企业必须要冷静、理智，不能有半点虚荣，应当永远清醒地意识到自己现在在做什么、未来要做什么，自己从哪里来、到哪里去，自己是谁、能够成为谁。在全国推广宣传阶段之后，他开会告诉全体员工禁止接受任何媒体的采访，包括他自己，要静下心来做企业，绝不容许虚荣心的滋生，这才是一个真正在做事业的企业。

这种“草原狼精神”一定程度上已经成为了大同富乔的一种信仰，从草原狼身上体现出来的可贵品质正是富乔人正努力获得的。富乔希望能够打造出一支像群狼一样勇敢、务实、顾大局、有智慧、能执行的优秀队伍，在垃圾焚烧发电事业上不断突破。

## 三、新晋商文化

许多企业在发展过程中走的是一条“企业发展—资本运作—企业文化”的道路，然而富乔试图颠覆这个过程，希望先发展文化，通过文化来指引企业未来发展的大方向，于是张建功和他的团队对富乔企业文化价值观的建立有更广博的视野和更宏大的目标。

张建功认为：企业的生存靠政策，企业的发展靠经济，企业的长期稳定发展靠文化。在和多位世界500强企业家接触之后，张建功对企业文化的感触又更深了一步，虽然中西方文化差异很大，但是真理性的东西是相同的，文化是企业的生命力。不同于许多中国企业家，总是重视自己企业的规模有多大，侃侃而谈自己企业的资产总量、子公司上市公司数量等，世界500强企业家更多的是谈论企业在自己的国家生存发展了多少年，这一点非常打动张建功。“不能仅仅通过看当前谁最辉煌，就认为他做的是对的，认为那个企业就是成功的”；一个真正成功的大企业需要用时间来检验，长期的稳定发展需要用企业文化来引导。

于是在面对全球化的商业环境时，富乔受到了西方管理文化的冲击。谈起西方的管理文化，张建功非常强调本土化的意义：

“中国企业最大问题是非正式管理，我们的非正式管理，没有本土化，很多时候是西方国家拿过来的。工业革命后的美国只有两百年历史，可是一个山西大同就有两千年文明。当两百年历史和两千年文明对撞的时候，它怎么可能服水土呢？……你直接把西方那套拿过来，它是不适用的。”

张建功认为，西方文化是建立在工业革命基础上的。他们把人看成机器上的一个螺丝钉，他们掌握着知识产权，而只让中国劳动力掌握一个环节。这时候，中国人培养的只能是机械的操作，学不到能力，学不到知识，就像机器人一样。“西方国家的文化，在没有中国传统文化基础下，没有办法扎根。”让人庆幸的是，中国现在也意识到了，开始提倡国学，寻找中国文化的根源。

张建功认为，我国的商业运作太不规范、不成型，商业文化中缺失了很多东西。

“历史上流传下来的商业文化，比较有代表性的是传统晋商文化和徽商文化以及改革开放以后呈现出来的温州商业表现形式。传统晋商文化最大的特点是艰苦朴素、勤俭持家，然而却把思想、文化和财富全部禁锢在高墙大院里，过于保守，这是其局限性。而徽商文化最大的特点在于从政治和经济之间巧妙地寻找支点，但也有挥霍无度、生活奢靡的弊病。现代的温州商业表现形式展示的是一种敢闯敢拼、爱拼才会赢的精神，然而却也在特殊的时代背景下滋生了为达目的不择手段的阴暗面。同时我们还面对着西方国家工业革命之后几百年历史的商业文明，具有现代企业管理诸多精髓之处。”

于是张建功的理念是在中国儒、释、道三种思想的基础上，将西方商业文明、中国传统的晋商、徽商文化以及现代温州商业表现形式中的优秀的东西吸取出来，“取其精华、去其糟粕”，打造出一种新晋商文化。

富乔董事长张建功如今正在摸索一条适合中国企业发展的新晋商文化。未来中国新能源产业飞速发展，富乔将有望成为输出管理模式、管理人才和管理文化的基地。

“企业文化，我认为是促进企业发展的。那么这种新晋商文化，或许是适合现阶段或者未来很长时间企业发展的一种真理性的东西。”

## 四、企业发展愿景

随着中央媒体对富乔发电厂频繁的正面报道，国家政策、投资等等都开始向垃圾发电产业倾斜。住建部的定位是未来五到十年将会有500到1 000座以焚烧为主的垃圾处理厂诞生。作为富乔模式的创始人和富乔的董事长，张建功开始思考未来的发展。对此，张建功有他自己的看法：

“我国在‘十二五’、‘十三五’期间，将会有500到1 000座垃圾焚烧处理厂诞生，那么最大的瓶颈是人才问题，所以说富乔在今后企业的发展过程中，不会简单地复制项目，重点是培养和输出人才，以及帮助很多城市提供解决方案。”

张建功认为，富乔将来要做两件事。第一件事，就是培养人才团队，在用人管理模式上不断打造富乔的精品。他说，做垃圾发电项目是积功德的过程，输出团队也是个积功德的过程。将来国家将会建成大量的垃圾焚烧发电厂，而当它出现人才缺口的时候，富乔希望能够输出人才。张建功说：

“全世界最大的酒店是希尔顿，不是因为他建的酒店多，而是因为他管的酒店多，所以我们输出管理，输出团队。……我们准备配合有关院校成立中国第一个垃圾发电专业，就是新能源专业，专门面向国内的。”

第二件事，就是做中国垃圾焚烧发电的运营管理商。因为盲目扩张，未来，中国垃圾发电在相当一部分城市都可能会有一定的问题，而富乔可以为他们提供咨询服务，针对项目建设运营的具体问题为相关企业提供整改意见，帮助企业提高运行管理水平。张建功表示，在这方面要下大决心，当作一个课题来研究，培养一大批可以解决这些问题的团队。富乔的愿景是，在未来中国的垃圾发电企业遇到困难时，富乔可以作为行业引领者和标准制定者为企业提供服务。

张建功不仅是这样说的，也是这样做的。如今，在政府的推动下，张建功和新疆石河子市正在开展项目合作。张建功的团队提供技术服务，为石河子市设计和规划整个垃圾焚烧发电项目，并同时输出技术管理人才。每个月，张建功都要到新疆石河子项目去，其创业团队也正在为石河子项目培养储备优秀的技术运营及管理人才。项目的每一个技术环节都由张建功主导，包括整个发电厂的布局规划、景观设计、设备招标等。项目的后期，张建功还可能帮助他们进行运营管理。新疆石河子项目可能只是一个起点，张建功在人才和管理实践上的输出和推广还可能惠及中国更多的城市，并帮助他们打造出越来越多的垃圾焚烧发电的专业团队和优秀企业，推动行业发展。

仍然是那句话，“骑马不一定比骑牛快”。张建功要静下心来做富乔，从富乔这一个点去摸索出一整套适合中国垃圾焚烧电厂、新能源发电项目，甚至是适合中国土壤的中国企业运营管理模式；通过打造富乔模式，探索新晋商文化的内涵，助益中国垃圾发电产业、甚至是中国企业的发展。张建功说：

“什么叫企业家呢？不是说这个人有钱就可以称之为企业家，有钱只能叫富豪不能叫企业家，我觉得带上‘家’字的人他必须是有社会责任感的，他一定是要出东西的，他做的企业是能够引领别人去学习的一个榜样，这样才可称之为企业家。”

## 第六节　创业政策建议

1985年，我国首个垃圾焚烧发电厂在深圳落成；截至2009年底，全国共约有93座垃圾电站，装机容量达50万千瓦，主要集中在东部沿海地区；截至2010年底，已建和在建的垃圾焚烧厂达到180座，增长势头强劲、备受关注。

2009年，中国政府确定了新能源产业的战略新兴产业地位，同时出台了系列政策刺激新能源产业的发展。这些政策的颁布实施将一直影响和主导新能源产业的发展。

谈起垃圾焚烧发电产业，副总经理湛为平认为，垃圾发电产业完全是靠政策来主导的。他向我们列举了五点：

第一，政府对“资源综合利用型企业”在税收上的政策支持应该加大力度。企业是在处理环境污染问题，因此税收上应该进一步优惠。第二，政府的资金支持力度也应进一步加大。因为垃圾电厂的垃圾处理成本费用高、建设成本高、环保投入也很大。烧垃圾和烧煤不一样，煤只有粉尘、硫等污染物，但垃圾里有各种各样的重金属需要处理，投入的环保资金非常多。因此，政府的垃圾处理补贴应该提高。第三，也是最难的一点，就是垃圾分类问题。一方面，中国的垃圾分类还不完善；另一方面，即使垃圾分类了，在物流过程中也会混合起来运输。为什么大家对垃圾焚烧有质疑？就是因为分类不完善，那些有害垃圾也放到锅炉里焚烧了。因此，政府政策应该从垃圾分类开始规划和引导，从源头上抑制有害垃圾对环境的污染。第四，是政府的舆论导向。曾经有一段时间，大众因为二噁英的问题对垃圾焚烧发电十分反感。但通过2010年10月30日播出了富乔专题的《新闻调查》后，舆论导向基本得到了逆转。政府应该正确引导舆论，给企业营造好的发展环境。第五，政府应该完善相应的法律法规，包括从可再生能源的发展纲要，到垃圾焚烧发电的规划，再到环境指标监测的规范化等，都应该加强法律法规建设。以前那些打着垃圾焚烧发电的旗号发展小火电的企业，就是钻了国家法律的空子。而由于小火电的存在，民众对整个垃圾发电产业产生了质疑，政府审批部门的积极性也不高了。因此，法律法规的完善对于产业的发展非常重要。

# 第七章　海归科学家的创新路
## ——北京义翘神州生物技术有限公司

### 企业简介

北京义翘神州生物技术有限公司(Sino Biological Inc.)是北京经济技术开发区内的高新技术企业，主要从事生物技术药物如单克隆抗体、重组蛋白药物、病毒疫苗、快速诊断等研究开发、技术服务和科研试剂开发和销售。公司拥有全球领先的单克隆抗体和重组蛋白药物的生产工艺技术平台，兔单克隆抗体和鼠单克隆抗体技术平台等。义翘神州目前已经成为全球单克隆抗体药物临床前生产技术服务的主流企业，已经成为多个跨国制药企业在重组蛋白和单克隆抗体研究开发领域的全球首选技术服务供应商。公司提供全套重组蛋白和单克隆抗体的临床前生产技术服务，从基因序列到10—30克纯化抗体仅需几周的时间，是目前全球范围内抗体生产速度最快的企业。

过去二年，义翘神州已经为全球前十的制药企业和生物技术公司提供数百种单克隆抗体候选药物的临床前生产技术服务，产品质量控制指标达到临床使用样品的要求。义翘神州为全球客户生产的单克隆抗体产品已经有100多种用于临床前动物试验。义翘神州致力于为全球生命科学研究人员提供高质量的重组蛋白和抗体等科研工具试剂，每年具备生产数百种重组蛋白试剂和数千种抗体试剂的能力。义翘神州的抗体具有超高亲合力和检测灵敏度，几乎所有单克隆抗体产品的检测灵敏度比国际主流试剂供应商的产品高2—10倍。

资料来源：北京义翘神州生物技术有限公司官方网站（http://cn.sinobiological.com）。

# 第一节　行业背景

## 一、生物医药产业

生物医药产业可划分为基因工程药物、抗体药物、血液制品、诊断试剂以及疫苗五大类。生物医药自20世纪90年代以来一直保持年均15%—30%的快速增长，大大高于全球医药行业年均不到10%的增长速度。但由于受全球金融危机冲击较大，许多中小生物医药企业破产倒闭，导致生物医药产业在2008—2009年期间增长速度出现大幅下滑。经历了2009—2010年的企稳回升阶段之后，2010年全球生物医药产业产值规模为1 662亿美元左右。2010年抗肿瘤药物、自体免疫疾病治疗药、抗糖尿病药以及疫苗类产品在生物医药市场占据主要地位，同时也是增长较为显著的生物技术药物。2010年全球生物医药产业结构为：基因工程药品占49.4%，诊断试剂占18.0%，抗体占14.2%，疫苗占9.4%，血液制品占9.0%。[①]

中国是世界上最大的潜在生物医药市场，巨大的潜在市场需求直接推动中国生物医药行业的快速发展。随着13多亿人口的医疗保障水平的不断提高，中国生物制药产业蕴藏着巨大的市场空间。以重组人干扰素为例，据统计，其治疗的主要适应症患者众多，中国乙肝病毒携带者超过1.2亿人，乙肝患者有3 000万人，丙肝患者有1 000万人，结核患者超过450万；而且中国居民高血压、糖尿病、恶性肿瘤和心脑血管疾病的发病率不断增加，对新生物医药的需求非常迫切。随着城市化推进和老龄化社会的来临，也将对生物医药产生新的需求。

随着我国医疗改革的持续推进，以及生物医药被纳入国家战略性新兴产业体系，我国生物医药产业迎来了一个重要的发展机遇期。2010年我国生物医药产业规模达到1 340亿元，同比增长16.3%。我国生物医药产业可以细分为基因工程药物、抗体药物、血液制品、诊断试剂以及疫苗五大类，2010中

① 赛迪顾问，《2010—2011 年中国生物医药产业研究报告》。

国生物医药产业结构为：基因工程药物占44.9%，诊断试剂占19.6%，抗体占15.6%，疫苗占11.9%，血液制品占8.0%。①

生物医药产业可以分为几个领域，包括“工具”制造商、信息服务提供商、药物发现商、传统制药商和制造商和其他一些新兴领域。“工具”制造商指提供机器，试剂，芯片和软件的公司。这些公司主要集中在基础研究的上游市场。如Affymetrix的基因芯片，Applied Biosystems的测序仪，Informax的生物信息学软件。这类公司有潜力巨大的市场，提供生物医药行业发展最基本的需求，最有可能首先盈利；信息服务提供商指从事发现基因和经营相关信息的公司。这些公司主要着眼于寻找新药和新的诊断方法的下游厂商，销售最新的基因信息和产品；药物发现商指从事发现新的药物和诊断方法的公司。这些公司主要为大的制药公司服务，通过强强联合，将新的药物和诊断方法通过制药公司进行临床实验，确定效果，这些公司是生物技术行业中与制药联系最密切，也是最重要的环节；传统制药公司通过与上述生物技术公司联合，甚至成立自己的生物技术公司，利用其在传统药物研发的特有经验和渠道，经过数年的临床实验，最终将产品提供给消费市场；其他一些新兴领域的企业主要从事近几年在基础研究方面极具商业前景的干细胞开发应用。这些公司与上述公司不同，它们较少以传统的生物技术为工具，而是利用干细胞有分化为体内几乎其他所有细胞的潜能，在体外进行培养，通过其无限制的细胞资源，以代替疾病细胞，临床前景光明。

由于本案例的主体义翘神州生物技术有限公司主要从事医药研发外包服务和生物试剂的研发，因此下文将主要介绍生物医药行业中的两个细分行业：医药研发外包产业和生物试剂行业。

## 二、行业细分概况

### （一）药品行业概况

按照性质分，药品包括中药材、中药饮片、中成药、中西成药，化学原料药及其制剂、抗生素、生化药品、放射性药品、血清、疫苗、血液制品和诊断药品等。2010年以来，我国医药工业继续保持稳步增长的态势，特别是国内

① 赛迪顾问，《2010—2011 年中国生物医药产业研究报告》。

对于医药行业的利好政策出台频繁，为医药行业创造了有利的外部条件，极大地拉动了医药市场需求。另一方面，随着新医改的持续推进，国家8500亿元的医改投入的逐步到位，国内医药市场供求保持稳定，医药商业购销稳步增长，医药产业集中度逐渐提高，整个医药行业效益逐步提升。

2010年上半年，医药工业销售产值5 644.1亿元，同比增长24.8%，其中，中成药制造业和中药饮片加工业完成1 423.3亿元；生物生化制品制造业完成571.5亿元；医疗仪器设备及器械、卫生材料及医药用品制造业完成791.4亿元；化学原料药和化学药品制剂制造业完成2 604.4亿元。。

从全球来看，2007年十大生物治疗领域按市场份额从高到低依次为：促红细胞生成素、抗肿瘤药、抗糖尿病药、自身免疫药、干扰素、Immunostim Ag Ex Intfron、免疫抑制剂、生成激素、血液凝结剂和疫苗。而据预测，未来十年世界范围内的生化与生物技术药物的开发热点将主要集中在单克隆抗体、反义药物、基因治疗药物、可溶性蛋白质类药物和疫苗的这五大领域。

（1）借助蛋白质工程研制新药

利用蛋白质工程技术对现有蛋白质类药物进行改造，使其具有较好性能，是获得具有自主知识产权生物技术药物的最有效的途径之一。在研发蛋白质工程药物方面，我国目前已成功完成许多工作。例如，为降低IL-2 副作用，将125位的Cys残基用Ser取代，使之成为一种新型的 IL-2，其生物活性、稳定性比原IL-2要好。

（2）发展反义寡核苷酸药物

目前国外至少有18种反义寡核苷酸药物进入临床试验，包括针对感染性疾病、癌症及炎症的反义寡核苷酸，其中I鄄sis2922是美国食品药品管理局（FDA）批准的第一个反义核酸药物。而我国在此类药物的研发上尚未取得突破性进展。

（3）“搭车”基因组成果研发新药

21世纪初，美、英、德、日、法、中六国科学家同时向世界宣布，人类基因组工作草图绘制完毕，草图覆盖了基因组97%的空间，85%的基因组序列已被组装起来，50%以上的序列接近完成图标准，已有数千个基因被确定，数十个致病基因被定位。以此研究成果为基础，能开发各种特异性新药。利用人类基因组成果研发新药主要包括两方面内容，一是直接利用功能基因表达生产蛋白质类药物，二是以致病基因为靶点研发各种类别的药物（如化学药物、基因药物等）。

（4）寻找新生化药物资源

传统观念认为，生化药物的来源仅局限于脏器、组织和代谢物，但实际远远不止这些，凡是有生命的物质都是生化药物学者寻找、开发的对象，动物资源和海洋资源都具有值得挖掘的价值。新生化药物资源的研究是开发我国具有自主知识产权的新生化药物的有效途径。近年来进行的利用山羊脾脏、鲨鱼肝、扇贝和羊胚胎等作为制备生化药物的原料的研究，都取得较好效果，值得肯定。海洋是巨大的生物资源宝库，蕴藏着大量的抗菌、抗肿瘤、抗病毒、调节血脂、降血压等生化活性的物质，从海洋中开发生化药物是未来研究开发的重点。另外，某些生物具有特殊的生物活性物质，如蚯蚓中的蚓激酶、水蛭中的水蛭素、峰素和蝎素等都值得研究。日本学者根据某些生物生活在肮脏的环境里不生病的现象，从中提取抗菌作用的蛋白质等等，这些例子都可以开阔我国研究开发特殊生化药物的思路。

（5）开发多糖与寡糖类药物

多糖类物质具有广泛的生物活性，如免疫调节、抗炎、抗病毒、降血糖、抗凝血等，目前重点开发的是真菌和植物来源的多糖。与蛋白质一样，多糖在自然界的存在具有广泛性和复杂性，且不同序列的多糖片断具有不同的生物活性，因此多糖也是寻找生化药物的宝库。活性多糖的研究可以从三个方面进行：继续从真菌、植物中寻找活性多糖，重点是从动植物，特别是中草药中寻找高效的活性多糖；对已发现的具有活性的多糖进行改造和化学修饰；对大分子活性多糖进行降解，开发低分子和寡糖药物。

**（二）诊断试剂行业**

诊断试剂产品大致可分为临床化学、血液学、微生物学、免疫学等种类，其中以临床化学所占市场份额最大，接近40%；其次为免疫学市场，约占35%。免疫诊断是指利用抗原与抗体互相结合的特异性反应来进行定性或定量的诊断，无论是技术还是市场，此类试剂在目前所有诊断诊断试剂产品中的发展都是最快的，估计未来免疫诊断试剂将会逐渐取代临床化学试剂，成为诊断试剂发展的主流。

诊断制品从一般用途来分，可分为体内诊断制品和体外诊断制品两大类。除用于体内诊断的如旧结核菌素、布氏菌素、锡克氏毒素等皮内用的诊断试剂外，大部分为体外诊断制，即由特定抗原、抗体或有关生物物质制成的，用于体外诊断的试剂。目前诊断试剂可用于血库、医院及检验中心、家庭、诊所等部门。随着外部因素的变化，诊断试剂除了更加多元化外，也将朝向特异性强、灵敏度高、价格低廉、使用简单的家用诊断试刘及诊断自动化方向发展。

虽然目前诊断试剂仅占生物技术产业的25%，然而却对当前的医疗诊断产生了很大的冲击。由于遗传工程、基因重组以及单株抗体等生物技术不断应用于开发诊断试剂，因而除了增加试剂的敏感度及特异性外，也使得过去不可能或旷日费时的传染病、肿瘤或基因异常等诊断成为可能或快速的诊断。此外，与自动化分析仪器或电子技术的结合，更使这些精确的诊断不仅由研究阶段进入了临床例行诊断阶段，而且缩短了医疗与诊断之间的距离。

近几年，卫生保健机构为减少失误并控制成本，采取了一些措施，从而促进了全球范围内体外生物诊断产品（IVD）技术的使用。目前，全球体外诊断产业规模在200亿美元的水平。另外，老年人口群体的不断扩大，分子诊断学技术日益进步，都给体外生物诊断产品市场的发展带来了积极的影响。但是，由于全球成本控制和经济波动，体外生物诊断产品技术的顺利采用也受到影响，这一现象在发展中国家表现得更加明显。

在发展中国家，贫乏的卫生保健设施以及不合理的经济结构成为现代化建设的绊脚石，并造成了极其敏感的市场价格环境。另外，分销、物流、本地供应商的市场影响力、极低的卫生保健开支也成为市场发展的巨大阻碍。幸运的是，卫生保健意识的增强以及政府刺激消费的政策，已经开始促进这些发展中国家医疗保健和基础设施的改善，从而为体外诊断试剂市场的发展创造了巨大的机遇。在德国和法国等国家政府提高卫生保健水平政策的推动下，欧洲体外生物诊断产品市场得以迅速发展和巩固。随着市场竞争愈演愈烈，消费需求不断增长，低价格、专一平台混合检验以及客户服务都重新变得重要起来。对克服障碍并促进新技术采用而言，了解独立市场和临床需求显得日益重要。新体外生物诊断系统也必须提出未满足的需求，并提供真实的净增值。但是就在新技术层出不穷之时，由于政策不断调整，制度日益严格，一些公司无法顺利引进这些重要的新兴技术。例如，在美国，所有临床诊断设备都必须经过美国食品药品管理局（FDA）的批准，并且必须按照1998年临床实验室改良法（CLIA标准）使用。在欧洲，许多法规，例如体外生物诊断产品指令和CE认证等，同样对潜在的新增市场竞争者起到了抵制作用。但是，在英国等国家，当地政府通过改革重组推进医疗保健市场，从这种转型中得到调节。尽管法规整治带来挑战性，体外生物诊断市场仍然可能在分子诊断学和应急生化检验装置（POC）研究的突破中得以成长。

从20世纪80年代中期以来，体外诊断行业在中国民间开始自发形成和发展，但迄今为止，国家几乎没有作过投资和规划，行业内的企业大多是合资、民营、个体类型，形成了充满活力和竞争的行业气氛，但同时也具有规模较小、区域特征强、经营有待规范的特点。目前，中国的体外诊断产业规模估计只有30–50亿元人民币的年营业额，其发展潜力不言而喻。

在我国制药行业，生物技术一度被乐观地认为是“离国际先进技术最近的产业”。而诊断试剂领域作为其中的一部分，在国内的发展还在起步阶段。诊断试剂是在20世纪70年代末才开始异军突起的高新技术产品，我国对诊断试剂的研发与生产则始于20世纪90年代中期。

就国内的现状总体上说，我国的诊断试剂仍处于弱小成长期，才处于产品研发与生产的投入初期，成长期还没有真正到来。

目前，全国诊断试剂市场规模约为30亿～40亿元人民币，约为全球市场的1／14。总的来说，目前在临床应用比较广泛、市场广阔的项目上（如免疫试剂中的肝炎、性病和孕检系列，临床生化中的酶类、脂类、肝功、血糖、尿检等系列），国内主要生产厂家的技术水平已基本达到国际同期水平；基因检测中的聚合酶链式反应（PCR）技术系列已经基本达到国际先进水平，基因芯片、癌症系列正在开始迅速追赶国际水平。由于市场因素、政策因素和国内机电一体化应用技术落后等原因，微生物学等方面一些项目进展缓慢，技术水平较低。

尽管国内诊断试剂的发展尚处起步阶段，但其较高的利润回报率显然是吸引不少投资者加入的重要因素。诊断试剂的利润回报率很高。一种新诊断试剂一般上市后2～3年即可收回所有投资，尤其是拥有新产品、专利产品的企业，一旦开发成功便会形成技术垄断优势，利润回报可能高达10倍以上。如PCR诊断试剂成本仅十几元，但市场上却卖到一百多元。此外值得关注的是，大批量品种较易盈利，而小批量品种常常是亏损产品。但是，小批量产品都是不可缺少的，有很大的社会效益，这是由于诊断试剂的单位用量少决定的。同时，新诊断试剂比传统诊断试剂的经济效益好，其技术含量也较传统的高，具有技术壁垒，其他行业不易进入，产品具有较高的附加值。

我国诊断试剂行业经过二十多年的充分竞争，厂家数量明显减少，主要产品的市场集中度高。事实上，北京万泰、上海科华、上海荣盛、金豪、耀华和金伟凯等一批具有优势的集研发和生产于一身的科技型企业快速成长，逐渐浮出水面，并占据了相当的市场份额。

**（三）研发外包服务**

研发外包是指企业将本来应属于自己投入大量资源的研究与开发工作交给外部在此研发领域更加专业的企业、科研组织或学校去完成，从而达到分担风险、节约成本、缩短研发周期，使得产品快速上市占得先机的目的。

合同研究组织（CRO，Contract Research Organization）是国内制药行业近几年才开始流行的名词。随着新药研发成本的直线上升，一个新药全球平均研发成本由过去的5美元上升至12亿美元。许多欧美制药企业纷纷把新药开发中的非核心部分剥离出来，外包给发展中国家。2007年，生物制药公司的新药研发（R&D）费用合计约为600亿美元，其中25%约150亿美元采取外包服务形式。而在1998年这一市场仅仅42亿美元，10年来增长了320%。尤其在近几年增长率高达19—20%，远高于研发（R&D）的增长速度。预计在未来5年将继续保持高速增长，平均渗透率（penetrating rate）为22%，2014年市场规模将达到330亿美元。可以说，制药工业正在加速减少传统的内部研发（in house），增加外包比例。据估计，未来几年内，全球医药产业将产生一个大约200亿～300亿美元左右的CRO市场。

2007年新药研发外包市场的规模为150亿美元，美国是CRO产业的先驱，也是目前最大的市场，所占的市场比重约为53.5%，欧洲次之。未来CRO产业将呈现全球化发展趋势，亚太及中南美地区将成为国际扩张的目的地。近年来，国际大型制药企业纷纷将新药研发业务转移到我国，推动了我国新药研发外包服务产业的发展，加之我国本土CRO公司的兴起，使得我国医药研发外包呈现出较好的发展趋势。

2002年，继丹麦诺和诺德公司率先在北京建立了其全球研发中心后，罗氏、辉瑞、礼来、诺华、阿斯利康、葛兰素史克等也纷纷在华投资设立研发中心，此后以承接新药研发离岸外包为主业的本土CRO公司如药明康德、康龙化成、尚华医药、博腾股份、泰格医药、华大天源等不断涌现，共同推动了中国生物医药研发服务业发展。在国际CRO企业的带动下和中国鼓励新药研发政策的大环境下，中国CRO行业得到了迅速发展。据估计，在国内开展生物医药研发服务业务的各类机构约有三百余家，主要集中在京、沪两地，其中北京地区就有近百家CRO机构。[①]

而目前中国本土的药品研发外包服务行业正在经历一个急剧发展的阶段。在短短的不到十年时间内，中国已涌现出了三百多家从事CRO的企业，从事在化合物研究外包、原料药研究外包、制剂临床前研究外包和临床研究外包等细分领域的研发外包工作。在北京中关村、成都高新区、上海张江高科技园区等地区，产生了一批CRO产业先驱。

新药研发外包形成了完整的产业链，主要分早期研究服务，包括调研、先导化合物和活性药物中间体的合成及工艺；中期服务，包括药代动力学、药理毒理学、动物模型和I期临床研究；后期服务，包括II–IV期临床研究、临床样本检测、上市申报、市场推广以及上市后药物安全监测。前期服务包括前导化合物合成和改造、化合物建库、临床前毒理药理学和临床药代，其中利润最高的是新化合物的合成，而产生最大销售额的则是临床前毒代。后期服务主要是II和III期临床研究以及相应的服务。虽然后期服务有很大的销售额，但是主要CRO公司开始纷纷出售该业务。

① http://www.ccpie.org/News_View.asp?NewsID=807

## 第二节　创业机会和创业团队

### 一、创业机会识别

作为义翘神州生物技术有限公司总裁及首席执行官，谢良志博士无论是在教育背景和工作履历上都堪称华丽。他于1991年进入美国麻省理工学院学习，1992年以化工系总分第一名的成绩获得攻读博士资格并进入生物工程技术中心主任王义翘教授的实验室。1996年，谢良志以全优的成绩获得该校生物化工博士学位，博士期间共发表科学引文索引（SCI）论文十篇，首创以化学计量模型控制的动物细胞高密度流加培养工艺技术，1995年将单克隆抗体产量提高到2400毫克/升，比当时文献报道最高水平提高10倍以上，该技术通过麻省理工学院生物技术中心的产学研联盟（consortium）向联盟付费会员提供无偿的技术培训和指导，在生物技术产品的工业生产中得到广泛应用。

1996年，谢良志加入了许多同行梦寐以求的跨国制药巨头——美国默克公司（Merck & Co.,Inc.），从事病毒疫苗的研发工作。在默克公司工作期间，谢良志负责开发了三个全球上市疫苗产品（Varivax®，Proquad®，Zostavax®）的生产工艺，领导建立了全球领先的腺病毒载体艾滋病疫苗生产工艺，该工艺目前仍是人用活病毒疫苗全球规模最大的细胞培养和病毒生产工艺，并在2000L规模下实现cGMP生产，工艺验证能够放大到15000升。[①]

尽管在美国从事生物医药研究有很好的平台和环境优势，自己也在美国成家立业，但是谢良志却于2002年毅然选择了回国创业。然而这个决定并不是一时心血来潮拍脑袋做出的，回国的念头在谢良志脑海中闪烁已久。

早在1995年，作为留学生代表的谢良志回国参加青年联合会议，同时与会的还有欧洲、日本和澳洲的代表。当时日本和欧洲的代表都表示非常想回国，这给谢良志很大的触动。而他自己虽也有回国的想法，但觉得当时的条件还不太成熟。一是国家基础设施跟不上，回来没有办法展开工作。二是由于当时谢良志刚从学校出来，没有企业的实际的工作经验，仅仅拥有技术，但却根

① http://www.ebioe.com/yp/show-106180-news-221.html

本不知道如何做出一种药，而医药的制造只靠看文献、查资料是无法实现的。基于以上两方面的考虑，谢良志选择了继续留在美国。[①]回忆起早年的这段小插曲，谢良志感慨道：

“后来事实证明我当时的选择是正确的。我在默克待了六年和在麻省六年学的东西是完全不一样的，很多东西是在学校里学不到的，而且对我现在所做的事情影响非常大。”

尽管如此，谢良志已经意识到“科研工具”这一领域的巨大机遇：

一方面，在国外，一流的人才肯定是到大药厂工作，不会到试剂公司工作，所以做试剂会被认为是比较低端的。但是，谢良志说，“实际上，无论生命科学基础研究也好，药物研发也好，最大的瓶颈就是没有工具，谁都离不开这个。”比如，在2000年，人类基因图谱有重大突破，但那只是万里长征第一步。基因的应用要通过蛋白来执行。基因可以用于做基础研究、解密人体的运行、认识疾病的形成，但最终执行生命功能的是蛋白。基因只是编译蛋白质的编码，只有研究蛋白才能真正知道它的功能和机理。所以实际上无论是从事结构生物学的也好，从事干细胞再生医学的也好，蛋白都是科学家要花大量时间研究的重要目标和工具。

但是，从基因到蛋白是一个非常复杂的生产工艺过程，涉及一系列的工程技术。人类基因组计划解密的人体基因显示人体大约有3—5万个功能基因，但目前科学家已经成功表达生产的人体蛋白还不到3千个，可见蛋白表达和生产是一个国际性的难题和瓶颈。

以往的模式是，世界各地的实验室和科学家花费大量的时间和经费从事蛋白的表达和生产，但往往成功率不高，一方面是因为大多数实验室即不掌握核心的工程技术，也不具备生产蛋白所必须的大型生产设备。同时，每个蛋白质的生产工艺和技术都可能不一样，经验的积累对蛋白的生产成功十分重要，但一般的实验室很难积累大量足够的经验，同时也无法实现规模经济效应，有时还会出现同时有多个实验室进行同一个热门蛋白生产的情况，造成重复劳动和极大的资源浪费。

如果能够利用先进的工程技术，实现重组蛋白的规模化高通量的表达和

① http://www.ebiotrade.com/newsf/2007-10/20071030102730.htm

生产，并把具有科研价值的蛋白工具全部预先生产出来，建立一个巨大的科研工具库，将可以使科学家集中精力从事解密人体和疾病的机理研究，极大地推动生命科学基础研究和生物医药的快速发展。这是一个巨大的机会，一旦成功，将会产生巨大的经济和社会效益。

## 二、创业团队与机会获取

2001年，应时任国家科技部生物工程中心主任刘谦的邀请，谢良志决定回国看看。回国两周后，谢良志便正式做出回国创业的决定，并于2002年正式从美国默克公司辞职回国创立神州细胞工程有限公司，后又于2007年创办北京义翘神州生物技术有限公司，任公司总裁和首席执行官，兼任协和细胞工程中心主任。2008年，谢良志入选第一批中央“千人计划”，申请了3项专利技术（含2项国际PCT专利）。

独木不成林，在谢良志的影响下，曾于著名药企辉瑞公司领导开发单克隆抗体生产工艺的马宁宁与默克公司蛋白和抗体药物质量控制部门负责人王阳先后加盟，组成义翘神州的“三巨头”。马宁宁和王阳两人后来也双双入选中央“千人计划”。

道不同不相为谋，受谢良志邀请加入这个团队的马宁宁和王阳的履历都与谢良志非常相似。马宁宁[①]于1997年进入美国俄亥俄州立大学，他隐约意识到生物制药将成为一个主导产业，于是选择将生物化工作为自己的专业，从事现代生物制药关键技术——细胞反应器的放大研究。2002年在俄亥俄州立大学获得生物化工博士学位后，马宁宁如愿进入跨国企业辉瑞制药。在辉瑞，马博士不仅是国际细胞反应器放大的知名专家，而且成为辉瑞单克隆抗体药物工艺开发的领军人才。加入公司4年内，他实现了抗体生产的两大平台工艺（CHO和NS0）双双达到5克/升的国际领先水平，较原工艺，抗体产量提高达两倍。他也实现了5年内沿着资深科学家—主任研究员—高级主任研究员这条顺畅的晋升轨道高速上行，并在2008年获得辉瑞全球研发最高奖项“成就奖”，是此奖项最年轻的获得者之一。正当事业如日中天的时候，与谢良志一样，马宁宁也选择了回国。2009年6月，马宁宁受邀回国任北京义翘神州生物技术有限公

① http://www.ebiotrade.com/newsf/2007-10/20071030102730.htm

司副总经理，兼任中国医学科学院协和细胞工程中心副主任。而驱动马宁宁归国创业的，则是中国生物制药行业的发展契机。“我回来是因为国内的医药产业的巨大机会吸引了我。”马宁宁说，我国生物医药行业的快速发展，让这个新兴产业有望成为我国高新技术领域的支柱产业和新经济增长点。“中国医药销售市场每年增长很快。相应地，整条产业链都会随之发展。”

同样收到谢良志抛出的橄榄枝的，还有多年在知名药企美国默克公司负责研发的王阳，一年后，他也迅速加盟。

1984年，作为公派留学生，王阳①进入美国俄勒冈大学并于1987年获得生物物理化学专业博士学位。他还先后在普林斯顿大学和麻省理工学院做了多年的博士后研究和高级科学家。在过去10多年中，王阳一直在美国默克公司负责基因工程疫苗、重组蛋白药物和单克隆抗体药物的质量检测、质量控制和制剂研究，领导着近60人的研发团队，全面负责产品质量分析方法的研发和质量控制标准的建立，临床研究产品的鉴定、药品临床申请和全球上市注册申报等，具有直接领导高层次新药研究和开发团队的丰富管理经验。

2001年，国家科技部生物工程中心主任刘谦的一个电话为谢良志提供了打开这扇门的钥匙。在电话中，刘谦指出谢良志所掌握的生物制品高端工程技术正是中国当时最急缺的技术，如若能回国，那么将解决国家发展生物医药的一大瓶颈。这进一步坚定了谢良志回国创业的信念和信心。而当时的国内大环境也已经相对成熟：科技部“863计划”，北京市科委等部门已经认识到动物细胞培养技术平台的重要性和我国的现状，对平台建设非常重视。后来，谢良志毅然辞去默克公司研究员的职位回国创业，从零开始做起了本土首席执行官，力图通过建立一个具有国际先进水平的动物细胞培养和蛋白药物的生产技术平台，打破制约中国基因工程产品产业化的瓶颈，推动和引领我国生物技术产品的持续发展。

在如今的义翘神州，谢良志、马宁宁和王阳共同组成了公司生物技术开发的“三巨头”：谢良志和马宁宁具有丰富的细胞培养、工艺放大和生产的技术经验，王阳则有突出的蛋白结构分析和质量把关的能力。凭借世界一流的生物技术和彼此的优势互补，这支核心团队正一步步走近心中的愿景。

① http://www.ebiotrade.com/newsf/2007-10/20071030102730.htm

# 第三节　义翘神州的成长之路

## 一、避实就虚，瞄准海外市场

义翘神州从创业之初就选择了与大多数海归企业截然不同的原始积累之路。在众多海归公司瞄准规模巨大的中国市场、摩拳擦掌竞相逐利的大环境下，义翘神州另辟蹊径，将业务的重心投向了万里之外的欧美市场。究其原因，主要是由于国内处于同一产业环节的企业的整体品牌形象太差，导致国内市场对中国品牌的科研试剂失去信心，宁可支付数倍于国内的价格、花费更多的时间和精力从国外进口，也不愿购买国内品牌的产品。因此，尽管生物医药科研试剂在国内的需求十分旺盛，但国产品牌的行情却相当低迷，开拓国内市场不仅困难重重，而且成本巨大。

在这种背景下，义翘神州并没有因循一般海归创业企业主攻国内市场的路径，而是避难就易开辟了海外市场。而海外市场的成功开辟，首先得益于与公司起初的海外网络，但最根本的还是归功于公司十年一剑、默默耕耘积累下来的强大的技术实力和生产能力。谈到这个问题，义翘神州首席执行官谢良志先生颇有心得：

“要建立良好的口碑就要有能力，也就是要把技术做好，有好技术才可以做出好产品，才可以做好服务，才可以有口碑，这是需要很多年积累的。而只要在技术和产品上领先，那么即便不做推广，竞争对手也很难动摇公司的市场地位。”

良好的开端就是成功的一半，凭借优质的产品和雄厚的技术实力，义翘神州从一开始就赢得了不错的口碑。日积月累，客户之间的口口相传让公司的品牌形象在业内得以广泛地传播。几乎不费任何宣传推广，义翘神州所受到的认可和信任与日俱增。目前，义翘神州已建成全球库存规模最大的靶点蛋白和抗体试剂库。库存规模超过1亿美元，并成功为全球前十的制药企业和生物技术公司提供1 000多种单克隆抗体候选药物的临床前生产技术服务，成为国际医药巨头首选指定的合作研究服务提供商。

就这样，义翘神州在国际市场站稳了脚根，在全球拥有几千多个客户，分布于40多个发达国家和地区。目前海外市场占公司全球业务的份额超过90%，成为公司绝对的业务重心。在中国市场，义翘神州提供的价格可以比进口品牌低40%—80%，在国际市场也可以低30%—60%，但义翘神州在国内市场的推广进度还是低于原来的预期。面对这样的挑战，谢良志依旧满怀信心："最终客户认可的是质量。我们对自己产品的质量和技术抱有巨大的信心。"[①]今后义翘神州将加大投入力度在国内开展宣传推广，力争将国内市场扩大为主流市场。"解决我国生命科学家的科研工具问题是我们义不容辞的责任，我们一定要在不久的将来彻底消除我国目前对国外进口试剂90%以上的依赖"，谢良志信誓旦旦地说。

## 二、扬长避短，赢得竞争优势

一家由海归科学家创办的高科技企业，却将自己的90%以上的业务放到了海外市场，本土市场只占非常微薄的份额。既然目前中国市场对企业利润没有多少贡献，那么这些海归为什么还要回到国内来创业呢？留在国外岂不更好吗？义翘神州认为政府资源和人力成本是在中国创业的两大优势。

在2002年创业的时候，"千人计划"和"海聚工程"还没有出台，但在当时，谢良志还是得到了政府很大的支持。在2002—2009年间，谢良志作为课题第一负责人承担北京市重大攻关项目一项，承担"十五"和"十一五"重大专项课题各一项，承担北京经济技术开发区科技创新项目1项，承担北京经济技术开发区海外学人创新项目一项，总计获得的科技攻关经费1000多万元。[②]在短短7年间，获得并主持如此多的国家级和市级科研课题，这在以前几乎是不可想象的。而如果没有来自政府的研发支持，那么企业的研发经费负担将会十分沉重。此外，亦庄开发区也在公司招聘人才方面给予了政策倾斜，帮助解决诸多问题，为公司的发展提供了有利条件。

生物医药研发外包的人力成本是研发成本中很重要的一部分。而中国高

① http://www.mdweekly.com.cn/article.asp?id=32494

② http://city.sina.com.cn/city/t/2010-10/31-14279545.html

等教育的普及，尤其是大量的理工科学生恰恰为生物医药研发外包产业培养了大量人力成本相对低廉的化学和生物方面的人才。因此人工成本优势使中国在最近十年已经快速成果国际生物医药研发服务外包的中心。义翘神州的快速发展和国际竞争力也得益于目前中国的人工成本优势。

当然，仅仅依靠外部的优势是不够的，企业本身的优势才是决定企业兴盛的关键。义翘神州的优势便在于拥有国际一流的生物技术平台，具备快速开发生物技术药物和科研试剂的能力。比如，在2009年初，甲流疫情肆虐之际，义翘神州仅用一个月的时间便研发出了甲流疫苗所必须的血凝素蛋白，被全世界几十个国家的疾控中心争相购买。而如果当时公司能够拿到甲流病毒的基因，那么这个时间可以压缩为仅仅两周。

从总体上看，公司的蛋白生产效率也远远超过同行其他企业——义翘神州每年可以研发并生产800—1 000种蛋白，而其他竞争对手，甚至包括有上万员工的大型跨国制药企业，出类拔萃者每年不过生产上百种。目前公司蛋白库规模已达2 000多种，已经成为全球最大的自主研发的蛋白库。而从质量上说，若干欧美国家的大型制药企业、顶尖科研、大型医院和政府科研机构已经将义翘神州列为首选服务和产品供应商。

## 第四节 创业资源获取

### 一、以“能力建设”为核心

科学技术是第一生产力，生物医药作为技术密集型产业，更是如此。研发出身的谢良志自是深谙此道，自公司创立之日起，便分秒必争地独立进行能力建设和技术积累，力图建成完备的科研平台。谢良志说：

“我们做的最重要的事情就是能力建设，行业内有一些企业这十年盖了很多楼，上市了，业务做得很大。但我们企业现在在外人看来能看见的很少，我们做的大部分工作都是在地下，不为外人所见。在过去十年中，我们已经打了一个很扎实的地基，这个地基就是能力建设，有了这个地基，我们今后可以有很好的发展。”

功夫不负有心人，十年如一日的埋头苦干终于换来了今天全球库存规模最大的价值达1亿美元的靶点蛋白和抗体试剂库，其蛋白试剂库里已经有2000多种蛋白试剂，规模在国内首屈一指，纯度、活性等也达到了国际顶尖水平，预计在不久的将来将成为全球规模之最。

在这些成果的背后，是科研团队能力的培养和平台的建立。谢良志说：“我们做的时间不长，做试剂也就是做了三四年的时间，但我们三四年完成了别人二三十年的积累。这也是因为我们在技术方面有很多的积累，就是需要技术能力，技术平台的支持，就是在技术方面有领先的优势。”

义翘神州很少做宣传，因为他们要专注于技术的研发；他们也没有销售团队，只有电子商务，因为只要产品足够好就会有客户购买；他们也不需要刻意招揽人才，因为只要是业内人士，就会了解一个良好的平台对他们职业生涯的意义。短短几年时间，义翘神州培养了一个强大的科研团队，构建了一个世界领先的科研平台。公司利用HEK293细胞，开发出了目前最先进，转染效率最高的技术平台。运用这个自主知识产权的技术平台，可以表达重组蛋白或单克隆抗体，规模可大可小，且适用于悬浮培养细胞培养或不依赖贴壁细胞培养。

研发能力的积累为公司带来的不仅仅是产品规模，还有提供高效优质的外包服务的能力。过去两年，义翘神州为全球前十强的制药企业客户提供1 000多种单克隆抗体（10毫克—30克）候选药物的临床前生产技术服务，其中几百种抗体候选药物的产品被用于临床前动物试验。2009年甲流爆发后，公司在30天内便完成了血凝素的生产并提供给全球从事流感病毒研究的科学家和生物技术公司，并在全球率先开发出2009年甲流特异性（不与季节性甲型流感产生交叉反应）的鼠单克隆抗体和兔单克隆抗体，并成功开发出检测灵敏度达到pg水平的诊断试剂盒并提供给全球的流感科研工作者。目前已有200多种用于流感疫苗，治疗性抗体和小分子药物，流感检测等流感科研和开发的工具试剂。

## 二、客户资源获取

“埋头产品，不做营销”，可谓是义翘神州产品销售模式的真实写照。

义翘神州没有销售团队，没有营销活动，也从不参加任何媒体宣传。甚至连产品销售的唯一渠道——电子商务，也没有专门的负责人。对营销的“漠视”，必定需要以极其优秀的产品和服务质量为基础。事实也正是如此。谢良志说：

“我们目前还没来得及建销售团队，但我们有好技术，市场有需求，我们不用做推广。最初的客户确实和以往的海外网络有关，但是逐渐的发展并不完全依赖原来的网络，而是原来网络的客户对我们服务、质量很满意，他们介绍别的客户过来，主要是靠口碑。技术是基础，技术好可以做出好产品，才可以做好服务，才可以有口碑，这是需要很多年积累的。”

义翘神州的第一笔订单，是通过早期在海外的网络接到的，公司的尖端技术和客户的外包需求一拍即合，不用任何营销手段。逐渐地，原来的海外网络的客户对义翘神州的服务质量非常满意，于是将公司介绍给了其他客户。一传十，十传百，义翘神州良好的外包服务口碑在行内不胫而走。而科研试剂的销售就完全没有关系网的作用，而在全球销售是通过互联网的传播，客户了解到公司的产品质量不错，便有了购买的意向。

可以说，营销在义翘神州成立的初期处于一个还没被重视的地位。然而，这并不等同于忽略客户需求。义翘神州对于客户的潜在需求及反馈信息十分重视。

外包服务企业往往是在客户提出要求后才生产产品和服务，但义翘神州不想单纯坐等客户来提要求，而是对科研发展趋势和客户的要求进行总结、归纳，并提前生产符合这些趋势和需求的产品和服务——义翘神州建成全球最大的蛋白库目的正在于此。今后，当全部有科研需求的蛋白种类被义翘神州开发完毕之后，他们就将把这一工作推进到暂时还没有市场需求的蛋白品种上，即超前满足科研需求。

目前，全球众多从事生命科学研究的科学家其科研流程都需求从基础的表达蛋白研究和生产开始，而这些工作并不是他们所擅长的，更应由工程人员完成，才能产生规模经济，否则会严重浪费时间和资金。并且，进行类似研究的众多实验室都在做着同样的重复劳动。而建立蛋白库，提前生产科研或药物研发工作中用到的蛋白，将变革生命科学科研人员的科研流程，变革他们的经费预算，甚至变革他们的科研模式。谢良志说：“假如之前某一实验室每年能发表5篇文章，那么和我们合作之后，在不增加工作量和研发经费的情况下他们就有可能发表10篇文章。”由此可以预料，随着公司蛋白库规模的不断扩大，在生物医药行业迅猛发展的大环境下，义翘神州未来即使自己不做宣传推广，其产品的销路也会是十分广阔的，因为其客户资源已被其规模庞大、质量上乘的蛋白库所牢牢锁定了。①

## 三、人力资源获取

人才是技术创新的根本，然而在公司发展早期，受多方面条件的限制，义翘神州没能吸引太多的像马宁宁和王阳这样的高科技人才加盟。一方面，企业刚起步时还没有很强的经济实力，很难从生活待遇上给高层次人才提供很好的福利；另一方面，在引进高端人才后，公司还得为他们建立团队，让他们能发挥作用，然而基于当时公司的规模，还不具备建立多个团队的条件。此外，原来公司受股东结构的限制，灵活度较小，只是后来才获得了更大的发展自由，管理团队才有了更大的决定权。在这种情况下，公司很难获得理想的人才队伍。但这并没有动摇谢良志进行技术积累和能力建设的决心和信心，他依旧带领原来的小团队一步一个脚印地默默耕耘于实验室中。经过多年的努力，义翘神州终于成功搭建了多个技术平台，而这些技术平台又成为企业用来吸引人才的一大法宝。

医药行业的技术平台，指药品研发过程中所需要的许多技术平台，如动物中心、安全评价中心、药理药效研究中心、结构测试中心、化学药中试车间、生物制药中试车间、中药中试车间、临床药理研究基地、医疗器械测试中心。虽然生物药与化学药、中药的来源不同，但其技术平台却是通用的，在产业化、市场化过程中，医药生物技术产品与其他医药产品面对共同的市场。②

对于平台的吸引力，谢良志谈道：“这些懂行的人知道这个平台能发挥作用，所以我这十年实际上就做了一件事——最重要的一件事，就是搭了一个

① http://www.mdweekly.com.cn/article.asp?id=32494

② 百度百科：http://baike.baidu.com/view/6112114.htm

平台，打了一个地基。有这么一个平台，本身就有巨大的吸引力”。在传统的以薪酬待遇来吸引优秀人才的路子之外，谢良志找到了搭建技术平台这一杠杆，一举解决了能力建设和吸引人才这两大问题。

经过4年的发展，义翘神州目前已拥有员工逾300人，80%以上为本科毕业，其中博士25人，留学归国人才12人。高层管理团队人才均来自默克、辉瑞等全球前十强的药企，其中谢良志、马宁宁、王阳三位归国博士均已入选中央的“千人计划”和北京市“海聚工程”。

## 四、资金获取

生物医药行业的经营周期非常长，通常没有十年的积累和坚持是无法实现盈利的，在此期间还需要不断地投入巨额资金，且最终结果也很难预料，因此风险十分巨大。

在刚开始创业的时候，谢良志曾得到了一家民营企业的投资。然而由于对生物医药产业长期的研发投入缺乏耐心，2008年恰逢金融危机，原来的投资人主动退出了。随着公司的发展壮大，现在主动找谢良志谈投资的风投很多。但是谢良志说：

“我们现在暂时不愿意接受任何资本的介入，我们主要靠自己的积累。”

一家生物技术企业，没有任何资本的介入，全靠管理团队，是极为少见的模式。谢良志也承认，这是个令人头疼的模式。真正做药物研发的企业，不靠资本市场能撑10年的，全世界几乎没有成功的先例。但义翘神州希望可以走出全世界独特的道路。

这并不是痴人说梦，因为义翘神州有其独特的模式。做药物研发的企业投资回报周期非常长，通常前10年都处于投资没有回报的阶段。但义翘神州有两项主业，除了产品研发之外，还有研发外包服务。而研发外包服务作为一个较为成熟的产业，利润高、回报周期短，完全能够支撑药物研发所需的资金投入。因此，不需要任何资本，义翘神州自力更生，用研发外包服务的利润投入到药品研发中，便能自给自足。

可见，在融资渠道上，义翘神州也有自己的独特之处，既不靠风投，也不急于上市，而是利用短期回报高的产品和技术服务来满足企业长远发展资金周转的需要。

### 五、政策对资源获取的作用

作为首批入选国家“千人计划”的海外人才，谢良志认为“千人计划”是近年来诸多政策中对自己影响最大的一项政策。虽然“千人计划”没有具体细致的配套措施，但它给人们释放了一个很重要的信号，那就是国家非常重视高端人才及其合作创办的企业，使得各个地方、园区都加大了对海归高层次人才的支持力度，给予更多的便利。“千人计划”的实施极大地加快了我国高端人才的回流，加快了企业的人才聚集效应，义翘神州也因此受益匪浅。在“千人计划”实施之前，一个新成立的企业，即使人才再尖端，也很难在短期内向政府拿到项目。“千人计划”出台后，现在只需一两年就可以拿到国家的项目，这使得海归创业的竞争力得到无形的增强。

此外，公司在资金方面曾先后受到了科技部、北京市科委、北京开发区管委会等部门的大力支持。[①]国家“863”计划、市科委等也曾给予多项资金支持。开发区也在公司招聘人才方面给予了政策倾斜，帮助解决诸多问题，为公司的发展提供了有利条件。

## 第五节　创新的双元理念

### 一、义翘神州的创新模式

生物医药的研发不同于一般技术，它的研发周期长达十年以上，要求在前期投入巨大的资金，且回报周期非常长。从全世界的医药研发企业来看，几乎所有企业都需要风险投资支持十年以上，然后才能看到成果。因此，可以说，医药研发没有风险投资是不可能的。但是，义翘神州在近十年的发展中，

---

① http://digitalpaper.stdaily.com:81/kjrb/html/2008-12/26/content_13949.htm

既没有寻求风投的介入，也没有通过上市进行融资。在早期研发不受控股股东支持和后期大股东退出的被动局面下，谢良志及其管理团队仍然能在技术创新上持续突破，究其原因，主要得益于公司独特的自主创新模式。

回国之初，谢良志的最初目的是成立一家制药企业，研发生产出具有国际竞争力的生物医药，而这需要较大的投入和较长的时间来打造技术研发能力和平台。但是，公司如何才能够保证长时间的资源投入呢？义翘神州采取了一个办法，“以研发养研发”：一方面利用现有的技术平台生产科研试剂，为医药企业提供技术外包服务，借此积累研发所需的资金，又能推动企业的能力建设。另一方面，继续开展关系企业长远发展的生物医药技术等核心技术的自主研发，努力实现自主创新的战略突破。

研发服务是义翘神州的核心业务。借助多种最先进的生物技术平台和大规模生产能力，义翘神州已快速成为全球生物CRO的领军人物。作为一站式生物CRO服务供应商，义翘神州提供从基因合成到产品后期加工的全过程，为全球制药企业、全球生物技术企业和全球各类研究机构提供医药研发外包服务，并为用户的基础研究和临床前研发提供支持。全球前十的制药企业中，已有6家与义翘神州建立了长期合作关系，利用先进的技术平台和高品质的服务，完成了各自的药物研发和生物研究项目。

通过研发服务，义翘神州获得了资金、人才等各方面的资源，相应地投入到自主研发过程中。公司建立了“北京市单克隆抗体上游研发技术重点实验室”，承担着国家“十二五”重大专项课题，建设单克隆抗体创新药物孵化基地。基地建立后，将开发一批具备自主知识产权的抗体药物，提供国产放心药，打破欧美公司的垄断。义翘神州的目标是开发出人类基因组所有重要蛋白的抗体和检测试剂盒，建成世界最大的抗体试剂库。现在，义翘神州的几千种蛋白和抗体试剂产品也开始向市场推广，在市场上崭露头角。未来，义翘神州将在研发的基础上，批量供应蛋白和抗体试剂产品，为全球生命科学家提供快速便捷的优质研发工具。

## 二、创新的双元理念

无论是科研工具、抗体、蛋白的自主研发，还是为生物医药企业提供研发外包服务，从本质上来说都是研发活动，是对生物科技的创新。然而，这两种研发活动有极大的差异，无论从风险和不确定性、回报周期，还是创新的程度上看，都有质的差异。

第一，从风险和不确定性方面看，研发外包服务已经成为一个较为成熟的产业，相对而言有比较成熟的技术基础。但是完全的自主研发则风险较大，所涉及的领域更新、研发更有难度。因此，研发外包服务相对于医药的自主研发而言，风险和不确定性较低。基本上，只要企业具备一个较好的平台和技术，研发成功的概率是较大的。

第二，从回报周期来看，研发外包服务只需要向客户交付所要求的研发过程中的一个环节，即可有利润回报。但是，生物医药产品的上市由于要不断试错、不断探索，经历临床前的动物试验，临床I期，II期，III期试验，一个药品的成功开发可能需要很长的时间，这个时间甚至可能是十年，而且成功率往往不到10%。因此，研发外包服务相比起药品开发而言，回报周期较短、收入比较稳定。

第三，从创新的程度上看，研发外包服务属于改进式创新，而自主创新的药物开发属于探索式创新。研发外包服务所完成的研发过程，是在现有的技术上的集成式的优化和改进；但自主创新，则是在未知领域的探索，是开疆辟土的突破。因此，尽管自主创新的不确定性高、回报周期长、风险大，但一旦成功，对行业的创新影响将大大超过研发服务的成果。

义翘神州的最终目的是形成自主创新的产品；同时，通过平衡自主创新和研发外包服务这两种创新活动，企业在改进式研发和探索式研发这两种截然不同的研发活动中找到了平衡点。一方面，利用研发外包服务为自主创新活动获得资源，另一方面，也通过研发外包服务培养企业研发能力，建设科研平台。比如蛋白抗体的研发和生产能力，既是自主研发的成果，也是通过研发外包服务所不断培养出来的能力。

通过承接大量科研机构和医药企业的外包订单，义翘神州在医药行业的许多重要的生产环节积累了丰富的研发经验，同时也在与客户合作时得以吸收对方的技术之所长，增强自身的研发能力。这些都将成为企业未来自己独立开发医药的宝贵财富。与此同时，企业本身也不断地在推进其他核心的制药环节的技术积累，新的技术的获取掌握又进一步拓展了公司提供外包服务的能力。通过这种互相补充又互相促进的双元性创新，义翘神州不仅很好地分散了长期研发所带来的高风险，而且使得公司的科研体系更加完备、研发速度得到更大的提高。

## 第六节　知识流动和溢出

### 一、企业间技术流动

知识溢出是产业集群效应的一个重要方面，同一行业的不同企业之间集聚在一起，借助人才在企业间的流动可以让原来封闭于一个企业内部的重要的管理、渠道和技术等信息得以流出，产生溢出效应。从国家的角度看来，这种知识溢出似乎有利于众多企业的共同进步，然而在谢良志看来，这其实是一个误区。实际上，真正有志于进行自主创新的高新技术企业是非常忌讳人才的流动的。毕竟，没有哪个企业愿意让自己十几二十年积累下来的技术、渠道和管理经验在一夜之间被一个跳槽的员工白白送给其他与之有竞争的企业。而如果所有企业都只指望通过成本低廉的人才外招来获得技术上的进步，那么也就不会有企业有动力去开展任何自主创新，因为无论从投入还是从风险上看后者都比前者高得多。而且一个技术人才要想真正实现创新效益的最大化，就必须在一个岗位上持之以恒踏踏实实地持续创造价值，因此人才流动太快反而不利于行业整体的技术进步。

出于人才流动影响企业创新积极性的顾虑，谢良志对前些年新出台的《劳动合同法》颇有微辞。一方面，按照劳动时间来计算工资和加班费用虽有利于保障低端的加工制造企业劳工的合法权益，起到了很好的积极作用，但对于高新技术企业而言，研发人员的贡献和报酬却不适合用其投入的工作时间来计算，而更应看最终的研发成果，因此计时工资制度不适用于高新技术企业。另一方面，在解除劳动关系上，依据《劳动合同法》，劳动者拥有较大的主动权，因此一旦企业的技术骨干受竞争性企业短期利益的吸引而选择跳槽，那么原来的企业面临着研发成果被流出的员工泄露的风险，现有的法规不利于鼓励企业得创新投入。对《劳动合同法》最大的担心和顾虑是它不利于提升一个国家和民族的创新能力，我国目前还处于相对比较落后的阶段，需要很多人，尤其是待遇相对较高的研发人员，不是把精力放在计较每天的加班费是多少，而是把主要精力放在提升我国的整体研发能力和创新水平上。

相比于中国的制度安排，谢良志更欣赏美国的经验："美国比较科学，普通工人和研发管理人员采用两套体制，而不是一刀切。工人的工资是讨价还价出来的，工人按小时计工资，我干一个小时你给我多少钱，我加班你也得给我应得的报酬。而研发人员则是采用年薪制，通过年薪加奖金的激励机制来调动研发人员的积极性，你干得越努力就可能会干得越好，你也就会有更好的升迁机会和发展前途。那你就会全力投入去做研发，做创新，而不是斤斤计较每天的加班费。实事上，美国的研发人员大部分都很敬业，每周工作60—70小时的非常多，美国也仍是全球创新能力最高的国家之一，美国的经验是比较成功的。"

如今的义翘神州已经在生产上形成了独立完备的体系，技术能力已经非常全面，以前与外部研究机构的合作开展的不多。在一些基础研究领域，公司希望以后能加强与外界的合作，以了解基础研究的前沿和最新的科研需求，同时也可以充分发挥企业的产业化技术优势，推动产学研的合作和科研成果的转化合作。

## 二、企业内部知识流动

在公司创立初期，海归还比较少，研发工作基本都是由谢良志带着本土的团队。而如今技术体系已经初步建成，只需进一步优化，多年培养出来的本土人员已经能胜任日常的研发工作，因此现在他们是研发上的主力。

在义翘神州内部，300名员工中有十几名海归，研发团队也形成了海归带领本土的模式。在企业内部，形成了海归和本土人员之间的良好互动，促进了人员之间的知识流动。

在研发团队中，除了谢良志、王阳等海归博士，其他大多是本土的应届博士生和成长起来的硕士和本科生。谢良志谈到，之所以招应届毕业生，一是因为不需要他们有工作经验。因为做技术方面的研发，每一个公司都有很大不同，即使有工作经验也很可能没有帮助；另一方面是各个实验室的文化、公司价值观念，可能都不一样。有工作经验的人如果没有良好的科研习惯，要改更难，宁愿从应届毕业生抓起。

因此，企业内部的知识从海归向本土应届毕业生溢出，而当本土研发人员培养出一定的能力之后，海归人员便可以充当技术管理的角色。最近两年，以马宁宁和王阳为代表的一批海归加盟义翘神州，他们不仅掌握着尖端的生物技术，而且还有非常丰富的管理经验。谢良志将海归人员主要安排在技术管理岗位，成为公司管理团队的重要组成部分。

## 第七节　企业管理文化

### 一、自由的实验室文化

义翘神州是以产品为导向、以技术为根本的生物技术企业，这就意味着研发是企业日常所有工作的重中之重。而产品和技术的研发有着自身的特点，不是靠严格的管理和监督就能提高效率的，更多的是需要发挥研发团队的主观能动性、创造性以及协同作用。因此，公司的生产管理决定权很多都分散给了中层和基层，企业整体的工作氛围也很自由，没有太多的条条框框，以保证研发工作不受不必要的规则的束缚。谢良志说：

“我们比较简单，没有那么复杂的关系，就是实验，主要是做研究，干活，实干才能出成果。”

### 二、中西文化

义翘神州的高层管理团队以海归为主，这些人长期在国外学习、工作，耳濡目染的都是西方文化，回国后与本土的职工一起工作，又重新浸染在中国文化中，在文化环境的切换之间，他们却并没有遇到常人所预想的中西方文化的冲突。这一方面源于公司的许多高管，包括谢良志，对中国文化都有很强的归属感和认同感，另一方面则是因为大家平时都把注意力聚集于搞研发、做实验，彼此的沟通交流也往往集中于技术层面，因此中西方文化的差异并没有明显地显现出来，文化冲突也自然而然地被淡化了。

### 三、代际文化的冲突

相比于中西方文化的冲突，给首席执行官谢良志印象更深的还是公司内部不同年龄段职工之间的代际文化冲突。尤其是80后和新招的个别90后，他们在思想观念和价值观上体现出来的与其前辈的差异是公司内部最主要的文化差异。

## 第八节　政策建议

说起对国家发展高新技术产业的建议，谢良志希望国家尽可能地吸引更多的人回来。同时他建议国家应该侧重于一点，重点发展某一些前景较好的产业。

此外他还建议国家有选择地重点扶持一些企业，而不是鼓励每一个人创业。可能从国家整体来看，创业的人越多，成功创业的人也就会越多。而谢良志却觉得应看具体情况，不要盲目去创业。有很多人本身是不具备创业的条件的，但是由于国家受国家鼓励和支持，使得这些人也跟风去创业。而实际上，这些人可能更适合在团队里面发挥某方面的作用，比如某一块业务或某一个技术点，实现个人的价值。但是如果让他去单独成立一个企业，那么这个企业可能是没有办法生存的。这样最终只会浪费政府和社会的资源和个人的潜力，还形成了一个坏榜样——因为在短期内政府给很多资助，这会吸引一大批人回来，但是5—10年后，可能有一大批企业不成功甚至倒闭，这对长期的人才的回流反而可能有负面的影响。因此，创业应保持一定的成功率，国家应正确地对创业进行引导，根据每个人的实际情况决定。而且发展一个企业更重要的是将人才集中一起，形成规模经济，比如医药行业，没有规模是做不起来的。而如果盲目地去创立成百上千个企业，那最后只能是把国家的资源白白浪费。鉴于此，谢良志觉得国家更应该重点地扶持一些有基础的企业，本来有创业冲动的人加入到一个团队，并把团队扩大，形成规模和影响力，达到整体功能达于部分的优化效果。

而对于发展生物医药行业，谢良志认为目前国内现在比较缺乏的就是科研工具的开发和生产，政府仍应加大力度进行投入。实际上，无论是基础研究还是药物研发，最大的瓶颈就是没有工具，缺乏工具会导致效率降低很多。比如，不管是做结晶还是干细胞的研究，很多地方都离不开是蛋白，但是科学家不擅长做蛋白质的表达研究，因为这个是很复杂的过程，涉及很多交叉学科，尤其是工程技术。而且仅仅把蛋白表达出来是不够的，还和有足够的量，才能进行科研。而一般的实验室往往不具备工程技术，无法实现规模化生产，所以更应发挥企业在发展科研工具上的主体作用。而且，科研试剂在国际市场上的销售潜力非常巨大，应使之成为我国企业参与国际竞争的突破口。

## 第九节 未来规划

从迈出创业的第一步开始，谢良志早已志在千里，那就是用最先进的蛋白生产工程技术，解决生命科学研究中的关键瓶颈，推动生物医药开发和生命科学研究的发展。[①]具体到公司的经营环节，谢良志其及管理团队也都有引领行业的雄心壮志。

在产品规模上，尽管义翘神州目前已经开发出2 000多种蛋白试剂，规模在国内首屈一指，也基本能满足市场的需要，但公司并不满足于此。在每年500–800个新蛋白的产品开发速度下，义翘神州将在3–4年建立全球最大的蛋白试剂库，不仅将已有需求的蛋白试剂规模化生产出来，还要将开发工作推进到虽没市场需求但潜力巨大的蛋白品种上来。

在市场的开拓上，未来公司将会加大投入力度，加强在中国市场的宣传推广，力争将国内市场开发为主流市场，以减少中国的科研人员和医药企业的研发成本和时间，提高国内整体的医药的研发效益，从而更好地实现谢良志创

① http://news.163.com/10/0208/07/5V00VK9T000120GR.html

业报国的初衷。

而对于业务的拓展，义翘神州也有自己的规划。经过近十年的开拓和积累，公司对医药产业中从基础研究到产品生产的许多重要环节都已经驾轻就熟。未来公司将把业务链进一步延伸，不仅生产科研试剂，还要自己独立地开发生产生物医药，成为功能和业务更加完备的医药企业。

# 第八章　结合海归和本土优势

## ——北京旷博生物技术有限公司

### 企业简介

北京旷博生物技术有限公司是由国际知名风险投资机构和国内大型生物科技产业集团共同投资2 800万元于2009年9月在北京经济技术开发区（亦庄）成立的高新技术企业。主要从事生物科研和诊断试剂/盒产品的开发，生产和销售。公司主要管理团队由具有丰富国际市场运作经验和多项自主创新项目的高层次海外学人，国内资深投融资专家以及生物行业市场与销售专家组成。

北京旷博生物技术有限公司的宗旨是通过高效的管理团队，成熟的技术和工业化的生产和质量控制管理经验，建立世界一流生物试剂生产体系和产品。目前的产品主要包括：microRNA系列产品；细胞和生长因子相关酶联免疫试剂盒；单克隆和多克隆抗体；重组蛋白。这些产品可广泛应用于各种疾病的研究，诊断和药物开发，包括肿瘤、炎症、传染病、老年病、糖尿病和自身免疫病等。同时，根据市场和客户需求以及公司本身的技术和产品优势，旷博生物还提供一系列相关的技术支持和客户服务，主要包括：microRNA相关技术服务；抗体相关技术服务；重组蛋白相关技术服务。

资料来源：北京旷博生物技术有限公司网站（http://www.quantobio.com/）。

## 第一节　生物产业概况

生物产业是指将现代生物技术和生命科学应用于生产以及应用于经济社会各相关领域，主要包括生物医药、生物农业、生物质能、生物制造、生物环保等新兴产业领域。生物产业是古老而现代的产业。人类最早开始认识生物与人体自身，开始了农耕渔牧与医疗卫生、食品餐饮等生物技术与产业发展。生物技术的进展导致生物产业的技术升级，从生物工艺学到生物技术学，并于20世纪初诞生了生物工程学，从发酵工程、生物医学工程、细胞工程、酶工程到基因工程，基因重组技术的发展导致了生物技术革命。随着生物信息学、计算机技术进步，后基因组时代又兴起了系统生物工程与合成生物学技术，从而开辟了人工生命系统设计与纳米生物技术时代，并将带来新的一轮产业革命。

进入21世纪，生物技术在医疗保健、农业、环保、轻化工、食品等重要领域对改善人类健康与生存环境、提高农牧业和工业产量与质量都开始发挥越来越重要的作用。生物技术已经成为现代科技研究和开发的重点。在发达国家，生物技术已经成为一个新的经济增长点，其增长速度大致是在20%—30%，是发达国家整个经济增长平均数的8—10倍左右。由于各国政府的高度重视和生物技术的飞速发展，生物产业正在全世界范围内迅速成长，全球从事生物技术产品开发和生产的专业公司呈激增态势，年产值超过10亿美元的大型公司超过20家。

生物医药产业可划分为基因工程药物、抗体药物、血液制品、诊断试剂以及疫苗五大类。生物医药自20世纪90年代以来一直保持年均15%—30%的快速增长，大大高于全球医药行业年均不到10%的增长速度。但由于其受全球金融危机冲击较大，许多中小生物医药企业破产倒闭，导致生物医药产业在2008—2009年期间增长速度出现大幅下滑。经历了2009—2010年的企稳回升阶段之后，2010年全球生物医药产业产值规模为1 662亿美元左右。2010年抗肿瘤药物、自体免疫疾病治疗药、抗糖尿病药以及疫苗类产品在生物医药市场占据主要地位，同时也是增长较为显著的生物技术药物。2010年全球生物医药产业结构为：基因工程药品占49.4%，诊断试剂占18.0%，抗体占14.2%，疫苗占9.4%，血液制品占9.0%。①

中国是世界上最大的潜在生物医药市场，巨大的潜在市场需求直接推动中国生物医药行业的快速发展。随着13多亿人口的医疗保障水平的不断提高，中国生物制药产业蕴藏着巨大的市场空间。以重组人干扰素为例，据统计，其治疗的主要适应症患者众多，中国乙肝病毒携带者超过1.2亿人，乙肝患者有3 000万人，丙肝患者有1 000万人，结核患者超过450万；而且中国居民高血压、糖尿病、恶性肿瘤和心脑血管疾病的发病率不断增加，对新生物医药的需求非常迫切。随着城市化推进和老龄化社会的来临，也将对生物医药产生新的需求。

随着我国医疗改革的持续推进，以及生物医药被纳入国家战略性新兴产业体系，我国生物医药产业迎来了一个重要的发展机遇期。2010年我国生物医药产业规模达到1340亿元，同比增长16.3%。

生物医药产业可以分为几个领域，包括“工具”制造商、信息服务提供商、药物发现商、传统制药商和制造商、其他一些新兴领域。“工具”制造商指提供机器、试剂、芯片和软件的公司。这些公司主要集中在基础研究的上游市场。如Affymetrix的基因芯片、Applied Biosystems的测序仪、Informax的生物信息学软件。这类公司有潜力巨大的市场，提供生物医药行业发展最基本的需求，最有可能首先盈利；信息服务提供商指从事发现基因和经营相关信息的公司。这些公司主要着眼于寻找新药和新的诊断方法的下游厂商，销售最新的基因信息和产品；药物发现商指从事发现新的药物和诊断方法的公司。这些公司主要为大的制药公司服务，通过强强联合，将新的药物和诊断方法通过制药公司进行临床实验，确定效果，这些公司是生物技术行业中与制药联系最密切，也是最重要的环节；传统制药公司通过与上述生物技术公司联合，甚至成立自己的生物技术公司，利用其在传统药物研发的特有经验和渠道，经过数年的临床实验，最终将产品提供给消费市场；其他一些新兴领域的企业主要从事近几年在基础研究方面极具商业前景的干细胞开发应用。这些公司与上述公司不同，他们较少以传统的生物技术为工具，而是利用干细胞有分化为体内几乎

① 赛迪顾问，《2010—2011 年中国生物医药产业研究报告》。

其他所有细胞的潜能，在体外进行培养，通过其无限制的细胞资源，以代替疾病细胞，临床前景光明。本案例的主角北京旷博生物技术有限公司所从事的主要业务就是为生物医药产业制造“工具”，主要从事生物科研和诊断试剂/盒产品的开发，生产和销售。

## 第二节　生物产业政策和产业集群

### 一、生物产业政策

许多国家都把生物技术产业作为21世纪优先发展的战略性产业，作为提高本国竞争力的重要手段，纷纷制定发展计划，加强领导，网罗人才，加大对生物医药产业的政策扶持与资金投入。例如，美国将生物医药产业作为新的经济增长点，实施“生物技术产业激励政策”，持续增加对生物技术研发和产业化的投入；日本制定了“生物产业立国”战略；欧盟科技发展第六个框架将45%的研究开发经费用于生物技术及相关领域，英国政府早在1981年就设立了“生物技术协调指导委员会”，采取措施促进工业界、大学和科研机构加大对生物技术开发研究的投资；新加坡制定了“五年跻身生物技术顶尖行列”规划，5年内将拨款30亿新元资助生命科学和生物技术产业；印度成立了生物技术部，每年投入6 000万—7 000万美元用于生物技术和医药研究。

我国政府高度也关注生物技术及其产业化发展。国务院已做出的重大决策包括。2004年成立了“国家生物技术研发与促进产业化领导小组”，由国务院负责科技工作的领导同志任组长；决定成立“中国生物技术行业协会”，加强对生物行业的规范与管理；2005年，《国家中长期科学和技术发展规划纲要》把生物技术作为科技发展的五个战略重点之一，生物产业作为重点培育的高技术产业，已经列入《国民经济和社会发展第十一个五年规划纲要》；2006年，制定了《中国生物技术与产业化发展纲要》，明确未来20年生物技术和产业发展的重点和方向；2007年4月国家发改委编制发布了《生物产业发展“十一五”规划》，要求进一步推动生物产业发展。2009年6月国务院审议通过了《促进生物产业加快发展的若干政策》，提出加快把生物产业培育成为高技术领域的支柱产业和国家的战略性新兴产业。中国的生物技术和产业发展，已初步形成政府大力扶持、技术进步加速、企业快速成长、产业初具规模的良好局面。2010年中央一号文件更是提出：抓紧开发具有重要应用价值和自主知识产权的功能基因和生物新品种，在科学评估、依法管理基础上，推进转基因新品种产业化。在生物技术领域，中国已列出10大领域、35类关键技术，力争培育1 000多家大型企业，以实现生物经济强国战略。未来中国将重点发展新兴疫苗、小分子药、新兴中药、高产优质农作物、生物农药、生物制药业、生物质能、环境生物技术。

2010年10月，国务院正式颁布了《国务院关于加快培育和发展战略性新兴产业的决定》，将生物产业列为现阶段要重点培育发展的战略性新兴产业，提出要大力发展用于重大疾病防治的生物技术药物、新型疫苗和诊断试剂等创新药物品种，提升生物医药产业发展水平。这意味着，在化学药、生物药、疫苗和诊断试剂方面，重视“创新”的医药企业将受到重视，中国“仿制药大国”的形象亟待改观。除了药物本身创新之外，试剂创新、应用成果创新都将得到政策鼓励，生物医药产业的升级将通过增强企业创新能力来实现。生物医药“十二五”规划确定了生物医药发展的重点，包括基因药物、蛋白药物、单克隆抗体药物、治疗性疫苗、小分子化学药物等，同时国家将拿出100多亿元来支持重大新药创制。国家将从100多个新药中遴选出十多个，作为重大新药创制重点支持对象，这些原创新药可能成为打入欧美市场的先锋。

在生物医药“十二五”产业规划制定同时，由科技部、卫生部等制定的“重大新药创制”科技重大专项“十二五”实施计划（2011—2015）也在制定中。卫生部指出，“十二五”计划仍设置“创新药物研究开发”、“药物大品种技术改造”、“创新药物研究开发技术平台建设”、“企业创新药物孵化基地建设”和“新药研究开发关键技术研究”5个项目。在“创新药物研究开发”中，根据化学药、中药和生物药等不同类别，国家给予不同的经费支持。其中创新药物临床研究每个课题经费资助范围为500万—1 100万元；临床前研究每个课题经费资助范围为300万—500万元；新药国外临床试验研究每个课题经费资助范围为1 500万—2 500万元，承担单位投入经费不少于1∶4。单个新药研发项目，国家给予的支持资金平均在500万—1 000万元；研发平台能获得几千万元乃至上亿元的支持。[①]

## 二、生物产业集群

在生物技术产业迅猛发展的浪潮推动下，经过多年的发展和市场竞争，加上政府的引导，许多发达国家在技术、人才、资金密集的区域，已逐步形成了生物产业聚集区，由此形成了比较完善的生物医药产业链和产业集群。美国已形成了旧金山、波士顿、华盛顿、北卡、圣迭戈五大生物技术产业区。其中硅谷生物技术产业从业人员占美国生物技术产业从业人员的一半以上，销售收入占美国生物产业的57%，研发（R&D）投入占59%，其销售额每年以近40%的速度增长。除美国外，英国的剑桥基因组园、法国巴黎南郊的基因谷、德国的生物技术示范区、印度班加罗尔生物园等，聚集了包括生物公司、研究、技术转移中心、银行、投资、服务等在内的大量机构，提供了大量的就业机会和大部分产值。这些生物技术产业集群已在这些国家和地区产业结构中崭露头角，对扩大产业规模、增强产业竞争力作出了重要贡献。

由于发达国家环保费用高，传统的原料药生产优势减弱，因此，跨国制药企业逐步退出一些成熟的原料药领域，转移到环保要求较低的发展中国家。随着医药制造工艺日趋复杂，部分企业将生产制造的业务外包出去。为了进一步节省药品研发支出，提高效率，降低风险，为追求企业经营效益最大化，推动本土化发展，跨国制药企业将研发网络进一步扩大到临床资源丰富、科研基础较好的发展中国家，研发外包比重不断提高。越来越多的国际医药集团在经济全球化发展的前提下，充分利用外部的优势资源，重新定位、配置企业的内部资源。2011年全球制药业研发外包（CRO）市场将达到380亿美元，年均增长率为16.3%。

为加快培育和发展战略性新兴产业，2008年2月国家发展和改革委员会在高技术产业发展具有优势和特色的地区，确立了第四批9个国家生物产业基地。从2005年第一批以来，总计确立了22个国家生物高技术产业基地。工业和信息化部于2010年2月审批62个产业基地为第一批“国家新型工业化产业示范

① 赛迪顾问，《2010-2011 年中国生物产业研究报告》。

基地”，其中有3个生物产业示范基地。科学技术部自1997年共确立了16个火炬计划特色生物产业基地。目前中国共有38个生物产业基地（国家新型工业化示范基地3个，火炬计划特色产业基地16个，国家高技术产业基地22个，有部分重叠）。[①]全国各地很多新开发的高科技产业园区都将生物医药产业作为重点引驻对象，以基地为载体的现代生物产业集群已经初具规模，在全国培育形成了长江三角洲、珠江三角洲和京津冀地区三个综合性生物产业基地，以及东北地区、中西部地区若干专业性生物产业基地为主的空间布局。

长江三角洲已经成为中国最大的生物产业聚集区，围绕上海、杭州等基地逐步形成产业链上下游配套较好的产业集群。上海基地重点发展基因工程药物、现代中药、化学合成创新药物、生物医学工程等领域的新产品，形成创新体系完善、产业特色鲜明、布局合理的国家综合性生物产业研发、生产和出口基地。杭州基地目前已形成以生物技术药物为核心，现代中药为基础，现代化学药物与新型医疗器械协同发展，生物农业形成特色优势，部分领域的产业特色居国内领先水平。

珠江三角洲的市场经济体系比较成熟，民营资本比较活跃，围绕广州、深圳等基地形成了商业网络发达的产业集群。广州科学城聚集了150多家生物企业和一批国家级生物科研机构，重点发展基因工程药物、现代中药、化学合成创新药物、海洋药物等四大生物医药领域，着力发展生物农业，形成了从生物技术研究、中试到产业化的产业链条。深圳初步形成了以一批大企业为龙头的高档医疗设备、生物制药、现代中药、检测仪器及诊断试剂五大产业链。

北京作为全国首都，一直走在政府政策引导产业发展的前列。北京市政府一贯重视生物工程与医药产业的发展，近年来生物工程和新医药在整合首都资源、建设区域创新体系、推进产业结构调整等方面不断取得进展，各项综合指数平稳攀升，已初步形成以化学制药、中药与天然药物、生物技术为重点，生物医药的创新、制造、流通和服务于一体的产业群。北京聚集了中国生物医药领域近1/3的智力技术资源，在新药研发各环节的技术服务方面均具有领先优势。近两年来，相关企业和科研机构紧紧抓住国际生物医药研发向发展中国家转移的机遇，积极在全球范围内整合资源，开展合作，使区域生物医药研发

① 赛迪顾问，《2010—2011 年中国生物产业研究报告》。

服务新产业迅速形成规模。北京生物医药研发服务新产业的形成，主要体现在涌现出了一批得到同行认可的优秀企业。

## 第三节　创业机会识别和创业团队形成

### 一、创业机会

北京旷博生物技术有限公司（以下简称旷博生物）是2009年9月9日在北京经济技术开发区（亦庄）成立的高新技术生物试剂企业。主要从事生物科研和诊断试剂/盒产品的开发，生产和销售。公司主要管理团队由具有丰富国际市场运作经验和多项自主创新项目的高层次海外学人、国内资深投融资专家以及生物行业市场与销售专家组成。

旷博生物的创始人王济民博士在英国和北美有多年研究、研发和企业管理经验，在生物试剂及相关产业积累了丰富的科研和产业化经验。王济民博士1986年于上海第二医科大学获得医学博士学位，后就职于上海第二医科大学。1990年赴英国曼彻斯特大学从事博士后研究。在1993年的一次国际学术会议上，美国PharMingen公司首席执行官慧眼识才，邀请他加入公司从事生物试剂的研发。从此，王济民跨入了生物试剂产业。此后他来到美国英杰（Invitrogen）公司，继续从事生物试剂的研发。王济民博士从普通研究员做起，几年内就升任部门研发总监，领导开发了数百个免疫试剂盒系列产品，年产值几千万美元以上，包括细胞粘附分子、细胞凋亡、糖尿病、癌症等多个领域的科研试剂。在谈到自己在生物试剂产业的经历时，王济民博士说："我很幸运，世界四大生物试剂企业，我在其中的两家工作过。而且生物试剂行业兴起仅20年时间，而我就干了15年。"2009年，英杰公司被并购后，已是行业资深人士的王济民选择离开。当时德国默克等多家生物试剂业巨头向他发出邀请，王济民面临着两个选择，一是去世界级生物试剂公司就职，另一个就是回国创业。最终，王济民决定回国创业。"学了很多年，又搞了这么多年的生物试剂工作，该'倒'出来一点了，我希望能多培养一些人。"王济民说。回国创业，首要的原因在于，王济民从多年的从业经验中看到了商机，认为中国生物试剂行业市场巨大：

“目前，我国从国外进口的科研用抗体和免疫试剂占总用量的95%以上，而从国外进口面临着成本高、供货时间长等问题，制约了我国科研的发展。”

在谈到中国生物试剂产业如何能达到世界先进水平，王济民博士认为：必须完善生物试剂研发机制，整合资源，对生物试剂研发机构、人才、硬件等三个要素进行重点建设，并配备具有多层次知识结构的研发人才，多渠道、多元化筹集研发资金并进行长期持续的投入。

从研发机制的角度看，王济民博士观察到我国在生物领域进行创新的传统方法存在问题，从而抑制了我国生物产业的发展。我国向西方国家学习生物科技领域先进技术的传统办法是从国外采购科学实验所需要的整套设备（包括生物试剂等材料）。在这个过程中需要花大量的资金，而实质上只是把国外现行的实验设备搬到国内，而在科学研究发展潜力等方面都受制于国外设备的发展水平。换句话说，由于我们没有制造先进实验设备和材料的能力，在未来的科学研究潜力上一直要落后于人甚至受制于人。

观察到我国生物领域发展中对生物试剂的巨大需求和现阶段对国外试剂的严重依赖，王济民博士立志要为我国生物产业提供世界级水平的实验材料—生物试剂，进而提升我国生物产业的科研水平。这和我国大力发展的装备制造业是一个道理：只有能够生产世界级的生产工具，才可能生产出领先世界的产品；只有能够生产世界级的生物试剂，才可能生产出领先世界的生物药品。

除此之外，国家政策的扶持和创业环境的优化也是王济民博士决定回国创业的重要因素之一。王济民博士观察到，中国政府在推动生物产业发展方面下了很大决心，把新生物和新医药产业列入了国家十二五规划的七大战略性新兴产业之中。而新生物和新医药产业的发展离不开生物试剂产业的发展，同时，国家在新生物和新医药产业方面推出的优惠政策和提供的资金支持也将惠及生物试剂产业。

和王济民博士一起观察到这个创业机会的还有其他华人科学家，为国内生物试剂领域的发展创造了行业环境。据王济民博士说，众多高水平科学家的归国为我国生物试剂领域自主创新和产业化发展提供了很好的机遇，在带来快速产业发展的同时也带来激烈的竞争。由于生物试剂领域在国内也是近几年才真正发展起来，这个领域中有大量小公司和新公司，而真正形成规模、形成核心竞争力和高水平团队的企业还不多。旷博生物经过将近两年的发展，从两个人发展到近50人，算是一家发展相当快的公司。谈到国内生物试剂产业的发展前景，王济民博士非常乐观：

"美国比较大的一家生物试剂企业去年的产值是38.8亿美金，此外还有多家类似规模的企业，可见这个市场空间很大。在中国，由于我们人口基数很大，对生物试剂的需求非常大，从科学实验到临床再到健康普查领域的需求也越来越大，另外，随着中国人口的增长，生物试剂产业肯定是非常有发展前景的。"

## 二、创业团队

创业不仅需要机会和环境，还需要一个具有共同目标的创业团队。生物试剂产业是一个多学科、多种类、创新快的行业，同时，要做好一个生物工程公司需要品牌、人才、市场、资本等多方面的资源。因此，建立一个高水平的技术团队和管理团队是创业成功关键的第一步。而旷博创业团队的特点恰恰是拥有多位世界顶尖的海归技术人才。在旷博生物的主要创业技术团队中有一位国家千人计划入选者、三位北京海聚工程入选者（或申报者）以及四位北京经济开发区海外高层次人才入选者。这些技术专家都在北美有多年的研究、研发和企业管理经验，在生物试剂及相关产业积累了丰富的科研和产业化的经验。随着国内生物产业的兴起，多位海外技术专家也观察到了巨大的市场机会，并陆续加入旷博的创业团队中。其中，大部分人在2009年前后全职投入到旷博的创业，而其他人则以兼职的形式，继续在美国顶尖大学和实验室为旷博生物的发展提供技术支持。

旷博生物的创业团队中，有海外归来的资深技术专家，也有行业和市场经验丰富的本土投资人和市场团队。旷博创业团队的形成有很多故事，其中从海外归国的常务副总经理范盘生、副总经理张卫红和本土的市场总监王洪平的加盟颇有代表性。

范盘生1978年入读苏州医学院本科（现苏州大学医学部），1983年在本校研究生毕业后留校在药理教研室任教，直到1991年随出国潮赴海外留学。在国外药理学领域钻研了10多年后，范盘生观察到本学科产业化的机会和潜力，并意识到产业化过程中需要掌握管理知识。于是，他在2003年开始攻读MBA学位，后转到旧金山一家企业研究中心工作，任生产部总监。2007年，他所在的美国公司在北京开设了一个办事处，范盘生被派到北京，从头做起，招人、建团队、找场地，花了一年半左右时间建立了分公司。在这个过程中，范盘生对于如何在中国经营企业有了感性的认识，也结识了王济民博士。2009年，旷博生物开始筹建，范盘生和同处一个写字楼的王济民经常见面，逐渐被创办旷博生物这项事业所吸引。当时，中国的生物试剂和相关的生物原材料产业大约有近千亿的需求，但95%左右都是进口的，这个巨大的商机激发了范盘生的创业冲动，使他在2010年6月回国加盟了旷博生物。

同样是海归高管，旷博生物副总经理张卫红的加盟经历和范盘生也有相似之处。张卫红于中国农业大学获得硕士学位，工作两年后到英国牛津大学攻读博士学位，学成后分别在牛津和哈佛医学院读了一年的博士后，随后在英国的一家生物技术公司做资深科学家。三年后，她加入了一家丹麦公司做研发经理，并开始负责公司和中国的合作。在加入旷博生物前，她是孟山都公司在北京研发中心的研发总监。在谈到为何离开外资企业加盟海归创业企业，张卫红说，在外资企业的主要工作除了研发外就是保护企业在中国的知识产权。虽然保护知识产权合理合法，但总和中国企业打官司、总考虑如何在技术方面打压中国企业，张卫红想做一些更有意义的事情。在这个时候，她认识了旷博生物的其他海归高管，被旷博使命所吸引的张卫红决定加盟。

另一方面，旷博的高管团队也包括本土的行业资深人士。公司负责销售的副总裁金利民和市场总监王洪平都是旷博的本土高管。王洪平从中国医学科学院硕士毕业后，在国内一家医药销售公司工作了六七年，之后加入国外一家生物试剂公司做了两年市场总监。这家企业主要从事代理销售工作，产品的生产和定价都由国外公司掌控，作为国内的市场总监，王洪平只负责运输和转运工作。虽然这家外资企业也是行业翘楚，但王洪平总有替人打工的感觉。加入旷博之前，王洪平和旷博总经理王济民在业务上有联系，在了解了旷博生物做民族产品等的理念和愿景后，王洪平非常认同，加盟了旷博生物。

生物试剂行业具有多学科、多品种、小批量需求的特征，决定了生物试剂企业“技术密集、人才密集”的特点。因此，行业基本以“海归”人才为主。与互联网等新兴产业不同，生物产业的周期比较长，技术相对成型、稳定，新的技术突破非常困难，而且要想在这个产业取得技术突破，需要很长时间的技术积累。旷博专业技术团队的优势和特点是拥有一批有十年以上国外大公司试剂产品开发和管理经验的“海归”人才：王济民、范盘生、杨黎明、张卫红、官奇等；有一批有实力的知名“海归”科学家提供技术支持：何有文、傅阳心、李启靖、钟光明等。

旷博生物已组建了“北京旷博生物技术研发中心”：中心由一个“千人计划”人才的海归科学家领衔，通过国内外重点实验室的紧密合作，引进成熟技术，跟踪前沿技术，培养企业的技术团队和新产品的开发能力，逐步建立世界水平的企业技术研发中心。截至2011年7月，旷博生物有员工52人，其中一半以上是研发人员，本科以上学历占80%以上。目前创业团队中已有2个千人计划入选者，2个海聚工程人才入选者，2个第五批海聚工程人才申请者，5个亦庄海外高层次人才入选者，研发团队中有11个博士、12个硕士。旷博致力于打造一个高水平人才创新和研发的平台，其人才团队将为旷博日后发展成为10个亿以上规模的企业奠定基础。

## 第四节　资本助力

北京旷博生物技术有限公司的资本来源于国内外两个投资机构——香港晨兴集团和天津永泰红磡集团所投资金。作为天津永泰红磡集团的代表，兰宝石担任旷博生物的董事长。通过10年来在生物科技领域的投资，兰宝石逐步对生物科技有了基本的判断。兰宝石投资旷博生物基于三点理由：第一，国家产业政策的扶持力度大；第二，现在产业严重依赖进口，但我国将来必然形成生物产业完整的产业链，因此市场潜力巨大；第三，我国有生物产业的成本优势。

首先，作为一个职业的、有经验的本土投资人，兰宝石认为国家政策是产业大发展的保障。生物科技领域是国家“十二五”重点支持的领域。在中国这样一个政府财政和国有经济占经济总量很大比重的一个国家，作为投资人，投资项目能否成功在很大程度上取决于项目是否能承担国家和地区经济发展的战略方向。因此，在投资和策略选择上，兰宝石认为这是要考虑一个首要的因素。生物科技行业由于周期长、风险大，行业环境不成熟，非常需要政府的支持

其次，生物行业产品大概80%—90%依赖进口，而作为生物产业链条中的生物试剂工业进口依赖程度高达95%。基于生物产业在中国会有大发展的这个判断，兰宝石把生物试剂产业比作为生物产业淘金者提供服务的生意，而投资旷博则是淘金热中卖工具的生意。在19世纪末的淘金热中，不一定所有人都能通过淘金实现“发财梦”，但卖工具、卖生活必需品给淘金者的人是肯定能赚钱的。兰宝石认为生物制剂产业就是下一阶段生物产业“淘金热”中的综合服务商，而在中国，这种服务性产业的起步甚至比主体产业起步还要更快一些。中国市场潜力巨大，这一点不同于新西兰、新加坡等国内市场狭小的国家和地区。未来的全球生物产业的重心必然会转移到人口密集和物种资源丰富的中国。在这个过程中，替代进口实现常用常规试剂国产化是一个巨大的商机，也符合全球化背景下国际产业分工的趋势。全球有一大批规模在10亿美元以上的生物试剂公司，而中国目前却还没有上亿元产值的科研试剂供应商。据兰宝石分析，由于美国经济危机的影响和中国政府对战略新兴产业的大力推动，全球生物产业链条向中国转移是一个趋势。“兵马未动，粮草先行”，兰宝石正是看中了产业转移中的先发优势以及在中国投资生物试剂产业的美好前景，选择投资生物试剂产业。

再次，一个产业的发展除了国家政策的支持和产业发展的机会之外，还必须依靠能够支撑产业发展的人才资源。生物试剂产业是一个多学科的产业，各个学科间有交叉，单独的任何一个学科都支撑不起生物试剂产业。因此，对人才的要求非常高。中国发展生物试剂产业主要依靠海归。凭着在生物产业多年的投资经验，兰宝石非常清楚海归人才在生物产业的重要性。在这个知识和技术密集型的产业中，本土的人才资源比较匮乏。由于生物试剂产业国内外发展水平差距较大，海归科学家有天然的技术优势和国际网络优势，能够相对容

易地把技术配套建立起来。有一部分海归科学家不仅仅有高端的技术，还有宝贵的行业从业经验和管理经验，这不仅有利于个别企业的发展，也对整个产业的发展有推动作用。

兰宝石对旷博的投资，不仅仅提供了资本助力，更重要的是：为企业提供了在中国发展所需要的各方面的增值服务，对企业在中国的组建、运行和开发提供了帮助。

## 第五节　自主创新和引进吸收

### 一、创新理念

凭借多年的从业经验和对行业的了解，旷博生物的高管非常清楚我国生物试剂产业的发展机会和发展约束。在国内，生物试剂产业资金投入少，研制开发力量薄弱、技术创新落后；在开发与生产上低水平重复，重复建设现象严重；力量分散，企业规模小，整体生产现代化水平不高，设备落后；市场开发理念失常，缺乏品牌意识；企业管理相对滞后，技术兼经营性人才匮乏，尤其缺乏既具有国际视野又懂市场经济和市场需求的复合型人才动；企业相互之间也缺乏交流和合作。

在谈到东西方的创新理念时，旷博生物的海归技术专家们认为：我国的创新文化中过分重视创新的技术层面，也就是通常说的“术”，而对于创新的理念层面，也就是创新之“道”重视不足。这和我国近些年来重视工程技术而忽视人文精神不无关系。而这种重视“雕虫小技”的创新技术而忽视创新理念的创新方式最后导致的是低水平创新乃至没有创新。

面对这些现状，旷博进行了以下几个方面的创新：

第一，在团队组建方面进行创新。旷博的创业团队由本土和海归成员组成，海归成员拥有尖端的核心技术，而本土人员则有资深行业经验。本土和海归相结合，旷博形成了由技术、市场、工业化经验和投资人组成的创业团队。

第二，在组织建设方面进行创新。旷博建立了以公司发展远景为基础的管理团队，而不是以利益为驱动的管理团队。兰宝石把这样一个由本土和海归组成的团队比作“动车组”：过去的本土企业是一个老大说了算，好比火车只有一个火车头，一个创业者人带一帮人往前跑，整个企业的发展速度受制于“带头大哥”的思维和眼界。这种模式过去也许行得通，但现在，尤其是在高科技产业行不通了。因为外界发展变化太快，比如说，上半年宏观经济政策是防止经济下滑，下半年就变成防止通胀了。所以，外界环境变化快，企业这辆火车就必须跑得快，同时又能刹车，有灵活性。兰宝石说：

“蒸汽火车的时代，火车最快的也就100多公里，但动车组可以创造300公里的速度，为什么？因为动车组通常有几个动力车厢加几个非动力车厢进行编组。火车各车厢不需要每节车厢都是动力车厢，类似的企业中不可能每个人都是动力车厢，因为这里面有个协调问题，动力源多了协调起来就困难。火车车厢不协调一致就翻车了，所以没有计算机自动化体系做不了动车组。企业家团队也类似，这里的自动化系统就是企业文化。”

第三，是研发方面的创新。旷博利用产学研合作的模式，推动了新产品开发的速度，实现了国外一流技术的快速引进、吸收和消化，然后针对中国市场开发相应的产品。

创立初期，旷博生物的团队曾想简单地把国外设备引进到中国进行生产，而后在自主研发基础上改进生产流程，使得国外的技术能适应中国生物试剂产业的发展。但回国之后，旷博生物的创业团队就发现原本以为是中国优势的低廉人力成本反倒成了劣势。王济民博士认为国内表面上在人力成本上有一定的优势，但由于员工技术水平不高和需要长期培训以达到要求，所以人力成本实际很高。原因是生物试剂产业需要大量受过高等教育的高素质人才，而中国的高等教育和美国的高等教育，尤其是在学生的动手能力方面，差别巨大。例如，一些在美国高校博士毕业的学生有很强的实践动手能力，毕业后马上能进入实验室并很快独立进行研究。而一些在国内高校博士毕业的学生理论知识还可以，但独立研究能力较差，往往需要企业花几年时间进行培养。在人员素质方面的差别使得公司原来打算在短期拿出来的产品生产不出来，造成成本上升。

为解决毕业生实际操作能力不足的问题，旷博生物采取了产学研结合的方式。例如，中科院基因所有不少在实践中锻炼了多年的年轻实验人员，也有需要花很多资金才能购置全的实验设备。2010年，刚创立的旷博和基因所开始合作研发。旷博生物派企业研发人员到基因所合作研究，花了三个月时间就建立了生产流程，不仅缩短了投产准备时间，同时解决了人才和设备的问题。此后，在这个合作的基础上，企业和研究机构共同开发了一个系列的700多种产品，并且联合申请了专利。

旷博生物不仅仅和国内科研院所合作，而且还通过团队中仍在国外高校从事研究工作的成员，和国外的顶级实验室合作研发。旷博初创时期缺乏资金、技术和人员，研究项目与海外合作伙伴共同研发，然后在旷博生物进行产业化。例如，旷博生物团队中的傅阳新、何有文和李启靖都是美国著名大学的教授。他们的加盟为旷博生物保持在技术上和国际先进水平接轨提供了可靠保障。

在技术创新战略方面，旷博生物的高管比较认同一条先引进、后吸收，再创新的道路。从公司规模和资源方面讲，旷博生物是新创企业，科研设备未臻完善，进行基础创新的难度较高，因此公司一般是依托重点实验室或者是科研院所，利用这些研究机构做得比较成熟的技术，结合本企业产业化能力和优势，把科技创新变成产品推向市场。在这个过程中，旷博生物寻找的是产业化和技术创新之间的平衡。由于有一批有很强专业背景的科研人员，在积累了足够的资金和市场经验后，旷博生物就能够综合自己的技术优势和产业化经验，有针对性地进行自主创新，并能很好地实现创新的经济效益。

第四，在营销方面进行创新。谈到技术和市场的结合，旷博生物的高管非常有感触。他们说，在刚刚回国创业的时候对中国市场不甚了解，所了解的市场信息都是国外的。在公司最初的100多个细类产品中，最终证明只有10%左右适合中国市场，而大多数产品只适合于国外市场。于是，经过一段时间的尝试和探索，旷博生物把产品分为三类：国内外都有市场的产品；国内有市场而国外没有市场的产品；国内没有市场而国外有市场的产品。公司对三类不同产品采取了不同的发展策略：对于国内外都有市场的产品优先发展国内市场，同时在国外市场通过代理商逐步渗透；对于国内有市场而国外没有市场的产品，主要考虑如果对国内市场的渗透，并逐步通过产品改进扩大市场份额；对国内没有市场而国外有市场的产品，逐步通过在海外建立子公司进行生产和销售。

同时，旷博还运用整合营销的理念，通过协助、参与政府建立“北京国际生物试剂物流中心”，推动行业的整合；通过重新洗牌，实现行业的集群和集约发展，为自身的快速发展创造有利的环境和条件；通过推动和参与产业联盟的建设，实现产业链条相关企业的协同发展。

旷博生物重视创新，有很强的创新意识。包括首席执行官王济民在内的海归科学家们认为：创新来源一个系统团队，创新来源于一个系统工程，现在我们是学国外的先进技术，我们未来的目标是打出一个亮点在世界上创新。我们希望通过一个组织结构来实现创新，我们把平台搭建起来，慢慢跟国外的平台接上去，通过这样的途径实现创新。另外，旷博生物所强调的创新也不完全局限于技术创新，他们强调所创新的技术是要与市场符合的，是能在市场上做推广的。再者，企业的组织结构、企业的生产能力、商业模式和管理模式都是高管团队们探索并尝试创新的对象，他们的目标很明确，找到一个适合旷博，适合在中国发展的商业模式和管理模式。

## 二、创新成果

### （一）产品创新

北京旷博生物技术有限公司的宗旨是通过高效的管理团队，成熟的技术和工业化的生产和质量控制管理经验，建立世界一流生物试剂生产体系和产品。目前的产品主要包括：microRNA系列产品；细胞和生长因子相关酶联免疫试剂盒；单克隆和多克隆抗体；重组蛋白。这些产品可广泛应用于各种疾病的研究，诊断和药物开发，包括肿瘤、炎症、传染病、老年病、糖尿病和自身免疫病等。同时，根据市场和客户需求以及公司本身的技术和产品优势，公司还提供一系列相关的技术支持和客户服务，主要包括：microRNA相关技术服务；抗体相关技术服务；重组蛋白相关技术服务。目前，公司承担多项国家重大科技专项项目，开发了具有自主知识产权的产品，与多家国际大型试剂公司建立了紧密的产品和技术合作业务，与美国杜克大学、北京大学、中科院、协和医科院等国内外著名科研院所的一流实验室建立了长期的产学研技术联盟，建立了企业可持续的创新能力。

公司已经引进和建立的四条产品线和技术服务平台都具有国际技术水平，部分是国际领先水平的技术。其中：在旷博复制的ELISA试剂盒生产线、流式抗体生产线、重组蛋白生产线是由拥有国际生物试剂大公司十年以上工作经历的王济民、范盘升、杨黎明、官奇、张卫红等“海归”创业团队建立的，他们丰富的工业化管理经验、成熟的技术和国际标准的质控体系，确保旷博生物的产品和服务达到国际大公司产品技术标准的水平，其产品和服务已在协和医科大学、北京大学、中科院等重点试验室得到市场的验证，同时，在产品供货周期、技术服务和价格等方面都优于国外的进口试剂产品和服务。随着市场的开发和规模的扩大，2-3年将可以逐步实现国产替代进口，并可以同时开始服务国际市场.

**（二）模式创新**

由于生物试剂产业中国外的技术积累和技术创新水平较高，目前旷博的技术创新主要是消化和吸收国外先进技术，少数产品是自我研发。旷博生物的高管把生物试剂产业引进消化和自主创新的关系比作汽车产业的引进和创新。我国汽车产业也是经过二十多年对西方技术的引进、消化和吸收之后，在学会了做汽车之后才开始通过海外并购等途径获得核心技术，并在此基础上真正地开始自主创新的。同时，旷博生物的技术高管认为：在引进、消化和吸收基础上进行自主创新的模式不仅仅是技术研发的客观规律所要求的，而且与创新教育有关。在创新教育方面，美国为代表的西方国家的教育体系特别强调人的创造力和创新性，而我国传统的教育很少强调创造力和创新性的培养。

在利用国外技术的方面，旷博生物通过建立能实现国际先进技术和中国本土市场对接的研究、生产和市场化平台，借助国外的先进技术，实现这些技术的国产化。例如：旷博生物的主打产品microRNA系列就是由美国杜克大学（Duke University）何有文教授和李启靖教授领衔引进和建立的。microRNA生产线和技术服务平台是具有国际领先水平的。该技术平台和产品对疾病发病机制和发展的研究、对疾病的早期诊断、个体化治疗和疾病的预后等研究提供了一个高通量、高敏感、高特异性的技术和产品。旷博生物通过引进microRNA的研发和技术团队实现了该产品的自主知识产权。microRNA产品和服务一上市即得到广泛的认可，随着microRNA深入的技术平台的建设完善，microRNA产品和服务将具有巨大的国内外市场的前景，可以为旷博生物创造数亿元的产值。

又如：正在由第二批“千人计划”入选者、美国芝加哥大学教授、世界著名分子生物免疫学家傅阳心教授负责引进组建的基于酵母技术大幅度提高抗体亲和力的技术和基于基因重组技术大幅度提高抗体产量和纯度的技术和产品将大大提高促进抗体大规模生产和纯化，并在基础免疫学和临床免疫研究等方面发挥巨大的经济和社会效益。全人抗体对旷博生物整体的自主创新能力有大幅度的提高。

在利用国内技术方面，旷博生物通过与国内高校实验室在技术、人才、市场等多方面的合作，促进企业海归背景和文化与国内市场和资源的对接和整合。例如：旷博生物和中科院基因所合作，利用基因所先进的设备进行人员培训和实验，很大程度上解决了创业初期缺乏资金自己引进昂贵科研设备的瓶颈以及缺乏有经验的实验人员的困难，将一个重要新产品实现量产的时间从半年降低到3个月。

因此，虽然以技术背景为主，但旷博生物管理层所理解的创新不仅仅是技术层面的创新，而是结合国内外技术和市场，乃至东西方文化和管理的组织结构创新。结合海归技术高管较强的技术背景和国内生物试剂目前的人才储备情况，旷博生物采取了以组织结构创新为基础，实现创新平台的国际接轨和市场的国内接轨，通过与国际和国内高校实验室合作，实现产业化生产能力的创新和市场开拓力的创新，通过建立以市场为导向的创新机制实现实验室成果的市场化和企业的可持续发展。

旷博生物五年的发展目标是建立一个中国品牌的世界一流水平的试剂公司，带动中国成为试剂工业的生产基地，组建一个能够管理十亿以上产值的企业家团队，争取2014年实现“创业板”上市，同时利用国内外两个科研市场培育一个中国品牌；建立工业化的规模生产能力，自主生产的实验室常用试剂产品两年内实现50%的国内市场占有率；推动行业购并与整合，实现中国试剂企业的规模发展。

## 第六节　市场推广中本土团队和海归团队的作用

2010年3月，在公司成立不到半年的时间里，旷博生物推出了具有国际水平的酶联免疫检测试剂盒生产线，推出了多个产品，用于免疫功能检测、疾病发病机理研究和药物疗效的评估。然而，产品在市场上却遇到困难。“科研机构、院所已经习惯使用从国外大公司进口的试剂，对于我们这个新而小的公司生产的产品，他们并不信任。”在困难面前，王济民亲自抓市场，利用人脉关系、免费试用等手段争取客户。慢慢地，在国外大公司垄断的科研试剂市场上打开了一个缺口，越来越多的科研机构和院所接受了旷博生物的产品。

### 一、本土团队：经验带来资源

办企业，尤其是对政策扶植的新型产业的企业而言，对政府政策的把握非常关键。在政策把握方面，海归创业团队由于长期在西方体系中工作和生活，对政府在经济生活中扮演无形之手的角色已习以为常，而对于我国各级政府政策和经济生活的密切关系通常有些不适应。按旷博生物海归团队中部分成员的说法就是听不懂政府在说什么，也不知道政府想听什么。于是在归国之初，一方面与政府的政策优惠失之交臂，另一方面又对一些企业对政府政策把握之精准惊诧莫名。在政策把握上，旷博生物的本土高管团队起到了非常关键的作用。

旷博生物的董事长兰宝石的主要职责之一是整合公司的政府资源和行业资源。他时刻跟进北京市政府、海淀区政府出台的政策，以获得政府的关注和政策上的支持。例如旷博生物目前的两个项目：结核病诊断项目和艾滋病诊断治疗，这些是政府出台相关政策支持的项目，而要获得政府的支持，除了申报项目，还需要与政府进一步的互动，有十分丰富的行业经验和本土投资经验的董事长兰宝石比海归技术团队更擅长与政府的互动。

生物试剂品种非常多，大型跨国公司的产品目录通常有几万条乃至几十万条。另外，生物试剂产品对储存和运输要求也比较高。这些特点一方面给了像旷博生物一样的国内厂家很大的市场机会，另一方面也对销售和售后环境要求较高。因此，王洪平也强调：从产品推广到客户最后购买产品，并不是个简单的过程，在每一步程序都需要工作人员和客户保持紧密联系，而这些日常的工作就需要比较多的本土背景的销售人员和技术人员跟进。有本土背景的销售团队由于和本土客户打交道时间比较长，比较了解客户单位的一些业务流程和客户的一些要求。在国内和在国外做试剂销售有很大的差别。比如国内高校实验室要购买一个产品，他们得往上申报，要审批之后才能购买产品。发票、财务等信息都需要有市场经验的人去和对方一步步地确认和核对，需要反复与对方联系。再如，在国外销售生物试剂，如果是一个客户想要产品，他会打一个电话，公司把货邮寄给他，他提供一个信用卡帐号，信用卡公司自动划款，这个过程相对来说比较简单，一般付款只需要一个月的时间。但是，国内销售就比较繁琐，比如说某实验室的一个老师想用旷博的产品，旷博先送货，送货以后旷博需要先开一张正式的发票，而后老师去找院长签字，再由财务拨款。很多海归回来对这些程序非常不理解。这个繁琐的手续造成旷博的平均结帐周期都是三个月，远远长于国外的一个月。

另一方面，国内的销售需要跟政府和行业其他企业打交道，而在这个过程中，饭局是必不可少的。很多海归在这方面并不擅长，也不甚理解，因此需要本土销售人员在这些环节上对海归的不足进行弥补。因此，在销售和市场环节上，旷博生物的海归人员和本土人员各自发挥优势，互相形成补充。

## 二、海归团队：经历带来信任

在旷博产品的市场推广上，充分体现出公司内海归和本土的结合。生物试剂产业不像一般的消费品，它的消费者不是一般的大众，而是生物医药领域里的专业人士和专业单位，例如高等院校、研究机构、药厂、生物医药实验室等。在旷博专门负责市场的常务副总裁范盘生表示：现在很多在国内高校或研究机构的实验室里工作的科学家都是当年一起出国留学的同学或工作时的同事、客户，旷博生物里的海归团队们和这些人有很深的交情，即便没有很深交情的科学家们也因为有共同的海归背景而增加了信任感，所以旷博生物产品的初期市场推广依靠海归团队。

本土出身、有着十几年生物医药市场经历的总监王洪平强调海归团队和本土团队在市场推广中各有不同的优势。海归人员在市场开发中的主要作用是和企业的一些比较重要的客户联系。比如说在国内的顶尖实验室里有许多海归科学家，因为他们有海归的背景，所以旷博先让有海外背景的技术高管去跟这些实验室的负责人进行接触、了解。在这个过程中，旷博生物的海归高管发挥了很大的作用，他们利用类似的海归经历以及在国外的合作伙伴关系，很容易和实验室的负责人进行沟通，在开拓方面起到很大的作用。例如，海归高管拜访客户通常喜欢谈在国外的经历，有的时候说着说着发现原来自己和对方的高管曾在同一个小镇上做过邻居，这样关系一下子就拉近了，一下子就会增加很多的信任感，生意自然就容易做成。

另外，在一些行业的学术会议上，海归背景的高管也很容易和在大学和国家实验室工作的技术人员进行学术交流，大家通过严谨的学术研究交流认同了旷博生物的技术团队，进而认同了旷博生物产品的质量。这个认同过程不仅仅对旷博生物的发展有帮助，也对改变客户对国内品牌生物试剂低质低价的印象很有帮助，因此，从这个角度上说，旷博生物也对改善国内生物试剂产业的生态环境作出了贡献。

## 三、发展前景：优势和劣势

对于企业接下来在国内市场的扩张，常务副总裁范盘生表示，旷博在未来主要依靠三条途径打开国内市场：一是将现有一线城市的市场进一步占有，这需要本土市场团队进一步和客户跟进；二是依靠海归成员在国内的人脉进一步打开其他城市——重庆、广州、上海、西安等城市的市场；三是寻找一级经销商。这三条途径都需要海归团队和本土团队的密切配合。

旷博生物的创业团队是一支结合了有较强技术背景的海归人才和有丰富行业经历的本土投资人的队伍，目前公司也在重点引进和培训本土人才，该企业的发展目标是将先进的生物试剂技术产业化，开拓国内外市场，打造生物试剂的民族品牌，创建世界一流的生物试剂公司。

截至目前，在公司创办一年多的时间里，该公司95%的市场在中国，另外5%在国外。旷博生物高层管理团队给公司制定的中、短期战略发展方向是：

在未来的3–4年内，将国外市场份额提高到占总体份额的30%–40%。对于国外的市场，主要针对生物实验室，而国内的，主要针对临床应用。具体而言，针对国内市场，加强市场和销售队伍的建设，寻找一级经销商，开发北京之外的一线城市以及几个二线城市的市场。而对于国外市场，充分利用海归高管和在海外技术开发团队的社交网络，通过合作、并购或者开分公司的渠道拓展业务。

在中国市场，与旷博生物相竞争的企业主要还是外资。无论是和国外生物试剂公司，还是和在华外资企业相比，旷博生物有三方面的优势：

一是价格上的优势。生物试剂行业的毛利润较高，价格的空间较大，国际生物试剂巨头的毛利率一般都在60%—70%。以前国内没有先进的技术，全靠引进国外企业或者购买在华外资企业的产品，被赚取的利润很高。在国内没有先进技术的情况下，只能要么付很高的价格，要么盼着国外专利到期，进行仿制。一个新的试剂或药物，虽然研发成本很高，但生产成本是很低的，于是许多没有专利的厂家都盼着专利到期，一旦专利到期，大家马上就推出来仿制品。这虽然是合法的，但由于仿制者非常多，产品的价格和利润会很快被压缩。由于有一定的自主知识产权和专利，旷博生物可以比以仿制为主的厂家有更大的利润空间。现在旷博生物几条产品生产线已经完善，同类别同质量的产品，旷博生物的市场标价可以与国外一样高，也可以视情况降低，空间较大，价格弹性较大。

二是时间上的优势。国内客户若想购买生物试剂产品，同类别、同质量的，在国外订购，算上联系卖家、订购和运输的时间，需要花几周的时间才能拿到产品。而在旷博生物购买产品的客户，如果在北京地区，一到两天就能拿到产品。在这方面，物流上的方便、快捷给旷博生物带来了优势。例如，访谈前几天，国家疾病预防中心里面有一个做病毒的研究人员要做一个实验，要买一个产品，国外品牌的中国代理商说最起码要五周的时间产品才能来。后来这个研究人员了解到旷博的产品，说他的实验比较着急，第二天就要用，于是旷博直接用快递就把产品送过去了，第二天就可以做实验了，这是旷博很大的优势。因此，如果旷博的产品质量能到同类产品水平的话，物流是一个很大的优势。

三是管理上的优势。与国内本土企业相比，旷博生物在海归团队的技术背景和管理经验以及本土团队的风险投资和市场经验方面都有较大优势。综合以上三方面优势的是旷博生物比同行高的产业化水平，比同行先进的研发体系，比同行完备的市场网络。其中，产业化优势是旷博生物与其他海归企业相比较的优势，研发体系优势是旷博生物与其他本土企业相比较的优势，而市场推广优势是旷博生物与国外在华企业相比较的优势。

在市场发展前景方面，旷博生物把市场定义为三阶段：实验室、临床应用和普查项目。这三个阶段的市场规模呈几何级增长态势，而各个市场需要的基础技术是相同的，只是产品使用者对产品的理解程度和使用目的不同。旷博生物的优势是从对产品要求最高实验室研究开始，在这个过程中不断提升产品质量，同时培育自身的市场能力和销售网络，随着公司技术积累提升和产业化能力提高，企业在目标市场将从实验室到临床应用再到普查项目不断扩大的过程中实现稳步而快速的成长。

在技术和市场结合方面有一个例子可以说明作为海归企业的旷博生物相对于国内本土企业以及国外企业的优势。在和国内许多实验室和研究机构接触过程中，旷博生物的高管发现生物“小案例”方面的研究在中国刚刚兴起，而且发展很快，目前超过三分之一的实验室和研究机构都在做生物“小案例”方面的研究。针对这个新兴的市场，国内生物企业通常没有技术进行研发，国外生物企业又没有注意到这个市场的成长或低估了这个市场的发展潜力。作为海归企业的旷博生物敏感地注意到这个市场的出现和增长，利用自己团队的技术优势和国内合作伙伴的设备和技术人员，旷博生物利用差不多四个月时间完成了技术研发、资源配套和人员培训，进而抢在竞争对手之前完成了产品的落地和产业化。

尽管有上述优势，旷博生物在国内市场开拓方面仍然遇到了许多困难。例如，在国内市场中，存在相当一部分生产假冒伪劣产品的本土企业，这些企业都是仿照国外品牌生产，但产品质量和口碑很差，这对国内生物制剂品牌造成了很大伤害。例如，如果一个国内实验室想在国际顶尖学术期刊上发表论文，如果是用了国内生产的试剂做实验，期刊的编辑通常会要求作者用国外某某大品牌的试剂重新做一系列实验来验证实验结果，原因是国内品牌试剂质量差、且不稳定。因此，希望成为世界领先的生物试剂民族品牌的旷博生物，在创立品牌和保障产品质量方面面临很大考验。国内的客户是否会像质疑假冒伪劣产品一样质疑旷博生物，还需要时间和产品来证明。与此形成强烈对比的是，国外企业在相关领域已经创建出了好的品牌，客户对好品牌的产品有忠诚度，怎样超越这些品牌，并赢得客户是旷博生物需要完成的任务。

为了克服业内对国内品牌不信任的困难，旷博生物采取了一种顾问销售的办法。具体而言就是利用海外专家和顾问在学术圈内的网络打入市场，然后在客户了解产品质量和服务质量后巩固市场。例如，公司顾问何有文教授在国内有广泛的同学、学生和朋友网络，大都是这个行业里面的顶级科学家。通过何有文教授的推荐，旷博生物的产品进入了这些实验室和研究机构，然后就慢慢做起来了。在北京地区旷博生物有35个重点实验室作为合作伙伴，而这些实验室的科技负责人、实验室主任或者所长都是旷博生物团队之前的合作伙伴，所以旷博的产品也就很容易被这些机构接受。在产品推广过程中，旷博生物也利用了国内其他本土企业的销售渠道。例如在把生物“小案例”产品推销给医院进行临床使用的过程中，就利用了合作伙伴多年建立起来的销售网络。如果没有多年积累起来的信任关系作为基础，企业的产品推广难度要大很多。和旷博生物相比，这些本土企业长年积累下来的政府政策等方面的资源是像旷博生物一样的海归企业自身资源的重要补充。用旷博生物高管的话说：“我们怎么知道如何去药监局弄批文？想起来就头大！”

对于旷博生物的未来，首席执行官王济民明确地表示：以后一定是要跟国际的企业竞争的。要把这个理想实现，还需要一步一步地规划和前行。旷博生物的高层管理团队一致认为：要先把中国的建好，再把美国的产业转移过来。并非有了钱把美国的技术、把美国的公司买过来就行，在这之前，旷博生物得先达到一定的规模，知道和美国先进公司的差距，到能够购买和并购的时候再买。到时候，才能吸引更多的科学家和专业人才加入到这个团队，才能把这个产业做的更大、更强。

## 第七节　中西方文化在旷博生物的冲突与融合

### 一、企业文化在生物科技企业中的作用

生物科技企业要想拥有核心竞争力，人才是关键。跨学科的综合人才，是生物科技企业培育新的利润增长点和长期发展的必要条件。在生物制剂领域领先的企业基本上具有一些共同点，即：在市场中取得了良好的口碑，拥有了一些较为稳定的客户资源及各种优质软硬资产，并具有良好的过往业绩、良好的服务及资讯提供能力以及注重实干的企业文化，而且更重要的还在于他们拥有一批兢兢业业的优秀员工，正是在人力资源方面的优势，使得这些生物医药企业在竞争中取得领先地位。

生物科技产业是知识密集型的行业，有知识信息量大、知识更新快的特点，需要业务人员有较强的学习能力和观察、分析、判断、解决问题的能力。同时，医药业还是一个服务性很强的行业，客户的要求千差万别，要求业务人员有较强的客户服务意识、市场开拓能力、创新能力、灵活应变能力、亲和力、自制力和与他人良好沟通能力，这就要求生物科技企业的工作人员有较高的综合素质，自信、乐观向上、坚忍不拔的毅力。因此，生物企业需要建立一套完整的学习型企业文化，加强员工的职业培训。努力经营人力资本，把整合人力资源作为整个企业运行的基础之一，真正作到以人为本，尊重人的个性和兴趣，尤其要根据个人的优势帮助其设计有效的职业发展规划，使公司和员工的价值同时得到提升。另外，生物科技企业还应该建立一系列完善的公司管理制度，包括设计合理的业务和控制流程，事先让员工充分了解制度，认可操作规范；同时，建立和形成一套科学的市场化竞聘制度。利用良好的激励机制和绩效考核机制，充分调动员工的积极性，这样既可稳定企业需要的人才，又可让人才具有较大的发展空间。

旷博生物秉承“诚信、求是、团队、创新”的企业文化，努力通过建立一个高效的、充满激情的学习型团队，吸引优秀的技术和管理人才来公司共同创业；公司不但将为优秀的科技人才提供发展的机会，同时将以创业投资的投

资理念，建立公司科技人才的长效激励机制，共同分享科技型创业企业快速成长的成果。

## 二、海归人员和本土人员的优势和劣势

建立良好的企业文化、创建团结的员工队伍要求企业高管不仅要对员工的长处和短处非常清楚，也要对自身的优势和劣势非常明了。旷博生物的高管团队中有海归背景为主的技术团队，也有本土背景为主的市场团队，而董事长和总经理又分别是本土经验丰富的投资人和海归技术出众的科学家。在这样一个团队中，认清每个成员的优点和缺点非常重要。

在谈到海归人员的优势时，旷博生物的海归技术专家普遍认为：海归人员在系统的科学知识和科学精神培养方面比较有优势，做学问比较有专业精神、做事业比较有职业精神、做生意比较有契约精神。而相应的，海归人员也有明显的劣势，比如做学问可能过于教条主义、做事业可能比较理想主义、做生意可能过于死板、不灵活、不讲关系、不给面子，从而在企业实际运营和技术实际落地的过程中吃亏、碰壁；相反，本土人员对本土的社会、经济、文化、政治等方面的了解更深入、更鲜活、更直接，因此在为人处世方面更实际、更圆滑、也更容易与人沟通。举例来说，有的本土高管在管理中遇到员工犯了严重错误就会骂人，而海归高管一是没有了骂人的习惯，二是掌握不了骂人的分寸，所以没有骂人的本事。而在工作中的一些特殊情况下，骂人之类的“土办法”可能非常行之有效。

## 三、中西方文化在企业中的冲突

在员工招聘方面，旷博生物倾向于招聘一些刚从学校里毕业的本科、硕士和博士生。究其原因，旷博生物高管的回答是：这些人刚从学校里出来，还没有在其他企业中工作过，可塑性强，也没用被其他企业的文化“污染”过。进一步探究这里的“污染源”，原来是一些企业中集权式和层级式管理作风会把这些年轻人的创新意识和工作积极性抹杀掉，从而更难适应海归主导的创业期企业对员工主动性和创新性的要求。

谈到这些“污染源”的源头，旷博生物的海归高管认为可能来自于传统

教育体制中对“听话”、“被动学习”等方面的强调，而对求知和求真等创新性品质的忽视。在比较起中西方教育和中西方文化对创新意识的影响时，这些海归科学家经常举他们的孩子在欧美教育体制内如何强化了求知和求真的品质，而这些品质又反过来影响了这些从小在东方文化中长大的家长，从而在他们身上既有东方文化的品质，又有西方文化的影响。例如，旷博生物一位高管举例说：他的孩子在美国上学的过程是寻找个人兴趣的过程，在大学毕业后发现自己对作画感兴趣，就转而作画，现在兼职为一家著名杂志作画。而国内的学生从小学画是为了将来画画挣钱，完全不是为了个人兴趣，这对发挥个人主动性非常不利。具体到团队的主动性和责任心的培养上，他们发现一些国内企业中的员工工作总都是二传手角色，都怕负责任，公司培养一个富有主动性和发展性的团队是很困难的。

在创业初期，旷博生物的海归高管经常对招聘来的本土技术员工不满意，其原因主要有三个：第一，在国外工作时，这些海归高管所从事的主要是技术工作，所管理的主要是技术团队，而且所工作的企业主要是大公司，每个技术团队都有一套完善的后勤支援体系，仪器、设备、人员配备齐全。而在国内创业初期阶段，这一切都需要自己建立起来。第二，以前在海外大公司工作，有市场部门保障产品的市场需求分析，而技术团队只需要做技术研究，而在初创的旷博生物这一切也都需要自己做。刚开始创业时候经常是产品研发出来发现没有市场。第三，一些海归高管表示，自己刚回国的时候总是先看别人的毛病，而越是这样感受到的落差越大。随着时间推移，逐渐学会了先看人的长处。在企业发展过程中，旷博生物高管认识到海归员工高本土员工一等的看法是非常错误的，大家共同干事业，虽然是有文化的差别，但文化的差异是可以在合作中磨合的。海归员工在管理中要把本土员工压下去的想法或者本土员工要把海归员工挤出去的想法都是非常错误和有害的，这样会造成企业中不必要的和非常有害的矛盾，其根源可能是中国的不平等文化。

在处理企业内部集权和分权时，旷博生物的海归高管普遍认为分权比较适合高科技企业员工的特点和工作的特性。旷博生物高管普遍认为，更倾向于分权的管理模式是海归企业与本土企业相比竞争力的一个重要源泉。在高管团队内部的分工和分权方面，旷博生物主要按照团队成员的优势和劣势、专业背景知识等进行分工和分权。例如，董事长兰宝石主要负责战略发展方向和政府关系协调；总经理王济民主要负责公司产品发展方向和内部关系协调，以及他有专业特长的免疫试剂盒产品；常务副总经理范盘生主要负责研发、市场方面的协调工作；此外的几位副总分别负责其专业擅长的产品线和市场推广工作。在高管团队和中间管理层的分权以及中间管理层和基层工作人员的分权方面，旷博生物采取业务线和产品线模式，每个项目都有一个负责人，高层对项目负责人充分放权，而项目负责人对项目内的事务高度集权。这样，既能调动中层管理人员的积极性，又能实现经营的高效管理。

然而，“分权式”的管理模式、开放式的公司文化也曾给公司带来了一些麻烦。例如，旷博生物也遭遇了本土新进员工利用“分权式”管理的模式给自己谋取便利的情况。访谈前不久，一个使用期的员工第二天上班的时候跟主管说：我要去拜访一个客户。后来主管当时就发现有点不太对劲，因为他刚刚来，对这个客户还不是太熟悉，并且一般像这样的客户需要比较有经验的业务员给他做引荐。然而，这个业务员坚持要自己去拜访这个客户。主管追问起来，这个业务员承认他不是去拜访客户，而是想处理一些自己私人的事情。这个例子说明，公司内部如果没有对员工的日常工作实施监督，公司无条件的放权就会造成一些员工利用这些空隙给自己牟利。因此，在招募本土员工和在试用期考核员工时，高层管理者们倾向于引进与公司文化相匹配并且一致的人才。后来，主管人员发现这个员工不太适合旷博的文化和氛围，再往后，这个员工就离职了。

在分权和集权的问题上，旷博生物的海归团队和本土高管之间的看法也有不一致的地方，基本上是海归团队比较习惯于和倾向于分权，而本土高管比较习惯于和倾向于集权。此外，旷博生物的海归高管团队内部也因背景不一致而存在多样性，不是所有的海归人员都认同一样的管理理念，而是和他们在欧美的工作性质等经历有关。例如，有些人的主要工作经历是欧美国家的高校，而另一些人的主要工作经历是欧美国家的企业。在高校工作的人的工作环境比较单纯，管理责任比较小，因此受西方管理理念的影响会比较小。而在企业工作的人需要和各种文化背景的上下级打交道，工作中需要负责管理具体的事情，因此受西方管理理念的影响会比较大。因此，旷博生物的高管认为企业管理中也不能一味地分权而没有集权。在欧美企业中从事多年管理工作的海归高管们比较认同的是企业基本治理结构上的分权和特定事项决策上的集权，也就是西方式的“小独裁、大民主”，即在大的方面管理是宽松的、分权的，而在具体细节上是严谨的、集权的。

在谈到不同层次员工的激励和管理方面，旷博生物的高管团队认为需要从高管、中层和基层员工三个层次进行分析。就高管团队而言，一方面薪酬待遇比较高，另一方面创业团队的高管都是想干事业的人，不太计较待遇和工作地点，而是靠创业的精神力量和团队的感召力在做事情。就中层团队而言，主要靠企业自己培养，现在旷博生物的中层团队主要包括一些从海外回国的年轻博士做技术主管和在国内有一些市场经验的人员做销售主管。这些中层团队由于在旷博生物能够学到许多新东西，并随企业发展有足够的上升空间，所以干劲也非常足。然而，在基层员工方面，旷博生物感到合适的员工比较难找。例如，副总经理张卫红说，最近她的技术团队要招两个人，录用通知发出后直到录用通知到期都没有收到被录用人员的反馈，这可能是被录用人员得到了更好的工作，但这里也反映出一些年轻人在找工作过程中表现出来的职业精神不足。一方面是个人在找工作，另一方面是公司在招员工，如果不合适，应该第一时间通知对方，而不是完全不理会。当然，这个小故事也反映了旷博生物的海归团队在和本土市场环境的磨合过程。因此，在招聘基层员工时，旷博生物更倾向于一些刚毕业的年轻人，这些年轻人没有其他企业工作经验，一张白纸反而更容易按照公司的发展方向去训练。

## 四、中西方文化在企业中的融合

在谈到旷博生物企业管理文化中西方管理理念多一些还是东方管理理念多一些的时候，旷博生物高管强调的是他们认同的管理理念多一些，而不论这些理念是西方的还是东方的。由此可见，中西方文化和管理理念在这些海归高管的思想中已经充分融合了。比如，一些高管认为他们回到国内，面对理想和现实的情况，既是理想主义者又是现实主义者。例如，在按法律办事、还是按关系办事的选择上，他们认为：按关系办事在中国非常重要，但也要在不违法的前提下进行。这里，关系是法律的补充。此外，还有道德，道德也是法律的补充，用来约束法律没有规定的事情。再如，在公司发展是以短期利益为导向还是长期发展为导向的问题上，技术背景的海归高管倾向于企业应该以企业的长期发展为导向，然而，面临来自投资人和市场的压力，他们也非常注意在企业短期获利能力和长期发展潜力中间取得平衡，而这种平衡心态是在企业经营过程中不断调整的。

一方面，海归在海外学习、工作中受到西方文化的熏陶，特别是那些长时间呆在国外的海归。另一方面，海归回国创业，在中国的制度环境里创办公司，必须重新适应并接纳中国的文化，才能在现实环境中将公司创办起来，并推动其成长。

在谈到企业内部的信任问题，市场总监王洪平说：由于公司高管大多数是海归人员，受西方文化影响比较多，因此从企业文化方面更像外资公司的文化。例如，公司对员工比较信任，强调大家相互的信任，有一个共同的工作目标，这样工作起来就会比较包容一些。比如说，销售人员到外面去跑业务，需要跟销售主管报告，今天上午去北大，下午去北医拜访客户，经过这样的程序，公司就有一个记录，第二天的总结报告上就是写了这个销售人员昨天上午去北大，下午去北医就拜访客户。有这样的基本信任的基础就会沟通比较好。而一些比较极端的本土企业，企业内部缺乏信任。一个例子是一家民营企业，老板比较苛刻，他们的员工如果说上午去北大，下午去北医拜访客户。公司会要求业务人员出去必须要把手机的全球定位系统（GPS）功能开通，老板会定期去开一下GPS定位系统，查一下你是不是上午去北大，下午去北医拜访客户了。

在谈到自己在旷博生物高管团队中的作用时，董事长兰宝石认为主要有三点：第一是定战略，定发展战略。企业往哪儿走，作为董事长要想清楚，要对大趋势和行业生态等各方面有充分的认识。第二是管理核心团队的建设。第三个是企业外部资源的整合，比如政府、政策的支持等。尤其是第三点，有丰富本土投资和经营经营的兰宝石认为自己在这方面比其他海归高管强很多。例如：在国内做生意，拉关系和交际等方面对分寸的拿捏需要到位得多，而这些事是海归高管做不了的。这样一个组合，按旷博高管的说法是土洋结合，结合了本土企业经营的灵活性和国际企业经营的规范性。

## 第八节 合作共赢

目前，北京已经形成以中关村生命科学园为创新中心、以北京经济技术开发区和北京生物工程与医药产业基地为两翼的三大生物医药产业园区布局，并开始产生生物医药产业集群效应。海归高科技企业选择高新科技园区进行创业的原因除了可以享受国家相关的鼓励政策以节约创业成本外，另一个重要的因素就是容易和园区企业形成优势互补和合作共赢。产业集群效应的微观经济基础主要有三个：一是资源共享，如对供应商和分销商的共享；二是人力资源的聚集，如科技人才的集聚可以节约企业寻找人才的成本；三是知识溢出，也就是企业间可以相互学习，共同进步。

企业选择同行聚集的高新区创业，在享受产业集群效应的同时也会面临诸如员工跳槽频繁和企业积累的知识被其他企业“学习”去的风险。对此旷博生物的首席执行官王济民博士认为要留住优秀员工靠的是企业文化。作为初创期的公司，不可能像成熟的大公司一样给员工发很高的工资，因此旷博生物员工的工资比同行业的大企业公司低，在全行业中处于中上水平。单纯从工资考虑，员工跳槽是可以理解的，但旷博生物主要从企业文化和发展机会两个方面增强对优秀员工的吸引力。企业文化方面，如果本企业培养人的文化环境越来越好，员工的心情就会越来越舒畅。这样，当他面临另外一家企业物质诱惑的时候就会想一想那里是否真正舒服。员工发展和学习机会方面，旷博生物采用开放式管理方式，员工有机会接触全流程和全产品线的研发、生产和推广，并能在这个过程中学到许多在其他企业没有机会学到的东西。从公司成立至今，旷博生物参加了许多国家级学术会议、企业间交流活动。例如与中科院关于生物试剂的学术会议、亦庄科技园区生物医药行业内的企业间交流活动。目前旷博与高等院校、研究机构实验室的合作交流较多，一方面运用对方好的技术，另一方面也招纳实验室推荐的优秀人才作为员工。对于一些优秀员工，旷博生物和国内领先的研究院所合作，同时和国际顶级实验室合作，把有潜质的员工送到这些合作机构进行培养。

旷博公司内部各部门之间采用的架构模式是“无边际组织”模式。正因为这种开放式的环境，有的加盟只有两个月的员工表示，这两个月学的东西，到其他地方一年都学不到。而一位从英国做了两年博士后的研发人员也表示，在旷博半年学的东西在英国两年都学不到。因为他学到的东西不仅是技术，还有各种层面的，包括管理、沟通、还有一些思维的模式。而这些对员工未来的发展非常重要。因此，旷博生物的优秀员工通常不会仅仅因为多几百元钱工资而跳槽。在旷博生物成立两年来，还没有员工主动跳槽走的，倒是有员工因为不能胜任工作被公司主动劝走的情况。

在海归企业和其他企业间知识传播和共享的方面，旷博生物首席执行王济民博士认为企业间的合作是双赢的事情，做企业的应该是以开放的态度，在一定情况下、在法律允许的范围内允许其他企业学习自己的一些领先经验和理念，也要不断虚心向其他企业学习。这里面合作的心态很重要。王济民博士强调：其实，在西方的企业文化中，除了我们经常强调的竞争外，合作非常重要。一些小企业聚集在一起，目的就是大家一起“干点活”，文化上的开放使得企业在合作中更顺畅，而不是总是看着自己的一点儿东西生怕别人学去了。王济民博士认为，在海外丰富的经历使得企业家的视野变得更宽广，境界更高远。在经历了很多东西，看到了很多企业的成功和失败后可能会认为成功或失败的结果不是最重要的，重要的是创业的过程。“怀着这样的心态，创业者之间就能更多的合作，该打仗（竞争）的打仗（竞争），该合作就是合作。”

旷博生物常务副总裁范盘生提到，行业内企业，尤其是本土的企业，自我保护意识还比较强，不愿意技术外漏和传播，唯恐别人盗取自己的技术。但是，旷博生物是愿意进行技术交流的，旷博生物高管团队都认为，开放式的交流才能促进进步，技术做大做强之后也不怕别人来抄袭。例如：旷博生物首席执行官王济民博士认为，国内过去一些年由于竞争非常激烈，企业间形成了相互间防范心理很强的关系。但一些海归企业家，尤其是技术背景的海归企业家，认为开放没有关系，开放反而对企业自身发展有好处。假如一个开放技术、开放合作平台的企业有十种技术。如果其他企业学到十分之一，那么这家企业很难对开放的企业形成有效的竞争。如果其他企业学到十之八九，那么这家企业就可能成为开放的企业很好的合作伙伴，反过来促进开放企业的发展，使之从10种领先技术发展到20种领先技术，从而在开放和合作中取得进一步发展。

这种开放合作的心态和海归企业家在欧美企业文化中受到的熏陶有很大关系，也可能和欧美企业间的竞争合作关系有较为完善的法律保障有关。在文化方面，旷博生物首席执行官王济民博士认为：和学术界的竞争相比，商界合作机会更多。原因是，在学术界想要有高水平的成果发表就需要有在世界范围内首先发现、发明或得出一个研究结论，在这个领域内没有第二，只有第一。而在商界则不同，在不合作的情况下两家企业可能各挣50块，而在合作的情况下两个企业可能各挣100块，从而都从合作中获益。

在谈到企业间的信任问题，王济民博士表示：人与人间、企业与企业间是否信任取决于买卖是一锤子的买卖还是长期的买卖。如果是长期合作，就会增强相互间的信任。例如，访谈前一天和另外一家存在竞争关系的企业老总吃饭，这家企业的产品很好，而旷博生物有相关的销售渠道，两家合作把产品卖出去，这家企业给钱也行，不给钱也好，两家建立一个长期合作关系，以后可以相互帮助，从此就有了信任关系。

在谈到企业家的信誉问题，王济民博士表示：在旷博生物的产品销售过程中，创始团队长期积累下来的作为科学家的信誉起到了关键的推动作用。例如，创始团队中的技术骨干原来都是生物试剂的使用者，对生物试剂的质量要求非常理解也非常看重。因此，当这个团队向其他科学家推荐旷博生物的产品时，实际上是把自己作为科学家的信誉给押上去了。由于科学家间的相互信任和了解，使得旷博生物的产品在特定消费群中很容易被推销出去。

在谈到海归企业和外资企业对本土企业溢出效应的差异和可能的原因。王济民博士表示：外资企业到中国投资，看重的更多是利益，主要是把中国作为成本中心，把中国看成廉价劳动力供应方，把中国看成一个大市场。这就意味着，外资企业在中国寻求其他方面资源的动力较小，寻求合作的动力较小，也就反映在外资企业对其知识产权保护非常严格，反映在外资企业对本土企业的溢出效应可能不大这些方面。与外资企业不同，海归企业的创业团队是回国做事情、做事业的，是有长期打算的。海归创业者的心态比较开放，既有西方文化的合作精神，又和本土企业间没有大方面的文化隔阂，因此，比较容易和本土企业沟通交流，也就容易产出知识溢出。此外，海归企业的创业团队对中国市场的把握比外资企业准确一些，而且调整起来比较快，能够较好地找到适合中国市场的技术并将其产业化。因此，对市场的共同理解也是海归企业和本土企业比较好沟通并产生溢出效应的原因之一。

在谈到本土企业和外资企业对海归企业的溢出效应，张卫红副总经理说公司招聘的大多数有经验的技术人员（包括她自己）都是从外企过来的，其原因是本土生物企业研发很弱，大多数企业都没有成规模的研发部门，其研发方式要不然是直接买来国外的东西进行销售，要不然是跟院校合作的，完成后再直接把技术转让给企业，还有的是请专业公司帮着。但最近这种情况有些改观，例如中粮等大型国有企业利用自身资源优势和国家政策支持，建立了比较大的研发中心，进行生物科技方面的研发。

作为曾离开祖国多年的海归创业者，旷博生物的高管认识到与本土企业合作的重要性，认为为了生存和发展，只要在合作中能够互利就科研合作，在合作中优势互补，而不论对方企业是海归创业企业、外资企业还是本土企业。例如：在开拓国际市场方面，旷博生物目前还和五六家本土企业进行合作，本土企业主要是产品的供应商，而旷博在合作中扮演中间商的桥梁作用，帮助本土企业把产品销售到海外市场。在这些合作中，旷博生物发挥自身对海外市场了解比较多、市场定位相对准确、质量控制比较规范等优势，对本土企业开拓海外市场起到了促进作用。

## 第九节　政策建议

在谈到与海归创业相关的政策，旷博生物的高管提出了几点政策建议。

首先，国家现有的专利申请和认定政策规定专利在审批通过并获得认证号后才正式生效，才受保护。实际操作中，对于旷博生物这样的初创企业来说，申请专利费时费力。从时间方面，通常需要三到五年的时间。而从精力方面，需要投入相当大的人力物力。然而，对于生物产业而言，新技术每天都在出现，创新每天都在发生，企业经常有新技术需要得到知识产权的保护，而企业在申报专利后并不能够马上获得知识产权的保护。同时，国家相关部门在认定高科技企业或者给企业优惠政策时，这些已经申报的专利通常也不再考虑范围之内，这就给企业享受国家政策造成了障碍。更严重的是，由于手续复杂，很多企业的许多技术选择了不进行专利申请，这对我国知识产权保护体系的建立有很大损害。

其次，国家海归创业支持力度很大，但相关审批过程的透明度、公平性和灵活性还有待改进。例如，生物产业中业界经验非常重要，而一些年轻的归国博士虽然没有什么业界经验和技术积累，但由于是名校毕业，符合国家相关规定，就更容易获得政策支持。相反，有一些技术积累和业界经验非常丰富的海归创业者，虽然在国外有十几、二十几年的经验，但由于是在国内获得的博士学位，不符合一些政策规定，所以无法获得政策支持。但是，正是这些有丰富实践经验的海归创业者才更容易获得成果、更可能对产业发展做出贡献、也更需要国家政策的支持。因此，相关政策制定部门可能需要根据不同产业特点，修正具体的支持政策，以使得政策真正反映产业的特点和海归创业者的特点。

## 附录 1 旷博生物创业团队主要成员

| 人才计划 | 姓名 | 主要业绩 | 担任职务 |
|---|---|---|---|
| | 兰宝石 | 十多年生物行业投融资经营和管理经验 | 董事长 |
| | 王洪平 | 十多年生物试剂行业市场和营销经验 | 市场总监 |
| 千人计划 | 傅阳新 | 国际肿瘤免疫领域最杰出多产的科学家之一；美国芝加哥大学历史上屈指可数的直接由助理教授提升为正教授学者之一；中国科学院客座教授；中国科学院"海外百人计划"获得者；国家自然科学基金委的评审专家。 | 生物技术研发中心首席科学家 |
| 千人计划<br>海聚工程 | 何有文 | 美国杜克大学医学中心免疫学系终身教授，NIH基金评审专家，中国科技部和自然科学基金委评审专家，*Journal of Immunology*编委，长江学者讲座教授 | 研发总监 |

续　表

| 人才计划 | 姓名 | 主要业绩 | 担任职务 |
|---|---|---|---|
| 海聚工程（申报中） | 李启靖 | 国际知名的分子免疫学家，北京大学学士，加州大学河滨分校博士，斯坦福大学作为分子免疫学博士后，现为杜克大学医学院免疫学助理教授。于2009年被美国“The Scientist“（科学家）评为“未来最值得关注的青年科学家” | 生物技术研发中心主任 |
| 海聚工程（申报中） | 张卫红 | 中国农业大学学士、英国牛津大学博士、美国哈佛大学博士后，曾为全球知名的农业公司孟山都生物技术研究中心的研发总监 | 生物技术研发中心副主任 |
| 北京经济开发区海外高层次人才 | 王济民 | 交通大学博士，英国曼彻斯特大学博士后，前美国著名生物公司BIOSOURCE高级研究员和Invitrogen研发总监。 | 总经理 |
| 北京经济开发区海外高层次人才 | 范盘生 | 生物技术开发和产业化专家，苏州大学兼职教授，中港合资苏州中药研究所特邀研究员、前美国俄亥俄医学院教授，国家自然科学基金评审委员会委员，前美国博诚研究中心生产总监，前北京博尔诚生物技术有限公司总经理 | 常务副总经理 |
| 北京经济开发区海外高层次人才 | 杨黎明 | 交通大学博士，加拿大多伦多大学医学院实验医学与病理学教研室博士后，前美国BD公司质控部门资深经理，前美国StemgentInc公司抗体研发总监 | 资深副总经理 |
| 北京经济开发区海外高层次人才 | 官奇 | 华西医科大学药学专业学士，美国加州大学圣地亚哥分校学习科技人员领导和管理课程。曾在两家国际大企业碧迪（BD）和辉瑞（Pfizer）工作任研发主管和研发经理 | 副总经理 |

## 附录 2 旷博生物企业文化示意图

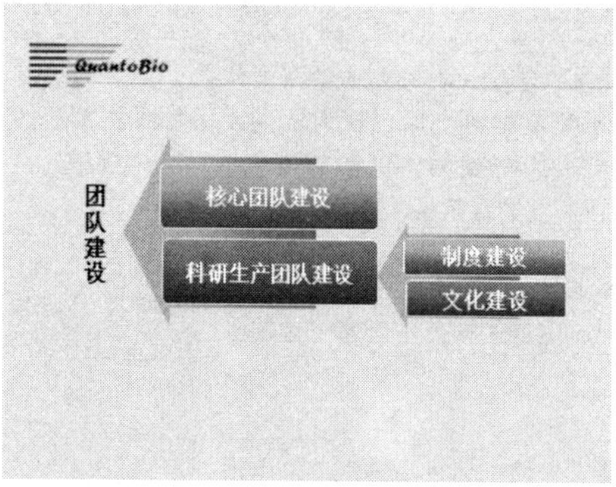


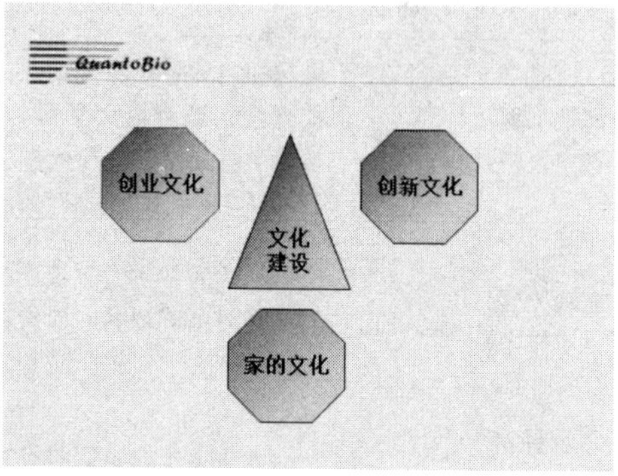


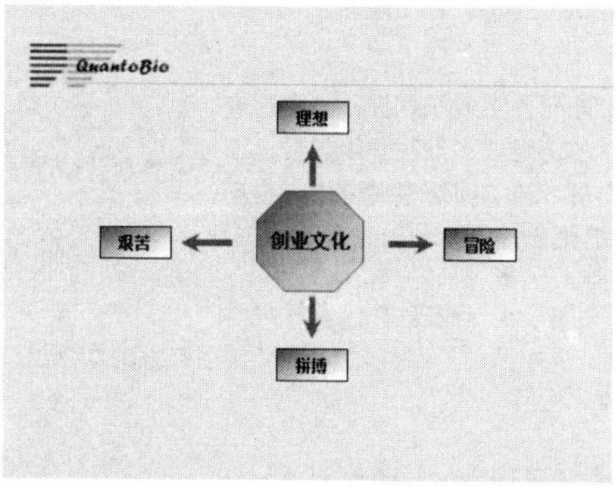


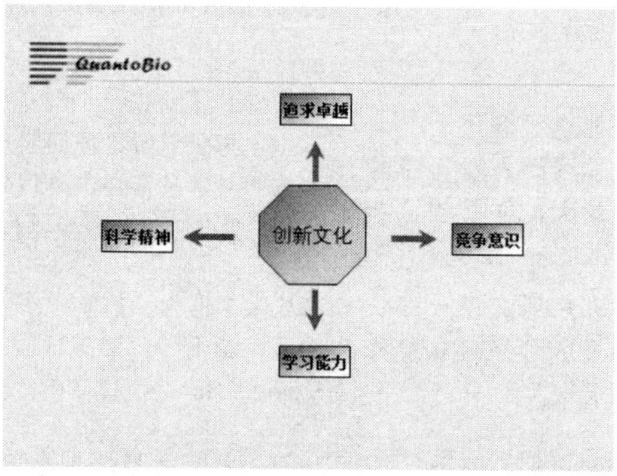


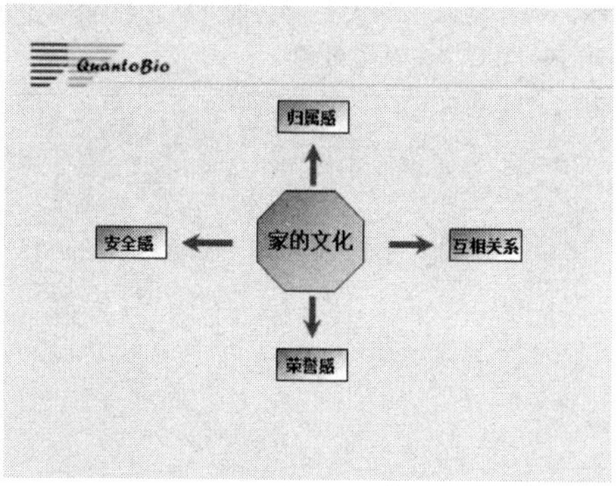


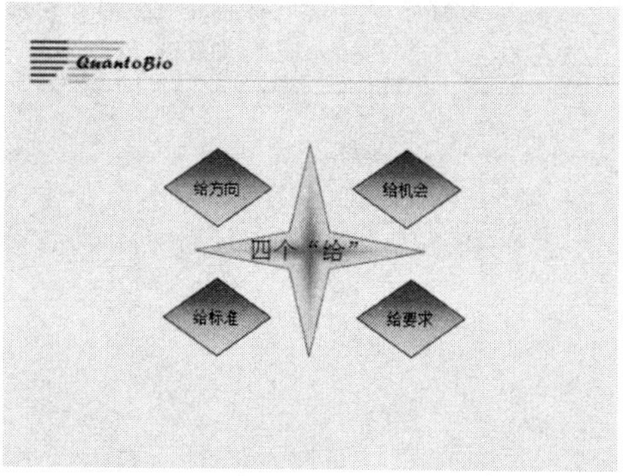

# 第九章　从代理到自主创新

## ——东胜创新生物科技有限公司

### 企业简介

北京东胜创新生物科技有限公司是一家专注于生命科研仪器领域的设备渠道商和技术服务商，公司成立于2002年4月，总部设在北京市海淀区中关村上地科技园。

东胜创新，致力于在三大生命科研仪器领域，即分子影像系列、实验室自动化、科学仪器设备，向用户提供国际一流的产品、最优化的实验解决方案和高品质的专业服务，承担起生物科学产业的助推器的历史使命，服务并推动中国生命科学事业的发展。

东胜创新，拥有遍布全国的营销渠道和服务网络、职业化的专业技术服务团队、规范快捷的物流支持系统，研发中心位于北京中关村生命科技园，香港东胜国际贸易有限公司作为东胜旗下专业的国际采购物流中心，与北京总部物流中心遥相呼应紧密合作，确保客户的需求能够得到快速响应和高效服务。

优秀的员工、科学的管理、高效的营运、便捷的信息网络、雄厚的资金、多年的行业经验和先进的经营理念，是我们服务于客户、奉献于社会、实现历史使命的基础和保证。

今天，东胜创新正携手众多国际一流厂商，为我们的广大客户提供更多优秀的产品和卓越的服务。

资料来源：东胜创新生物科技有限公司网站（http://www.eastwin.com.cn/）。

# 第一节　行业背景介绍

## 一、生物产业

### （一）世界生物产业发展概况

生物产业指以生命科学理论和生物技术为基础，结合信息学、系统科学、工程控制等理论和技术手段，通过对生物体及其细胞、亚细胞和分子的组成、结构、功能与作用机理开展研究并制造产品，或改造动物、植物、微生物等并使其具有所期望的品质特性，为社会提供商品和服务的行业的统称，包括生物医药（服务产业）、生物农业（资源产业）、生物能源、生物环保等，以及生物工业（生物制造产业），微生物工业为最早的生物工业。

新世纪，生命科学研究、生物技术发展不断取得重大突破，为解决人类社会发展所面临的健康、食物、能源、生态、环境等重大问题提供了强有力的手段，开辟了崭新的路径。生物科技的重大突破正在迅速孕育和催生新的产业革命，新的国际产业分工格局快速形成。

全球生物产业的发展分为三个阶段：初始阶段是1980—2000年，成长阶段是2000—2010年，成熟阶段将是2015年之后。世界生物产业目前处于初始阶段与快速成长阶段的过渡期，尚未形成由少数跨国公司控制的垄断格局。

据权威机构的数据，到2010年左右，全球仅生物制药市场将达到1 000亿美元。生物产业的巨大发展潜力和对人类及社会所带来的深远影响已经引起许多国家的高度重视。美国政府将生物与医药产业确立为“新的增长点”；英国政府制定了LINK计划；法国将生物技术和环保技术列为本国高技术产业规划的重点；日本政府提出了“生物产业立国”口号；新加坡政府制定了“5年跻身生物技术顶尖行列”的计划，确定了把新加坡建成“生命科学中心”的目标；古巴在20世纪90年代已开始实施“生物技术投资计划”。各国纷纷采取有力措施促进生物产业发展。

目前生物技术（Biotechnology，BT）已经成为现代科技研究和开发的重点。在发达国家，生物技术已经成为一个新的经济增长点，其增长速度大致是在25%—30%，是整个经济增长平均数的8—10倍左右。在一些国家，例如美国，生物科技产业已经形成集群优势。其发展四大特征是：世界一流的研究机构是前提，风险投资网络是关键，新创企业是首要，龙头企业是支柱。这些集群依托巨额的联邦基础研发投入、及时规范的立法、实力超群的资本市场和竞合充分的产业氛围等国家竞争优势，为美国今后继续确保生物技术产业的代际优势奠定了基础。①

**（二）我国生物产业发展概况及相关政策**

与世界先进国家相比，我国生物产业的技术、人才和基础是高技术领域当中差距最小的，而且生物资源丰富，是最有希望实现跨越式发展的领域。然而与此同时，我国正处于加速工业化进程中，面临着严峻的资源、环境压力。因此抓住生物科技发展的机遇，把生物产业作为重点战略产业加快发展，对缓解经济发展瓶颈的制约、全面建设小康社会具有重大战略意义。

当前，随着国际上其他国家的对生物产业发展的重视程度逐渐加大，我国政府对生物产业的发展也格外重视。现在，生物技术作为我国重点发展的高技术，已被列入《国家中长期科学和技术发展规划纲要》和《国民经济和社会发展第十一个五年规划纲要》当中。在2010年，国务院办公厅又发布了《促进生物产业加快发展的若干政策》。此外，我国还加强了生物产业基地、生物技术下游国家重点实验室和国家生物化工研究开发中心等的建设。

已经发布的《国民经济和社会发展第十二个五年规划纲要》（以下简称《十二五规划》）提出，要以重大技术突破和重大发展需求为基础，促进新兴科技与新兴产业深度融合，在继续做强、做大高技术产业基础上，把战略性新兴产业培育发展成为先导性、支柱性产业。在《十二五规划》中，生物产业成为7项“十二五”期间优先发展的战略性新兴产业之一。将重点突破药物创制、新型疫苗、疾病早期诊断等关键技术和生产工艺，获得40项拥有自主知识产权的新型药物产品，获得关键专利700项—800项，形成关键生产工艺及相关标准100项，建设抗体、疫苗等新型生物医药开发及产业化基地30个—40个，

① 赛迪顾问，《2010—2011年中国生物医药产业研究报告》。

培育10个龙头企业。

2020年，我国广义的生物产业市场规模将达6万亿元，2010年10月18日发布的《国务院关于加快培育和发展战略性新兴产业的决定》规划到2020年生物产业将成为中国国民经济的支柱产业。未来我国生物产业发展的重点集中在四大领域，即生物医药、生物农业、医疗器械以及生物工业，也称生物制造领域。

到2011年，国家发改委已认定了石家庄、深圳、长沙、北京、上海、广州、武汉、昆明、青岛、成都、重庆等12个国家生物产业基地，以及西安、天津、泰州、通化、德州、郑州、南宁、哈尔滨、杭州、南昌等10个生物产业领域国家高技术产业基地。以首批国家生物产业基地的发展为例，据中投顾问发布的《2010—2015年中国生物技术产业投资分析及前景预测报告》显示，石家庄基地主要是依托石家庄经济技术开发区，建设目标为到2012年生物产业年产值达到485亿元；长春基地主要由医药产业核心区、生物工业核心区、生物农业核心区3大模块构成，建设目标为，到2010年生物产业年产值达到700亿—1 000亿元；而深圳基地规划了核心区和拓展区，其中，核心区为深圳市高新技术产业园区，扩展区为光明和南澳，建设目标为到2010年生物产业的年产值达到700亿—1 000亿元。①

## 二、医疗器械行业

医疗器械，是指单独或者组合使用于人体的仪器、设备、器具、材料或者其他物品，包括所需要的软件，以达到对疾病的预防、诊断、治疗、监护、缓解；对损伤或者残疾的诊断、治疗、监护、缓解、补偿；对解剖或者生理过程的研究、替代、调节；妊娠控制等目的。医疗器械包括CT、MRI、手术器械、诊断用品、医用材料等。医疗器械制造涉及多个行业，是一个国家制造业和高科技尖端水平的标志之一。医疗器械行业是一个多学科交叉、知识密集型、资金密集型的高新技术产业。国家已将医疗器械产业纳入新兴战略型产业，“十二五”期间，医疗器械产业发展重点将锁定技术研究、产品研发、平

① 赛迪顾问，《2010—2011 年中国生物医药产业研究报告》。

台搭建、基地建设四方面。[①]

2011年，受惠于新医改，我国医疗仪器设备及器械制造业继续稳步增长。截至3月末，行业资产总计为917.47亿元，同比增长23.37%，增速比2010年2月上升了3.44个百分点；负债合计为352.42亿元，同比增长18.31%，增速比2010年2月上升了5.65个百分点；流动资产年平均余额为579.64亿元，同比增长25%，增速比2010年2月上升了0.12个百分点；企业单位数为807个，比2010年2月减少了413个；亏损企业数为138个，比2010年2月减少了146个；全部从业人员年平均人数为21.84万人，同比增长10.90%，增速比2010年2月上升了1.26个百分点。[②]

图表9-1　2011年1-3月医疗仪器设备及器械制造业总体情况[③]

| 指标 | 单位 | 2010年2月 | 2010年5月 | 2010年8月 | 2010年11月 | 2011年3月 |
|---|---|---|---|---|---|---|
| 资产总计 | 亿元 | 816.8 | 858 | 911.67 | 973.78 | 917.47 |
| 同比增长 | % | 19.93 | 19.95 | 19.11 | 19.04 | 23.37 |
| 负债合计 | 亿元 | 332.81 | 353.33 | 368.82 | 394.85 | 352.42 |
| 同比增长 | % | 12.66 | 9.9 | 10.45 | 13.56 | 18.31 |
| 流动资产平均余额 | 亿元 | 508.48 | 537.45 | 577.98 | 615.82 | 579.64 |
| 同比增长 | % | 24.79 | 21.68 | 25.96 | 23.77 | 24.91 |
| 企业单位数 | 个 | 1220 | 1242 | 1247 | 1276 | 807 |
| 亏损企业数 | 个 | 284 | 245 | 212 | 208 | 138 |
| 全部从业人员平均人数 | 万人 | 22.43 | 23.27 | 23.93 | 24.36 | 21.84 |
| 同比增长 | % | 9.64 | 7.64 | 8.67 | 9.14 | 10.9 |

我国医疗器械行业呈现如下特征：

行业集中程度较低：从企业数量来看，2009年，中国医疗器械行业共有

① 孙晓菲、孟昭莉，《中国医疗器械市场中MNC的发展分析》，中国三星经济研究院，2011年4月。

② 中经网数据有限公司，《中国医疗器械行业分析报告（2011年1季度）》，2011年5月。

③ 中经网数据有限公司，《中国医疗器械行业分析报告（2011年1季度）》，2011年5月。

1168家企业，其中大型企业5家，占比0.4%；中型企业111家，占比9.5%；小型企业1052家，占比90.1%；从资产占全行业资产比重来看，中国医疗器械行业资产总额为786.83亿元，其中大型企业占比8.0%，中型企业占比40.6%，小型企业占比51.4%；从销售收入来看，2009年1~11月，大型企业占比7.2%，中型企业占比40.2%，小型企业占比52.6%。①

出口前景较为乐观：作为占对外医药贸易1/3以上份额的医疗器械产品，经历了从逆差到顺差，从低端产品出口向中高端产品出口的发展过程。我国医疗器械出口额从2002年的24.5亿美元增长到2009年的122亿美元，增长幅度达到398%。随着我国医疗机构在上一轮设备配备基本到位，医疗设备更新近年来有所减缓。同时，国内部分中高端医疗器材已经基本完成了进口替代，虽然国内市场增长速度从全球范围来看大大高于海外市场，但是追求更快发展速度的医疗器械企业已经将目光转向了海外。②

## 三、生物仪器领域

### （一）国外生物仪器行业

生物技术公司分为六类，制药与医药、生物技术仪器、生物农业、生物制品（生物分子或微生物有机体产品）、环保生物技术（土壤、废水、水处理）、功能食品六类。生物技术仪器类公司覆盖如生物分离、生物分子分析、生物传感器、基因、生物芯片以及发酵设备。

在美国，生物科学仪器已经作为生物产业的一重要细分行业发展起来，这一行业的发展与政府的投入、关联行业的影响以及市场需求密切相关：

政府投入：国立卫生研究院（NIH）2003财年增加经费40亿美元，达到270亿美元，对生命科学仪器的使用者加强支持；战略政策层面，为防止生物恐怖将增加额外的研究经费，并增加用于技术商品化的研发经费。

药物研发对生命科学仪器的影响：制药／生物技术行业高风险的模式使得对增长的预测难度增大，而仪器的增长预期相对容易，因此也比较稳定；人

---

① 中经网数据有限公司，《中国医疗器械行业分析报告（2011年1季度）》，2011年5月。

② 莫尼塔（上海）投资发展有限公司，《寻找新的世界冠军系列（医疗器械篇 · 第一章）——迈瑞成长启示录》，行业专题研究，2011年2月。

们不断关注自动化和药理基因学的需求，将激发对新产品和创新的需求，带动生命科学仪器的创新；工作量巨大的以往设备替代也有很大的需求。

市场拉动：开发如糖检测产品的Therasense公司首发股，在2001年第四季筹集了1.1亿美元；Perlegen公司筹集到了1.3亿美元风险投资，2003年元月完成全基因扫描，从基因层次对人的差异进行分类方面的工作也取得了很大进展。

**（二）国内生物仪器行业**

目前，国内生物仪器行业处于成长阶段，除去外资企业，业内本土公司主要以代理国外先进仪器为主要业务，拥有自主创新品牌的企业可谓凤毛麟角。国内生物科技仪器的代理商也规模大小不一，规模大的企业员工数量可达上百人，而规模小的少至1–2人的个人代理商。行业内存在的主要问题是：市场分散，开拓成本高昂；小企业林立、缺乏行业规范；技术、资金限制企业发展。按企业规模统计，生物科技仪器行业内代理性质的企业，最大的是香港基因有限公司，紧随其后的则是东胜创新生物科技有限公司。

## 第二节　创业团队

### 一、早期创业团队

申跃华毕业于北京大学生物系生物化学专业，1990年毕业后，他离开北京，南下深圳，进入生物科学仪器行业；并于1992年，联合创办了香港基因有限公司。10年内，他参与缔造了基因公司的行业领跑地位。当时基因公司的资金来源以及物流运营主要由香港合伙人负责，而申跃华负责搭建国内营销网络。他还曾参与创办国内第一家生命科学领域专业门户网站“生物引擎”和国内最有影响力的生命科学专业电子商务网站“生物通”。

2002年4月，在基因公司工作了10年的申跃华离开基因公司，和原来的两位同事一起创办了北京东胜创新生物科技有限公司。

2002年8月，现任东胜创新首席技术官（CTO）的聂尚海加入东胜创新早期创业团队。与申跃华一样，聂尚海毕业于北京大学生物系生物化学专业，在那之后获得了北京大学生物化学及分子生物学专业硕士及博士学位，并进入军事医学科学院基础医学研究所进行博士后深造，有多年生物学研究与开发经验。聂尚海曾任珠海百奥生物技术工程公司技术总监，负责产品开发，生产流程管理，质量监测，具有丰富的将科研成果转化为市场产品的经验，还曾任中山大学生命科学学院生物化学系基因工程研究室教师、技术负责人。他拥有着丰富研发经验——十多年生物科技科研经历，三年教师经历以及四年试剂公司研发及生产经验，加入东胜创新后，聂尚海负责技术研发和产品市场推广。

## 二、高管团队及组织结构

除去早期创业团队的成员：现任公司董事长申跃华和现任首席技术官聂尚海，目前东胜创新还有其他三位高层管理者：首席执行官郭涛、市场总监薛沿宁博士以及香港分公司负责人兼公司营销副总裁陈国华先生。

2009年加入东胜创新、现任公司首席执行官的郭涛毕业于商科，早年在中国人民大学就读EMBA，曾担任第六届“玄奘之路”商学院戈壁挑战赛（戈6）中国人民大学队队长。郭涛有二十多年的外企从业经验，在惠普、DEC、微软等多家外企工作过。他最早从一起共事的申跃华哥哥口中得知东胜创新，而后成为东胜创新的顾问，之后慢慢了解东胜，被其发展潜力所吸引；最后辞去在外企的工作，全职加入东胜。在东胜，从首席运营官（COO）到首席财务官（CFO）到现在的首席执行官（CEO），每一次职位的更换，都使郭涛更加了解东胜创新，了解生物仪器这个行业。

公司另一位高管市场总监薛沿宁博士于2011年加入东胜创新。薛博士在国内学习生物化学，之后去美国攻读博士后。回国后在外商独资公司——北京奥维亚工作，负责销售。薛博士有5年的生物科技科研经历，6年的外资生物科技公司从业经历。拥有丰富生物科技研究经历和从业经历的薛博士很早之前就听说过东胜创新，也与东胜创新有业务上的接触，同时与公司现任首席技术官聂尚海有很深的交情。2011年4月，通过聂尚海引荐，正式全职加入东胜创新。目前在东胜创新负责市场及培训，带领整个市场团队。据薛博士介绍，市场部目前确定了两个中心工作：一个是为产品做市场分析，对产品应用进行消化，分析其特点、卖点，为产品寻找特定客户群，对产品的市场进行定位；另一个中心工作是为产品进行市场推广，组织安排参加展会、学术会议，编辑美工资料，为产品做好宣传。

东胜创新现任首席技术官聂尚海现在主要负责技术研发和客户服务。在东胜创新，聂尚海带领技术团队负责研发东胜创新的自主品牌，开拓新的产品。同时，寻找和选择国外好的代理产品也是聂尚海目前的主要工作之一。据聂尚海介绍，他经常代表公司出国考察，寻找好的产品，那些适合国内市场的中、高端产品就作为代理对象引进国内，而较小的产品则自己消化吸收技术，之后尝试开发自己的品牌。另外，东胜创新的主要业务之一——客户服务也由聂尚海负责，包括产品安装、产品维修和应用服务。

东胜创新香港分公司的作用有两个：一是物流和资金流中心，作为公司代理的国外产品的中转地和现金结算地；另外一个作用是东胜创新出于对国际化战略的长远考虑，把香港分公司作为向国际市场营销的桥头堡。

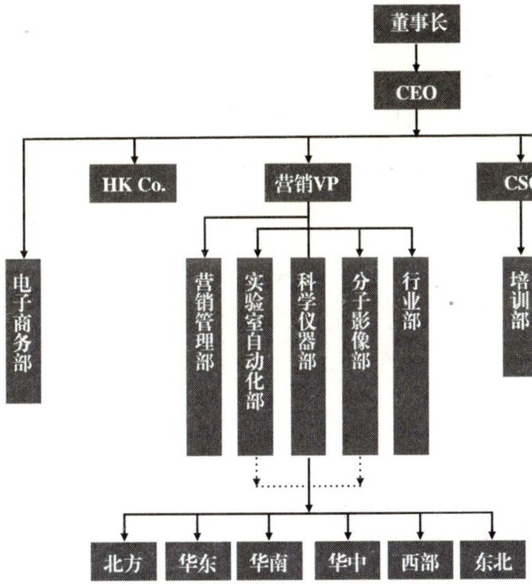


图表9-2 2011年东胜创新组织架构[①]

① 数据来源：北京东胜创新生物科技有限公司，《东胜人》，第38期，2011年第1季。

## 第三节　资源获取

### 一、客户资源获取

#### （一）市场推广

东胜创新的客户多集中在高校生物实验室和研究机构，还有一些在临床医学、疾控、质检、公安、血站、医药等单位。东胜创新的客户按产品应用分类可分为三类：生物研究、法医检测和检验检疫。市场资源被东胜创新视为发展的核心资源，董事长申跃华这样阐述道：

“公司发展几年下来最重要的资源就是对市场的理解，我们对市场的理解，对行业的理解，这是我们最核心的竞争力。”

东胜创新早期的业务主要是生物仪器代理，作为桥梁将国外生物科技仪器和国内客户连接起来。国外生物仪器生产厂商们面临着难题：分散的客户造成高昂的渠道成本，地区性小型代理商造成高昂的管理成本，客户不断变化的需求给产品、服务开发、更新带来困惑。同时，国内生物仪器客户面临的难题则是：纷繁的产品种类和有限的产品信息造成选择困难，多家采购带来谈判成本，小额结算手续繁琐造成结算困难。再加上国内生物仪器行业规范尚未形成，业内中小代理商林立，竞争混乱。这些问题都阻碍了国内生物仪器行业内的交易以及行业的发展。但细分行业不成熟的发展现状也给东胜创新的壮大提供了契机。东胜创新在全国逐渐建立自己的营销网络，利用覆盖宽泛、服务专业的平台，将生物仪器生产厂商和使用客户连接起来。

#### （二）渠道扩张

公司规模和营销网络是拿到代理权的关键，在生命科技领域，没有一个庞大的渠道规模基数，就无法形成专业化的服务能力。东胜创新的首席技术官聂尚海提到：

“东胜创新服务的客户，其价格的敏感度并不像家电连锁业这样大，先进产品的推荐、良好的售后服务，越来越成为主顾们关心的焦点，然而，如果单品销售规模上不去，就没有力气去培养‘术业有专攻’的技术服务团队，也就无法实现服务差异，最后竞争手段还是得回到价格竞争以及‘其他商业手法’的老路。”

基于渠道规模决定服务能力的考虑，从2002年在北京上地创业园区成立以来，东胜创新在全国加快建立分站和办事处。到2007年，东胜创新在全国拥有1个工程研究中心、3个维修中心、11个维修联络站，以及30多名技术支持和维修工程师，并积累有丰富的产品服务经验；此外，东胜创新遍布全国的22家分支机构和近百名专业的销售队伍。2009年，东胜创新进行了业务转化和人员裁减，全国分站和办事处数量减少。截至2011年，东胜创新在全国的办事处有14个，在全国25个省有专属销售人才，建立了完善的服务体系。

2002年创办初期，东胜创新获取客户资源的渠道主要依靠早期创业团队所积累下的人脉，通过口碑营销，在以前的同事、朋友、客户中进行产品销售。在这个过程中，东胜逐渐壮大，形成了庞大的营销网络。

根据代理生物仪器的一般程序，代理商需与生产厂商签订代理协议和相关合同。拿到中高端生物仪器的独家代理权的前提是在国内有广阔的营销渠道和产品推广渠道。到2009年，东胜创新拿到了多家欧美著名厂商产品的独家代理权，如Tecan，AMG，Kodak，Thermo，BSD，DNR等。东胜创新一方面通过招纳专业的销售人才，通过业已建立的营销网络和专业的销售渠道将直接代理的产品销售出去。另一方面，作为这些生物仪器全国总代理，东胜创新也公开招募经销商进行分代理。例如，一款离心机——德国SIGMA 1-14，东胜创新获得了该产品2011年在中国的总代理权后，发布消息公开招募全国经销商进行销售。

在招聘销售人才方面，东胜创新根据不同的要求招聘不同类型的销售。目前，根据对生物科技技术和市场营销的掌握程度，东胜创新销售系统里的人可分为三种：第一类是技术驱动型，大约有十几个人，这类人员对生物科技技术研发和应用有较多的了解；第二类是市场驱动型，这类人要掌握生物科技技术和销售技巧；第三类人纯粹销售驱动型，不需要对生物科技专业知识有太多的掌握，销售技巧纯熟即可。这三类销售人员也肩负着不同的职责，同时公司对其也有不同的激励机制。例如对产品应用了解较深的技术型销售可以直接进入实验室对客户进行新产品面对面的演示和讲解，以体验式的方式进行产品销售，并建立新的销售渠道。而纯销售驱动型员工要依赖公司建立起的营销网络进行销售，公司也采取销售提成的方式对其进行激励。

除了分类的销售系统，东胜创新有自己的客户管理系统，约有五六千个用户。根据客户的需求决定公司代理什么样的产品，同时考虑其中的利润。先有销售的理念，评估相关产品，再拿到技术团队去讨论能否卖得出去。在有些情况，还询问关系密切的用户，想引进的产品是否有市场。从客户角度和市场角度考虑引进什么产品，作为中间桥梁将生产商和客户的双方关系建立起来。

总之，除了利用传统的渠道营销、在全国搭建分站建设营销覆盖网络之外，东胜创新从生物仪器代理的行业特征出发，建立自己的销售人才系统和客户管理系统，探索出了一条适合公司发展和本土市场现状的营销之路。

### （三）营销活动

九年以来，基于主要客户是科研机构的特征，东胜创新除了扩张销售渠道之外，还通过参加学术会议、举办展会、巡回讲座、举办客户培训班和学习班的方式进行市场推广：

1．参加学术会议

作为中国生物化学与分子生物学会的一名会员，东胜创新经常参加在全国、各地区举办的学术会议，在学术会议和研讨会上向参会人员展示产品。例如：2009年5月，东胜创新参加南京东南大学举行的“2009江苏博士研究生学术论坛——分子影像学”，在展台和与会人员交流，向到场老师介绍分子影像技术应用与先进分子影像系统，并同时推出最人性化的显微镜——AMG EVOS大屏幕数码显微镜。2010年4月，东胜创新参加在成都举行的全国生物材料大会。在大会上，东胜创新在展位主要介绍了柯达小动物活体成像系统和AMG无目镜倒置显微镜，吸引大量用户参观，并收集大量用户信息。2010年8月23日，东胜创新参加南京中国生物化学与分子生物学会第十届全国会员代表大会暨全国学术会议，展示在分子生化领域的仪器设备，包括东胜龙PCR仪，DNR凝胶成像系统，AMG无目镜显微镜等。

2. 举办展会

除了主动参加学术会议和研讨会，东胜创新也与其他公司合作举办技术交流会。例如：2009年10月，东胜创新与合作伙伴瑞士帝肯（TECAN）集团一同承办了10月31日中午的卫星会议。在展位上，TECAN M200多功能酶标仪、DNR多功能凝胶成像系统、东胜龙黑金刚PCR仪三款仪器参与了展示。2010北京年6月，东胜创新市场部携手帝肯（上海）贸易有限公司在北京、上海和广州举办了“Tecan四光栅技术十周年用户交流会暨2010新品发布会”。三地共邀请了100余位来自各大科研院所的新老客户参加，通过交流会向新老客户介绍和推广产品。

3. 巡回讲座

东胜创新一直坚持举办巡回演示讲座，一是为了在研究和应用领域推广公司新代理的产品；二来也为了向老客户普及专业技术知识，加深与客户的交流以获得及时的产品使用反馈。例如：2009年5月，东胜创新在华东区展开巡回技术交流活动。活动由温州、杭州及上海（张江）为主要交流中心地，就光检测技术与分子影像技术的技术应用与硬件支持与用户近距离交流讨论。2009年9月，美国Carestream Health公司分子影像部（原Kodak公司分子影像部）与北京东胜创新生物科技有限公司（Kodak活体成像系统中国总代理）分别在上海、武汉、北京三地举行“第二届‘分子影像技术进展与应用’巡回研讨班暨2009Kodak活体成像技术亚洲巡回讲座（中国站）”，邀请多位国内外著名分子影像领域专家作报告，介绍分子影像领域最新技术进展和应用。

除了参加学术会议、举办展会、开展巡回讲座，东胜创新准备进一步开展用户学习班和培训班，加强生物仪器技术和使用知识的普及，这既是一种加强客户服务的方式，又是一种推广产品的策略。

## 二、善用人力资源

培养专业化的人才和“化繁为简”，是东胜文化中“NS曲线”对人才利用方面的解读。董事长申跃华表示，9年的管理实践所总结出来的经验就是，人的数量不需要多，重要的是要把每个人现有的专业能力都培养利用的极致。就像高考一样，假如一共就8门课，那么高考前要做的就是把弱势的科目加强学习，而不是去多学几门课程。申跃华说：

“因为企业不同的地方有不同的人，而不同的人有不同的能力。就是我培养的时候，要看培养他哪些东西，看我是在使用的阶段还是培养的阶段。如果他的精力有余，我才会考虑培养他做下一步的工作；如果他精力不够，我宁可不让他做下面的。我们发现这么干效益特别好：术业有专攻，我们通过专注地干一件事培养一批专业的人，大家都专业起来，少数人变成专家，那我这个企业就棒了。”

东胜对员工的培养，是让他聚焦在一个职能，形成专业化的能力。而当另一部分职能有人力需求时，会重新引进一个人。尽管人力成本相对高了，但是分工明确，员工的专业性强。申跃华说：

“有可能另外招一个人还不如第一个人分心做两件事做得好，但是我认账。什么叫认账？过一段时间就好了，十年干这件事能干不好？他再傻、再差，你让他只干一件事都能干好，数豆豆也数得比咱快了。”

申跃华还引用了福特的经验：福特成功的一个关键因素就是把汽车制造这一条生产线的工作分割成不同的模块，每个人专门负责一小块工作，最后都能变成专家。所以福特的效率高、汽车便宜、产量也高，这就是福特的流水线理论。申跃华说：

“这是管理的提升，不是说那么简单的一个东西。所以，企业就得照这个逻辑走。任何一个团队、包括自己的发展也是这样。你得把一件事做透了。管理理论一大堆，你懂可以，但是你得有长处。用中国的话说就是‘一俊遮百丑’。”

## 三、善用政策支持

在业已出台的“十一五”规划和“十二五”规划纲要中，政府都将生物产业作为国家发展的新兴战略产业之一，确立了对其大力支持的政策。生物仪器行业作为生物产业的细分行业，也一直受到政府的重视。

作为民营企业的东胜创新，9年发展历程中，很少与政府出台的相关支持政策相关联。谈到这一资源，东胜创新的董事长申跃华强调：

“政府是给了支持，但是我们利用的并不好，这方面是公关能力认识不足，投入也不足，之前跟政府的衔接并不太好。但是政府对我们这个行业的投资很大，这对市场具有正面作用，就等于扩大了市场，所以我们只是在市场上得到了感受，因为市场增长，需求增大，我们的业绩也就增加。

我们自己直接从政府求得支持的力度并不大，这个也是未来希望改变的东西，我们以后要不单从政府投入、引发市场增长这方面得到收获，争取在政府直接投资上也要得到一些益处，包括政府对我们产品的支持，在国内采购、物流、产品的开发上得到经费，销售中得到一些补助，这个是我们要加强的一些事。”

## 第四节 从代理到自主创新

### 一、初期代理为主

创立初期，东胜创新以代理销售国外专业生物仪器设备和提供配套服务为主要业务。东胜创新所代理的产品涉及三大生命科研仪器领域，即分子影像系列、实验室自动化、科学仪器设备。代理产品主要来自欧美著名国际品牌，其中诸多品牌作为独家代理被东胜创新引进国内，例如Tecan，AMG，Kodak，Thermo，BSD，DNR等。2010年，东胜创新成为Micobiomed中国总代理。作为生物仪器设备在中国的代理公司，东胜创新是成功的。这点从自东胜创新成立以来获得的荣誉和得到的国外生产厂商的认可可以看出：2009年，东胜创新荣膺美国Harvard Appratus公司“2009年BTX全球年度最佳代理商”；2010年，柯达亚太年会，东胜创新荣膺“2009年度柯达亚太区最佳代理商”；2011年，BTX派高级代表专程来东胜创新访问，并授予2010年度卓越成就荣誉奖。2011年，东胜创新荣膺Carestream2010年度亚太区活体产品线明星企业（Star of In Vivo Line）。

生物科技仪器和技术设备多为高校实验室、研究机构和检测机构使用，而国内目前的客户多青睐国外的品牌或者在国外生产的仪器设备，出现这种情况，一是客户们出于对防范国内假冒伪劣产品的考虑，另一个也是由于实验室和研究机构对国外品牌的偏好。

“科研有特点，因为买的这些实验室研究组组长（Principle investigator）都是在国外，就是从欧美留学回来的，都比较喜欢用欧美的这些东西。他比较喜欢用前沿性的东西，我们国家预算体制改革以后，每年希望买一些新的产品，体验新的产品。”

## 二、发展自主创新

### （一）定位自主品牌

东胜创新一方面在代理国外生物仪器和设备上有出色的业绩，另一方面也着手于自主民族品牌的创新。据东胜创新首席技术官聂尚海介绍，国外公司会为某些特定的产品寻找代理商，也正因为如此，为中国的自主创新留下了缺口：

“国外厂商选择代理的产品一般有自己的特性，依照价格和数量而定，价格高、数量高的肯定不给我们，厂家自己做了，他们自己就能获得利润。价格高，数量低的就找代理了，因为它数量少。处于中间的也是这样子的，价格中等的，数量中等的，厂商觉得这个市场不够大也找代理的。最后是价格不高，数量也不高的产品就代表没有市场，也没有多少人会生产，不然到最后都会被淘汰。所以它正好是一个斜线。数量很多，价格低的找代理。这个斜线怎么利用？这个角上没人做，那个角又多出来，就自己做，就是一个斜线。”

东胜创新的首席执行官郭涛表示，东胜的自我产品定位在中低端。因为如果定位在高端，会和代理品牌有冲突。他说：

“因为中国有一个特点，你定位高了以后它也不一定卖得出去，再加上教授选型的时候，可能更加倾向于欧美的品牌。”

郭总说，中国的生物实验室有个面子问题，都喜欢把实验室做成玻璃窗的，甚至有些都把参观的通道设计好，为的就是让别人看到实验室的高水平。郭总也去过国外的实验室，相对来说更加实用。外国人讲究的是出文章，而中国讲究的是面子。常常遇到客户要调试设备，都要把新设备放在显眼的地方，差一点的设备放一边。

### （二）创造自主品牌

从2006年开始，东胜创新开始探索自己的自主创新之路。根据国内生物仪器行业代理产品的特性和客户的产品使用特征，东胜创新的高层管理者们做出了这样的战略决策：

在继续代理国外中、高端生物仪器和设备的同时，东胜创新也应自主研发适合国内市场的中、低端产品，打造自己的民族品牌。在具体实施上，东胜创新的研发团队类似于研究组织，在国外分别寻找产品的功能、外观和生产这三条线的合作者，将这三条线的合作者整合起来，对外观设计公司提出外观要求，对功能研究的合作者提出功能方面的要求，再交给国外生产商统一生产，最后贴上“东胜创新”自主品牌，打入中国市场进行推广销售。

“我们从去年开始就做了自己品牌，是自己的品牌，自己的东西，自己的知识产权，自己研发。现在我们大的方向是围绕核酸做品牌，因为核酸原本就是核心的东西，然后下面再引进分期的东西。现在跟我国台湾地区的一个产品，还有以色列的一个产品合作，把国外的产品引到中国，再打造我们自己的品牌。别人是拿中国的产品打老外的品牌，我们现在是把老外的产品拿来再打中国的品牌，这样会保证一定的质量。所以就是说中国自己品牌的东西也是质量很高的，就是这样的概念。我们的产品产地都在国外，但是品牌是我们自己的。都得到了客户的认同，大家认同我们这个产品。”

首席执行官郭总说，自主品牌的产生主要有两个途径：一方面是自主研发，另一方面是给国外的产品贴东胜的品牌。这些途径是开放的，因为如果完全采用自主研发，周期就太长了。因此，东胜是自主研发和贴牌两种途径并行。将来还有一种途径，就是有资金之后收购别的品牌。

2006年，东胜创新推出自主品牌的东胜龙PCR仪——黑金刚，以性能卓越的产品和优质周到的服务，赢得了客户的广泛信赖。2009年，东胜创新推出另一款自主研发产品东胜龙PCR仪——24孔小金刚，形成自主品牌产品系列。截至目前，东胜创新有4种自主研发的生物仪器产品，除了PCR仪，还有小型工作站、凝胶成像和毛细管电泳仪。东胜现在有个计划叫“五六七八九”，具体指核酸研究的分类：九是分析类的，八是PCR扩增，七是PCR加样，六是核酸提取，五是前处理。核酸这个产业链很大，东胜现在做的主要是六、七、八这三类设备。

截至目前，东胜创新已经获得一项专利，还有两项专利在申请过程中。目前东胜创新自主品牌在研发和生产上的合作者来自以色列、美国等地。坚持这样的研发路线，东胜创新既开发了自主创新的品牌，“在国外生产”这一事实又保障了产品的质量，满足了国内客户的产品需求。

从2002年到2011年，东胜创新走上了一条从代理到创新的道路。目前公司高层管理者对公司的发展定位是：分子影像的引跑者，实验室自动化的开创者，科学仪器国际化的先行者。

## 第五节　从稚嫩到成熟

回顾东胜创新9年以来的发展历程，可将它走过的路分为三个阶段：成长壮大期、壮大后挫折期和理性化发展期。

### 一、成长壮大期

从2002年成立开始，一直到2007年东胜创新拿到第一笔风险投资，东胜创新都处在成长壮大的阶段。据东胜创新董事长申跃华介绍，这一阶段公司主要的情况是：成立之初，公司以提供快捷服务、布置覆盖全国的营销网络为主打战略，通过产品迅速签单，迅速和用户签订合同，服务迅速到位这些来实现东胜创新的壮大。

从2002年到2007年，东胜创新重视的三方面的发展：产品、服务和渠道。

在产品上，一方面，公司拿到数十家适合中国市场需求的国外著名品牌的代理权，其中很多是中国总代理或者独家代理。在另一方面，东胜创新也着手自主创新，研发自主民族品牌。2006年，东胜创新推出自主品牌的东胜龙PCR仪——黑金刚，以性能卓越的产品和优质周到的服务，赢得了客户的广泛信赖。

在服务上，东胜创新为客户提供规范化的服务，包括两个部分：安装维修和应用服务。2005年公司率先在业界推出“心服务”品牌，即以东胜提供服务“用心”，用户接受服务“放心”为宗旨。东胜创新为客户制定专业化的定期保养计划，同时设有聂博士信箱及在线常见问题解答（FAQ）回答客户关于产品技术和维修方面的问题，全公司上下三十多名技术人员为客户提供技术支持，客户也可以通过800免费热线咨询产品维修情况。在具体实行上，公司客户服务部下设客服事务部、维修中心和研发中心。由公司首席技术官聂尚海直接领导。负责提供仪器的安装、调试、维修、维护以及应用方案的设计与实施。客服事务部和维修中心由多名从业多年的维修工程师领衔，下设北京、上海、广州、武汉、香港5大维修中心和11个维修联络站（沈阳、西安、成都、南京、厦门、昆明、济南、天津、长沙、杭州、山西），服务范围覆盖全国。

在渠道上，东胜创新通过在全国各地设置办事处和在一些地区开分公司布置了覆盖全国的营销网络。到2007年，东胜创新在全国拥有1个工程研究中心、3个维修中心、11个维修联络站，以及30多名技术支持和维修工程师，并积累有丰富的产品服务经验；此外，东胜创新遍布全国的22家分支机构和近百名专业的销售队伍。同时，在上海、香港设有分公司。

在成长壮大的过程中，东胜也加强了与国内的制造商和生产商、高校实验室和研究机构在技术上的合作和交流，与国外厂商和制造商在技术上的合作、互动也更加频繁。与此同时，东胜创新还开发了自己的产品品牌，

## 二、壮大后的挫折

不断壮大的东胜创新受到业界同行和国外生产厂的肯定，也得到了风险投资机构的青睐。2007年10月，东胜创新完成行业内的第一宗风险融资，获得了兰馨亚洲、尚高资本（Siguler Guff & Company）领衔的1 000万美元的注资，开始进入新一轮的布局。

拿到这笔融资后，角色转变为半个老板、半个职业经理人的申跃华原本有这样的扩张打算：

“扩张渠道，在原有办事处的基础上打算再增加10个；丰富产品线，将业务从生命仪器延伸到试剂、耗材业务，更好地实现渠道价值，行业中试剂、耗材与生命仪器经常搭配销售，毛利也高，一般在30%以上；招揽外部人才，为

这些专业人才提供培养期；增加上游的制造业务投入，可能的话，适当做些渠道的并购。”①

2008年，不到半年，东胜创新的职工总人数从150人迅速扩张到300人，其中作为经济增长点的试剂、耗材部门扩张了50人。但扩张后的东胜发展并不顺利。公司在2008年出现了亏损——行业并未受到金融危机的重大影响。报表上出现了渠道商最不愿意看到的景象：库存周转率下降，费用率上升，坏账计提增加。

对于当时东胜创新的主要业务之一——试剂代理而言，做渠道，信息流、物流、资金流至关重要。东胜创新细节管理不到位，这些“流”就动不起来。时间是关键，部门之间衔接不当，管理不当都会延误了时间，造成利润损失。比如，本该向客户打包配送的多种试剂，物流不畅，缺少一种就会延迟了发货时间，增加了库存，试剂有一定保质期，库存周转慢，损耗也就大。

另一方面，由于人员扩张过快，没有及时监督和管控，部分回款被业务人员侵吞，时间久了形成坏账。终端业务人员在价格折扣、费用率控制方面被赋予过大的权限，也影响到了毛利，大量的经营收益从这些细节疏漏中流失。②东胜创新的首席执行官对于公司经历过的挫折，有着这样的想法：

“原本东胜有一个业务，后来被停掉了，因为那个业务需要管得比较细，就像超市批发一样，必须有系统，有人，比如说北大生科院，他不是一个一个给你结账的，他是设备科统一结账，但是要签字，签字的学生都不一样，还有一个体系问题，实习的做两天就走了，但如果没有这个签字，设备科是不能付款的。这种体系、这种流程不行，一个企业要是不盯紧，就为这个付出代价。

这个东西不是不可以做，需要做的时候会比较细心一点。原来东胜犯的错误就是利用这个网络，利用人做‘近似仪器销售方式的’推销，但是人的重心就是往回报高的趋势聚集，回报低的大家不愿意去做，造成重心不对。”

2008年，一方面遭遇了融资后的挫折，另方面在高层管理内部也发生了

① 陈晓平，《成长的摩阻系数》，21世纪财经网，2009年。（http://www.21cbh.com/HTML/2009-3-30/HTML_I59ISLAEBSRW.html）

② 同上。

人员变动。香港是东胜创新生物仪器进出口贸易的财务与物流中心，但主事的副董事长蔡鸿炜先生却在2008年不幸离世，另外两位创业高管中还有一位出走。

“公司发展的第二个阶段就是引入国际资本，希望可以引进西方的管理人才，但是来讲第二个阶段人才的引进以及管理方法的引进上，现实冲突比较大。”

申跃华提到公司2008年遭遇的挫折，认为这是东胜创新发展的一个砍，庆幸公司走过了这个艰难的阶段。

## 三、理性化发展

经历过2008年融资后的挫折，从2008年下半年，东胜创新开始实施人员上的调整和业务上的变革。

在高管人员调整上，除了保留技术研发高管，申跃华从外部引进了财务、营销和内控高管成员，并由他们开始完善管理架构，设立业务流程，比如，业务人员超过权限的价格折扣，就必须向总部申请。东胜创新在拿到融资后扩张期人员最多时达到400余人，经历过2008年挫折后，公司开始裁员，缩减员工队伍，让公司人员规模保留在150—170人的水平。

总结2008年之前试剂和耗材部门经营不当的教训和这两种产品的物流特性，东胜创新开始收缩业务，裁撤试剂、耗材部门。目前，东胜创新主营业务是生物仪器设备。

谈到挫折后的发展，董事长申跃华认为，在公司发展的第三阶段，改革后的东胜创新要走的是理性化的发展道路：

“公司发展第三阶段就是对第一阶段和第二阶段的调整，我们有了方向性的东西，这样才可以真正融合一些事情，把矛盾冲突变成一种融合的过程，才能发展的好。这一三阶段的定位是理性化的发展，而不是理想化的发展。”

而要做到理性化发展，吸取2008年拿到风投资金后的教训，董事长申跃华认为东胜既需要做大也需要做强，要在规模和利润中找到平衡：

“2008年之前，我们在规模和利润的问题上，平衡做的不太好。以后我们的重点是探索怎么将提高利润和扩大规模平衡好，也就是把‘大’跟‘强’要区分好，只有这样才能使企业健康发展，否则就是大而不强或者为了强不考虑生存问题，只考虑二者当中的一种，企业都会出问题。所以规模是为了大，而我们在研发上投入是为了强，这也需要规模上匹配。”

对于公司员工规模的减小，董事长申跃华有着这样的看法：

缩减一部分员工也是为了让目标更聚焦，也是从规模和强之间做一个平衡。原来对规模的要求太高，导致出现一些问题。缩减一些反而可以更聚焦，虽损失了一些规模，但是增强了一些利润。

在注重平衡规模和利润的同时，东胜创新也在实现从代理向自主研发的转型。通过与国外先进技术的生产商合作，东胜生产出自己的品牌产品。总结成长初期成功的经验，东胜创新坚持以“产品+服务+渠道”的理念。一方面通过代理做好国外产品的渠道和服务。另一方面通过服务和渠道进一步认知市场，并且理解市场上先进的东西。公司加大研发力度，使自己的产品匹配上、追上国际的水平，缩小与国际先进品牌的差距，并在性价比上产生自己的优势。随着时间的推移，属于东胜自己的产品越来越多，在销售额上也越来越大。目前东胜创新的产品战略是：对于高端产品，以引进和服务为主；对于市场中、低端产品，通过发挥制造优势，发展自己的品牌。

## 第六节　企业管理文化

### 一、海纳百川、志存高远

从2002年创立以来，东胜创新一直秉持“海纳百川、志存高远；诚信、挚爱、专注、创新；达、谋、勇、勤”的企业文化。“海纳百川、志存高远”代表胸怀和志向，即是“立大志向，做大事先存远志，做自己感兴趣、能做好、有价值的事。胸怀有多大，事业就会有多大，做大事业，人的价值在事业中体现。”“诚信、挚爱、专注、创新”是行为操守，指导企业全体员工。除此之外，东胜创新还提出“心服务”理念。一方面，东胜创新对客户有“心服务”理念：东胜创新所有成员真心向客户提供让客户放心的产品和服务。另一方面，东胜创新对员工有“心服务”理念：公司倡导各级管理干部对员工耐心辅导、用心关怀，用爱心和诚心帮助员工成长；同时，员工对上级领导用心承诺、用心工作；同事之间、部门之间工作交往，以服务他人的心态，悉心帮助流程上下顺畅作业，在公司内营造相互“心服务”的和谐办公氛围。

举个例子，2007年新年晚会上，“2006东胜创新年度奖”评选结果隆重揭晓。这次大型民主评选活动打破了传统模式，采用按业务系统划分的纵向评选模式，给予了各大系统的部门、办事处、管理层及普通员工充分展示风采的空间。活动历时37天，力求做到公开、民主、公正，最终评出了“年度采购物流奖”、“年度售后服务奖”、“年度后勤奖”、“年度管理奖”、“年度销售奖”、“年度市场技术奖”、“年度部门奖”和“团队荣誉奖”。这充分体现了东胜对“创新”和“心服务”文化的实践。

## 二、中西文化融合

### （一）集权与分权

从中国古代的商人到近代的民营企业，国内商界有一大特点，就是“家长制”和“集权式管理”在企业身上的烙印比较明显。许多民营企业由有能力的个人一手辛苦创立，“英雄式”的创业者在企业中处于核心地位，从决策到执行也事事亲为。但“多面手”英雄的精力毕竟有限，当企业成长壮大后，“家长制”的管理模式也会抑制企业进一步的发展。一方面，过于“集权”导致企业员工做事弹性小，抑制了员工的创造性，同时也会在员工之中产生“离心力”，削弱员工对企业的忠诚度。另一方面，“集权”并非万能，企业内部总会出现监管不到位、员工谋取私利造成利润损失的情况。

文艺复兴时期之后，“民主、自由、平等”文化在西方兴盛。西方企业文化中更加重视团队的力量，多数企业最初的创业团队不是一个人，而是拥有不同资源禀赋的多个成员。创业团队成员之间有分工，每个人根据自己的特点、喜好和能力负责一部分工作，随着企业的壮大和发展，分工也跟着变化。每个人在企业中扮演不同的组织角色，互动、合作，形成合力。

东胜创新由本土企业家创立，早期的创业团队中又拥有海归高管。“集权式”还是“分权式”管理在东胜创新遇到讨论、碰撞和取舍。在东胜创新初期，公司在业界取得的“奇迹般”的成绩是由董事长申跃华领导的团队共同缔造的。随着公司的壮大和发展，申跃华意识到团队的民主式管理的必要性和重要性，逐渐在公司成立董事会机构、科学家顾问团、执行团，强调从全国总公司到区域办事处都要建立自己的团队。公司在经历2008年的挫折之后，申跃华对公司进行重组，从外面引进营销总监、市场总监和财务总监，总监们各司其职，公司组织结构相应发生变化。公司董事长申跃华这样提到自己在公司中所扮演角色的变化：

“公司起步阶段可能我做得多一点，起步完了以后，就是让直接管理者管理这些事，也就是把起步工作留给自己干，把发展工作留给专业的人事管理来办。我不可能什么事情都事事亲为，也不能什么都事事不为，就是发展初期亲为的多一点，发展后期无为的多一点。”

**（二）关系与契约**

办事“讲关系、讲人情”是中国文明社会几千年来形成的非正式制度，虽未形成条文，却为人们所认可和默许。在这样的制度环境下创办企业，就得需要顺应“规则”，才能获得自身“合法性”。正当的“有关系”可以是朋友之间、同事之间、企业之间、企业与政府之间的交情，从有交情的基础上获得有效的信息和资源。

而在西方文明社会中，“契约精神”得到认可和推崇。公民和公民之间有私人间的契约，公民与社会之间也有社会契约。企业员工与企业之间，企业与企业之间，企业与社会之间都有各自的契约。有了契约，人们按照契约上所写行事，否则会受到制裁。契约在西方社会中起到约束人们行为，维护公共秩序的作用。

东胜创新是家本土企业，但因其桥梁作用——在国外生产商和国内客户之间建立联系以及国际化的发展目标，与西方文明交集的机会较多。在这过程之中，是选择遵守“关系”文化还是“契约”精神是值得思考的难题。尤其是在经历2008年海归高管出走之后，董事长申跃华总结出这样的经验：

“走过这一段，回过头来说，环境是什么文化，你就用什么文化，你和谁打交道，用什么文化。本土派的优点就是灵活性强，和他们打交道时你也不要强迫自己，不要因为他的企业我就认他的企业了。既然你是有灵活性的，你谈企业我就跟你谈企业，你不谈企业我就跟你不谈企业，这个反而会好。而和国外的人打交道，就得尊重别人的文化，别人和你谈契约，就得重视人家的那一套。最后对于企业而言，我还是赞同需要有一套制度，因为公司是个整体。”

## 三、成员多元化

截至2011年，经历过高层管理者和员工变动，在东胜创新已经形成的组织结构中，公司成员有着多元化的背景，给公司文化带来了多元化色彩。

首席执行官郭涛有二十多年的外企从业经验，在惠普、DEC、微软等多家大型外企工作过。在谈到外企和民企的差别时，郭涛表示在价值观和做事准则上，民企和外企都存在重大的差异：第一，民企和外企价值观不一样，导致行业内竞争手法不一样。在医疗仪器代理行业内，中小型的本土企业比较多，竞争手法也多种多样，有的竞争者手段拙劣，在某种程度上造成了行业的不规范。第二，在外企，技术强的研发人才或销售业绩好的销售员就可以趾高气扬；而在民企，所有的员工还是要听老板的，在某种程度上有“家长制”的特色。第三，在外企，员工的角色是透明的、公开的，画几个圈就能代表你在企业里所处的位置。职业经理人在外企做得再好，也是局外人，还必须有忠诚度。而在民企则不一样，讲交情、讲关系。第四，外企讲究标准化和原则，而民企则强调随机应变和灵活性。

郭涛在外企工作二十多年，在管理上有丰富的经验。东胜创新将他引进公司，他在外企积累的管理经验、处事原则甚至与人打交道的方式都会给东胜创新带来新的元素。

2011年加入东胜创新的另一位高管，市场总监薛沿宁在本土念完博士，拥有三年的海外博士后经历。根据自己的科研经历和从业经历，薛博士表示，海归或有海外技术背景的人才对于公司的进一步发展是有利的：

“在生物科技领域，有国外学习、工作经历的对产品的开发和应用都有更深入的了解，现在毕竟在这个领域是国外发达国家的技术较强。无论是在我们公司的研发团队和销售团队中，都需要这样的人才。”

首先，海归技术人员对于研发新的产品有自己的敏锐度和创新能力，这是东胜需要的。其次，在销售团队中，东胜也需要技术型销售，有过海外学习和工作经历的技术人才对产品的特性、应用都更加了解，在与国内客户打交道、推广产品时很有优势。东胜的客户很多都是实验室研究组组长（PI，Principal Investigator），是从欧美国家留学回来的，如果销售员对产品应用不了解，是无法把产品销售出去的。最后，有海外学习经历的人在语言上有优势，这有利于与海外的生产厂商谈代理。

无论是在外企从业多年的首席执行官还是有海外学习工作经验的市场总监，都说明了员工的多元化背景对已经发展壮大起来的企业是有利的，他们为东胜创新注入新鲜的血液。东胜创新也计划适当地引入一些背景多元化的人才，在公司文化和业务经营上碰撞出新的火花，为公司国际化的发展作准备。

## 四、NS 曲线的思考

从2002年到2011年，东胜创新发展9年，经历过成长壮大、挫折、理性化发展等阶段。一路走来，东胜创新董事长申跃华和首席技术官聂尚海从公司的发展历程和自己的从业经验中总结出了NS曲线原理（见图表9-3）。

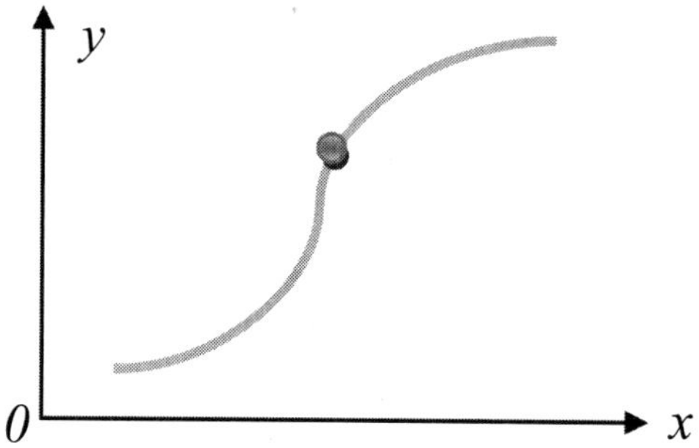


图表9-3　NS曲线

“任何一件事务发展都有这么一个经历：S曲线。所以我们就通过S曲线来阐述我们任何工作重心的问题，不过我们把它称作NS曲线。原因也很简单，这是聂尚海、申跃华的名字拼音缩写组合，这是第一个NS的来源。第二、NS对东胜特别重要，我们东胜的英文名East Win缩写为EW，也是“东和西”的缩写，没有南北（NS），现在加上南北，我们又有东西，变成真东西了。第三，因为这个NS不仅仅是一个名的问题，而且是一个指南针，所以我们也叫指南曲线，这个就是指导我们工作中的基本理论。第四，N还是n，它是n个S，所以可以讲各种东西。

NS曲线的含义有如下三个方面：

第一，从产品推广的方式讲，在不同阶段的产品有不同的推广方式。纵轴表示技术含量由高到低，横轴表示市场对产品的熟悉度由低到高，在发展的初期阶段，也就是市场熟悉度低、市场容量小的时候，进入市场的方式是以技术为主导的，过多的广告是没有用武之地。而到了发展的成熟阶段，更多的是以广告为主，因为市场面大、客户量基数大。因此，每个阶段用的推广方式不一样。

第二，从人做事的能力方面解释，做某一件事的过程是能力由低到高，效率也由低到高。在安排人的时候，要尽量把人安排到效率最高的工作。很多老板如果发现某个员工挺能干，就想什么都让他管。但最终，能力没有得到高效的发挥，最后效益也不好。

第三，任何一件事都可以通过S曲线来探讨，所以它是N个S曲线。最终，通过各种角度去探讨不同的问题，就可以分门别类地对具体事情具体处理。比如说在产品上，东胜会把不同的产品分给不同的人负责。以前会大家一起做一件事，但现在很简单，每个人负责一件事，结论就是专注、专业、专家。

申跃华说："这一条理论出现了，我们用这套曲线来安排整个公司的事情，我们做一件事就分析到底应该怎么安排。这套曲线确实有用。大家探讨起来会达成共识，建立我们NS的变化。整个企业的安排事物、安排人、接活都要通过这个曲线来干。干事、接活都根据你的能力和精力来判断，不是说你想干就干，想接就接，我们不要求事事都干，只是找到最合适的人来干最合适的事。"

其实NS曲线还可以引申出很多东西：比如说一条标准的曲线，是什么因素导致企业有这样的NS曲线？企业需要改进什么，需要发扬什么，都可以从这个曲线中找出。因此，东胜现在基本上是通过管理实践找到经验，找到适合自己的理论。申跃华表示，东胜以后的工作，也包括对NS曲线的进一步总结、理论提高和推广，给企业定型。

## 第七节　未来展望

在东胜创新发展的第九个年头，公司高管表示东胜创新未来的发展目标很明确：实现从代理向自主研发的转型，开拓国际化市场，走向公众视野，成为行业的领跑者和标杆。

要实现企业从代理型向自主研发型的转变，必须得有技术，有自己的专利。目前东胜创新采取分别与国外生产商合作的方式生产自主品牌。在发展的下一阶段，东胜创新计划通过消化吸收，掌握国外先进技术，逐渐转化为适合中国市场的核心技术，独立生产一些产品和部件。

但在实现这一目标的过程中，可能会遇到一些阻碍，还需要企业自身的修炼和实干，东胜创新的董事长申跃华表示：

“生物仪器这个行业有点理想——现在还不厚实，还不够踏实，有点浮躁。因为有时候做事太理想化，都不是实际能用到一些东西，或者做大、做强的想法太多。没有脚踏实地的工作，由于太理想化了，就会跟市场环境的运作中有出入。而我们给东胜的定位就是要理性化发展而非理想化。”

谈到愿景，申跃华用生命科学仪器市场中的“蒙牛”来形容处于发展阶段的东胜创新，在未来希望东胜成为中国生物界的“联想”，而行业中的标杆是美国的Thermo Fisher Scientific公司，该公司2008财年的销售收入超过100亿美元。

# 参考文献

[1]. 蔡莉、柳青,“新创企业资源整合过程模型”,《科学学与科学技术管理》,2007年第2期,第95—102页。

[2]. 共青团上海市委员会,《上海青年发展报告:就业创业与当代青年》,上海:上海人民出版社,2007年。

[3]. 木志荣,“国外创业研究综述及分析”,《中国经济问题》,2007年第6期,第53—62页。

[4]. 潘晨光,《中国人才发展报告》,北京:社会科学文献出版社,2009年。

[5]. 王辉耀,《当代中国海归》,北京:中国发展出版社,2007年。

[6]. 王辉耀,《人才战争》,北京:中信出版社,2009年。

[7]. 王辉耀,《中国留学人才发展报告(2009)》,北京:机械工业出版社,2009年。

[8]. 忻榕、徐淑英、王辉、张志学、陈维正,《国有企业的企业文化:对其维度和影响的归纳性分析》,载徐淑英、刘忠明主编《中国企业管理的前沿研究》,北京:北京大学出版社,2004年。

[9]. 杨俊、张玉利,“基于企业家资源禀赋的创业行为过程分析”,《外国经济与管理》,2004年第2期,第2—6页。

[10]. 袁美娟、朱丽,《小企业创业国际比较与我国小企业创业模式构建》,北京:中国物资出版社,2010年。

[11]. “中国式创业失败的三大主因”,《中国商界》,2010年12月。

[12]. Anand, N., Gardner, H. K., and Morris, T., 2007, “Knowledge-based Innovation: Emergence and Embedding of New Practice Areas in Management Consulting Firms”, *Academy of Management Journal*, Vol.50, pp. 406-428.

[13]. Bai, Chong-En, Jiangyong Lu, and Zhigang Tao, 2006, “Property Rights Protection and

Access to Bank Loans", *Economics of Transition*, Vol.14, pp. 611-628.

[14]. Bhagwati, J. N., 1976, *Taxing the Brain Drain. Volume I: A Proposal*. Amsterdam, North-Holland.

[15]. Birley, S., 1985, "The Role of Networks in the Entrepreneurial Process", *Journal of Business*, Vo1.1, pp. 107-117.

[16]. Brush, C. G., P. G. Greene, and M. M. Hart, 2001, "From Initial Idea to Unique Advantage: The Entrepreneurial Challenge of Constructing a Resource Base", *Academy of Management Executive*, Vol. 15, pp. 64-80.

[17]. Busenitz, L., West, G.P., Shepherd, D., Nelso, T., Chandler, G. N., and Zacharakis, A., 2003, "Entrepreneurship Research in Emergence: Past Trends and Future Directions", *Journal of Management*, Vol. 29, pp. 295-305.

[18]. Chen, M.-J., and D. Miller, 2010, "West Meets East: Toward an Ambicultural Approach to Management", *Academy of Management Perspectives,* Vol. 24, pp. 17-24.

[19]. Chen, M.-J., and D. Miller, 2011, "The Relational Perspective as a Business Mindset: Managerial Implications for East and West", *Academy of Management Perspectives,* Vol. 25, pp. 6-18.

[20]. Chen, X.P., Yao.X, and Kotha, S., 2009, "Passion and Preparedness in Entrepreneurs' Business Plan Presentations: A Persuaion Analysis of Venture Capitalists' Funding Decisions", *Academy of Management Journal*, Vol. 52, pp. 199-214.

[21]. Colman, J., 1988, "Social Capital in the Creation of Human Capital", *American Journal of Sociology*, Vol. 94, pp. 95-120.

[22]. Drori, I., B. Honig, and M. Wright, 2009, "Transnational Entrepreneurship: An Emergent Field of Study", *Entrepreneur Theory and Practice*, Vol. 33, pp. 1001-1022.

[23]. Dyer, J. H., and Singh, H., 1998, "The Relational View: Cooperative Strategy and Sources of Interorganizational Competitive Advantage", *Academy of Management Review*, Vol. 23, pp. 660–679.

[24]. Edmondson, Amy, and Mcmanus, Stacy. E., 2007, "Methodological Fit in Management Field Research", *Academy of Management Review*, Vol. 32, pp. 1155-1179.

[25]. Elfrlng, T., and Hulsink, W., 2001, "Networks in Entrepreneuship: The Case of High-Technology Firms", *Small Business Economics,* Vol. 22, pp. 409-422.

[26]. Eisenhardt, K. M., 1989a, "Making Fast Strategic Decisions in High-velocity Environments", *Academy of Management Journal*, Vol. 32, pp. 543–576.

[27]. Eisenhardt, K. M., 1989b, "Building Theories from Case Study Research", *Academy of Management Review*, Vol. 14, pp. 532–550.

[28]. Eisenhardt, K. M., and Graebner, M. E., 2007, "Theory Building from Cases: Opportunities and Challenges", *Academy of Management Journal*, Vol. 50, pp. 25–32.

[29]. Firkin, P., 2001, "Entrepreneurial Capital: A Resource Based Conceptualization of Entrepreneurial Process", Working Paper, Labor Market Dynamics Research Programme.

[30]. Filatotchev, I., X. H. Liu, Buck, T., and Wright, M., 2009, "The Export Orientation and Export Performance of High-technology SMEs in Emerging Markets: The Effects of Knowledge Transfer by Returnee Entrepreneurs" , *Journal of International Business Studies*, Vol. 40, pp. 1005-1021.

[31]. Gilbert, C. G., 2005, "Unbundling the Structure of Inertia: Resource versus Routine Rigidity", *Academy of Management Journal*, Vol. 48, pp. 741–763.

[32]. Glaser, B. G., and Strauss, A. L., 1967, *The Discovery of Grounded Theory: Strategies for Qualitative Research*. Chicago: Aldine.

[33]. Gnyawali, D. R., and D. S. Fogel., 1994, "Environments for Entrepreneurship Development", *Entrepreneurship Theory & Practice*, Vol. 18, pp. 43-62.

[34]. Goulart, R., and J. Westphal, 1999, "Cooperative or Controlling? The Effects of CEO-Board Relations and the Content of Interlocks on the Formation of Joint Ventures", *Administrative Science Quarterly*, Vol. 44, pp. 473-506.

[35]. Granovetter, M. S., 1973, "The Strength of Weak Ties", *American Journal of Sociology,* Vol. 78, pp. 1360-1380.

[36]. Granovetter, M. S., 1985, "Economic Action and Social Structure: the Problem of Embeddeness", *American Journal of Sociology*, Vol. 91, pp. 481-510.

[37]. Gupta, A. K., 2011, "The Relational Perspective and East Meets West: A Commentary", *Academy of Management Perspectives,* Vol. 25, pp. 19-27.

[38]. Heuven, J., 2006, "The Role of Social Network in Financing the High Technology New Venture: An Empirical Exploration", Paper in 14th High Technology Small Firms Conference, May 11-13, 2006, Enschede, The Netherlands.

[39]. Inkpen, A. C., 2000, "Learning through Joint Ventures: A Framework of Knowledge Acquisition", *Journal of Management Studies*, Vol. 37, pp. 1019–1043.

[40]. Jick, T. D., 1979, "Mixing Qualitative and Quantitative Methods: Triangulation in Action", *Administrative Science Quarterly*, Vol. 24, pp. 602–611.

[41]. Kuhnert, K. W., and P. Lewis, 1987, "Transactional and Transformational Leadership: A Constructive Developmental Analysis" *Academy of Management Review,* Vol. 12, pp. 648-657.

[42]. Lee, T. L., 1999, *Using Qualitative Methods in Organizational Research.* Beverly Hills, CA: Sage.

[43]. Liu, X. H., J. Y. Lu, *et al.*, 2010b, "Returnee Entrepreneurs, Knowledge Spillovers and Innovation in High-tech Firms in Emerging Economies", *Journal of International Business Studies,* Vol. 41, pp. 1183-1197.

[44]. Liu, X. H., M. Wright, *et al.*, 2010a, "Human Mobility and International Knowledge Spillovers: Evidence from High-Tech Small and Medium Enterprises in an Emerging Market", *Strategic Entrepreneurship Journal*, Vol. 4, pp. 340-355.

[45]. Low, M. B., and MacMillan, I. C., 1984, "Entrepreneurship: Past Research and Future Challenges", *Journal of Management*, Vol. 14, pp. 139-161.

[46]. Luo, Y. D., and H. C. Rui, 2009, "An Ambidexterity Perspective Toward Multinational Enterprises From Emerging Economies", *Academy of Management Perspectives*, Vol. 23, pp. 49-70.

[47]. March, J. G., 1991, "Exploration and Exploitation in Organizational Learning", *Organization Science*, Vol. 2, pp. 71-87.

[48]. Moyes, A., and P. Westhead, 1990, "Environments for new firm formation in Great Britain", *Regional Studies*, Vol. 124, pp.54-56.

[49]. Pearce, J. L., 2000, "Harmony and Ties in Interpersonal Relationships in China and the U.S", Working Paper, Department of Organization and Management, Hong Kong University of Science and Technology.

[50]. Sawyerr, O. O., and McGee, G. E., 2003, "Uncertainty and Information Search Activities: A Study of Owner-Manager of Small High Technology Manufacturing Firms", *Journal of Small Business Management*, Vol. 41, pp.385-401.

[51]. Saxenian, A., 2005, "From Brain Drain to Brain Circulation: Transnational Communities and Regional Upgrading in India and China", *Studies in Comparative International Development*, Vol. 40, pp. 35-61.

[52]. Shane, Scott A., 2001, "Where is Entrenpreneurship Research Heading?" Key Note Talk on Conference on Technological Entrenpreneurship in the Emerging Regions of the New Milennium, Singapore, pp. 8-30.

[53]. Shane, S., and S. Venkataraman, 2000, "The Promise of Entrepreneurship as a Field of Research", *Academy of Management Review*, Vol. 25, pp217-226.

[54]. Siggelkow, N., 2007, "Persuasion of Case Studies", *Academy of Management Journal*, Vol. 50, pp.20-24.

[55]. Stevenson, H. H., and Jarillo, C.J., 1990, "A Paradigm of Entrepreneurship: Entrepreneurial Management", *Strategic Management Journal*, Vol. 11, pp. 17-27.

[56]. Timmons, J. A., 1982, "New Venture Creation: Methods and Models", in C.A. Kent, D.L. Sexton, and K.H. Vesper (eds.), *Encyclopedia of Entrepreneurship*. Englewood Cliffs, NJ: Prentice-Hall, pp. 126-139.

[57]. Tsang, E. W. K., 1998, "Can Guanxi Be a Source of Sustained Competitive Advantage for Doing Business in China?" *Academy of Management Executive*, Vol. 12, pp. 64–73.

[58]. Tsui, A.S., 2007, "Taking Stock and Looking Ahead: MOR and Chinese Management Research", *Management and Organization Review*, Vol. 3, pp. 327-334.

[59]. Tsui, A. S., and Far, J. L., 1997, "Where Guanxi Matters", *Work and Occupations*, Vol. 24, pp. 56–79.

[60]. Tsui, A. S., Nifadkar, S. S., and Ou, A. Y., 2007, "Cross-national, Cross-cultural Organizational Behavior Research: Advances, Gaps, and Recommendations", *Journal of Management*, Vol. 33, pp. 426-478.

[61]. Tung, R. L., 2008, "Brain Circulation, Diaspora, and International Competitiveness", *European Management Journal*, Vol. 26, pp. 298-304.

[62]. Uzzi, B., 1996, "The Sources and Consequences of Embeddedness for the Economic Performance of Organizations: the Network Effect", *American Sociological Review*, Vol. 61, pp. 674-698

[63]. Woodward, W., 1988, "A Social Network Theory of Entrepreneurship: an Empirical study", Ph. D Thesis, University of North Carolina at Chapel Hill.

[64]. Weick, K. E., 2007, "The Generative Properties of Richness", *Academy of Management Journal*, Vol. 50, pp.14-19.

[65]. Wernerfelt, B., 1984, "A Resource Based View of Firm", *Strategic Management Journal*, Vol. 5, pp. 171-180.

[66]. Wright, M., X. H. Liu, Buck, T., and Filatotchev, I., 2008, "Returnee Entrepreneurs, Science Park Location Choice and Performance: An Analysis of High-technology SMEs in China" *Entrepreneurship Theory and Practice*, Vol. 32, pp. 131-155.

[67]. Xin, K. R., and Pearce, J. L., 1996, “Guanxi: Connections as Substitutes for Formal Institutional Support”, *Academy of Management Journal*, Vol. 39, pp. 1641-1658.
[68]. Yin, R. K., 1994, *Case Study Research: Design and Method*, 3rd ed. London: Sage.
[69]. Zweig, D., Vanhonacker, W., and Chung, S.F., 2005, “Transnational or Social Capital? Returnee versus Local Entrepreneurs”, Working Paper No.7, Hong Kong University of Science and Technology.